Thomas E. Mails

Geheime indianische Pfade

Ein Führer zu innerem Frieden

Aus dem Amerikanischen von Ursula Leitner

Mit zahlreichen Illustrationen

Knaur

Den Höheren Wesen gewidmet

Danksagung

Ich möchte folgenden Personen für ihre unschätzbare Hilfe danken: Fools Crow, Archie Sam, Renzie Gordon und den Angehörigen des Pueblo-Volkes, die ungenannt bleiben müssen. Ich bedanke mich auch bei der Newberry-Bibliothek der Universität Chicago für die Erlaubnis, die Schriften von Edgar Payne benutzen zu dürfen.

Als sich der »weiße Mann« im 18./19. Jahrhundert Nordamerika einschließlich seiner Ureinwohner untertan machte, blieb vieles auf der Strecke. Die indianische Bevölkerung wurde als wild, primitiv und dem Weißen in jeder Beziehung unterlegen angesehen. Mit christlichen Sprüchen auf den Lippen und mit Arroganz und Habgier im Herzen wurde die Neue Welt kolonialisiert. Materialismus in Reinform regiert heute das weiße Nordamerika. In dieser Situation kann uns das Wissen um das beinahe verlorengegangene spirituelle Erbe der Indianer helfen. Ihre Lehren füllen ein verhängnisvolles Defizit unserer Industriegesellschaft: das umfassende Verständnis für die Verbindung von Mensch und Erde. Während wir heute wirr werden vom Lärm der Medien und der Gewalttätigkeit unseres Wachstumsstrebens, sah die indianische Kultur unsere Erde als Mutter, den Himmel als Vater. Das vorliegende Buch dokumentiert die indianische Natur-Spiritualität und ihre praktische Umsetzung.

Thomas E. Mails ist Anthropologe und evangelischer Pfarrer. Seit seiner Jugend hat sich Mails für die indianische Kultur interessiert und ist zu der Überzeugung gelangt, daß uns die spirituellen Rituale und Praktiken der Indianer inneren Frieden bringen. Von Thomas E. Mails stammen u. a.: »The Mystic Warriors of the Plains«, »Dog Solders, Bear Men and Buffalo Women«, »The People called Apache« and »Fools Crow«. Zur Illustration indianischen Brauchtums hat der Autor für dieses Buch 80 Zeichnungen gemalt.

Esoterik

Herausgegeben von Gerhard Riemann

Deutsche Erstausgabe Juni 1991

Titel der Originalausgabe »Secret Native American Pathways«

Originalverlag Council Oak Books, Tulsa, Oklahoma
Umschlaggestaltung Peter F. Strauss
Satz DTP (Ventura Publisher 2.0) br
Druck und Bindung Ebner Ulm
Printed in Germany
2 4 5 3 1
ISBN 3-426-04246-0

Inhalt

TOM

Das Finden der Pfade

Wie erstarrt sah und hörte ich dem friedlichen, alten Mann zu, der mit gekreuzten Beinen im wildgewachsenen Gras der sonnenüberfluteten Prärie saß. Er trug wie üblich seinen schwarzen Cowboyhut, ein verblichenes, gelb und violett gestreiftes Hemd und Jeans. Zu unserer Linken fuhr der Wind durch die Blätter der Cottonwood-Bäume. Aber unsere Umgebung berührte ihn überhaupt nicht, während er mit einer klangvollen und überraschend festen Stimme leise vor sich hersang. Seine Augen waren geschlossen, sein kantiges Gesicht glich dem zerklüfteten Ödland von South Dakota – es waren aber nicht die Sorgen, die es gezeichnet hatten. Seine Arme und Hände hielt er seitlich ausgestreckt, wobei die Handflächen in einer beschwörenden Geste nach oben zeigten. Er nickte fortwährend, und glitzernde Sonnenstrahlen fielen auf seine kupferfarbene Stirn, auf die hohen Backenknochen und auf seinen klassisch gebogenen Nasenrücken.

Er schien vergessen zu haben, daß ich anwesend war, und das war auch verständlich, denn was hier vor sich ging, war eine sehr persönliche und alles umfassende Angelegenheit zwischen seinem Schöpfer Wakan Tanka und ihm. Er hatte die dünnen Zweige, die aufgehäuft vor ihm lagen, nicht angezündet, trotzdem gingen sie in Flammen auf, als er sein Lied zum vierten Male sang. Das Holz knisterte, und als sein schwerer Geruch mich erreichte, öffneten sich seine Augen. Einen Augenblick lang starrte er ausdruckslos in das Feuer, dann fuhr er mit seiner rechten Hand über die Flammen. Der Rauch färbte sich gelb. Er wiederholte die Bewegung, und der Rauch wurde schwarz. Beim drittenmal färbte er sich weiß und beim viertenmal rot.

Ich wußte, daß dies die heiligen Farben der vier Himmelsrichtungen waren, die dem Stamm der Lakota Kraft und Weisheit brachten. Aber wie und warum bewirkte er das? Ich hatte ihn aufmerksam beobachtet. Er hatte nichts ins Feuer geworfen, um dessen Farbe zu verändern. Ich hatte aber nicht lange Zeit, mich darüber zu wundern, denn wilde Vögel und Tiere – Kreaturen, die sich gegenseitig fürchteten und jagten – näherten sich langsam: ein Fuchs, eine Waschbärfamilie, Eichhörnchen, Murmeltiere, ein Dachs, vier Krähen, zwei Habichte, Sperlinge, Lerchen. Sie alle setzten sich nieder oder standen in seiner Nähe und zeigten überhaupt keine Furcht vor dem Feuer oder den anderen Tieren, während sie warteten, bis er fertig war.

Jetzt wurde der verschiedenfarbige Rauch in der Luft über seinem Kopf sichtbar, und plötzlich war Fools Crow in ein altes, blau bemaltes und mit Haarlocken und Fransen geschmücktes Kriegshemd der Lakota gekleidet. Von seinen Händen tropfte blaue Farbe, und sein Gesicht war mit einer dicken Farbschicht überzogen. Er begann wieder zu singen. Vier farbige Rauchwolken drangen in seinen Kopf ein und traten aus der Mitte seines Körpers wieder hervor. Im herumwirbelnden Rauch erschienen Federn des schwarzen Adlers, die sich langsam drehten. Auch Blätter des Cottonwood-Baums, die den Indianern der Ebene als Anregung für die Form ihrer Tipis dienten, tauchten im Rauch auf, Fools Crow streckte seine Hand aus und fing mehrere der Federn. Der Rauch wirbelte davon. Fools Crow berührte den Kopf eines jeden Tieres und führte mit jedem ein kurzes Gespräch in seiner Lakota-Sprache. Die Tiere zogen davon, das Feuer brannte herunter, und sein Kriegshemd und die Farbe verschwanden. Er trug wieder sein verblichenes, gestreiftes Hemd und seinen Cowboyhut.

Er sah mich kurz an, denn er wußte, wie erstaunt ich sein würde. »Sie bringen mir Botschaften von Wakan Tanka und den Himmelsrichtungen«, sagte er nüchtern, »Mitteilungen über Dinge, die mein Volk wissen muß, um sich auf die Zukunft vorzubereiten.«

Ich schüttelte meinen Kopf … aber nicht ungläubig, denn ich habe diesen betagten Mann schon öfter unglaubliche Dinge ausführen sehen. Er vollbrachte Wunder, oder, besser gesagt, er war ein seltener Kanal oder ein Rohr, durch das Wakan Tanka Wunder vollbrachte, obwohl Fools Crow sie nicht als solche bezeichnen würde. Er erklärte mir später, daß die Taten »des Höchsten und Allerheiligsten« nur das Erfüllen eines Versprechens sind. Ein »Wunder« wäre es dann, wenn Er nicht tun würde, was Er versprochen hatte.

Es war das Frühjahr des Jahres 1973, und ich war 2400 Kilometer von meinem Wohnort Los Angeles zur Pine Ridge Reservation in South Dakota gereist, um den erstaunlichsten und mitreißendsten Menschen zu besuchen, dem ich je begegnet bin. Damals war er ein ehrwürdiger 83jähriger Mann, den ich zwei Monate zuvor in der Lower Brule Reservation kennengelernt hatte. Bei dem Zusammentreffen hatte er damit begonnen, mich in eine Zeit zurückzuversetzen, die träge an der unscharfen Grenze zwischen Vorgeschichte und Geschichte lag. Diesmal war ich gekommen, weil ich ihn wiedersehen mußte und weil er mich gebeten hatte, seine Lebensgeschichte niederzuschreiben – nicht die vollständige Geschichte seines außergewöhnlichen Lebens, sondern nur jene Dinge, die die Außenwelt seiner Ansicht nach zu diesem Zeitpunkt wissen sollte. Er gab mir den Auftrag, die anderen Informationen bis auf weiteres nicht zu veröffentlichen … und zwar bis heute, bis zu dem Tag, wenn ich, wie er sich ausdrückte, tief in meinem Herzen wüßte, daß der richtige Zeitpunkt für ihre Veröffentlichung gekommen wäre. Ich hatte immer gedacht, daß dies dann sein würde, wenn er die Welt verlassen hatte. Aber jetzt bin ich mir sicher, denn Fools Crow befindet sich bereits in einem veränderten geistigen und spirituellen Zustand, in dem er, obwohl körperlich immer noch am Leben, von einer weihevollen Atmosphäre umhüllt ist, die ihn auf das ewige Leben mit Wakan Tanka vorbereitet.

Seit 1958 bin ich ein lutherischer Pastor sowie ein Autor und Illustrator. Ich habe achtzehn Bücher auf dem Gebiet der religiösen Erziehung geschrieben, außerdem sieben geschichtliche Bildbände und ein weniger umfangreiches Buch über die Ureinwohner Nordamerikas verfaßt. Diese enthalten Beiträge über die Indianerstämme der Prärieregion, die Apachen, Pueblo und Cherokee und auch die Lebensgeschichte von Fools Crow, dem ehrwürdigen Heiligen Mann und derzeitigen Zeremonienhäuptling der Teton-Sioux. Gleichzeitig habe ich enge freundschaftliche Beziehungen mit einer Anzahl von Indianern unterhalten. Die meisten dieser Freunde sind sehr spirituelle Menschen, und ich habe mit ihnen zusammen viele wunderbare und fesselnde Geheimnisse und Wunder erlebt. Einige dieser Geheimnisse und Wunder beschreibe ich hier.

Mehrere Dinge haben für mich eine besondere Bedeutung: der Name Wa-o-ki-ye (Einer, der hilft), der mir während einer Zeremonie in Rosebud von den Rosebud-Sioux verliehen wurde; die Tatsache, daß die Indianer während ihrer Zeremonien gelegentlich besondere Gebete für mich sprechen; und das Wissen, daß meine Bücher häufig im Unterricht in indianischen Schulen verwendet werden. Wichtig sind mir auch die Vorträge, bei denen ich Gelegenheit hatte, einige der wundersamen Dinge, die ich gesehen und gelernt habe, an einzelne Personen und Gruppen weiterzugeben, die nicht der indianischen Volksgruppe angehörten.

Ich halte die indianische Lebensart für sehr faszinierend und lehrreich. Was mich aber besonders beeindruckt hat, ist, wie diese obengenannten Stämme derart schreckliche Umstände überlebt haben, ohne für immer gelähmt und zerstört zu bleiben. Aber das geschah nicht. Statt dessen überstanden sie eine Zwangslage nach der anderen. Durch welche Geheimnisse war dies möglich? Jedesmal sind sie *Pfaden gefolgt*, die zu einem so bemerkenswerten inneren Frieden führten, daß ich mich gezwungen fühlte, ihre Geheimnisse zu erforschen. Die Antworten waren unvorhergese-

hen, überraschend, elektrisierend, ehrfurchtgebietend und faszinierend. Eine der interessantesten Entdeckungen für den Leser wird die Einsicht sein, wie weit die alten Indianer in Techniken, Einblicken und Erkenntnissen ihrer Zeit voraus waren, die in der modernen Welt jetzt erst langsam als wertvoll erkannt werden: die Anwendung ganzheitlicher Heilung, Akupressur, Imagination, Wandlung, Konzepte zur kreativen und produktiven Nutzung von Zeit, Bewußtseinserweiterung und die Anwendung von Kristallen.
Sogar Unternehmen, die mit den Problemen eines zunehmenden Konkurrenzkampfes und einer verminderten Produktionssteigerung fertig werden müssen, haben sich der New-Age-Bewegung zur Motivierung ihrer Angestellten zugewandt. Aber ihnen ist vielleicht etwas viel Wertvolleres entgangen, das angeboren und die ganze Zeit schon zum Greifen nahe lag: unangetastete Reserven von unschätzbarem Wert. Gruppenzusammenhalt und positives Denken waren die Grundlagen des Lebens im Amerika der Vorzeit. Das Erkennen von Visionen eines Endzustandes, das Einsetzen innerer Reserven und eine einheitliche Organisation sind natürliche Bestandteile der Denkweise der Indianer. Diese Dinge können in ziemlich kurzer Zeit erlernt werden. Kontrolle über seine Handlungen zu haben ist in der Lebensweise der Indianer genauso wichtig wie die Kontrolle des Geistes. Was immer diese Menschen tun, macht sie glücklich, denn schon im Tun liegt der Beweis, daß es sinnvoll ist.

Im Laufe der vielen Monate, in denen ich zusammen mit Fools Crow an der Aufzeichnung seiner Lebensgeschichte gearbeitet habe (diese erschien 1977 in den USA), trug mir Fools Crow häufig auf, während unseres Gesprächs das Tonband auszuschalten und keine Notizen zu machen. In diesen fesselnden Pausen erzählte er mir Geheimnisse, von denen ich einige hier enthülle, und während dieser Enthüllungen ließ er mich auch viele der geheimen Rituale miterleben.

Die meisten Menschen, die Fools Crow begegneten, empfanden allein seine Anwesenheit als eine religiöse Erfahrung. Er ist ein angesehener Heiler und einer der wenigen seines Volkes, auf die die Bezeichnung »Heiliger Mann« wirklich zutrifft, denn Wakan Tanka hat sich seiner bedient, um Segnungen zu verteilen, die weit über das Heilen hinausgehen. Er ist ein Seher und Transzendentalist. Sein Geist, Herz und seine Seele sind mit den höchsten Himmeln und mit den Geistern verbunden, die Wakan Tanka gezeugt und in seine Dienste gestellt hat. Doch die hohe Stellung, die Fools Crow beim Lakota-Volk einnimmt, beruht darauf, daß er auf einer gemeinsamen Ebene mit seinem Volk geblieben ist. Während ein Arm und eine Hand ständig nach oben zum Sitz des Schöpfers griffen, streckte er den anderen Arm und die andere Hand mit ebensolcher Beständigkeit seinen Mitmenschen und allen anderen Dingen dieser Schöpfung entgegen. Durch intensive und fortwährende Reinigung wurde er zu einem glänzenden Rohr, durch das Wakan Tanka mit Freude sein gewaltiges Werk zum Wohle der gesamten Schöpfung ausführte.
Im Zusammenhang mit Fools Crow muß unbedingt erwähnt werden, daß er von dem Augenblick an, da er als junger Mann zum erstenmal von Wakan Tanka in seine Dienste gerufen wurde, für den Frieden unter den Menschen eingetreten ist, und sein innerer Frieden war unerschütterlich. Niemals in seinem Leben hielt er es für notwendig, nach Drogen, Alkohol, Schimpfworten, Drohungen oder Gewalt zu greifen. In seiner Nähe hat man das Gefühl, neben einer Energiequelle zu sein, deren beruhigende Wärme und Licht in aufeinanderfolgenden Wellen um sich greifen und einen vollkommen in ihren Bann bringen.
Es überrascht nicht, daß in den Jahrzehnten von 1920 bis heute ein beständiger Strom von Menschen, nicht nur von Indianern, zu Fools Crows bescheidenem Heim in der windigen Prärie von South Dakota gepilgert ist. Alle diese Menschen gingen berührt von einer Macht, die sie für den Rest ihres Lebens beeinflußte, wieder weg. Einige kamen nur, um ihn zu sehen und seine Kraft

zu spüren. Andere, die sich verloren fühlten, kamen, um von ihm einen Rat für ihren weiteren Weg einzuholen. Hunderte kamen, um geheilt zu werden, und sie alle fanden entweder geistige oder körperliche Heilung. Fools Crow ist, während ich diese Zeilen schreibe, 97 Jahre alt und hat damit im Vergleich zur derzeitigen durchschnittlichen Lebenserwartung der Einwohner der Reservationen von Pine Ridge und Rosebud ein mehr als doppelt so hohes Alter erreicht. Er selbst befindet sich in einem metaphysischen Übergangszustand, und deshalb liegen seine Heilungen schon einige Zeit zurück. Seine Kraft ist langsam in einen neutralen Zustand übergetreten, und es ist nur mehr so viel davon erhalten, um ihn und jene, die ihm wirklich nahe sind, zu wärmen. Wenn dann der Zeitpunkt kommt und er seinen Todesschlaf antritt (in jenem flüchtigen Augenblick davor wird ihn Wakan Tanka jedoch wecken und ihm anordnen, sich zu erheben), dürfen die Anwesenden sich nicht wundern, wenn sein Körper eine ungewöhnliche Verwandlung durchmachen und irgendein göttlicher Klang zu hören sein wird. So etwas ist zu erwarten.

Sah ich wirklich den farbigen Rauch, das Feuer, die Tiere und Vögel und alles andere, oder war es nur eine von mir gewünschte Illusion? An jenem Nachmittag fragte ich Fools Crow.

Er sagte: »Wakan Tanka gibt mir die Macht, jede Person, die an Wakan Tanka, den Höchsten und Allerheiligsten, glaubt, sehen zu lassen, was mit mir geschieht.«

Er sprach über Gedankenübertragung und geistige Projektion. Dies interessierte mich besonders, weil ich diesem Glaubensaspekt bisher nicht viel Aufmerksamkeit geschenkt hatte. Während späterer Besuche sah ich ihn mehrmals dieselben Dinge durchführen. Einige Male kehrte er den Prozeß um, indem er die Gedanken und Bilder anderer Personen auf sich übertrug.

Ach ja! Ich sollte vielleicht die folgende Geschichte erzählen: Fools Crow kam an jenem Tag mit leeren Händen zu seinem Gebetsplatz; auf dem Rückweg zu seinem Haus gab er mir aber vier Federn des schwarzen Adlers, die er ergriffen hatte. An seinem Haus angelangt, gab ich sie seiner Frau Kate zum Aufbewahren. Das ist ein anderer Aspekt der Macht von Fools Crow: In Verbindung mit dem geistigen Prozeß wird immer etwas Materielles sichtbar.

Am Tag nach dem wundersamen, gerade beschriebenen Ereignis saßen Fools Crow und ich nebeneinander auf einer kleinen Lichtung in einem Wäldchen nicht weit von seinem aus Sperrholz gefertigten Haus, das aus zwei Zimmern bestand. Und ich fragte ihn, was Wakan Tanka ihm gegeben hat, das seine Kraft so wirkungsvoll machte und eine so bemerkenswerte Gelassenheit und Ausdauer in sein Leben gebracht hat.

Ohne zu zögern, antwortete er: »Inneren Frieden.« Das von einem Mann zu hören, dessen Volk über ein Jahrhundert lang zutiefst unter einschränkenden Vorschriften in der Reservation gelitten hatte, schien völlig unpassend zu sein. Wie, fragte ich mich, konnte in einem Volk mit dem Ruf, grausame Kriege geführt zu haben, innerer Frieden herrschen? Wie konnte innerer Frieden in einem Volk herrschen, das seiner Würde, Hoffnung und der Möglichkeit beraubt wurde, etwas zu unserer Gesellschaft beizutragen und in ihr durch Leistung voranzukommen?

Er sah meinen verwirrten Gesichtsausdruck und wußte, was in mir vorging. Er faltete seine Hände, führte sie zu seinem Mund und starrte lange Zeit auf den Boden. Dann begann er leise zu singen. *»Ah e. Ah e«*, sang er, und dann ließ er Lakota-Töne erklingen, die so alt wie die Erde waren. Er wiederholte diesen Gesang viermal und zeigte dann mit seinem faltigen Finger zum Himmel.

»Den weisen Alten meines Volkes«, sagte er, »wurde am Anfang gelehrt, daß innerer Frieden und Liebe Wakan Tankas größte Geschenke sind. Unabhängig davon, was sonst noch vor sich ging, hielten sich die Stammesältesten an diese Lehren und ließen auch das übrige Volk diese nicht vergessen. Wir wissen, daß es ohne inneren Frieden und Liebe kein dauerhaftes oder sich lohnendes Glück geben kann. Auf diese Weise halten wir eine warme Beziehung zu Wakan Tanka aufrecht, und wir stellen das Wohl anderer Menschen und der gesamten Natur vor alles andere. Wir klammern uns daran genauso fest, wie sich jemand auf einem reißenden Fluß an einem Floß festklammert. Wir kennen keine Furcht, und tief im Inneren sind wir ganz ruhig. Das wurde mir gelehrt, und danach habe ich gelebt. Ich habe niemals einen anderen Menschen verletzt oder gehaßt, und ich habe auch nie Erregung oder Alkohol gebraucht, um dem Leben einen Sinn zu geben. Was immer ich hatte, war ausreichend, und was auch immer geschah, ich hatte nie das Gefühl, daß Wakan Tanka mich ungerecht behandelte. Ich folgte den Pfaden des inneren Friedens und der Liebe, und mir wurde klar, daß die Blumen und Bäume, die diese Wege säumen, und die Sonne, Mond und Jahreszeiten, die über und in ihnen liegen, meine Lehrer sind. Die Geister der vier Himmelsrichtungen sind meine wichtigsten Helfer, und deshalb kommt der farbige Rauch zu mir und zieht durch mich hindurch. Die Geister der Geschöpfe, die entlang der Pfade wohnen, sind meine anderen Helfer. Jeder, der denselben Pfaden folgt, kann den *gleichen inneren Frieden und Liebe erlangen wie ich und auch die Kräfte, die damit verbunden sind.«*

Während ich Fools Crows Worten und Versprechen nachhing, fiel mir auf, was für eine göttliche Ruhe in diesem abgelegenen Teil von Pine Ridge herrschte: Es gab keinen Autoverkehr, kein Flugzeug lärmte über einen hinweg, keine lästige Menschenmenge war zu sehen. In der Ferne läutete eine Kuhglocke, und einige Vögel zwitscherten, aber sonst konnte ich nichts hören. Einen flüchtigen Augenblick lang umhüllte mich der süße Geruch von frisch gemähtem Gras, den ein Windhauch von der Nachbarsfarm herübertrug.

Mir war warm, und ich fühlte mich sehr wohl. Ich atmete tief ein, faltete meine Hände als Polster hinter meinem Kopf, legte mich zurück ins Gras und begann das soeben Gehörte mit dem in der nichtindianischen Welt vorherrschenden Gedankengut zu vergleichen. Ansichten, die in unserer Kultur recht stark verbreitet sind, ermutigen uns, erfolgsorientiert zu leben und die Vergangenheit zu ignorieren, zu leben, als spielte unser Erbe keine Rolle. Wenn aber all die Bemühungen zum Wohl der eigenen Person wirklich so wichtig sind, warum gibt es dann sowenig inneren und äußeren Frieden in der Welt? So viele Menschen haben sich von ihren Wurzeln gelöst, sehnen sich verzweifelt nach Liebe, fühlen sich leer und einsam und suchen immer noch nach »Schönheit« und Sinn im Leben.

Der heitere, alte Sioux-Indianer, der an jenem Tag neben mir saß, hatte die Antwort, denn obwohl er in seinem Leben viel durchgemacht hatte, wurde er von keinem dieser Probleme geplagt. Vielleicht können wir von ihm etwas lernen. Ich weiß, daß die amerikanischen Ureinwohner der Vergangenheit und Gegenwart der modernen Welt helfen können, ihr Leben neu auszurichten und sogar zu erneuern.

Ich habe das Gefühl, daß Mechanisierung und Computerisierung, vom menschlichen Standpunkt aus betrachtet, Amerika zu einem öderen Ort machen. Wie man mir sagt, sind Professoren der Geisteswissenschaften an unseren Hochschulen durch gekürzte Kurse dazu gezwungen, ganze Abschnitte der Geschichte nur zu streifen oder ganz zu überspringen. Wir müssen diese Situation ändern, um eine ausgeglichenere Erziehung zu erzielen. In der Zwischenzeit sollten wir uns von dieser Situation nicht davon abhalten lassen, wahre Schüler zu werden und selbst zu beurteilen, was die Ureinwohner (einschließlich der amerikanischen) zu sagen hatten und wie wertvoll ihre Lehren sind.

Diese Vernachlässigung der Geschichte brachte so viele ernste damit verbundene Probleme mit sich, daß die Regierungen von Frankreich und England derzeit daran arbeiten, durch Gesetze das Fach Geschichte an staatlichen Schulen wieder zu einem Schwerpunkt des Unterrichts zu machen, denn alle Probleme hätten geschichtliche Wurzeln, gewöhnlich sehr tief sitzende. In der Tat

liegen die Wurzeln aller Dinge in der Geschichte. Der bekannte Archäologe Sir Flinders Petrie bemerkte dazu sehr weise, daß die meisten Menschen nur auf der eindimensionalen Ebene der Gegenwart leben, während der Historiker auf mehreren Ebenen gleichzeitig lebt und dadurch seinen Erkenntnissen die Dimension der Zeit hinzufügt.
Die amerikanischen Ureinwohner vertreten die Auffassung, daß wir nicht plötzlich aus dem Nichts auftauchen. Um dies zu veranschaulichen, verbinden sie das Bild eines Kreises oder Ringes mit dem Ablauf des gesamten Lebens. Ich werde später die Erklärung Fools Crows zu diesem Punkt darlegen. Im wesentlichen ist der Kreis eine bildliche Darstellung dafür, daß die Vergangenheit uns genauso wie liebende Eltern in die Gegenwart gebracht hat und daß sie in unserem Blut ist: Sie ist *der pulsierende Kern unseres Wesens.*
Die Indianer glauben, daß wir uns dessen bewußt sein sollten. Denn auch wir, die wir das Erbe anderer erhalten haben, sind Tag für Tag Mütter und Väter und geben in gleicher Weise ein durch uns weiterentwickeltes und geformtes Erbe an zukünftige Generationen weiter. Ein Großteil unserer Selbstachtung als Menschen erlangen wir durch die Hingabe und Sorgfalt, die wir dabei aufwenden. »Nur für sich allein« zu leben kann eine einfache Entschuldigung dafür sein, um jeder Verantwortung aus dem Weg zu gehen. Aber eine solche Haltung führt zu weiter nichts, als daß diese Menschen ohne Freunde und auf sich selbst angewiesen sind. Die Lebensanschauung der Indianer macht diesen Fehler nicht.
Fools Crow und ich erörterten das Thema der Lebenszeit und kamen zu dem Schluß, daß die Vergangenheit und Zukunft der Gegenwart die größte Bedeutung verleihen und es uns ermöglichen, für uns und andere jenen inneren Frieden zu verwirklichen, der uns so viel bedeutet und unentbehrlich ist. Sind wir weise, sagen die eingeborenen Indianer, dann sorgen wir dafür, daß unsere Anliegen und unser Frieden in der Vergangenheit ihre

Wurzeln schlagen, nähren und verbessern sie in der Gegenwart und richten sie auf die Zukunft.
Ich stimme völlig mit der Ansicht überein, daß es zu nichts führt, sich nur Sorgen über die Zukunft zu machen. Aber es ist sicherlich von Vorteil, sie zu planen und die Verantwortung für sie zu übernehmen. Was die amerikanischen Ureinwohner zu bieten haben, beschränkt sich nicht nur auf das Heute. Es geht weit darüber hinaus. Ihr Frieden ist von Dauer, und ihre Lösungen sind nicht nur vorübergehend, denn sie haben sich bereits viele Jahrhunderte hindurch bewährt.

In den Monaten, in denen ich an den *Geheimen indianischen Pfaden* arbeitete, stellte ich über fünfhundert Erwachsenen, die nicht der indianischen Volksgruppe angehörten, dieselbe Frage: »Wenn Sie hier und jetzt die Wahl zwischen dauerhaftem Frieden und der alljährlichen Auszahlung von hunderttausend Dollar für den Rest Ihres Lebens hätten, für was würden Sie sich entscheiden?« Ohne Zögern erhielt ich immer dieselbe entschiedene Antwort: »Inneren Frieden. Wenn man den nicht hat, was hat man dann schon? Nichts kann ihn ersetzen.«
Ist das auch deine Antwort, dann kannst du inneren Frieden ganz einfach dadurch erreichen, daß du dieses Buch liest und seinen Anleitungen folgst.
Ein Grundthema in den *Geheimen indianischen Pfaden* besteht in der Unterscheidung zwischen dem *äußeren Raum* und dem *inneren Raum.* In der heutigen Zeit liegt die Betonung sehr stark auf dem ersteren, was zu einer leicht vorhersehbaren Auswirkung führt: Der Mensch und die menschlichen Bedürfnisse werden an die zweite oder dritte Stelle abgeschoben. Die alten Indianer legten großen Wert auf den *inneren Raum* und kümmerten sich zuallererst um die innere Person. Sie glaubten, daß, solange für die menschlichen Bedürfnisse zuerst gesorgt wurde, alles andere für ein erfülltes und erwartungsvolles Leben Notwendige folgen würde. Auch war ihnen die Gruppe wichtiger als der einzelne.

Jede Person arbeitete für das Wohl der Gesamtheit, und die Gesamtheit ihrerseits war für das Wohl des einzelnen tätig. Keiner stand mit seinen Anliegen oder in seinen Bemühungen allein da. »Ist es nicht besser«, pflegten sie zu sagen, »wenn hundert Menschen für einen beten, als daß einer allein für sich selbst betet?« Haben viele Einzelpersonen ihren inneren Frieden gefunden, dann herrscht auch zwischen diesen Menschen untereinander ein besonderer Frieden. Innerer Frieden beseitigt Barrieren und stellt Bindungen her.

Auf diesen Seiten sind die friedlichen, wenn auch für uns manchmal ungewöhnlichen Pfade einiger indianischer Stämme nachgezeichnet. Sie bedienten sich ihrer, um zu finden, was zur Bewältigung ihrer Probleme und zur Erfüllung ihrer tiefsten Bedürfnisse und Wünsche unbedingt erforderlich war. Vor langer, langer Zeit und unzählige Jahrhunderte bevor das Christentum in Nordamerika Fuß faßte, legten die *Höheren Wesen* diese Wege für die Indianer an. Sie sind jedoch ganz offensichtlich für jeden da, der sie benutzen will. Du hast wahrscheinlich noch deine Zweifel und fragst dich, ob Wege, die für einfache und abergläubische Völker entworfen wurden, uns, die wir in einer aufgeklärteren und modernen Welt leben, auch tatsächlich von Nutzen sein können. Das ist ganz sicher der Fall, und im letzten Abschnitt werde ich zeigen, wie auch du ihnen folgen, dieselben Triumphe feiern und inneren Frieden erlangen kannst.

Möchtest du:

– Glücklich sein?
– Kreativ sein?
– Deine Fähigkeiten in einem neuen Licht sehen und neue Richtungen einschlagen?
– Dich verstanden fühlen und einer Gruppe angehören, die dich warmen Herzens akzeptiert?
– Von einer Liebe erfüllt sein, die dir keiner wegnehmen kann?
– Körperlich und geistig noch mehr glänzen?

– Dir der herrlichen Natur, in der wir leben, ständig bewußt und mit ihr in Harmonie sein?
– Anderen das Kostbarste aller Geschenke geben?
– Die Einsamkeit zu deinem Freund machen anstatt zu einem Feind?
– Jeder Sache gewachsen sein und mit allen Herausforderungen fertig werden?
– Jede Not überwinden?
– Dich von keiner scheinbaren Niederlage in die Knie zwingen lassen?
– Alle Schuldgefühle, Ängste oder Sorgen besiegen?
– Erschöpfung und Überbelastung vermeiden?
– Erfolgreich mit anderen zusammenarbeiten können?
– Dich von dem Verlangen nach ständiger Stimulierung, Drogen oder anderen Reizmitteln befreien?
– Dich mit dem Notwendigen zufriedengeben anstatt ständig Begierden zu erfüllen suchen?
– Schlafen wie ein zufriedenes Kind?
– Gelassen in unserer hektischen, komplexen und zunehmend unpersönlichen computerisierten Welt dahingleiten?
– In jeder Situation positiv, sicher und stark sein?
– Ein unerschütterliches persönliches Wertgefühl, Selbstachtung, Vertrauen und Würde besitzen?
– Deinen Geist und deine übernatürlichen Kräfte weiterentwikkeln?
– Wirkungsvoll beten?
– Ehrlich Dank sagen?
– Die Quelle der prophetischen Kräfte kennen?
– Die Quelle für körperliche und geistige Heilung kennen?
– Den Tod nicht mehr fürchten?

Du kannst dir jede dieser Fähigkeiten aneignen, und zwar durch eine erstaunliche und wundervolle Methode. Zudem kannst du dadurch auch einen *bemerkenswerten inneren Frieden* erlangen, das Wertvollste, Dauerhafteste und Nützlichste, das ein Mensch besitzen kann. Was dir sonst noch fehlt, verliert damit an Bedeutung. Ohne ihn nützt uns auch alles andere nichts. Früher oder später erkennen die meisten Menschen diese Wahrheit, denn jede Erfahrung lehrt uns dies. Die Erfahrung lehrt uns auch, daß wir im Leben keine zweite Chance haben: Das Glück sollte nicht vergeudet, vernachlässigt oder aufgeschoben werden.

Die Welt der amerikanischen Ureinwohner umhüllt etwas Geheimnisvolles. Setzen wir uns als Nichtindianer mit Lebensweisen auseinander, die sich von den unseren so sehr unterscheiden, dann scheinen uns diese nur schwer zugänglich und nahezu unerreichbar zu sein. Wir lassen uns von den scheinbar primitiven Aspekten – wie den prächtigen und manchmal furchterregenden Kostümen, dem energischen Tanzen, den dröhnenden Trommeln, den zischenden Rasseln aus getrocknetem Gras, dem scharfen, duftenden Rauch und den primordialen Gesängen – leicht hypnotisieren und fesseln, werden davon aber auch auf Abstand gehalten. Trotzdem verspreche ich dir, daß es sich dabei um eine Welt handelt, die wir berühren und in uns aufnehmen können, indem wir ihr Wesen oder ihren Geist in uns aufnehmen. Der Sinn liegt jedoch nicht darin, die Rituale der Indianer nachzuahmen. Wer kein indianisches Blut in sich hat, sollte nicht versuchen, zu einem Indianer zu werden, weil das unmöglich ist. Du wirst eine geheimnisvolle Welt betreten, in der du Liebe, atemberaubende Wahrheiten, außergewöhnliche Schönheit, Ruhe, Hoffnung, Verwegenheit und Empfindsamkeit finden und dir selbst aneignen wirst. Wenn *du* auf diesen alten Pfaden wanderst, wirst du wundersame Kräfte schöpfen, mit denen du jede Situation meistern und überstehen kannst. Und du wirst unerschöpfliche Quellen entdecken, deren süße Nahrung dir neue Energie und Stärke geben wird, wann immer du es brauchst.
Hältst du dich an all das, wirst du immer größere Erleichterung spüren, und noch bevor du das Ende der verschiedenen Pfade

erreichst, wirst du von einem neuen und mächtigen Frieden erfüllt sein, der gleichzeitig eine wunderbare Kraft darstellt. Ich muß jedoch betonen, daß das Lesen allein nicht ausreicht. Du mußt diese Wege gehen, aufnehmen, was du unterwegs findest, und es dir einprägen. Ich gehe hier nur auf die Ansatzpunkte ein. Das Verständnis, wie und warum sie ablaufen, und den Beweis ihrer Macht erfährst du dann, wenn du das Gelernte in der herausfordernden Arena des täglichen Lebens anwendest: zu Hause, auf der Straße, bei der Arbeit, beim Gebet und beim Spiel. Das Beste an der Sache ist, daß sie dir Spaß machen wird, denn obwohl die Methoden alt sind, so stellen sie doch eine ständige Herausforderung dar und besitzen eine wundersame Frische, die dich begeistern und mit Hoffnung erfüllen wird. Deine Familie, Freunde und Mitarbeiter werden die Veränderung an dir bemerken und sich mit dir darüber freuen. Die indianischen Pfade sind ansteckend. Das Gefühl, etwas erreicht zu haben, wird dich Schritt für Schritt begleiten und dir ständig den Weg zum Gipfel eines friedlichen und strahlenden Berges anzeigen.

Es gab und gibt zwei Arten von Pfaden: die *zentralen Pfade* und die *Nebenpfade*. Die zentralen Pfade bestanden aus alljährlich gefeierten, nationalen Zeremonien. Man kann sich berechtigterweise fragen, wie jemand, der nicht Indianer ist, diesen Zeremonien folgen und sich zunutze machen kann. Die Antwort läßt sich aus der Tatsache ableiten, daß jede der Zeremonien aus einzelnen Teilen und Ideen bestand, die es den Beteiligten ermöglichten, sich über bestimmte Herausforderungen Gedanken zu machen und sich ihnen zu stellen. In diesem Zusammenhang kann ich nicht stark genug betonen, daß das Wesen einer indianischen Zeremonie in ihren Teilen liegt. Beim Beurteilen der Zeremonien haben Nichtindianer oft den gravierenden Fehler gemacht, nur ihre Auswirkungen zu bewerten, wenn es jedoch in Wahrheit *die Teile und die Summe dieser Teile* sind, die der Zeremonie ihre Bedeutung geben. Wurde also ein jährlicher Zyklus von mehreren Zeremonien strikt abgehalten, dann bereitete die Gesamtheit der Rituale die Nation als ganze auf die bevorstehenden Herausforderungen des Lebens vor. Die Nebenpfade wurden von einzelnen, sowohl von heiligen Personen als auch von anderen, im Rahmen ihrer persönlichen Beziehung mit den Höheren Wesen begangen. Besonders hervorzuheben ist, daß die Indianer auf keinem dieser Pfade ziellos umherwanderten, sondern *auf einem festgelegten Kurs auf bestimmte Ziele zugingen.*

An dieser Stelle muß ich vor etwas warnen: Die Pfade sind nicht für Menschen bestimmt, die sich nach den angeblich schlichten Tagen zurücksehnen, in denen das Leben weniger kompliziert war als heute. Das ist eine traurige Fehleinschätzung der Indianer. Ihr Alltag war einfacher im Vergleich zu unserem, aber da hört die Einfachheit auch schon auf. Die Zeremonien waren erstaunlich komplex, und Anthropologen sowie Ethnologen haben unzählige Bücher darüber geschrieben, ohne auch nur annähernd in ihre Tiefen vorzudringen.

In diesem Buch sind nicht alle indianischen Pfade beschrieben, aber es enthält genügend Material, mit dem du arbeiten kannst. Auch umfaßt die Pueblo-Religion eine äußerst faszinierende Seite, die ich hier wegen ihrer sexuellen Thematik nicht behandle. Prüderie hat damit nichts zu tun, denn es handelt sich dabei um vernünftige und gesunde Bräuche, wenn sie richtig verstanden werden. Sie beziehen sich auf die richtige Anwendung und das richtige Verständnis der Fortpflanzung und Erneuerung. Das Problem ist, daß man das Thema zwar in persönlichen Gesprächen sehr gut behandeln kann, wenn man aber nur darüber liest oder es miterlebt, ohne die damit verbundenen Hintergründe und Sensibilität zu kennen, kann das sehr leicht zu Mißverständnissen führen.

Dieses Buch besteht aus drei Teilen. Der erste Teil enthält eine kurze Zusammenfassung der Geschichte der einzelnen Stämme, so daß der Leser ein wenig über das Volk Bescheid weiß, mit dem wir uns hier auseinandersetzen. Er kann dann seine eigenen

Probleme mit denen der Indianer vergleichen und wird feststellen, daß, wenn die Indianer fähig waren, so große Schwierigkeiten zu überwinden, die Chancen sehr gut stehen, daß auch wir mit denselben Mitteln die unseren bewältigen können.

Mit dieser Feststellung will ich nicht sagen, daß die amerikanischen Ureinwohner nicht genauso viele Fehler gemacht haben wie alle anderen Völker. Ich kenne ihre Fehler ebensogut wie die meisten Ethnologen. Wenn es da aber viel bedeutendere Dinge gibt, die wir von ihnen lernen können, dann hat es wenig Sinn, über die negativen Seiten ihres Lebens nachzugrübeln.

Den amerikanischen Ureinwohnern wurde gelehrt, zuerst mit ihren individuellen Problemen fertig zu werden und zu erkennen, daß sie durch das Beseitigen jener Hindernisse auf dem Weg zu innerem Frieden diesen in überreichlichem Maße verwirklichen und ihn sich auch erhalten können. Das ist derselbe Gedanke, der im Brief an die Philipper (4, 8–9) ausgedrückt ist, nämlich daß wir Frieden finden, indem wir über ganz bestimmte Dinge nachdenken: »Was wahrhaftig ist, was ehrbar, was gerecht, was rein, was lieblich, was wohllautet, ist etwa eine Tugend, ist etwa ein Lob, dem denket nach! Was ihr auch gelernt und empfangen und gehört und gesehen habt an mir, das tut; so wird der Gott des Friedens mit euch sein.« Obwohl die Indianer ähnliche Wege einschlugen, vermieden sie die Qualen jener, die überzeugt sind, daß sie durch irgendeine esoterische Übung einen Zustand des geistigen Friedens erreicht haben, dann aber manchmal den Herausforderungen nicht gewachsen sind und von Schuld- und Schamgefühlen überwältigt werden. Der Ansatz der Indianer vermittelt die Fähigkeit, *in jeder Situation sofort zu handeln.* Manchmal aber ist Tatenlosigkeit die beste Aktion, denn ein gut geplanter Rückzug kann in einem Krieg oft den Sieg bringen. Ihre Lösung war, daß sie sich schon im voraus darauf einstellten und, ohne zu prahlen, ein Problem sofort dann angingen, wenn es aufkam. Auf diese Art beschäftigt, behält man eine positive Einstellung, bleibt zuversichtlich und hat kaum Zeit für Angst,

Bedauern oder Reue. Der Mensch hat eine feste Grundlage, geht das Problem geradewegs an und überwindet es. Die Indianer haben gelernt, daß das Handeln vor den Beweggründen kommt, daß wir uns gewöhnlich erst dann stark motiviert fühlen, nachdem wir eine Aufgabe bereits in Angriff genommen haben. Wenn wir keine Lust haben, etwas zu tun, schieben wir es häufig auf – und wenn wir so lange warten, bis wir Lust dazu haben, dann kann das ewig dauern.

In diesen Kämpfen setzten die alten indianischen Völker einige sehr wirksame spirituelle Waffen ein. Sie waren beispielsweise überzeugt, daß die Höheren Wesen uns erschaffen haben und uns durch geringere Kräfte auch weiterhin erschaffen, unterstützen und behüten. Sie sind auch der Überzeugung, daß, obwohl die Höheren Wesen der Menschheit und der übrigen Schöpfung unendlich überlegen sind, sie eine herzliche und dauerhafte Beziehung mit allem Geschaffenen wünschen. Der wichtigste Punkt dabei ist, daß sie sich von niemandem zurückziehen, der sie ehrlich ruft und braucht. Am Anfang der Zeit, als alle diese Völker zum erstenmal die Erdoberfläche betraten, übergaben ihnen die Höheren Wesen auf verschiedene Art Anweisungen, wie sie die Götter verehren, überleben und ihre Beziehung zu ihnen fortsetzen sollten. Später wurden diese Anleitungen die Grundlage – oder die Pfade – der Stammesmythen und Legenden, die eine Fülle von faszinierenden Einsichten und fesselnden Anleitungen für die Durchführung von Ritualen enthalten.

Die von den Indianern verehrten Höheren Wesen bestanden meistens aus einem Höchsten Gott, der ähnlich wie im Christentum einer Dreifaltigkeit vorstand. Ihm dienten niedere Gottheiten (diese wurden fälschlicherweise als Götter bezeichnet), die von ihm erschaffen wurden und über die er mit absoluter Gewalt verfügte. Das ist aber nicht der Grund, warum ich von der Religion der Ureinwohner Amerikas überzeugt bin, denn sie besitzt auch unabhängig davon genügend Glaubwürdigkeit.

Meine persönlichen und literarischen Nachforschungen unter-

mauern meine Überzeugung, daß die meisten indianischen Stämme denselben Gott verehren wie die Christen, und viele Indianer sind derselben Meinung. Der einzige Unterschied ist, daß sich die Christen ihr Wissen über Gott durch die Bibel und die Indianer es sich durch die Natur und die Legenden aneignen. Wenn wir bis zum Kern ihrer religiösen Überzeugungen vordringen, sehen wir, daß ihre traditionelle Art der Gottesverehrung und ihre religiösen Sitten sich gar nicht so sehr von den unseren unterscheiden, wie allgemein angenommen wird.
Die Stämme hatten natürlich alle ihren eigenen Namen für Gott, und ich werde diese Namen mitunter erwähnen. Um die Sache etwas zu vereinfachen, habe ich die Bezeichnung Höhere Wesen für die oberste Gottheit gewählt und werde sie im gesamten Buch verwenden.

Das Buch *Geheime indianische Pfade* soll keine Religion darstellen und ist auch auf keinen Fall als Ersatz für deinen Glauben gedacht, wenn du bereits über einen verfügst. Ich will dir jedoch eine ausgezeichnete Ergänzung zu deinen religiösen Ansichten und Bräuchen anbieten. Die Indianer waren und sind in fast jeder Hinsicht ein wunderbares Volk, dessen Leben in keiner Weise von Krieg und grausamen Taten beherrscht war. Ihre hier beschriebene Lebensweise wird das deutlich machen, und wir sollten ihnen für das dankbar sein, was wir von ihnen lernen können. Indem wir jedoch erkennen, daß die Indianer begrenzte und damit hundertprozentige Menschen waren und sind, heimsen wir nebenbei noch eine kleine Belohnung ein. Es sagt uns, daß auch wir als die begrenzten Wesen, die wir sind, denselben inneren Frieden erlangen können wie sie.
Im zweiten Teil beschreibe ich die wichtigsten Pfade, denen die Indianer zur Erlangung des inneren Friedens folgten, und ich enthülle in diesem Zusammenhang einige ihrer faszinierenden Gedanken und Bräuche. Während du diesen Teil liest, mußt du dir bewußt sein, daß die indianische Methode genau das Gegen-

teil des *Zen* und anderer ähnlicher Systeme ist. Nach diesen Lehren muß man zuerst einen Zustand des inneren Friedens erreichen und kann dann damit Kontrolle über sein Leben übernehmen.

Eine andere, wichtige Waffe im spirituellen Arsenal der eingeborenen Amerikaner war das Wissen, daß die gesamte Schöpfung, die belebte und scheinbar unbelebte, *lebendig* ist. Alle ihre Teile stehen zur gegenseitigen Erhaltung miteinander in Beziehung wie die Fäden einer Spinnwebe, wobei jeder Faden fähig ist, seinen individuellen, einzigartigen und lebenswichtigen Beitrag zum Ganzen zu leisten, was von ihm auch erwartet wird. Außerdem muß jeder Teil die anderen respektieren, muß um ihr Wohl besorgt sein und darf keinen von ihnen absichtlich verletzen.

Vor allem machten sie die Erfahrung, daß sie durch Suchen den inneren Frieden nicht finden konnten – *der Frieden fand sie!* Deshalb erklärten sie ihn nicht zu einem Ziel; denn obwohl sie auf den verschiedenen Pfaden eine neue Entdeckung nach der anderen machten, wurde der innere Frieden zu einer Zeit Wirklichkeit, als sie es am wenigsten erwarteten. Er war ganz plötzlich da, als eine verschlingende Welle rollte er über sie hinweg. Von einem Augenblick zum nächsten waren sie von einem erleuchtenden, warmen, liebenden und mächtigen Frieden erfüllt, der ihr willkommenster Gast aller Zeiten war.

Im dritten Teil erläutere ich ausführlich, wie jeder den alten Pfaden folgen und dieselben Entdeckungen machen kann und welche Pfade für verschiedene Probleme und Ergebnisse geeignet sind. Bitte widerstehe der Versuchung, gleich zu diesem Teil überzugehen. Begegne zuerst den indianischen Völkern, freunde dich mit ihnen an, und mach dich ein wenig mit ihrer Denkweise vertraut. Beobachte, wie sie alle religiösen Riten mit Anmut und Schönheit ausführen und daß ihre Gedanken edel, erhaben und würdevoll sind. Begreife ihre Beweggründe, denn nur dann wird für dich der dritte Teil überzeugend, durchführbar und bedeutungsvoll sein.

Bitte laß dich von der scheinbaren Torheit einiger indianischer Methoden nicht abschrecken. Wie wir alle selbst wissen, ist es oft wunderbar und produktiv, zu erforschen, zu testen und anders zu sein; ab und zu »Dummheiten« auszuprobieren, besonders dann, wenn man sie nicht nur mit anderen teilen und entwickeln, sondern sie auch allein durchführen kann. Denk immer daran, daß derartige Torheiten Jahrtausende hindurch für die Indianer Wunder vollbracht haben, und solltest du ähnliche Erfolge damit haben, dann machen sie sich sehr wohl bezahlt. Der Beweis liegt in den Ergebnissen! Manchmal zeigen uns die Höheren Wesen, wie launisch sie sein können, indem sie uns merkwürdige Dinge tun lassen und so unsere Bereitschaft prüfen, uns ihnen anzuvertrauen.
Mach dich darauf gefaßt, daß du auf diesen alten Pfaden seltsame und wunderbare Dinge erleben wirst, denn dir stehen Erfahrungen bevor, die dich auf neue Ebenen eines erweiterten Lebens heben werden. Es ist eine erstaunliche Reise. Wir beginnen langsam und behandeln in gemäßigtem Tempo zunächst die Geschichte und dann das Material *über* die Pfade. Wir brauchen einige Grundlagen. Aber dann wirst du an diesem Wissen teilhaben, und in diesem Augenblick stellt sich die Begeisterung ein. Glaube – und du kannst es schaffen! Die meisten Dinge auf diesen Pfaden sind sehr leicht anzuwenden. Andere sind geheimnisvoller und gewagter. Aber auch diese werden verständlich und durchführbar, wenn du erst einmal beginnst, den spirituellen indianischen Geist zu erfassen. Der moderne Verstand ist nicht sehr förderlich, wenn es darum geht, Leben in scheinbar so unbelebten Gegenständen wie zum Beispiel Steinen zu sehen. Beachte jedoch, wie es heutzutage Menschen ergeht, die Kristalle verwenden, und bedenke, welche Erfahrungen, Einsichten und Belohnungen sich viele Menschen entgehen lassen, nur weil sie zögern und zweifeln. Laß die Vorsicht jetzt hinter dir. Du wirst bald mehr über die erkenntnisreichen und geheimnisvollen Dinge lesen können, die mir von Fools Crow und von meinem Chero-

kee-Freund Archie Sam enthüllt wurden. Und du wirst erkennen, daß auch du mit der von den Höheren Wesen verliehenen Kraft die meisten dieser wundersamen Dinge fertigbringen kannst.
Archie Sam spricht davon, die Toten zurückzuholen, damit wir uns mit ihnen unterhalten und unsere Probleme besprechen können. Auch du kannst das tun, und du wirst lachen, wenn du siehst, wie einfach das ist. Lerne, Steine als etwas Lebendiges zu behandeln, und beobachte, was dadurch mit dir geschieht. Lerne, fremdartige Masken zu tragen – aber nicht, um etwas zu verbergen. Trage sie, um deine Vorstellungskraft, deine Entwicklung und die Kontrolle über dein Leben zu verbessern. Wenn du deine eigenen Gebetsstäbe (Pahos) entwirfst und sie wie angegeben plazierst, bemerkst du, wie scharf sich deine Gedanken auf die streßverursachenden Probleme zu konzentrieren beginnen und wie es dir dadurch möglich wird, sie zu bewältigen. Glaube wie die Hopi-Indianer, daß die Sonne auf ihrer Bahn vorbeikommen wird, um die Geister der Pahos aufzunehmen und zu den Höheren Wesen zu tragen, die deine Gebete beantworten werden. Erlebe, wie dich allein schon dieser einfache Glaube zu einem positiveren Menschen macht. Betrachte dich als Teil der Natur, und bemerke die Auswirkungen. Ob die Natur sich dieser Beziehung bewußt ist, ist unwichtig, denn sie ist so programmiert, daß sie all jene Dinge ganz instinktiv tut, zu denen wir Menschen uns erst selbst verstandesmäßig überreden müssen. Diese Denkweise macht dich behutsamer und rücksichtsvoller im Umgang mit der Natur. Du wünschst, sie für dich und für zukünftige Generationen zu erhalten. Du wirst zu ihrem Partner und arbeitest mit ihr gemeinsam am Wohl aller, einschließlich dem deinen.
Diese Beziehung zur Natur spielt bei der Erhaltung des inneren Friedens für die Indianer eine sehr große Rolle. Umfaßte ihr Lebensstil dann auch noch ausreichend körperliche Bewegung, wirkte sich das in einer höheren Lebenserwartung aus, die in den frühen Jahren häufig die der Weißen überstieg. Die prähistorischen Indianer mittleren Alters waren nicht abgekämpft und von

Krankheit gezeichnet. Mit vierzig waren sie noch nicht alt, denn sie alterten würdevoll und wußten kaum, was Senilität war, weil sie selten vorkam. Abgesehen von den Gefahren der Kriege und Epidemien, die von Außenstehenden an sie herangetragen wurden, lebten sie auch nicht, wie die übrige Welt um sie herum, ständig mit dem Tod in ihrer Mitte.

Bedenke, daß es hier nicht so sehr um das greifbare Ergebnis geht als vielmehr um deinen Geist, nicht so sehr um deine Handlungen, sondern vielmehr darum, wie das Handeln deinen geistigen Prozeß schärft, deine Fähigkeiten erweitert und dich erbaut. Gesegnet sind jene, die glauben, ohne zu sehen. Deine Überzeugungen verändern dich, denn indem du ihnen gerecht wirst, wirst du zu dem, was du sein willst, und aufgrund deiner Bemühungen und deines unerschütterlichen Glaubens gewinnst du unendlich viel. Du wirst ein neues Gefühl für Richtung, Zweck, Einfallsreichtum, Kreativität und Leistung haben und dann einen Sieg nach dem anderen feiern! In kurzer Zeit wird dein Tastsinn empfindlicher und dein Geschmacksinn verfeinert sein. Deine Augen werden Dinge sehen, die du noch nie zuvor gesehen hast und die weit über dein Vorstellungsvermögen hinausgehen. Du wirst neue und volle Klänge von Gegenständen und Orten hören, die bisher unsichtbar und lautlos waren. Die indianischen Pfade erlauben es uns, die Barriere der Skepsis zu durchbrechen, zu handeln und in den Fluß des inneren Friedens zu gleiten. Rechne damit, daß auf deinem Weg und während du die indianischen Pfade benutzt, gute und außerordentliche Dinge auf dich zukommen werden!

Aber du hast sicherlich noch einige abschließende Fragen: Hat man mit den Pfaden immer absoluten Erfolg? Kannst du erwarten, in jeder Schlacht im Kampf gegen Streß in deinem Leben ruhmreich zu siegen?

Fools Crow und ich möchten dich daran erinnern, daß wir zwar als Werkzeuge der Höheren Wesen außergewöhnliche Dinge verwirklichen können, aber dennoch keine Götter sind. Die indianischen Pfade werden dich also nicht von der *Abhängigkeit* der Höheren Wesen befreien und dich auch nicht glückselig mit vollen Segeln durch alles hindurchgleiten lassen. Sie werden es dir aber ermöglichen, inneren Frieden zu finden, alles zu überstehen und zu blühen und zu gedeihen.

Beachte auch die Warnungen von Ärzten und Psychologen, wenn sie dich darauf aufmerksam machen, daß einige parapsychologische Übungen bei falscher Anwendung schädlich sein können. Labile Personen sollten nicht versuchen, ihre Probleme durch Bewußtseinserweiterung zu lösen, und auch einige der machtvolleren Pfade, die im zweiten und dritten Teil dieses Buches beschrieben sind, nicht anwenden. Viele der weniger machtvollen Pfade werden sich aber in emotionalen Situationen als sehr hilfreich erweisen. Vergiß auch niemals, daß das Material über Heilung in lebensbedrohlichen Situationen die fachmännische medizinische Behandlung verbessern und nicht ersetzen soll. Hüte dich vor allem davor, Schmerzen abzublocken, die ernste körperliche Beschwerden anzeigen.

Du mußt dir bewußt sein, daß es ein absolut einzigartiger innerer Frieden ist, den dir die Höheren Wesen geben, während du den Pfaden in diesem Buch folgst. Es ist ein Frieden, der über das Wissen hinausgeht, und er ist nicht so etwas wie Weltfrieden. Er ist nicht passiv, sondern voller Macht und Taten. Im Grunde kommt er durch eine vollkommen sichere Beziehung zu den Höheren Wesen zustande, durch die du jede Angst verlierst, so daß du weder Leben noch Tod, weder vergangene noch gegenwärtige oder zukünftige Dinge fürchtest, und du wirst in bezug auf persönliche Beziehungen, Heilung, Kreativität und Leistung entschlossen, mutig und verwegen handeln. Ergibt sich eine gute Gelegenheit, wirst du sie ergreifen und das Beste aus ihr machen. Mit diesem Frieden wirst du tief im Inneren ruhig sein, aber nicht unbeweglich, du wirst tätig zu einem mit Hoffnung erfüllten und frohen Leben für dich und andere beitragen.

Erster Teil

Stammesgeschichten

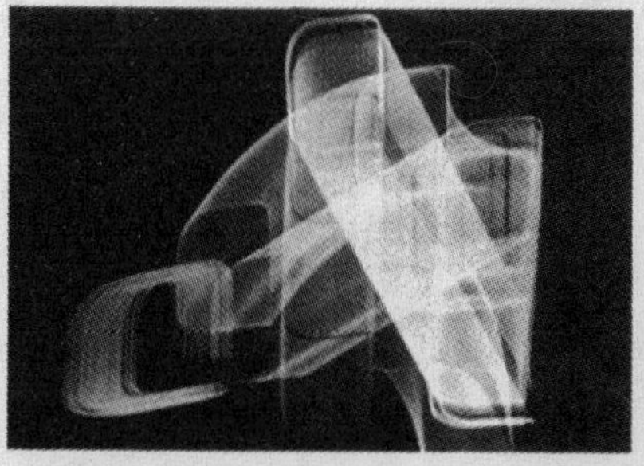

Kapitel I

Die sanften Pueblo

Das Alte Volk

Archäologische Funde haben es uns ermöglicht, die Vorfahren der Pueblo-Indianer bis zum Jahre 100 v. Chr. zurückzuverfolgen. Die Gelehrten nannten diese Vorfahren *Anasazi*, »das Alte Volk«. Sie bewohnten Höhlen und lebten in einem Gebiet, das die heutigen nordamerikanischen Staaten Arizona, New Mexico, Utah und Colorado umfaßt. Sie führten ein beneidenswert einfaches und ruhiges Leben. Während der milden Monate, in denen sie ihre Nahrung beschafften, verließen sie die Höhlen und wanderten umher. In dieser Zeit bauten sie sich rohe und provisorische Unterkünfte aus Zweigen und Gestrüpp, die ihnen einen einfachen Unterschlupf für die Nacht und etwas Schatten am Tag boten. Sie flochten Körbe und benutzten Atlatls, bumerangähnliche Wurfhölzer, Keulen, Fallen und Netze für die Jagd und ihre Verteidigung. Sie blieben meistens unter sich, bevorzugten ein ruhiges und friedliches Leben und bekämpften ihre Nachbarvölker nicht. Ihre Arbeit verrichteten sie mit Werkzeugen aus Stein und Holz, und sie war nach dem Geschlecht aufgeteilt: Die Frauen übernahmen die häuslichen Aufgaben, während die Männer für die Jagd und Verteidigung verantwortlich waren. Ihre Häuser bauten sie gemeinsam. Die Kleidung war einfach. Als Musikinstrumente verwendeten sie Trommeln, Flöten und Rasseln. Man fand nur wenige ihrer frühen religiösen Gegenstände und auch nur vereinzelt symbolhafte Felsmalereien. Aber die Funde reichen aus, um den Anfang jener spirituellen und zeremoniellen Entwicklung zu enthüllen, die Jahrhunderte später, noch in kolumbischen Zeiten, ihren Höhepunkt erreichen würde.

Aus den gefundenen Gegenständen können wir schließen, daß eine rauhe Umwelt und die Tücken der Natur die größten Feinde der frühen Anasazi waren. Da solche Gegner eine Furcht vor dem Unbekannten hervorrufen, wandten sie sich gezwungenermaßen von Anfang an mit der Bitte um Führung und Schutz an die Höheren Wesen. Im Rahmen dieser Beziehung stützten die Anasazi ihr Leben auf das, was ihnen gelehrt wurde. Die Höheren Wesen und ihre lehrreichen Geschichten wurden bald zum Prüfstein für das Überleben und die Erkenntnis, und alle Aspekte der Existenz waren in ihnen verwurzelt.

Ungefähr 500 n. Chr. machten südliche Nachbarn die Anasazi mit Mais bekannt, und in kurzer Zeit gingen sie zum Ackerbau über und lebten seßhaft in ihren Dörfern in vertieften Grubenhäusern. Für ihre Rituale gruben sie unterirdische Kivas, die entweder Platz für einen Clan oder aber auch für eine ganze Gemeinde boten. In der Vorstellung der Anasazi bedeutete dieses Hinabsteigen, in den Schoß der Mutter Erde einzutreten, die Leben und Erneuerung gibt. Die Felsmalereien jener Zeit deuten darauf hin, daß die Rituale und die rituellen Kostüme jetzt genauer vorgeschrieben und auch kunstvoller waren. Kachinas, auf die ich später noch genauer eingehen werde, waren ein Bestandteil dieser Rituale. Schmuck und Kostüme wurden mehr und mehr verfeinert. Um 600 n. Chr. tauchten im Land der Anasazi Pfeil und Bogen auf, was die Jagd erleichterte.

Das Alte Volk kümmerte sich wenig um den linearen Verlauf der Zeit und lebte nach den Jahreszeiten. Es zog nur langsam umher und paßte sich entweder an oder nahm mit scheinbarer Trägheit verschiedene Eigenschaften an. Aber mit dem Zunehmen seiner Bevölkerung wurde eine geographische Ausdehnung unvermeidbar. In den folgenden Jahren siedelte sich das Volk gruppenweise in sechs Regionen in dem Gebiet an, in dem es bereits vorher ansässig gewesen war. Davon sind heute besonders der Chaco Canyon im Nordwesten von New Mexico, Kayenta im Nordosten von Arizona und die Mesa Verde in Colorado bekannt. Dort

In Felshöhlen hineingebaute Häuser der Pueblo-Indianer

erbauten sie komplizierte und geniale Wohnanlagen aus Stein und riesige Kivas. Ihr zeremonielles Leben war hoch entwickelt, und im Ackerbau entwickelten sie ein Bewässerungssystem.
Es vergingen elf glückliche und ungestörte Jahrhunderte. Dann änderte sich die Situation beträchtlich. Es geschah etwas, das einen veränderten und verstärkten Überlebenskampf notwendig machte. Irgendwann vor dem Jahr 1200 n. Chr. übersiedelten die Anasazi in nahezu unzugängliche Einbuchtungen und Höhlen, die die Natur in die fast senkrecht abfallenden Felsenwände ihres Gebietes gegraben hatte. Dort bauten sie beeindruckende Wohnhäuser aus Stein und Holz, die auch als Festungen gegen umherziehende, wilde und angriffslustige neue Stämme wie die Apachen, Navajo und Ute dienten. Für die Anasazi wurde das Leben nun doppelt so hart. Sie mußten nicht nur fortwährend wachsam sein, sondern waren auch gezwungen, die Felswände auf- und abzuklettern, um zur Jagd gehen, sich mit genügend Wasser versorgen und ihre Felder bestellen zu können. Denn das alles konnte nur auf den darüberliegenden Hochebenen oder in den unter ihnen liegenden Tälern verrichtet werden. Im Winter waren die Höhlen kalt und feucht, und eine Unmenge von Feuerholz mußte herangeschafft werden. Die Alten und Kranken konnten nicht klettern. Den Kindern mußte beigebracht werden, daß sie nicht zu nahe an den abfallenden Felsrändern spielen konnten. Die wenigen Dörfer, die sich noch auf der Hochebene befanden, umgaben sich mit schützenden Mauern. Verständlicherweise änderten die Archäologen, die später die Ruinen dieser Siedlungen studierten, den Namen ihrer Bewohner von Anasazi zu Pueblo oder Städtebauer.
Als Folge dieser neuen Belastungen verstärkte sich das religiöse Leben des Stammes. Auf den Dorfplätzen der Felsbauten befanden sich häufig Dutzende von Kivas, und einige der Felsbauten waren ausschließlich für religiöse Zwecke bestimmt.
Auch die materielle Kultur hielt Schritt, und aus dieser Zeit stammen herrliche Töpfereien und gewobene Gewänder. Trotz-

dem zog der Stamm weiter, und sogar die großartigen Festungen der Mesa Verde waren bis zum Jahre 1300 n. Chr. vollkommen verlassen. Er zog südwärts nach Arizona und New Mexico und vereinte sich mit Stammesangehörigen, die bereits dort lebten, und ließ Tausende von beeindruckenden Ruinen zurück. An den Ufern des Little Colorado River in Arizona entstanden neue Siedlungen, und dieses Gebiet wurde zum Land der Hopi, ähnlich wie in New Mexico in Zuni, Acoma, Laguna und entlang des Rio Grande.

Die Geschichte der Hopi

Wir können uns auf die Geschichte der Hopi konzentrieren, denn ihr Leben ist typisch für die Stämme der Pueblo-Indianer im allgemeinen. In bezug auf ihr spirituelles Leben waren sie den Anthropologen und Ethnologen gegenüber bis vor kurzem noch sehr offen.

Um 1100 n. Chr. befanden sich ihre Fels- und Adobedörfer an Orten, die im heutigen Arizona Awatovi, Kawaika-a und Sikyatki genannt werden. Ausgrabungen zeigen, daß Rituale im Mittelpunkt des gesamten Lebens standen, und es hat den Anschein, daß der Stamm trotz der rauhen Lebensumstände dieses Landes wieder relativ glücklich lebte.

Aber dieses Glück dauerte nicht lange an, und die Überlebensfähigkeit der Hopi wurde immer wieder von neuem auf die Probe gestellt. Von 1276 bis 1299 wurde dieses Gebiet von einer Dürre heimgesucht, und der Wohlstand machte einem verbissenen Kampf ums Überleben Platz. Anfang des 16. Jahrhunderts tauchten zum erstenmal spanische Eroberer im Südwesten des Landes auf und begangen im Dorf von Acoma und in den Städten der östlichen Pueblo-Stämme unverzeihbare Greueltaten. Aber sie empfanden das Land der Hopi als unwirtlich und undurchdringbar. Im großen und ganzen behelligten die Spanier den Stamm nicht.

Dennoch hatte ihr Eindringen in das Land der Hopi, besonders in Verbindung mit den Erzählungen, was sie ihren Verwandten im Osten angetan hatten, eine tiefgreifende psychologische Auswirkung auf den Stamm. Die Einrichtung spanischer Missionen nach 1629 bewirkte eine umfassende Veränderung der Lebensweise der Hopi. Der Aufstand der Pueblo im Osten von 1680 beendete vorläufig die Herrschaft der Spanier, aber die verängstigten Hopi verließen dennoch ihre Siedlungen in den Talebenen und zogen in die Hochebenen, die bessere Verteidigungsmöglichkeiten boten. Dort finden wir auch heute noch die Dörfer der Hopi.

Während die von ihnen errichteten Bauten sehr beeindruckend waren, war ihr Leben äußerst trostlos. Auf den trockenen Hochebenen wuchs nichts; die Männer mußten auf- und abklettern und zu Fuß weite Entfernungen zurücklegen, um ihre Mais- und Bohnenfelder zu bearbeiten. Die Frauen mußten täglich anstrengende Wege zurücklegen, um riesige Mengen Wasser und Feuerholz herbeizuschaffen. Sie mußten zeitraubende Wanderungen in die Berge unternehmen, um sich Bauholz zu beschaffen. Epidemien, die regelmäßig von Außenstehenden verbreitet wurden, reduzierten die Hopi-Bevölkerung. Die Pockenepidemie von 1813 hatte besonders schwere Folgen. Der Druck der Navajo, Apachen und Ute vereitelte alle ihre Versuche, sich in einladenderen Gebieten anzusiedeln.

Als Mexiko im Jahre 1821 seine Unabhängigkeit erlangte, bedeutete dies auch ein Ende der spanischen Herrschaft für die Hopi. Aber von seiten der Mexikaner erhielten sie keine Unterstützung. Auch sie unternahmen nichts gegen die angloamerikanischen Pioniere, die sich langsam in diesem Gebiet ansiedelten und gelegentlich die Gärten der Hopi plünderten, um sich Nahrung zu beschaffen. Dabei kam es vor, daß Hopi-Männer, die sich ihnen entgegenstellten, getötet wurden. Die Vereinigten Staaten beendeten 1848 die mexikanische Oberhoheit, und kurze Zeit später unterwarfen amerikanische Streitkräfte die kriegerischen Navajo und setzten dieser Bedrohung der Hopi ein Ende. Aber die weißen

Händler brachten die Pocken in ihr Land, die in den Jahren 1854 und 1864 mit vernichtender Gewalt unter den Hopi ausbrachen. Mehrere Dürreperioden vergrößerten das Elend noch mehr.
Im Jahre 1858 trafen mormonische Missionare ein, und bald folgten ihnen Missionare anderer Religionszugehörigkeit. Sie setzten alles daran, die Hopi – auch mit Gewalt – zum Christentum zu bekehren. Die Hopi glaubten zum Beispiel wie auch andere Indianer, daß das Kopfhaar ein Teil der Seele war und seine Länge und sein ständiges Wachsen die Spiritualität des Trägers zum Ausdruck brachte. Es wird erzählt, wie einige Missionare angeblich aus hygienischen Gründen, in Wirklichkeit aber, um die Moral der Hopi zu brechen, die Hände deren Kinder mit Stacheldraht hinter dem Rücken zusammenbanden, so daß sie sich nicht wehren konnten, wenn man ihnen das Haar kurz schnitt. Man kann sich sehr leicht vorstellen, was sonst noch vor sich ging.
Der erste Agent der Vereinigten Staaten kam 1869 ins Land der Hopi, und 1882 wurde eine Reservation von circa 10 000 Quadratkilometern festgelegt, die die drei Dörfer auf der Hochebene mit einschloß. Im Jahr 1891 umfaßte der Stamm der Hopi insgesamt 1994 Personen. Ganz offensichtlich hatten Dürren und Krankheiten ihre Zahl beträchtlich verringert.
Die ersten amerikanischen Touristen, die die Hopi-Dörfer nach 1882 besuchten, waren überrascht und erfreut zu sehen, daß das Leben dort immer noch gleich verlief wie zu den Zeiten der Coronado-Expedition, die 1540 als erste auf den Stamm der Hopi stieß. Tatsächlich wurde erst gegen Mitte des 20. Jahrhunderts der Einfluß der Weißen im Land der Hopi deutlich sichtbar. Die Bevölkerung nahm weiter zu, und bis 1948 war die Zahl der Hopi auf 4407 angestiegen.

Das Leben war ein Kreislauf

Für die Hopi war das Jahr und das Leben selbst ein Kreislauf. Alle Dinge im Universum hatten weder einen Anfang noch ein Ende.

Starb ein Hopi, dann wurde er in der Unterwelt wiedergeboren, und das Leben dort verlief ähnlich wie auf der Erdoberfläche. Diese tröstende Erkenntnis gab den Hopi ein allgemeines Gefühl der Sicherheit und war für sie Grund genug, um Monat um Monat diesem alten Pfad zu folgen, der ihnen ein immer erfülltes Dasein versprach. Das Leben war nie leicht, aber das war auch gut so, denn dadurch wurden die Menschen daran erinnert, daß sie von den Höheren Wesen abhängig waren. Außerdem brachte Bequemlichkeit Stolz mit sich, Stolz führte leicht zu Meinungsverschiedenheiten, und Meinungsverschiedenheiten verursachten zwangsläufig Uneinigkeit. An erster Stelle stand das Wohlergehen des gesamten Dorfes, der einzelne kam zum Schluß. Jedes Dorf verfügte über eine Stärke als Einheit, auf die sich der einzelne Hopi stützen und verlassen konnte. Die Gebete und Taten wurden durch die Anzahl der Anwesenden vervielfacht, und sogar jene, die gestorben und in der Unterwelt wiedergeboren waren, konnten den Menschen auf der Erde ihre Stärke und ihren Rat zukommen lassen. Gottheiten wachten über jeden Aspekt des Lebens, und sie versorgten die Hopi mit all dem nötigen Wissen, damit sie in den entsprechenden Situationen ihre Hilfe erlangen konnten. Das war und ist immer noch ein guter Pfad. Es überrascht nicht, daß die christlichen Missionare nur langsam mit den Hopi vorankamen. Außenstehende, die das Land der Hopi besuchten, waren beeindruckt von dem zutiefst spirituellen Leben dieses Volkes, das trotz aller Schwierigkeiten und Herausforderungen seit zwei Jahrtausenden seine geistige Lebensweise kaum geändert hatte.

Im weltlichen Leben erlebten sie jedoch gewaltige Veränderungen. 1887 wurde in Keams Canyon eine staatliche Schule gegründet; ihr Besuch war Pflicht, und wie schon oben erwähnt, mußten sich die Hopi die Haare schneiden lassen. Die Missionare verursachten hinsichtlich verschiedener Aspekte des traditionellen Lebens unter den Hopi eine Spaltung, und im Laufe der Jahre änderte sich die weltliche Erziehung der Hopi-Kinder erheblich.

Hopi-Kachina

Moralische Probleme wurden immer zugunsten der Missionen gelöst, und jene Hopi, die die neuen Regeln verletzten, wurden schwer bestraft. Um die Tradition aufrechtzuerhalten, hatten die Hopi keine andere Wahl, als ein Doppelleben zu führen, indem sie sich für die Weißen auf eine Art verhielten und zu Hause und in den Kivas heimlich die alten und von ihnen bevorzugten Lebensweisen weiterführten.

Bevor die Hopi mit den Weißen in Berührung kamen – auf religiösem Gebiet sogar noch über diesen Zeitpunkt hinaus –, lehrten sie ihre Kinder sehr früh schon die Bräuche und den Glauben ihres Volkes. Im Alter von wenigen Monaten ließen sie die Kinder jedes öffentliche Ritual, das im Dorf stattfand, miterleben. Die Kinder wuchsen mit den Kachinas auf, deren fesselnde Bedeutung ich weiter unten erklären werde. Die Kachinas und das Leben waren untrennbar miteinander verbunden und wurden als eins betrachtet.

Die Geschichte der Hopi wurde in Form von Traditionen und Erzählungen weitergegeben, die das Leben vor dem Verlassen der Unterwelt beschrieben (der Austritt erfolgte durch das kleine sogenannte Sipapu-Loch im Boden der Kivas), die langen Jahre des Umherwanderns, bevor die Hopi seßhaft wurden, und schließlich die Ursprünge ihrer vielen religiösen Zeremonien. Diese Offenbarungen wurden mündlich von Generation zu Generation durch ältere Männer weitergegeben, die in den Überlieferungen der Anasazi-Pueblo sehr bewandert waren. Diese wurden den Kindern so lange erzählt, bis sie jede Legende mit vollkommener Genauigkeit wiederholen konnten. Vergleicht man einige heute erzählten Geschichten mit jenen, die von den Spaniern im 16. Jahrhundert niedergeschrieben wurden, stellt man fest, daß sie bis ins kleinste Detail übereinstimmen.

Durch staatliche Schulen und andere Einflüsse der Weißen veränderten sich das Verhalten und die religiösen Umstände der Hopi gewaltig. Aber die wichtigste Phase in der Erziehung eines Kindes begann auch jetzt noch, bevor es ein Alter von zehn Jahren erreichte. Dann nämlich wurden die Jungen und Mädchen in den Kachina-Kult des Stammes eingeweiht. Einige Jahre später taten sie den zweiten Schritt, indem sie einer oder mehreren der verschiedenen geheimen Gesellschaften beitraten. Sobald ein Junge das Jugendalter erreicht hatte, unternahm er seinen dritten und wichtigsten Schritt. Jetzt erlebte er die Stammeseinweihung und wurde zum Soyal-Ritus zugelassen, mit dem der jährliche Zeremonienzyklus eröffnet wurde. Indirekt nahmen auch die Mädchen am Ritus der Jungen teil, und eine ständige Vertiefung in das religiöse Leben erfüllte und prägte die Existenz der Hopi.

Im selben Rahmen fand auch der Großteil der Erziehung der Erwachsenen statt. Es handelte sich um eine umfassende und magische Erziehung, voller unerwarteter und mysteriöser Dinge. Man könnte sagen, sie war voller wundersamer Dinge, nur betrachteten die Hopi, wie auch andere Indianer, die außerordentlichen Taten der Höheren Wesen als Antwort auf die Rituale und nicht als Wunder. Ein »Wunder« wäre es dann, wenn die Wesen ihre Versprechen nicht halten würden. Und doch wurde dieser Aspekt des Lebens von den Hopi nicht in Frage gestellt, denn seine Wirksamkeit war dadurch gewährleistet, daß er immer in der vorgeschriebenen Weise ausgeführt wurde. Mit Hilfe dieses Weges und seiner Segnungen hatte das Volk seit seinen Anasazi-Anfängen überlebt.

In der traditionellen Vorstellung der Hopi hatten die Natur und die Götter ein und denselben Geist und Zweck. Sieben Hauptgottheiten teilten sich die grundlegende Macht, durch die das Leben geregelt und erhalten wurde. Einige wohnten über ihnen, andere in der Unterwelt. Eine allmächtige Gottheit mit dem Namen Co-tuk-inung-wa erschuf die Erde. Muingwu kontrollierte das Keimen, lebte in der Unterwelt und war der Wächter des Lebens. Gna-tum-si schuf das Leben. Baho-li-konga war die große Schlange, die das Blut des Lebens, die Säfte der Pflanzen und das Wasser kontrollierte. Masau'u herrschte über den Tod. Omau hatte die Wolken und den Regen in seiner Gewalt. Dewa war die

Sonne oder der Vater. Abgesehen von den ursprünglichen oder obersten Kachina-Geistern waren Kachinas menschliche Geister, die als Vermittler wirkten, den Gottheiten die Botschaften der Menschen brachten und als Überbringer der Segnungen zurückkehrten. Auch die Geister einiger nichtmenschlicher Wesen dienten als Boten, ebenso wie die Pahos (Gebetsstäbe) und andere rituelle Gegenstände.

Oben:
Zeremonielle Gebetshacken

Links:
Zeremonieller Bärentatzenfäustling

Die dem Glauben der Hopi zugrunde liegende Vorstellung war, daß alle erschaffenen Dinge – die menschlichen und nichtmenschlichen, die belebten und unbelebten – eine Individualität besaßen, und jedes Ding hatte im Zusammenhang mit allen anderen Phänomenen seinen angemessenen Platz und eine bestimmte Rolle im kosmischen Plan. Aber während die nichtmenschlichen Wesen ihre Pflichten mehr oder weniger automa-

tisch nach dem göttlichen Gesetz erfüllten, besaßen die Menschen genau festgelegte Verantwortungen, die erlernt und auf die traditionelle Weise ausgeführt werden mußten.
Ein wichtiger Bestandteil der Kindererziehung war das Erlernen dieses Weges. Der Weg bestand aus den Handlungen, Gefühlen und Gedanken einer jeden denkbaren Rolle, die ein Mensch von der Geburt bis zu seinem Tod im Laufe des Lebens übernehmen mußte. Das Wohlergehen des Stammes und des einzelnen, und zwar in dieser Reihenfolge, hing von der verantwortungsvollen und bedingungslosen Erfüllung dieser Rolle ab. Die Verantwortungen nahmen mit dem Alter zu und erreichten ihren Höhepunkt in der Teilnahme an den Zeremonien. Dabei hatte der Häuptling des Dorfes die größte Last zu tragen und nach ihm die Oberhäupter der Clans.
Die Matriarchin war in dem so wichtigen, matrilinear ausgerichteten Gesellschaftssystem von unerläßlicher Bedeutung. Erwartungsgemäß lehrte der Weg die jungen Leute Respekt gegenüber den Älteren, die sie mit der Bitte um Ratschläge und Lösungen bei Fragen aufsuchten, die ein glückliches und produktives Leben betrafen. Sie wußten, daß Erfahrung und die Lehren der Geschichte von großer Bedeutung waren. Die Hopi waren vernünftig genug, um die Werte der Gegenwart zu erkennen, waren gleichzeitig aber auch zuversichtlich und bedachten die Zukunft. Von Natur aus hielten sie jedoch streng an jenem Prinzip fest, das auch der bekannte Anthropologe Louis Leaky vertrat: »Die Rettung des Menschen erfolgt durch die Vergangenheit der Menschheit.« In diesem Sinne gaben die Älteren nie den aktiven Dienst auf und hatten einen entscheidenden Einfluß auf die Erfüllung des Lebens eines jeden einzelnen.

Körperliche und geistige Zeremonien

Es überrascht nicht, daß das religiöse Leben während einiger Monate bis zu sechzehn Tage beanspruchte und daß neben den wichtigsten Zeremonien jeder einzelne Tag für Tag unzählige religiöse Handlungen ausführen mußte. Die Regeln, die bei den Ritualen beachtet werden mußten, umfaßten zwei Aspekte: den *körperlichen* und den *geistigen.* Wurde der eine oder andere vernachlässigt oder irgendeine Regel gebrochen, bewirkte das einen Mißerfolg. Die Teilnehmer an den Zeremonien mußten die angemessenen Handlungen ausführen und die Tabus beachten. Sie mußten ihre Emotionen und Herzen unter Kontrolle haben und durften nur in jenen Augenblicken Begeisterung zeigen, wenn die Tradition dies erlaubte, so zum Beispiel während der rituellen Reinigung der Schlangen in der Schlangenzeremonie. Das Bewußtsein war erweitert, und die Teilnehmer fühlten und lernten Dinge, die weit über den Bereich des gewöhnlichen Menschen hinausgingen. Aber eine derartige Kontrolle konnte eine Person nur durch strenge Hingabe erreichen, und manchmal waren dazu die lebenslange Teilnahme an Zeremonien und Gebete nötig.

Bei der Ausübung von Kontrolle galt das Gebet als ein Instrument, um mit dem Willen etwas zu erreichen. Die Hopi glaubten daher, daß durch die Ausführung ritueller Handlungen, dazu gehörten auch die Gebete, die Menschen zusammen mit den Kachina-Geistern die Natur in gewisser Weise kontrollieren konnten.

Führte der Mensch seine Pflichten nicht weise aus, konnte das Universum selbst aus dem Gleichgewicht gebracht werden. Offensichtlich fühlte sich jeder einzelne Hopi persönlich wertvoll und wichtig. Schließlich hing ein Großteil der erfolgreichen Bewahrung des Lebens von ihm ab. Er besaß Stolz, wußte, wo sein Platz war, und hatte ein wahres Selbstwertgefühl. Die Bewegung der Sonne, das Fallen des Regens, das Wachsen der Saaten und die gesamte Vermehrung hingen vom richtigen, vollständigen und aktiven Erfüllen der Regeln durch den Menschen ab. Wollten die Hopi, daß diese Dinge eintraten, dann mußten sie einzeln und als Gesamtheit ihre Rollen erfüllen. Während also die Freiheit des einzelnen besonders hervorgehoben wurde, war das Verhalten der Hopi durch ihre Angst geregelt, sich in ihrem Verhalten nicht genügend einzufügen. Eine Person wagte es nur selten, aus den traditionellen Verhaltensformen auszubrechen.

Die Hopi heute

Druck von außen ändert auch heute noch die Lebenssituation der Hopi laufend, und in ihrem weltlichen Leben gab es viele bedeutende Veränderungen. Seit den vierziger Jahren wurden in der Nähe der Dörfer Volksschulen eingerichtet, die aber in den Talebenen lagen. Die Kinder mußten weite Strecken bis zur Schule zurücklegen und kehrten erst am Nachmittag zu ihren Familien zurück. Auch die Eltern konnten Schulen besuchen und am Schulsystem teilhaben.

In neuerer Zeit wurden modernere schulische Einrichtungen und Unterkünfte für Lehrer an Orten errichtet, die so weit entfernt liegen, daß sie nur im Bus zu erreichen sind. Die Verbindung zwischen Heim und Schule besteht also nicht mehr. Die Lehrer besuchen die Familien nur selten, was für die Hopi schwerwiegende Probleme mit sich bringt. Denn sie versuchen, ihr Leben in den Mittelpunkt der ganzen Gemeinde zu stellen.

In der Hopi-Reservation gibt es keine Oberschule, außer es hat sich in der letzten Zeit etwas geändert. Die jungen Hopi, die ihre Erziehung fortsetzen wollen, sind gezwungen, ihr Heim während dieser kritischen Periode in ihrem Leben zu verlassen und in Internaten in Städten wie Phoenix, Arizona, und Riverside, Kalifornien, zu leben.

Auch andere Aspekte des täglichen Lebens in der Außenwelt belasten die Hopi immer noch, und es werden laufend Versuche unternommen, die Hopi ihrer traditionellen Religion zu entfremden. Die Häuser, die nicht mehr auf den Hochebenen liegen, sind modern und bequem; Stammeskostüme werden fast ausschließlich bei zeremoniellen Anlässen getragen. Kleinlieferwagen sind eine notwendige Annehmlichkeit, und in einigen Häusern genießt man das Fernsehen in vollen Zügen, auch wenn es Uneinigkeit

schafft, weil es die Menschen mit gegensätzlichen Welten konfrontiert.
Das Kunsthandwerk blüht, und viele Hopi haben als Künstler und Handwerker internationales Ansehen erlangt. Sie sind hervorragende Silberschmiede, Weber, Töpfer und Maler. Die Reservation besitzt ein Gemeindehaus und Kunstzentrum, und die Stammesangelegenheiten werden dort geschäftsmäßig erledigt. Trotz des Leidens und Elends haben die Hopi durchgehalten, sie leben weiter.

Kapitel II

Die erhabenen Cherokee

Die Cherokee sind der bekannteste Stamm unter den amerikanischen Ureinwohnern, über den wir aber zugleich am wenigsten wissen. Heute gehören dem Stamm mehr als 150 000 Menschen an. Darüber hinaus lebt in verschiedenen Teilen Nordamerikas eine noch größere Anzahl von Menschen mit einem kleinen Prozentsatz an Cherokee-Blut, die alle bei jeder Gelegenheit sehr stolz ihre Abstammung verkünden.

Ein zivilisierter Stamm

Zu sagen, daß sie am besten und am wenigsten bekannt sind, scheint ein Widerspruch zu sein, ist aber wahr. Am besten bekannt sind sie wegen ihrer erstaunlich schnellen Wandlung, durch die sie zwischen 1700 und 1825 von der alten Kultur zur Lebensweise der Weißen übergegangen sind. Die Weißen bezeichneten sie damals als den ersten »zivilisierten« Stamm. Aber gerade wegen dieser raschen Wandlung wissen wir auch sehr wenig über sie. Die alte religiöse und materielle Kultur wurde so rasch und von Grund auf verändert und dann aufgegeben, daß alle ihre Spuren in Vergessenheit geraten sind. Durch diesen Mangel an Material entsteht der Eindruck, als seien die Cherokee ganz plötzlich aus dem Nichts aufgetaucht. Sobald der Prozeß ihrer Wandlung abgeschlossen und ihre Umsiedlung vom Land ihrer Väter in den Südosten, dem heutigen Oklahoma und Nordwesten von North Carolina, vollendet war, verstummte auch das Interesse an ihnen. So, als hätte nichts in ihrer gesamten Kultur weitere Nachforschungen gerechtfertigt.

Bis vor kurzem glich die Suche nach Informationen über die vorkolumbischen Cherokee dem Studieren einer Tafel, auf der einmal die gesamte Geschichte dieses Volkes geschrieben stand, dann aber alles außer der Zeit zwischen 1700 und 1840 ausgelöscht worden war. Von der Zeit davor und danach waren nur mehr blasse Spuren zu erkennen ... irgend etwas war einmal vorhanden gewesen, aber der Betrachter konnte sich nur verwundert fragen, was das wohl gewesen sein mag. Ausführliche Beschreibungen der Cherokee in den Jahren von 1700 bis 1840 liefern uns den Beweis, daß sie ursprünglich ein außergewöhnliches Volk waren – und auch heute noch sein müssen –, dessen ganze Geschichte bekannt werden sollte.

Ein kurzer Überblick über ihre rekonstruierte Geschichte deutet darauf hin, daß die Cherokee einmal der mächtigen Irokesen-Familie der Großen Seen angehörten. Vor langer Zeit, zu einem unbekannten Zeitpunkt, trennten sich die Cherokee wegen irgendwelcher Uneinigkeiten von den anderen Irokesen. Sie zogen langsam südwärts, durch jenes Gebiet, das heute als die Staaten Ohio, Pennsylvania und Virginia bekannt ist.

Dann endlich fanden die über 20 000 Cherokee eine geeignete neue Heimat. Sie erhoben sehr schnell Anspruch auf eine ausgedehnte Wildnis, die heute folgende Staaten umfaßt: den westlichen Teil North Carolinas, South Carolina, Virginia, West Virginia, den Norden von Georgia und Alabama, ganz Tennessee, bis auf den westlichen Teil des Staates, und jene Teile von Kentucky, die an Tennessee angrenzen.

Archäologen bemühen sich festzustellen, wann sich die Cherokee im Südosten Nordamerikas niederließen. Zur Zeit nimmt man an, daß dies ungefähr um 1300 n. Chr. erfolgte. Den darauffolgenden Zeitraum von 240 Jahren bis zum Jahre 1540, als der Eroberer DeSoto auf sie stieß, könnte man am besten als eine formende Periode bezeichnen, in der sich die Cherokee in ihrer neuen Heimat niederließen und begannen, ihre Zivilisation herauszubilden.

Im Laufe der Zeit glich sich die Kultur der Cherokee jener der bereits im Südosten lebenden Stämme an, da sie viele der Gewohnheiten ihrer indianischen Nachbarn annahmen. Neben anderen Bräuchen übernahmen sie die Töpfereitechniken der Catawba-Indianer und flochten Körbe im Mississippi-Stil in der Doppelfadentechnik. Außerdem haben sich den Cherokee wahrscheinlich einige der von ihnen verdrängten Indianer angeschlossen, wodurch ein Kulturgemisch entstand.

Die Zivilisation blüht

Schließlich entwickelten sich die Cherokee zu einer blühenden und bedeutenden Nation mit einem pulsierenden materiellen und spirituellen Leben. Ihre Gesellschaft nahm nie die Ausmaße jener der Maya oder Azteken an, aber sie war dennoch so großartig, daß jeder davon beeindruckt war. Das galt auch für jene weißen Händler, die Anfang des 18. Jahrhunderts mit ihnen zusammentrafen. Jene Händler stellten fest, daß die Cherokee in vier Hauptgruppen auf ihrem bewaldeten Gebiet lebten. Auf dem fruchtbaren Land wimmelte es von Wild, und es gab zahlreiche natürliche Nahrungsmittel, Quellen und Bäche. In der Tat waren ihre Länder so reich, daß sich angrenzende Nationen mit den Cherokee darum stritten. Diese Begegnungen waren so heftig und anhaltend, daß die Region als »der dunkle und blutige Boden« bekannt war.
Die Städte und Dörfer der Cherokee waren zwar weit verstreut, lagen aber immer in der Nähe eines Flusses oder Baches, wo das Land flach und fruchtbar war. Die Lage wurde so gewählt, daß Ackerbau möglich war, eine Quelle für Fisch und Schalentiere in der Nähe und Plätze vorhanden waren, die Rotwild, Elche, Bisons und Geflügel anzogen. Ihre wichtigste Nutzung fanden die Flüsse und Bäche in der Durchführung der Reinigungsrituale, die in der Religion der Cherokee unerläßlich waren.

Kriege stellen das Überleben in Frage

1740 wurde die Überlebensfähigkeit zum erstenmal wirklich auf die Probe gestellt. Berichten der Händler zufolge hatten die sogenannten »heißen Kriege« mit anderen Indianerstämmen zur Zerstörung mehrerer der schönsten Städte der Cherokee geführt.

Auch wurde ihr Herrschaftsgebiet mehr und mehr eingeschränkt. Diese die Zukunft ankündigende Zeit löste beim Volk der Cherokee eine tiefe Selbstbeobachtung aus, und die Händler fragten sich, ob auch nur irgendein Dorf oder Bürger der Cherokee lange überleben würde. Aber sie überlebten, und das Leben ging weiter. Die Cherokee waren ständig aktiv, und religiöse Gedanken und Handlungen beherrschten alle anderen Beschäftigungen. Eine Untersuchung der alten Lebensweise der Cherokee enthüllt, daß das Volk eine dynamische Kultur besaß, die sich aus verschiedenen Kontakten, Verschmelzungen und häufigen Änderungen entwickelt hatte. Vor allem diese Tatsache läßt uns erahnen, wie anpassungsfähig die Cherokee waren, die die Folgen von Veränderungen willkommen hießen und das Beste aus ihnen machten. Verfolgen wir ihre Geschichte weiter, können wir sehen, wie diese vielversprechende Eigenschaft wieder und wieder zutage tritt.

Die Siedlungen der Cherokee setzten sich aus Gruppen von nahen Verwandten zusammen und umfaßten Mitglieder von mindestens vier Clans. Während außerhalb der Pfahlzäune immer bestellte Felder zu finden waren, so wurde in den frühen Städten und Dörfern aus Sicherheitsgründen auch innerhalb des Zauns ein großes Feld bestellt. Sowohl in den außen als auch in den innen gelegenen Feldern besaß jede Familie in jedem Clan ein eigenes Stück Land, das durch Erdhaufen, Steinreihen oder den Besitz kennzeichnende Stöcke markiert war. Unter der Leitung des Oberhauptes des Dorfes arbeiteten alle Männer und Frauen bei der Bestellung jedes Abschnitts zusammen. Die Männer verrichteten die Arbeit auf den Feldern, jagten, fischten, bauten Wohnhäuser und die religiösen bzw. Gemeindegebäude, trafen die öffentlichen Entscheidungen und veranstalteten die religiösen Feste. Männliche Priester erzogen die Jungen zu Priestern und Jägern. Die Männer nahmen an den Friedensräten teil und betrieben Handel; sie verteidigten das Dorf. Die Frauen herrschten über das Haus, und zu ihren zahlreichen Pflichten gehörten die Ver-

Ein Hoherpriester der Cherokee und das Heilige Feuer

sorgung des Heims und das Aufziehen der Kinder. Außerdem halfen sie, die Felder zu bebauen, zu pflegen und zu ernten; zu Hause und bei Ritualen bereiteten sie die Mahlzeiten zu; sie holten Wasser, sammelten Holz, stellten die Kleidung her und hielten sie instand, kochten, machten Körbe und Töpferwaren und führten zu festlichen Anlässen bestimmte rituelle Tänze auf. Auserwählte Frauen beteiligten sich an Entscheidungen des Rates, und sogenannte Geliebte Frauen bestimmten, was mit indianischen Gefangenen geschehen sollte.

Die weißen Händler beschrieben den erwachsenen Cherokee-Mann als offen, ehrlich und im Krieg wild, listig und unerbittlich. Er liebte die Freiheit und verteidigte seine Rechte vehement. Er liebte seine Frau und Kinder über alles, liebte und respektierte seine Eltern, und in seinem Heim verhielt er sich selten rauh. Die Frauen hatten eine sanfte Natur, waren liebenswürdig, bescheiden und fleißig. Die jungen Frauen waren oft außergewöhnlich schön. Die Frauen waren wirklich so attraktiv und hatten so viele wünschenswerte Eigenschaften, daß ein Händler nach dem anderen eine von ihnen zur Frau haben wollte. Diese frühen Mischehen waren der Beginn einer Entwicklung, die letztlich die Nation veränderte und ihre Geschichte in eine neue Richtung lenkte.

Die Häuser der Cherokee umfaßten einen oder zwei Räume und bestanden aus einem Holzrahmen, mit Lehm beworfenen Wänden und einem Giebeldach. In der Mitte eines jeden Dorfes stand auf einem künstlich aufgeworfenen Erdhügel das runde Haus des Stadtrates, das ein kugelförmiges Dach und einen Grundriß von circa fünfzehn Metern Durchmesser besaß. An dessen Vorderseite befand sich ein offener Heiliger Platz. Hier trafen sich die Stammesältesten und obersten Krieger, um öffentliche und religiöse Fragen zu besprechen. Hier versammelten sie sich auch mit allen Männern der Stadt oder des Dorfes zu gesellschaftlichen Zwecken und zur Unterhaltung. Die gesamte Gemeinde kam hier zusammen, um Feste zu feiern und zu tanzen. Das Rathaus war das Zentrum einer jeden Siedlung. In der Mitte des Hauses brannte ständig ein Heiliges Feuer. Das Haus war mit weichen Liegen ausgestattet, auf denen die Leute entweder saßen oder – ähnlich wie im alten Rom – lagen. Jeder hatte seinem Rang nach einen zugewiesenen Platz, und die Clans saßen beisammen. Die großen religiösen Zeremonien der Gemeinde wurden immer dort abgehalten.

Um 1600 war das Regierungssystem der Cherokee bereits hoch entwickelt. Langsam können wir ganz deutlich die wahre Größe der Cherokee-Nation erkennen, ebenso wie einen anderen Aspekt ihrer Persönlichkeit, durch den sie sich leicht an plötzliche Veränderungen anpassen konnten. In ihrem aufgeklärten Regierungssystem setzten sie sich mit der Freiheit des einzelnen und den Menschenrechten auseinander. Es beinhaltete ein Gefühl der geteilten Verantwortlichkeit und ein Bewußtsein der Konsequenzen von Taten, also die besten Kennzeichen einer Demokratie und Republik. Diese Eigenschaften machten sie für die Annahme jener Prinzipien empfänglich, mit denen sie bei ihrem Zusammentreffen mit der jungen Bundesregierung der Amerikaner konfrontiert wurden.

Das Heptagon der Cherokee

An der Spitze der Gesellschaftsordnung stand die Hauptstadt der Nation, gefolgt von der Stadt, dem Haushalt und dem Clan. Auf einem hohen Hügel in der Hauptstadt stand ein riesiges, luxuriös eingerichtetes Heptagon, ein Gebäude, das aus sieben Wänden und einem kegelförmigen Dach bestand. Dort wurden die nationalen Feste gefeiert, dort formierten sich die großen Kriegergruppen, bevor sie in den Krieg zogen, und dort wurden Maßnahmen, die die gesamte Nation betrafen, verkündet.

In der Mitte des Heptagons brannte ständig das Allerheiligste Feuer der Nation. Dem Feuer wurden Tabak- und Wildfleischopfer dargebracht, und jedes Jahr wurde es neu entzündet. Direkt vor dem Heptagon lag der große Heilige Platz, wo rituelle Tänze und heilige Spiele durchgeführt wurden.

Die Rote und die Weiße Organisation

Nachdem die Cherokee abwechselnd im Kriegs- und im Friedenszustand lebten, entwickelten sie eine Stammesregierung, die aus einer Weißen (Friedens-)Organisation und einer Roten (Kriegs-)Organisation bestand. Die Weiße Organisation setzte sich aus Ratsmitgliedern zusammen, die fünfzig Jahre oder älter waren, von denen viele als Priester sowohl weltliche als auch religiöse Funktionen erfüllten. Je nach Rang unterschieden sich ihre Vollmachten und reichten vom prachtvoll gekleideten obersten Hohenpriester mit dem Cherokee-Namen *Uku* bis zu den niederen Räten, die für die weniger wichtigen Staatsangelegenheiten gebraucht wurden. Neben der Ausübung des bürgerlichen Rechts hatten die Weißen Ratsmitglieder die Gewalt über die Gebete, um Segnungen von den Höheren Wesen, Sonne, Mond und anderen Schutzgeistern zu erflehen. Diese konnten Krankheiten, Wunden und sogar den Tod verhindern oder abwenden, insofern dies der Wille der höchsten Mächte war. Nur Weiße Ratsmitglieder konnten Unreinheiten von beschmutzten Personen beseitigen und sie wieder zu einem normalen Leben zurückführen. Weiße Ratsmitglieder und ihr Besitz waren heilig, und sie unterschieden sich von den anderen Bürgern.

Die Rote Organisation bestand aus einer Gruppe von Ratsmitgliedern, die dieselben Ränge und Pflichten hatte wie die der Weißen Organisation. Ihre Amtsgewalt erstreckte sich jedoch ausschließlich auf militärische Fragen. Die Rote Organisation unterstand der Weißen, da der oberste Hohepriester Kriegshäuptlinge ernennen und absetzen konnte.

Normalerweise erwarben sich die Roten Ratsmitglieder ihren Rang durch Tapferkeit in der Schlacht und erhielten die Namen Rabe, Wolf, Fuchs oder Eule, denn diese Tiere symbolisierten äußerste Schlauheit und Tapferkeit. Rote Ratsmitglieder wurden durch Sieges- und Skalptänze geehrt, und im Haus des Stadtrates saßen sie auf Ehrenplätzen. Da Kriege mit Toten verbunden waren und das Blutvergießen eine Verunreinigung mit sich brachte, hatten viele Kriegsrituale den Zweck, mit den Auswirkungen der Verunreinigung fertig zu werden und sie zu beseitigen. Nach einer Schlacht mußte immer eine Reinigung erfolgen. Zu jedem kriegerischen Unternehmen gehörte auch die Weissagung mit Hilfe von Kristallen und eine Opfergabe für das Heilige Feuer. Eine Gruppe von Geliebten Frauen war bei jedem Kriegsrat anwesend. Diese Frauen dienten als Berater der männlichen Häuptlinge und bestimmten außerdem, was mit den Kriegsgefangenen geschehen sollte. Die Ehefrauen der Priester waren auch Frauen von Rang und trugen entsprechende Kleidung.

Zwei Sekten

Jene Cherokee, die 1835 schon sehr alt waren und deren Quellen des Wissens weit bis ins 17. Jahrhundert zurückreichten, wußten zu berichten, daß, solange ihre Geschichte zurückverfolgt werden konnte, die Nation in bezug auf ihren Glauben an göttliche Wesen immer in mindestens zwei Gruppen geteilt war.

Der ersten Sekte gehörte ein Großteil des Volkes an, und nach ihrem Glauben waren mehr als zwei Wesen aus der Höhe herabgestiegen und hatten die Welt geformt. Dann erschufen sie Sonne und Mond, die sie zu den Herrschern der gesamten niederen Schöpfung machten. Anschließend kehrten sie in ihre Heimat in der Höhe zurück und kümmerten sich nicht mehr um diese Welt. Die Sonne vollendete das Werk der Schöpfung, schuf den ersten Mann und die erste Frau, ließ die Bäume und Pflanzen wachsen und Früchte tragen und lenkte, beobachtete und bewahrte weiterhin alles auf Erden.

Die kleinere Sekte glaubte an drei Wesen, die immer beisammen waren und in allem übereinstimmten. Sie erschufen alle Dinge, waren überall gegenwärtig und herrschten über alles. Diese drei saßen auf drei weißen Sesseln in der Höhe, und alle Gebete waren an sie gerichtet. Sie hatten Boten, die auf diese Welt kamen und sich um die Angelegenheiten der Menschen kümmerten.

Diese Sekten unterschieden sich nur in den Objekten ihrer Verehrung, aber nicht in ihrer äußeren Form oder den Zeremonien. Beide Glaubensgruppen waren sich darin einig, daß am Anfang alle Kreaturen und Gegenstände unschuldig und harmlos waren. Damals besaßen sogar die Schlangen kein Gift, und Gräser, die jetzt gesundheitsschädlich sind, waren ursprünglich als unschädliche Pflanzen erschaffen worden.

Sechs nationale Feste

In alten Zeiten hielten die Cherokee alljährlich eine Serie oder einen Zyklus von sechs nationalen Festen ab. Jedes Fest verlief anders und hatte seine eigenen Rituale. Sie wurden in der Hauptstadt des Landes gefeiert, wo sich nahezu die gesamte Bevölkerung der Nation aufgrund einer Verordnung versammelte, die der Uku bei diesen Gelegenheiten durch seine sieben Berater verbreiten ließ. Zu solchen Anlässen herrschte überall Großzügigkeit und Wohlwollen, die Häuser in der Hauptstadt standen jedem offen, und Gastfreundlichkeit war selbstverständlich.

Das erste Fest im Rahmen dieses Zyklus war das Große Fest des Neumondes, das beim ersten Neumond im Herbst abgehalten wurde. Als zweites folgte das Fest der Versöhnung und Festigung. Es fand zehn Tage nach dem Fest des Neumondes statt. Das dritte Fest war das des Preisenden (oder Springenden) Busches. Das vierte Fest war das des Ersten Neumondes des Frühjahrs, das dann gefeiert wurde, wenn das neue Gras zu sprießen begann. Das fünfte Fest war das Fest des Neuen Grünen Mais; es wurde abgehalten, sobald der junge Mais zum erstenmal wieder genießbar war. Ungefähr vierzig bis fünfzig Tage nach dem Fest des Neuen Grünen Mais folgte das sechste Fest des Reifen Grünen Mais, wenn der Mais hart und genau richtig zum Essen war.

Neben diesen großen Feiern wurden sowohl in der Hauptstadt wie auch in den verschiedenen Städten und Dörfern zahlreiche kleinere Rituale abgehalten. Alles in allem beanspruchten diese Zeremonien, die die Cherokee feierten, unendlich viel Zeit, und deshalb müssen wir uns fragen, ob auch nur annähernd soviel Zeit für Kriege übrigblieb, wie das in Filmen und in der Literatur meist dargestellt wird.

Die Anpassungsfähigkeit der Cherokee

Kehren wir nun wieder in die Zeit vor 1700 zurück, und verfolgen wir, wie die Cherokee sich so schnell verändern, ihre großartige alte Lebensweise aufgeben und die Lebensweise der Weißen annehmen konnten. Dabei müssen wir uns vor Augen halten, wie großartig die Zivilisation der Cherokee gewesen war und wieviel sie erreicht hatten.
Nach dem Zusammentreffen mit DeSoto und seiner Expedition ging das Leben der Cherokee bis zum Jahr 1667 mehr oder weniger auf die beschriebene Weise weiter. In dem Jahr suchte eine britische Handels- und Forschungsexpedition, geführt von Henry Blatt, den Stamm auf. Dies war ein entscheidendes Jahr in der Geschichte der Cherokee, weil es einen Wendepunkt anzeigte: Die Weißen begannen nun, durch ihr Gebiet hindurchzuziehen. Nach Blatt folgten bald andere Händler von Virginia und South Carolina. 1690 ließ sich ein Händler namens Daugherty bei den Cherokee nieder und hatte eine sehr enge, freundschaftliche Beziehung zu ihnen, was eine tiefgreifende Auswirkung auf die Entwicklung der Cherokee haben sollte. Die stolzen Cherokee hatten das Gefühl, daß sie von ein paar Händlern, die sich in ihrem Land aufhielten, nichts zu befürchten hatten. Schließlich war ihre Kultur ja mächtig und ausgereift. Sie waren ein großes und ruhmreiches Volk, hatten den Segen der Höheren Wesen und befanden sich durch ihren Einfluß und Wohlstand auf einem Höhepunkt ihrer Entwicklung.
Während den Cherokee ihre Anpassungsfähigkeit gewöhnlich zugute gekommen war, so erwies sie sich diesmal als ein Fehler. Sie begegneten den Anschauungen, Bräuchen und Fertigkeiten dieser Neuankömmlinge mit äußerster Neugier. Sie dachten, daß der Cherokee-Nation irgend etwas davon vielleicht von sehr

großem Nutzen sein könnte. Sie waren nicht imstande, die hinterlistigen Gedanken der Händler aufzudecken, und hatten nicht die geringste Ahnung, was in der Außenwelt vor sich ging. Sie kamen zu dem Schluß, daß es am vernünftigsten war, die Weißen um sich herum zu dulden und ihnen das Gefühl zu geben, daß sie nützlich und erwünscht waren.

Durch diese unschuldige Haltung der Cherokee begann ihre Auflösung und ihre Wandlung von einer zutiefst geistigen, kriegerischen, jagenden und zum Teil Ackerbau betreibenden Nation zu einer ganz und gar seßhaften Gruppe von Farmern. Sie nahmen in beachtlichem Ausmaß die Lebensweise der Weißen an. Es ist unbegreiflich, wie sie eine so reiche und befriedigende Kultur aufgeben konnten; und in den folgenden 125 Jahren, die wie im Flug vergingen, wurden die Auswirkungen um so deutlicher.

Bis 1700 hatten Waffen und Schneidewerkzeuge aus Metall die alten Geräte aus Stein und Knochen ersetzt. Es dauerte nicht lange, und sie verwendeten für ihre handwerklichen Arbeiten auch keine Muscheln, Steine und kein Leder mehr. Ein beständiger Strom von weißen Siedlern überschwemmte weiterhin das Land, und sie brachten ihre Methoden des Ackerbaus, Gewehre, metallene Ziergegenstände, Schmuckstücke und Whisky mit. Viele dieser Händler heirateten Cherokee-Frauen und ließen sich in den Städten der Cherokee nieder. Kurze Zeit später arbeiteten ihre Nachkommen gemischter Abstammung in der Viehzucht und anderen typischen neuen Beschäftigungen der weißen Kolonialsiedler. In den darauffolgenden Jahrzehnten entwickelten sich diese Nachkommen zu einer herrschenden Klasse innerhalb der Gesellschaft der Cherokee und ersetzten die traditionelle Weiße und Rote Regierung. Ihr Einfluß auf die Umwandlung der ursprünglichen Kultur war gewaltig.

Der Ablauf der Feste verändert sich

Zu Beginn dieser Beziehung zwischen den Cherokee und den Weißen bemühten sich die reinblütigen Cherokee natürlich sehr,

an ihrer traditionellen Lebensweise festzuhalten, während die weißen Händler versuchten, ihr ein Ende zu setzen.
Anfang 1700 nahm sogar der Widerstand der leidenschaftlichsten Cherokee langsam ab. Wo immer die Weißen in indianisches Gebiet vordrangen, geschah es unweigerlich, daß sich die Indianer von den Weißen und Mischlingen dazu überreden ließen, den Ablauf ihrer Feste zu ändern. Nur für kurze Zeit danach wurden in der Hauptstadt noch die nationalen Feierlichkeiten abgehalten.
Die einzige Ausnahme bildeten Krankheitsfälle zu Hause oder Epidemien, dann war es Familien und gelegentlich auch ganzen Gruppen von Familien erlaubt, die Riten in ihren eigenen Häusern oder Dörfern durchzuführen. Aber mit der zunehmenden Macht der Weißen und der Anzahl der Mischlinge verringerten sich die Macht und der Einfluß der Hauptstadt.
Den Mischlingen entging diese negative Entwicklung nicht. Aber in ihrer Jugend standen sie unter dem Einfluß eines weißen oder halbweißen Elternteils, der sie davon überzeugte, daß die alte Lebensweise heidnisch und zersetzend war. Früh in diesem historischen Zeitabschnitt wurden diese Kinder dazu überredet, das rituelle Leben aufzugeben. Reinblütige Indianer versuchten daran festzuhalten, doch sogar unter ihnen begannen die Menschen, selbständig und entsprechend ihren persönlichen Überzeugungen zu handeln. Dies geschah zuerst vereinzelt, aber später in ganzen Dörfern. Letztlich wurde fast die gesamte Lebensweise der Cherokee gewandelt und vermischt, so daß die ursprüngliche Tradition ihre Bedeutung fast ganz verlor.
Schritt für Schritt und ununterbrochen waren die Cherokee von einer Welt des weißen Mannes umgeben und gezwungen, an dieser teilzunehmen. Auch was Nahrung, Unterkunft und Kleidung anging, waren sie zunehmend von ihr abhängig. Im Osten hatten sich die englischen Siedler niedergelassen, die zukünftigen Amerikaner, im Westen die Franzosen und im Süden die Spanier. Alle drei kämpften um Handelsvorteile und um jeden Zentimeter

des Landes der Cherokee. Die traditionelle Methode der Zusammenarbeit der Cherokee wurde hinfällig, und am Ende des 18. Jahrhunderts war die nachbarschaftliche Zusammenarbeit so gut wie ausgestorben. Die Währung der Weißen ersetzte Felle und Textilien als Handelsgegenstände. Die meisten Erzeugnisse wurden auf den Märkten der Weißen gehandelt, und die jungen Cherokee begannen, Berufe des weißen Mannes zu erlernen.
Während die Ausbeutung und Kontrolle der Naturschätze durch die Weißen weiterging, zerfiel das traditionelle Wirtschaftssystem der Cherokee. Abgesehen von Rotwild, Nagetieren und Vögeln war das Wild am Schwinden. Die Fischerei unterlag strengen Einschränkungen, und auch die Bemühungen der Cherokee, auf Viehzucht überzugehen, wurden durch Vorschriften erschwert. Eine wachsende Holzindustrie erwarb Rechte zum Fällen der Bäume und rodete die bewaldeten Gebiete. Bergbau und chemische Industrien rückten heran, beuteten das Land aus und verschmutzten und vergifteten Bäche und Pflanzen. Schließlich wurden quer durch die wunderschönen Täler auch noch Dämme für Wasserkraftwerke gebaut, und zahllose Seen entstanden dort, wo sich einst die Heimstätten der Cherokee befunden hatten.

Änderungen im matriarchalen System

Auch die Regierung veränderte sich. Das alte System der Clan- und Stammestreue machte wie gefordert einer Art von Republik Platz. Die Menschen entfernten sich vom matriarchalen System, das für Jahrhunderte die Grundlage der Gesellschaft war.
In dieser mangelhaften politischen Szene mischten auch die Botschafter von Großbritannien und Frankreich mit, deren unterschiedliche Interessen die Cherokee noch mehr entzweiten. Beide Seiten ermutigten die Cherokee, unter sich um die Stammesführung zu streiten, und dieser Trick hielt den Stamm in einem ständigen Zustand des Aufruhrs. Letzten Endes stellten sich die Cherokee auf die Seite der Briten, was zu Problemen mit den

weißen Siedlern führte, die daran arbeiteten, ein eigenes, unabhängiges Land zu schaffen.

Die Siedlungen der Cherokee waren auch nach wie vor der nicht nachlassenden Einwanderungswelle der weißen Siedler direkt im Weg. Als unweigerliche Folge davon kam es zu einer Reihe von Kriegen mit den Weißen, die von 1756 bis 1794 andauerten. Diese endeten mit der praktischen Vernichtung aller Siedlungen der Cherokee. Als wäre das nicht schon schlimm genug gewesen, wurden die Cherokee durch den Ausbruch der Amerikanischen Revolution in einen Sturm sich bekämpfender Kräfte hineingezogen. Wegen ihrer bestehenden Blutfehde mit den Amerikanern und ihrer langen Beziehung zu den Briten schlossen sich die Cherokee in einem, wie sich später herausstellte, verhängnisvollen Krieg gegen die Revolutionäre den Briten an.

Zu diesem Zeitpunkt waren die Jagdgründe und das Territorium der Cherokee beträchtlich reduziert, und die Amerikaner waren imstande, sie einzukreisen und von allen Seiten gleichzeitig anzugreifen. Um das Jahr 1794 waren einige Cherokee bereits in das Hügelland im Norden von Georgia geflohen. Dort war es ihnen gelungen, in einer einigermaßen friedlichen und ruhigen Zeit bis 1838 eine blühende Gemeinschaft aufzubauen, die von Mischlingen regiert wurde und unter dem Schutz der Vereinigten Staaten stand.

Mischehen, Missionsschulen und Whisky

Der Stamm als Ganzes mußte noch weitere Veränderungen auf sich nehmen. Der traditionelle Glaube des Volkes war gründlich erschüttert worden. Überall, aber besonders in den Schulen, wurden die Cherokee zu Zielscheiben der hartnäckigen Bekehrungsbemühungen durch Missionare der verschiedensten Religionsgemeinschaften: der Brüdergemeinde, Presbyterianer, Baptisten, Methodisten und Quäker. Diese begannen ihr Werk im Land der Cherokee im Jahre 1801. Aber auch diesmal konnten sie keine schnellen Erfolge feiern. Es vergingen Jahre, bevor den

Missionaren die erste Bekehrung eines Cherokee-Schülers gelang.

Religiöse und interne Angriffe, Mischehen, Vertrauensverlust, Whisky, das Zutun der Mischlinge und die Missionsschulen verschlimmerten die Situation der Cherokee laufend. Bereits um 1820 lebten die meisten Cherokee in Blockhütten, und einige Mischlinge besaßen prächtige Häuser, die mit den Häusern der wohlhabendsten Weißen vergleichbar waren. Sie lebten nun wie die Weißen und schenkten jenem Aspekt ihres Lebens, den die Weißen als »heidnische Riten« bezeichneten, wenig Beachtung. Gelegentlich zog eine Gruppe von Kriegern aus, aber bei ihrer Rückkehr von einem erfolgreichen Kriegszug fand der traditionelle Ritus der Reinigung und Danksagung nicht mehr statt. Statt dessen kam es nur mehr zu wilden Feiern und Trinkgelagen. Lebendig blieb noch mancher, von den Weißen so genannter »Aberglaube«, aber auch dieser ging unter dem Einfluß der »richtigen religiösen Erziehung« der Missionare mehr und mehr verloren.

Die traditionellen Cherokee klammerten sich an die Spuren ihrer Vergangenheit. Das Fest des Grünen Mais war immer noch gut besucht, und ein Großes Fest des Neumondes und andere Feiern wurden immer noch abgehalten. Priester, die die Weißen jetzt »Zauberer« nannten, standen diesen immer noch vor und führten auch einige der kleineren Riten und Geisterbeschwörungen durch. Sie beschwörten das Wetter, und die Menschen reinigten sich nach wie vor durch das Eintauchen in Bächen und Flüssen. Alle religiösen Handlungen wurden jedoch ständig verändert und abgeschwächt, und mit der Zeit konnte man einige von ihnen überhaupt nicht mehr wiedererkennen.

John Ross und Sequoyah

Im Jahr 1827 wurde auf einer Tagung in New Echota, Georgia, eine republikanische Regierung eingesetzt, die die wichtigsten Merkmale der Regierung der Vereinigten Staaten übernahm.

John Ross wurde zum Obersten Häuptling gewählt und stand am Anfang einer langen und bemerkenswerten Karriere als Führer der Cherokee.
Eine aufsässige Gruppe reinblütiger Cherokee in North Carolina weigerte sich unerschütterlich, die Lebensweise der Weißen und deren Autorität voll zu akzeptieren. Dennoch wurde ein anderer, zumeist aus Mischlingen bestehender Teil des Stammes sehr rasch anglisiert. Um 1830 herum war die Wandlung dieser Cherokee nahezu vollendet. Die Nachkommen dieser Mischlinge wuchsen heran und wurden erfolgreiche Kaufleute, Händler, Plantagen- und Sklavenbesitzer, Schriftsteller, Staatsmänner des Stammes und Lehrer. Sie führten ein gutes Leben und hatten die gesellschaftlichen Sitten der Weißen ganz und gar angenommen. Die missionarischen Bemühungen wurden verstärkt, und in der ganzen Nation wurden Schulen und Kirchen gebaut. Die Mischlinge waren davon überzeugt, daß sie von den Weißen anerkannt wurden, ihnen ebenbürtig und endlich so geworden waren, wie die Weißen sie haben wollten. Vielleicht glaubten sie sogar selbst, daß sie weiß waren. Schließlich besaß inzwischen eine stattliche Anzahl von ihnen mehr weißes als Cherokee-Blut.
Ungefähr in dieser Zeit überraschte ein sehr intelligenter, aber des Schreibens und Lesens unkundiger Cherokee mit Namen Sequoyah die Cherokee wie auch die Weißen. Er entwickelte ein Cherokee-Alphabet, das die Sprache des Stammes in eine geschriebene Form brachte, und 1828 wurde die erste Cherokee-Zeitung herausgegeben. Innerhalb weniger Monate lernten fast alle Mitglieder des Stammes das Lesen und Schreiben ihrer Sprache. Damit waren die Cherokee der erste indianische Stamm der Vereinigten Staaten, der eine eigene geschriebene Sprache und eine Zeitung besaß.
Die Dinge schienen für den Stamm gut zu laufen. Es hatte den Anschein, als würde er sich wieder erholen. Aber unter der Oberfläche war die Situation der Cherokee bedrohlich. Georgia protestierte heftig dagegen, sich innerhalb seiner Grenzen mit

einer Stammesregierung auseinandersetzen zu müssen. Es forderte das Recht, den Indianerstaat, wenn nötig mit Gewalt, beseitigen zu dürfen. Georgia betrachtete die Cherokee als ein Hindernis, um mit der schnellen Entwicklung anderer Staaten mitzuhalten. Die neuen weißen Siedler schlossen sich der lautstark erhobenen Forderung nach Beseitigung der Indianer an, bis es zu einem überwältigenden Aufruhr kam.

Der Marsch der Tränen

Die Lektion, die die Mischlinge lernen mußten, war so bitter, daß sie sie nie mehr vergessen würden. Sie hatten sich zu einer verhängnisvollen Fehleinschätzung hinreißen lassen. Niemals hatten sie geglaubt, daß die Weißen ihnen dasselbe antun würden wie den reinblütigen Cherokee. In den Augen der Weißen aber blieb ein Indianer ein Indianer, und auch der kleinste Anteil an indianischem Blut war da ausreichend.

Trotz der unglaublichen Fortschritte und Zugeständnisse, die die Mischlinge und auch die reinblütigen Cherokee machten, begann die mächtige Maschinerie der amerikanischen Regierung zu arbeiten. Im Jahr 1838 wurden die Indianer dann schließlich durch den Marsch der Tränen beseitigt. 16 000 Cherokee wurden von amerikanischen Streitkräften brutal zusammengetrieben und mitten im Winter gezwungen, in indianisches Territorium zu marschieren, das heute als der Staat von Oklahoma bekannt ist. Davon kamen 4000 Menschen in den Lagern oder unterwegs um. Dieses Geschehnis ist eines der finstersten und beschämendsten Ereignisse in der Geschichte der Vereinigten Staaten.

Weitere tausend, zumeist reinblütige Flüchtlinge versteckten sich in den hohen Bergen im Nordwesten von North Carolina. Sie bildeten später die Kerngruppe der Östlichen Cherokee. Die Überlebenden des langen Marsches nach Oklahoma sind die heutigen Westlichen Cherokee, und außer gegenseitigen Besuchen von Verwandten haben die zwei Gruppen wenig Kontakt zueinander.

Die Östlichen und die Westlichen Cherokee

Bis 1935 versuchten die Östlichen Cherokee ihre traditionelle Lebensweise so gut wie möglich aufrechtzuerhalten. Obwohl die alljährlichen Feste sehr bald abgeschafft wurden, behielten sie doch Ballspiele und unbedeutendere rituelle Tänze bei. Dazu gehörten die Tiertänze und besonders ein komischer, aber heiliger Maskentanz, der Booger-Tanz. Medizinmänner und -frauen führten Heilungen durch, machten Weissagungen und stellten Amulette her, aber sie wurden von Jahr zu Jahr weniger. Um 1940 hatte das moderne Leben die Oberhand gewonnen. Die Aktivitäten in der Reservation konzentrierten sich auf die sogenannte Cherokee-Stadt. Sie wurde zu einem kommerziellen Zentrum, das mit einer alljährlichen großartigen historischen Aufführung mit dem Titel »Unto These Hills«, einem rekonstruierten Dorf der Cherokee, einem hervorragenden Museum, einem Kunst- und handwerklichen Zentrum und zahllosen Läden ganz auf einen florierenden Tourismus ausgerichtet ist. In den abgelegenen Gebieten der Reservation gibt es noch Menschen, die einige der alten und faszinierenden Bräuche bewahren. Aber abgesehen davon können wir dort über die alten Vorfahren der Cherokee und ihre Pfade nur sehr weniges von Bedeutung erfahren und lernen.

Die Westlichen Cherokee machten eine ganz andere Veränderung durch. Ihre Ansiedlung wurde durch fortwährende innere Unruhen behindert, weil die Uneinigkeiten zwischen den Mischlingen und reinblütigen Indianern immer noch nicht bereinigt waren. Letztere zogen sich in die entlegenen Gebiete des neuen Cherokee-Territoriums im Nordwesten Oklahomas zurück, während sich die Mischlinge schnell der Lebensweise der weißen Siedler anpaßten. Im Laufe der Zeit wurden sie genauso wohlhabend wie der durchschnittliche Weiße und in einigen Fällen sogar wohlhabender. Um die Jahrhundertwende hatten sie bereits eine gute Ausbildung erworben und waren auf jedem beruflichen und auf politischem Gebiet sehr erfolgreich. Tahlequah wurde die

Hauptstadt der Nation und ist heute ein Geschäftszentrum, in dem alljährlich für die Cherokee und die Touristen eine historische Aufführung dargeboten wird und das auch ein Museum und ein rekonstruiertes Cherokee-Dorf umfaßt. Zu den berühmten Mitgliedern des Stammes zählen der Humorist Will Rogers, Admirale, Offiziere der Armee, Senatoren und Kongreßabgeordnete, Schriftsteller, Maler, Bildhauer, Musiker, Anwälte, Ärzte und Lehrer. William Keeler, ein ehemaliger Oberster Häuptling, war Chef der riesigen Phillips Petroleum Company; Joyce Sequichie Hifler ist eine der begabtesten Schriftstellerinnen der Vereinigten Staaten; Willard Stone war ein Bildhauer von beachtlichem Ansehen; Ross Swimmer ist der gegenwärtige Leiter des Büros für Indianische Angelegenheiten.

Die Heiligen Feuer sind entfacht

Die traditionelle Gruppe in den abgelegenen Gebieten pflegte während der turbulenten Jahre ihr altes rituelles Leben nur wenig. Um die Jahrhundertwende schuf sie dann jedoch Zeremonienplätze, wo Stampftänze abgehalten wurden. Jeder dieser Plätze setzte die Tradition des Heiligen Platzes fort, und in ihrem Zentrum brannte ein Heiliges Feuer. Diese waren ursprünglich mit den Kohlen oder auf der Asche des alten Nationalen Feuers entzündet worden, die von damit beauftragten Männern liebevoll auf dem Marsch der Tränen mitgenommen worden waren. Vier dieser Plätze haben bis heute überlebt, und jeder hat seinen eigenen Häuptling und Beauftragte. Alle Mitglieder versammeln sich dort, wenn die Führer das Volk zum Tanz zusammenrufen. Bis circa 1945 praktizierten in Oklahoma auch eine beachtliche Anzahl von Medizinmännern und -frauen. Heute beteiligen sich mehr Menschen an den Zeremonien, als die meisten Außenstehenden vermuten würden. Sie bewahren einige der traditionellen Bräuche der Cherokee, halten an der alten Lebensweise fest, wagen sich in ihren Tänzen in Gedanken und im Geist in die alten Zeiten zurück und durchleben erneut ihr stolzes, erhabenes Erbe.

Kapitel III

Die plündernden Apachen

Die Apachen werden gewöhnlich als grausame Wilde dargestellt, deren einzige ausgleichende Eigenschaften ihre Schlauheit und Ausdauer waren. Wer würde je geistige Pfade, Liebe oder inneren Frieden mit ihnen verbinden?

Meines Wissens gibt es nur einen Film, »Der gebrochene Pfeil«, in dem die menschliche Seite der Apachen gezeigt wird. Jeff Chandler spielt darin die Rolle des weisen und mitfühlenden Cochise, der sich mit einem strikten, aber verständnisvollen Kurier der Post, dargestellt von Jimmy Stewart, verbündet. Doch auch in diesem Film bekamen wir nur wenig vom Leben zu sehen. Wir konnten einen kurzen Blick auf eine atemberaubende junge Apachenfrau werfen. Sie trug ihr alabasterfarbenes Wildlederkleid der Sonnenaufgangszeremonie und deutete an, daß etwas sehr Schönes damit verbunden war, worüber wir aber nicht mehr erfuhren. Keiner der Western zeigt uns die wahre Natur und Lebensweise der Indianer. (Vergleiche beispielsweise, was uns Indianerfilme über die Kultur der amerikanischen Ureinwohner gelehrt haben, mit dem, was die hervorragende Fernsehserie »Shogun« uns über die prächtigen Sitten und die Gedankenwelt der alten Japaner lehrte.)

Von all den Indianervölkern, die Nordamerika bewohnen, ist keines so bekannt wie die Apachen. Aufzeichnungen zeigen jedoch, daß vor unserem Jahrhundert die gesamte Bevölkerung dieses Stammes – ohne ihre Verwandten, die Navajo, aber einschließlich aller Männer, Frauen und Kinder – insgesamt immer unter 12 000 blieb. Die Apachen bestanden aus sechs großen Gruppierungen, die wiederum in kleinere und praktisch unabhängige Gruppen unterteilt waren. Sie unternahmen nur selten irgend etwas gemeinsam, und dazu gehörten ganz sicherlich keine gemeinsamen Überfälle oder Kriegszüge. Sobald sie sich in ihren Gebieten angesiedelt und in gewisser Weise voneinander isoliert hatten, paßte sich jede Gruppe ihrer Gegend an und entwickelte sprachliche und kulturelle Merkmale, die sie in historischen Zeiten voneinander unterschieden.

Irgendwie lernten die Apachen, entweder durch das Land ihres Ursprungs, durch die Anpassungen auf ihren Wanderungen oder durch die Erfahrungen, die sie bei ihrer endgültigen Ansiedlung in ihren Gebieten machten, wo sie das von ihnen gewünschte Leben führen konnten. Sie suchten sich Gegenden, in denen sowohl hohe, bewaldete Berge mit üppigen Tälern als auch nahegelegene Wüstengebiete zu finden waren. Man vermutet, daß sie sich als erste in den westlichen Great Plains niederließen. Später teilten sie sich in kleinere Gruppen auf und suchten unabhängig voneinander nach Lebensräumen, die diese erwünschte Umwelt und ausreichende natürliche Reserven für den Unterhalt ihrer Bevölkerung boten. Schließlich hatten sich alle Gruppen in den großartigsten Berglandschaften Nordamerikas niedergelassen. Im Gegensatz dazu, wie sie in Filmen meistens dargestellt werden, sind die Apachen ein Bergvolk.

Die sechs Gruppen des Bergvolkes

In den Filmen sieht man die Apachen im allgemeinen in Wüstengebieten, die für sie aber nur gewisse Nahrungsreserven boten und die sie gewöhnlich auf ihren Reisen von einem Gebirgszug zum nächsten zu überqueren gelernt hatten. Außer in strengen Wintern hielten sie sich nie freiwillig für längere Zeit in Wüstengebieten auf. Da sie aber dort in bestimmten Jahreszeiten Nahrung finden konnten, lernten sie auch unglaublich gut, dort zu leben.

Ausdauer ist ein Schlüsselwort beim Kennenlernen der Apachen, weil sie ein grundlegendes Merkmal ihres Wesens darstellt. Sie lernten, in jeder Situation zu überleben, und die für ihr Überleben notwendige, praktische Veranlagung scheint zu einem wesentlichen Teil der Persönlichkeit eines jeden Apachen geworden zu sein. Ausdauer ist ein wichtiger Faktor, den wir im Auge behalten müssen, wenn wir ihre Pfade studieren und selbst zu gehen versuchen. Alle Gelehrten, die sich mit den Apachen beschäftigen, sind von ihrer historischen Zähigkeit und Vitalität angesichts ihrer Not auf gleiche Weise beeindruckt. Diese Vitalität verblaßte nur während der dunklen Zeiten ihrer Geschichte in der Reservation, als sie ein Gefühl völliger Sinnlosigkeit verschiedene Male in Perioden düsterster und trostlosester Verzweiflung stürzte.

Heute gibt es sechs Zweige des Apachen-Stammes: die Western-, Chiricahua-, Mescalero-, Jicarilla-, Lipan- und Kiowa-Apachen. Sie alle waren voneinander unabhängig und entwickelten bestimmte Merkmale, die sie von den anderen etwas unterschieden. Die Western-Apachen leben in Arizona in Fort Apache und San Carlos. Die Jicarilla leben in New Mexico in der Jicarilla-Reservation, und die Mescalero, gemeinsam mit einigen Chiricahua und Lipan, in der Mescalero-Reservation. Die Kiowa-Apachen leben in Oklahoma. Sogar wo die Zweige wegen ihrer Zusammenführung in Reservationen vermischt wurden, hat sich die Identität ihrer Vorfahren in ihnen erhalten. Ein Chiricahua bleibt beispielsweise ein Chiricahua. In den Fällen, in denen einige Mitglieder eines Apachen-Zweiges mit einem anderen Zweig lebten und scheinbar im Laufe der Zeit von der dominierenden Gruppe absorbiert wurden, behielten sie immer noch einige Merkmale, die sie von den anderen unterschieden. Man war sogar den Kindern aus Mischehen gegenüber argwöhnisch, und die Tatsache, daß es ihnen nicht möglich war, zu vollen Mitgliedern des einen oder des anderen Zweiges zu werden, erschwerte ihr Leben beträchtlich.

Was für Eigenschaften sie auch sonst noch haben mögen, die Apachen bleiben äußerst menschliche und bezwingend einzigartige Individuen. Glaubte man einst, daß die Apachen am Aussterben waren, so tritt heute ihr entschlossenes Wesen wieder zutage, in einer Zeit, in der sie sich eine sichere Stellung in der modernen

Welt erobern. Gleichzeitig klammern sie sich am Erbe ihrer Vorfahren fest und vertiefen einige Aspekte ihrer ursprünglichen Kultur. Auch wenn die Wurzeln ihrer Tradition in anhaltenden Auseinandersetzungen mit anderen Stämmen und Nichtindianern auf schlimme Weise geschändet wurden, so haben sie sich von ihnen doch niemals losgelöst.

Die Ursprünge der Apachen

Die Südlichen Athapaskan oder Apachean sind sprachlich mit den Athapaskan sprechenden Völkern von Alaska und Kanada verwandt. Die meisten Schätzungen heute legen den Zeitpunkt ihrer Ankunft im Südwesten Nordamerikas irgendwann zwischen 1000 und 1500 n. Chr. fest. Die Anthropologen sind sich noch nicht über die genaue Route und das Tempo ihrer Wanderung einig. Bisher gefundene Anhaltspunkte scheinen darauf hinzudeuten, daß die Vorfahren der Apachen die Beringstraße überquerten und langsam gegen Süden und Osten zogen. Einige Anthropologen haben vermutet, daß ihre Wanderung vor mehr als 3000 Jahren begann und daß es Hunderte von Jahren dauerte, bis sie Alaska und Kanada durchquert hatten, schließlich bis in die westlichen Ebenen vordrangen und dann Ende 1500 im Südwesten Nordamerikas ankamen.

Vor kurzem gemachte Entdeckungen indianischer Relikte auf dem nordamerikanischen Kontinent verschieben das Datum der Ankunft der ersten amerikanischen Ureinwohner immer weiter zurück. Man einigte sich, daß ihre Ankunft ungefähr 35 000 Jahre zurückliegen mußte, aber dann wurde im Juni 1987 eine neue aufregende Entdeckung gemacht. In abgelegenen Gebieten im Norden Brasiliens fand man Spuren von Urmenschen, die überraschenderweise darauf schließen lassen, daß menschliches Leben in Amerika vielleicht bereits Hunderttausende von Jahren früher vorhanden war als bisher angenommen. Wissenschaftler, die dort Ausgrabungen durchführen, berichten auch, daß sie möglicherweise das älteste astronomische Observatorium der

Welt entdeckt haben. Eine internationale Expedition fand unter mehreren Erdschichten unterhalb des Felsbodens einer Höhle in Central, etwa 500 Kilometer nordwestlich der Küstenstadt Salvador (Hauptstadt des Staates Bahia), ein steinernes Werkzeug, versteinerte Knochenreste und Zähne ausgestorbener Tiere. Die vierte Schicht ist 350 000 Jahre alt oder sogar noch älter.

Bestätigen sich diese Annahmen, dann wäre das der erste Beweis dafür, daß es vor der Zeit der Neandertaler menschliches Leben in der Neuen Welt gegeben hat. Die Entdeckung würde die Theorie widerlegen, daß Menschen vor nicht mehr als 35 000 Jahren von Asien nach Amerika kamen, und würde darauf hindeuten, daß sie die Landbrücke von Sibirien nach Alaska vor mehr als 500 000 Jahren überquerten und dann nach Süden wanderten.

Das erinnert mich an den Tag, als Fools Crow eine Handvoll Erde aufhob und bemerkte: »Mein Volk ist hier geboren, auf diesem Kontinent. Es hat immer schon hier gelebt.« Vielleicht sind die indianischen Aufzeichnungen über ihren Ursprung und ihre Wanderung doch wesentlich genauer, als viele Gelehrten annehmen.

Sprachlich gesehen sind die südlichen Athapaskan in zwei große Gruppen unterteilt: in eine östliche Gruppe, die die Jicarilla-, Lipan- und Kiowa-Apachen umfaßt (wobei die ersten zwei näher zueinander verwandt sind als zu den Kiowa-Apachen), und in eine westliche Gruppe, deren zwei wichtigsten Stämme die Navajo und die San-Carlos-Chiricahua-Mescalero sind. Die Navajo gelten als unabhängiger Stamm. Der Ausdruck »den Apachen zugehörig« bezieht sich auf diese Gruppen der Südlichen Athapasken und nicht auf die Navajo, die schon in früheren Jahren zu einer solchen Einheit verwachsen waren, daß einige Gelehrte einmal angenommen hatten, zwischen ihnen und der Kerngruppe der Apachen habe nur ein sehr oberflächlicher Zusammenhang bestanden. Aber seit spätere Studien tiefgreifende und faszinierende Ähnlichkeiten an den Tag gebracht haben, können viele Wissenschaftler es kaum erwarten, eingehende Vergleiche zwischen den Navajo und anderen Apachen-Gruppen anzustellen. Die Western-Apachen, Chiricahua und Mescalero halten zum Beispiel eine Sonnenaufgangszeremonie ab, die in ihren Einzelheiten dem Navajo-Ritual für pubertierende Mädchen sehr ähnlich ist.

Apachenmädchen bei der Sonnenaufgangszeremonie

Im Jahr 1680 lebten ungefähr 5000 Apachen. Die Volkszählung von 1910 ergab eine Zahl von 6119 Apachen, wobei nur die Kiowa-Apachen nicht mitgezählt wurden; 1923 verzeichnete ein Bericht des Büros für Indianische Angelegenheiten der Vereinigten Staaten 6630 Apachen. Die Volkszählung von 1930 ergab 6537 Apachen einschließlich der Jicarilla und Lipan. 1937 stellte das Büro eine Bevölkerungszahl von 6916 fest, die Jicarilla nicht mitgezählt. Die Gesamtbevölkerung heute beträgt etwa 15 000. Die berühmt-berüchtigten Chiricahua, von denen es 1873 insgesamt 1675 gab, waren bis zum Jahr 1910 durch Kriege und Gefangenschaft auf 258 Menschen reduziert worden.

Geronimo und Cochise

Die Chiricahua sind wegen des hervorragenden Kriegshäuptlings Geronimo und des weisen Politikers Cochise der bekannteste Apachen-Stamm, und sie lebten eng mit den Mescalero zusammen. Diese zwei Stämme lebten gewöhnlich in Frieden miteinander, hatten recht engen Kontakt und boten sich in schwierigen Zeiten oft gegenseitig Unterschlupf. In den Jahren vor der Einrichtung der Reservationen waren die Mescalero- den Western-Apachen nur durch die Chiricahua bekannt. Während der Kriegszüge der Armee der Vereinigten Staaten gegen die Chiricahua-Krieger, die aus der San-Carlos-Reservation entflohen waren, wurden Scouts vom Stamm der Western-Apachen zur Mescalero-Reservation in New Mexico gesandt. Dort begegneten sie den Mescalero zum erstenmal.

Die kleineren Stammesgruppen White Mountain und San Carlos hatten in der Zeit vor der Reservation gewisse gesellschaftliche Beziehungen mit den Chiricahua und standen mit ihnen bis circa 1870 auch auf recht freundschaftlichem Fuß. Aber dann dienten viele Krieger der Western-Apachen als Scouts in den Feldzügen der US-Armee gegen die Chiricahua, die als einziger Zweig der Apachen die Weißen in größerem Umfang bekämpften. Verschiedene Elemente der Kultur der Western-Apachen gehen auf die Chiricahua zurück, und es kam auch zu Eheschließungen zwischen den beiden Stämmen, was zur Folge hatte, daß einige Mitglieder beider Stammesgruppen auf dem Territorium der anderen lebten. Aber es bestanden keine Handelsbeziehungen, denn die Apachen betrieben nur mit Völkern Handel, die nicht ihrem Stamm angehörten. Den White-Mountain-Apachen schlossen sich auf ihren Überfällen in Mexiko manchmal einige Chiricahua an, sie führten aber nie gemeinsame Kriegszüge durch.

In den Jahren von 1875 bis 1886, als die US-Regierung versuchte, die Chiricahua in den Reservationen von Fort Apache und San Carlos in Arizona anzusiedeln, waren die Beziehungen zwischen den verschiedenen Apachen-Gruppen manchmal freundschaftlich, wurden aber genauso regelmäßig durch die Ausbrüche der Chiricahua wieder gestört. Diese Ausbrüche verursachten natürlich auch für jene Schwierigkeiten, die friedlich in den Reservationen zurückblieben. Dadurch kam es zeitweise zu inneren Spannungen und Bitterkeit, die Hand in Hand mit den verursachten Schwierigkeiten gingen. Sogar heute noch erinnert man sich an diese Konflikte, und es besteht nur sehr wenig Verbindung zwischen den vier Apachen-Reservationen von Arizona und New Mexico, die sich hauptsächlich auf gegenseitige Verwandtenbesuche beschränken. Eine politische Zusammenarbeit gibt es nicht.

Als die Apachen sich im Südwesten eingelebt hatten, kam es zu einem aktiven Austausch mit anderen Stämmen. Obwohl die Navajo eine Sprache sprachen, die alle Western-Apachen verstehen konnten, standen sich die zwei Gruppen manchmal feindselig gegenüber. In friedlichen Zeiten betrieben sie Handel miteinander; zu anderen Zeiten überfielen sie sich gegenseitig und bekriegten sich. Die Apachen überfielen gelegentlich die Hopi und Zuni, aber im großen und ganzen scheinen diese Völker friedlich miteinander gelebt zu haben. Es kam zu keinen Mischehen zwischen den Apachen und diesen Stämmen. Man vermutet, daß es in den frühen Zeiten vielleicht einige Kontakte zwischen den Western-Apachen und den Rio-Grande-Pueblo gegeben hat, aber wir haben dafür keine Beweise.

Überfälle auf Mexiko

In den Jahren 1690 bis 1870 zogen die Western-Apachen und die Chiricahua gemeinsam in den Süden in die nördlichen Gebiete von Mexiko, um ihre regelmäßigen Überfälle gegen die Opata und die Mexikaner durchzuführen. Die Hauptroute nach Mexiko führte sie durch die Täler von Arivaipa und San Pedro. Waren sie einmal in Mexiko angekommen, dann verteilten sich die kriegerischen Gruppen in verschiedene Richtungen, um die Dörfer und Ranches im riesigen Territorium von Sonora zu plündern. Mit der Zeit kannten die Apachen dieses Land genausogut wie ihr eigenes, und die Krieger zogen bis zu acht Tage lang plündernd durch Mexiko. Es überrascht nicht, daß Mexiko für sie das reinste gefüllte Warenlager darstellte, aus dem sie sich leicht Vorräte beschaffen konnten.

Südlich der Western-Apachen lebten die Apache Manso und die Papago im Gebiet von Tucson, die ständige Feinde der Apachen waren, weil sie sich den Amerikanern und Mexikanern in Feldzügen gegen die kleineren Stammesgruppen White Mountain und San Carlos anschlossen. Die Papago- und Western-Apachen waren immer im Kriegszustand, und beide Seiten organisierten ständig Überfälle und Kriegszüge.
Weiter westlich gab es noch mehr Feinde: die Havasupai im Nordwesten und die Walapai im Westen. Diese bekriegten sowohl die Chiricahua- wie auch die Western-Apachen.
Die Yavapai lebten eng mit den Apachen zusammen und waren ihnen freundschaftlich gesinnt. Sie schlossen sich bei Überfällen einigen der Apachen-Banden an, betrieben Handel mit den Apachen, und es kam sogar zu Mischehen zwischen allen Stammesgruppen außer den White Mountain.
Niemand kann sich die ständige Feindschaft zwischen den Apachen und ihren Nachbarn erklären, genausowenig wie all die grausamen Taten, und wir wissen nicht einmal, wer in den meisten Fällen die Feindseligkeiten heraufbeschwor. Vielleicht hatten die Apachen durch ihr Vordringen in den Südwesten einige dieser Stämme vertrieben, oder sie hatten eine so umfassende Umverteilung der Territorien verursacht, daß dies Angst und ein zunehmendes Gefühl der Bedrängnis schürte. Wie auch immer, das Plündern gehörte immer zur Lebensweise der Apachen und wurde zu einem Bestandteil ihres wirtschaftlichen Systems. Drückt man es milde aus, dann trug ihre Haltung unweigerlich dazu bei, diese feindselige Situation aufrechtzuerhalten.
Um 1850 hatte sich die Kontrolle Mexikos über seine nördlichen Grenzgebiete geschwächt, während die Amerikaner an Stärke zunahmen. Das war eine bedrohliche Zeit für die Mexikaner. Denn ihre unterbesetzten Militärposten im Norden waren nicht fähig, die mexikanischen Bürger gegen die plündernden Apachen zu schützen, die schnell und wiederholt handelten, um die Situation auszunutzen. Sie schlugen tief in östlichen und nördlichen

Gebieten von Sonora zu, um Nahrung, Vieh und andere Waren zusammenzuraffen. Sie stahlen Pferde, Maultiere, Esel, Rinder, Kleidung, Decken, Lederhäute, Sättel, Zaumzeug, Leder, Gewehre und Metall, das zu Pfeilspitzen verarbeitet werden konnte. Die Rinder wurden gewöhnlich noch in Mexiko getötet und gegessen, denn für die Rinderzucht war der bewegliche Lebensstil der Apachen nicht geeignet. Die Apachen führten ein so gutes Leben, daß es für sie keinen Grund gab, Gebiete zu erobern, Besitztümer zu zerstören oder die Mexikaner zu vernichten. Wer sich entschlossen gegen sie wehrte, wurde jedoch häufig umgebracht. Sie betrachteten die Mexikaner als beständige wirtschaftliche Reserve, deshalb ließen sie immer genügend Vorräte zurück, so daß sich die Mexikaner wieder erholen und neue Waren herstellen konnten, die sich die Apachen dann später aneigneten. Im Jahr 1860 änderte sich die Situation von Grund auf. Besorgt über die Überfälle der Apachen, machte der amerikanische Kommissar für Indianische Angelegenheiten einen 25 Quadratkilometer großen Landstreifen am Gila River zur Reservation der Apachen. Aber die wenigen Western-Apachen, die auf diesem Landstreifen lebten, nahmen das Plündern wieder auf, als der Bürgerkrieg begann. Die Mescalero, Jicarilla und Chiricahua taten dasselbe, und als 1863 im Territorium der Western-Apachen Gold entdeckt wurde, war dies für die Bürger und Soldaten eine Entschuldigung, die Apachen willkürlich anzugreifen.

Vergiftetes Essen

Ein solcher Zwischenfall ereignete sich auf einer Friedenskonferenz, zu der man eine große Gruppe von Apachen einlud und ihr vergiftete Speisen servierte. Die wütenden Apachen reagierten auf so grausame Weise, daß es für eine kurze Zeit so aussah, als würden alle Weißen aus dem Apachen-Land vertrieben werden. 1863 wurde Arizona zum Territorium der Vereinigten Staaten erklärt, und im Jahre 1864 wurde Camp Goodwin am Gila River auf dem Land der White-Mountain-Indianer gegründet. Bis dahin

war die große Gruppe der White-Mountain-Indianer kaum von der US-Armee gestört worden. Aber sie wußten sehr wohl, was um sie herum geschah, denn sie beeilten sich, bei Vertragsverhandlungen in Camp Goodwin das Friedensangebot der Armee anzunehmen. Auf diese Weise verhinderten sie einen Konflikt mit der Armee und konnten ihre Überfälle in Mexiko weiterhin durchführen. Der Vertrag führte auch zur Gründung von Fort Ord am White River im Jahre 1868 und zur Einziehung von Kriegern der White Mountain und Cibecue als Scouts für General George Crook in seinen Feldzügen gegen die Tonto und die Chiricahua.
Bis zum Jahr 1871 hatte sich die Beziehung zwischen den Apachen und den Einwohnern von Arizona so weit verschlechtert, daß die gesetzgebende Versammlung ein Dokument veröffentlichte. Darin klagte sie sowohl die Apachen wegen ihrer Plünderungen als auch die Militärkräfte wegen ihres Versagens, die Weißen zu beschützen, scharf an. »Es herrscht immer noch ein grausamer Krieg«, stand im Dokument, »der zum Tod Hunderter unserer Bürger führt und zum Verlust vieler Besitztümer ... unsere Leute haben hier ihre Häuser errichtet, und das sind die einzigen, die sie besitzen. Erhalten sie aber keinen Schutz, dann werden durch diese ständigen Verluste alle Spuren der Zivilisation aus diesem Land hinweggefegt werden, und nur verlassene Felder und eingestürzte Mauern werden zurückbleiben.«
Man kann den Ernst der Lage verstehen, aber niemand äußerte ähnliche Befürchtungen für die Apachen, denen man Kultur und Land wegnahm.
Durch diesen Bericht und ähnliche in anderen Zeitungen angespornt, metzelte 1871 eine Gruppe von ungefähr 150 aufgebrachten Bürgern von Tucson mit der Hilfe von Papago-Kriegern in Camp Grant 120 schutzlose Frauen und Kinder der Western-Apachen nieder. Das wurde als das Massaker von Camp Grant bekannt. Zusätzlich entführten die Papago 27 Apachen-Kinder und verkauften sie in Mexiko als Sklaven.

Alle Apachen in Reservationen

Öffentliche Entrüstung veranlaßte die Regierung schließlich, eine neue Friedenspolitik in Arizona einzuführen. Die Kontrolle der Armee sollte verbessert, dem gewalttätigen Selbstschutz der Weißen ein Ende gesetzt und die Korruption unter zivilen Indianeragenten und weißen Auftragnehmern beendet werden. Diese Politik verlangte als ersten Schritt zur »Zivilisierung« aller Apachen ihre Ansiedlung in Reservationen. Dazu wurden vier Gebiete in Arizona und New Mexico ausgesucht. Man begann damit, die Apachen zusammenzuscharen, und General Crook wurde mit dem Kommando der Streitkräfte beauftragt. Er war der erste, der alle, die Widerstand leisteten, mit Bestimmtheit unterwarf. Er war aber auch einer der ersten, der die Apachen mit Verständnis und Mitgefühl behandelte. Er bezweifelte, daß die Reservationspolitik zum Frieden führen würde, denn während die meisten Apachen sich dort versammelten, vertrauten andere den Weißen nicht und erschienen nicht. In San Carlos wurde ein neues Hauptquartier eingerichtet, aber die Plünderungen der Apachen gingen weiter, und man befürchtete mit Recht, daß sie aus der Reservation bald ausbrechen und sich den anderen anschließen würden. Als Antwort trieb Crook alle Apachen, die nicht in den Reservationen lebten, zusammen, und 1872 führte er eine Reihe von Angriffen gegen die Tonto durch und brachte ihnen eine vernichtende Niederlage bei. Mehrere hundert Indianer wurden in den Schlachten getötet; die übrigen wurden gefangengenommen und in die Reservationen gebracht.

Jetzt hatte das Innenministerium eine andere unglückliche Idee, die typisch für die Art und Weise war, wie die Indianer im allgemeinen behandelt wurden. 1874 entschloß sich das Ministerium, alle Western-Apachen, die Chiricahua und die Yavapai auf einer einzigen, riesigen und unfruchtbaren Reservation in San Carlos unterzubringen. Diese Entscheidung war verheerend, denn sie mißachtete die inneren Trennungen der Apachen und ihre kulturellen Unterschiede. In den nächsten drei Jahren wurden 5000 Indianer auf der Reservation zusammengedrängt, und es entstanden ernsthafte Probleme. Es herrschten Mißtrauen und Argwohn. Die Indianer wollten und konnten nicht zusammenarbeiten und stritten sich ständig darüber, wie sie der Kontrollmacht der Weißen entgegentreten sollten. Einige empfanden die spartanischen Lebensbedingungen als untragbar und planten ihre Flucht. Andere wollten einfach nicht mehr kämpfen und sehnten sich nach Frieden.

Einige Ethnologen sind der Meinung, daß die Einrichtung der Reservation in Wirklichkeit eine nicht sehr sanfte Methode war, um die Apachen auszurotten. Die Apachen hatten zweifellos denselben Eindruck. Die Weißen verschlimmerten durch ihre andauernden inneren Machtkämpfe in bezug auf die Reservationspolitik und durch den Einsatz von korrupten Händlern die Lage nur noch. Schließlich explodierten die Apachen. Die Chiricahua brachen aus und töteten und plünderten wie in den Tagen vor der Reservation, und bald befand sich der ganze Südwesten wieder in einem Zustand der Angst. Als General Crook 1882 versuchte, die Lage wieder zu beruhigen, flüchteten noch mehr Chiricahua, und bald sah es so aus, als wäre der Umsiedlungsplan vollkommen fehlgeschlagen. Danach wechselten sich Zeiten des Friedens und des Aufruhrs ab. Zu einem Ende der Feindseligkeiten kam es erst, als sich Geronimo 1886 ergab und die restlichen Chiricahua in geschlossenen Güterwagen nach Florida verfrachtet und in Gefängnisse gesteckt wurden.

Später ereigneten sich noch einige unbedeutende Ausbrüche, aber bis zum Jahr 1890 kam es zu keinen weiteren bewaffneten Auseinandersetzungen zwischen den Apachen und den Weißen. Es begann eine neue Periode der oberflächlichen Koexistenz.

Geronimo ergibt sich

Im Zusammenhang mit dem Überlebenskampf der Apachen möchte ich aus einem Artikel der Zeitschrift *Century Magazine* zitieren, der im Jahr 1887 veröffentlicht worden war. Dieser veranschaulicht sehr gut, wie die Western-Apachen von den Weißen eingeschätzt wurden, die von 1871 bis 1881 unter ihnen gelebt hatten: »In San Carlos erlernen die Apachen langsam die Kunst des Friedens und werden bald ein nützlicher Teil der landwirtschaftlichen Bevölkerung dieser Region sein.« Die Indianer waren »teilweise zivilisiert, teilweise barbarisch«, wobei »das barbarische Element immer noch vorherrscht«. Die Regierung hatte »ihre kriegerischen Gefühle kultiviert und sie sich (als Scouts) gleichzeitig zunutze gemacht«. Der Autor stellte fest, daß diese Meisterleistung »dadurch auch die Vorstellungen [der Indianer] von Souveränität und Selbstverwaltung ein wenig gehoben hat«. Dann erklärte er den Wert dieser Niveauerhöhung, indem er hervorhob, daß man die Scouts dazu ermutigte, ihre eigenen Familien zu bespitzeln, »und damit im Interesse der Regierung handelte«. Apachen, die wegen irgendwelcher Verbrechen angeklagt waren, wurden von indianischen Schöffen verurteilt, und die Strafen reichten von drei Jahren Haft im Gefängnis von Alcatraz in Kalifornien bis zur Todesstrafe. Kleinere Verbrecher wurden in Arrestlokalen untergebracht, und »durch eines der Fenster starrte das Gesicht eines zu lebenslanger Haft verurteilten Indianers … Der Aberglaube zeigt sich in ihrer Kleidung und ihren Schmuckgegenständen, oder vielmehr in den Amuletten, die sie verzieren.« Der Autor bekundet keinerlei Interesse, die Bedeutung dieser Gegenstände zu erfahren oder sich zu fragen, warum manche Staatsangehörige diese immer noch tragen.

Fort Ord wurde 1878 zu Fort Apache. Als das Fort 1922 aufgegeben wurde, wurde es dem Innenministerium übergeben und in die Theodore Roosevelt Indian School umgewandelt.

Die Apachen heute

Heute sind einzelne Apachen und ihre Familien in denselben einträglichen Berufen und Erwerbszweigen tätig wie alle anderen

Amerikaner. Durch Rituale und Heilungen bewahren sie auch die Verbindung zur Vergangenheit, sie flechten Körbe und bearbeiten Leder, sind Silberschmiede, Maler und Schnitzer.
Die White-Mountain-, Mescalero- und Jicarilla-Reservationen haben Anteil an der Geschäftswelt Amerikas und sind reizvolle und angenehme Orte zum Leben. Sie verfügen über ausgezeichnete Schulen und bewältigen die Stammesangelegenheiten sehr erfolgreich. San Carlos hatte weniger Glück und ist von allen die ärmste Reservation.
Die meisten Apachen wurden zur einen oder anderen Form des Christentums bekehrt, aber in Verbindung damit folgt dieses standhaft traditionelle Volk seinem zentralen Pfad und einigen Randpfaden zu innerem Frieden … und ich bin sicher, daß dich diese Pfade, die im zweiten Teil beschrieben sind, überraschen werden.

Kapitel IV

Die majestätischen Sioux

Der Ursprung der majestätischen Nation der Sioux bleibt ein Geheimnis, genauso wie der der Cherokee. Ihr Brauchtum war nicht schriftlich aufgezeichnet, und es scheint, daß durch die dramatische Veränderung ihrer Lebensweise während ihrer Wanderung vom Osten Nordamerikas und ihrer Ansiedlung in den Great Plains die Bräuche ihres Volkes vor dieser Zeit in Vergessenheit geraten sind. Es ist jedoch wahrscheinlich, daß die dramatische und prächtige Kultur der Sioux, wie sie der Welt bekannt wurde, auf alte Bräuche zurückging. Aber bis heute ist niemand imstande, nicht einmal die Sioux selbst, das Alte vom relativ Neuen zu trennen. Im Grunde sind die Sioux ein Geistervolk, das Ende des 17. Jahrhunderts, als sie sich als Nation im Land des Bisons im Mittelwesten Nordamerikas niederließen, menschliche Form annahm.

Die ersten Forscher berichteten, daß sich die Westlichen Sioux einst aus sieben Clans zusammensetzten, deren Führer sich alljährlich um ein Heiliges Feuer versammelten und als die Sieben Ratsfeuer bekannt waren. Dieser Ausdruck kennzeichnete die sieben Stämme der Nation: die Mdewakanton, Sisseton, Teton, Wahpekute, Wahpeton, Yankton und Yanktonai. Jeder dieser Namen war von bestimmten Merkmalen des Clans oder von der Region, in der er lebte, abgeleitet.

Während sich die Santee oder Östlichen Sioux im heutigen Osten Minnesotas niederließen, siedelten sich die Yankton und Yanktonai an der westlichen Grenze des heutigen Westens von Minnesota sowie in North und South Dakota an. Anfang 1775 durchstreiften die stärkeren Teton, die die Lakota-Sprache sprachen, South Dakota bis zu den weit im Westen gelegenen Black Hills, North Dakota und den Norden von Nebraska. Als sie von den

Weißen Pferde und Gewehre erhielten, entwickelten sie sich zum stärksten und wildesten Volk der Prärie. Sie waren jedoch auch ein Volk von großer Spiritualität.
Ihre Invasion führte unweigerlich zu intensiven Spannungen und Feindseligkeiten mit jenen Stämmen, die bereits in dieser Region lebten. Mit Erfolg bekämpften sie die Crow, Kiowa, Ponca, Omaha, Arikara und Cheyenne. Um 1800 hatten die Teton diese Stämme dazu gezwungen, in neue Gebiete umzuziehen, und bis 1830 herrschten sie unangefochten. Sie führten ein gutes, aber kein leichtes Leben … sie gönnten sich Ruhe, spielten, jagten, unterhielten sich mit anderen, führten geheimnisvolle Rituale durch und festigten ihre Herrschaft über dieses herrliche Land, das sie jetzt als ihre ständige Heimat betrachteten. In den dreißiger Jahren des 19. Jahrhunderts dehnten sie ihre Jagdgründe bis in den Süden von Wyoming aus. Zu diesem Zeitpunkt waren die Teton bereitwillig und vollkommen vom massigen, buckeligen Bison abhängig geworden, von dem es in jenen Jahren schätzungsweise dreißig bis sechzig Millionen Stück gab. Der Bison war ein heiliges Tier, ein einzigartiges Geschenk ihres höchsten Gottes Wakan Tanka, denn er war ein wandernder Beauftragter, der ihre hauptsächliche Nahrungsquelle darstellte und aus dem sie ihre wichtigsten Gegenstände herstellten.

Das Lager für den Sonnentanz

Die Bisons zogen auf ihrer Suche nach Gras ständig weiter, und die Teton zogen mit ihnen. Jeden Sommer im Juli oder August unterbrachen sie diese Gewohnheit, und jede Stammesgruppe versammelte sich an einem ausgewählten Ort, um für zwei oder mehr Wochen ein großes Lager aufzuschlagen. Während dieses Treffens wurde gewöhnlich ein Sonnentanz abgehalten. Die Kriegergesellschaften wurden neu organisiert; man trug bemalte Kostüme, die mit Federn, Borsten und Perlen verziert waren und uns sehr gut bekannt sind. Die Menschen unterhielten sich miteinander, und die bürgerlichen oder Lagerhäuptlinge trafen sich, um gemeinsam die Probleme und Pläne für das kommende Jahr zu besprechen. Geplant wurde auch die Zuweisung gewisser Gebiete, in die jede Dorfgemeinschaft reisen sollte, wenn es die Umstände erlaubten, um Bisons und anderes Wild zu jagen. Die Häuptlinge entschieden häufig auch, wo die Dorfgemeinschaften ihr Winterlager aufschlagen sollten, damit einzelne Gebiete nicht überbevölkert wurden und sich die Holzversorgung nicht erschöpfte.

Das große Lager wurde mit einer gemeinsamen Bisonjagd abgeschlossen. Dann teilte sich die Masse von Menschen in kleine Dorfgemeinschaften auf und ging ihrer Wege. Während ihrer Wanderung trafen sie ab und zu aufeinander, und manchmal halfen sie sich gegenseitig im Kampf gegen feindliche Stämme. Ansonsten wurde die Verbindung nur durch Boten aufrechterhalten. Von Frühjahr bis Herbst lagerte jede Dorfgemeinschaft für einige Tage, während die Männer auf die Jagd gingen. Fleisch wurde herangeschafft und haltbar gemacht, die Häute wurden gegerbt; dann zog das Dorf weiter. Deshalb war jedes Dorf im großen und ganzen eine unabhängige, gesellschaftliche und militärische Einheit.

Die Lebensweise der Sioux

Die abgehärteten Frauen verrichteten alle anstrengenden Arbeiten im Lager, und ihnen gehörten die Hütten. Wie man vielleicht erwarten würde, entschieden sie über Angelegenheiten des Heims und der Familie. Die Männer waren Jäger und Krieger. Kleinkinder liefen frei im Lager umher, und die älteren Kinder wurden sorgfältig darauf vorbereitet, verantwortungsvolle Erwachsene zu werden. Die Menschen waren zutiefst religiös, und im Mittelpunkt ihres gesamten Lebens standen die Rituale. Nur wenige Dinge wurden ohne die Verehrung von Wakan Tanka und der anderen von ihm gezeugten Geistermächte ausgeführt.

Aus der Zeit der Reservation zurückschauend, beschrieben die Teton ihr früheres Leben in der Prärie als eine sehr glückliche

Zeit. Wenigstens eine Zeitlang waren sie ein freies Volk gewesen, das über sein eigenes Schicksal entschied, und in jenen Tagen, an die sie sich wärmstens erinnern, waren sie imstande gewesen, eine Lebensweise zu entwickeln, die immer noch fast jeden, der sie kennenlernt, begeistert und fesselt.
In jenen unvergeßlichen Zeiten hatte jedes Nomadendorf verschiedene Führer, die alle nur so lange im Amt blieben, wie das Volk mit ihrem Verhalten und ihren Ansichten einverstanden war. Die Weißen nannten sie »Häuptlinge«, und dieser Titel ist ihnen im allgemeinen Sprachgebrauch auch geblieben, trotzdem forderten nur wenige von ihnen jene absolute Autorität unter den Indianern, auf die dieser Titel schließen läßt. Zivile Häuptlinge wurden auf unbestimmte Zeit gewählt, um die Wanderung des Dorfes von einem Ort zum anderen zu organisieren. Zusammen mit den Kriegergesellschaften, von denen jede ihre eigenen Häuptlinge hatte, überwachten sie die Lager. Es gab auch Kriegshäuptlinge, die sich ihren Ruf durch die Verteidigung, Überfälle zu Pferde und in Kriegszügen erworben hatten und dadurch geeignet waren, die anderen Krieger anzuführen.
Außerdem gab es noch eine ganze Reihe von Personen, die man Medizinmann, Medizinfrau oder Heiliger Mann nannte, Menschen mit außergewöhnlichen geistigen Kräften, die ihnen einen besonderen Rang innerhalb ihres Volkes einbrachten. Ein Medizinmann oder eine Medizinfrau hatte die Fähigkeit, zu einem Kanal für Wakan Tanka zu werden, der durch sie Heilungen durchführte. Diese erfolgten gewöhnlich durch eine Kombination aus Glauben und Kräutern. Ein Heiliger Mann war ein Medizinmann, der nicht nur ein Kanal für Heilungen war, sondern durch den auch prophetische und seherische Informationen verkündet wurden. Zu ihnen zählten die berühmten Indianer Crazy Horse und Sitting Bull.
Im Jahr 1830 fingen die Teton einen Krieg gegen die Pawnee an, und in den nächsten zwanzig Jahren bekämpften sie sich bei jeder Gelegenheit; 1840 verlegten einige der Oglala-Teton ihre Jagd-

gründe gegen Westen in das Land der Snake-Indianer und fügten sie der sich vergrößernden Liste von Feinden hinzu. Auch die Crow suchten in diesem Gebiet nach Nahrung, und nachdem zwischen ihnen die Lage bereits ein Jahrzehnt lang sehr gespannt war, wurde der kleine, aber bedrohliche Stamm zum größten Feind der Sioux.

Zu diesem Zeitpunkt hatten die Sioux ihre ersten ernstlichen Auseinandersetzungen mit den Weißen. Trapper, die in den fernen westlichen Gebirgszügen arbeiteten, unterstützten die Crow und Snake in ihrem Krieg gegen die Sioux. Diese waren darüber so erzürnt, daß sie bald alle Weißen aus dem Gebiet vertrieben. Eine Ausnahme bildeten nur jene, mit denen sie mit ihren Bisonfellen und Häuten Handel betrieben.

Die Sioux hätten gut daran getan, auch diese Händler zu vertreiben, denn der Konkurrenzkampf zwischen den Fellgesellschaften veranlaßte die Händler, den Indianern billigen Schnaps zu bringen, um sie betrunken zu machen und dann zu betrügen. Daß sie die Händler nicht vertrieben, führte letzten Endes für die Weißen wie für die Indianer zu einer anhaltenden Katastrophe.

Obwohl die Heiligen Männer sich bemühten, den Whiskyhandel zu unterbinden, verschafften sich viele Sioux den Schnaps. Zum erstenmal in ihrer Geschichte kam es zu Schlägereien zwischen Stammesangehörigen. Familien zerstritten sich, und in einem sehr bedeutungsvollen Zwischenfall wurde ein eifriger junger Krieger namens Red Cloud in den Mord eines Häuptlings mit Namen Bull Bear verwickelt. Die Sioux werden sich später an diese Tat erinnern, und Red Cloud und seine Freunde werden teuer dafür bezahlen.

Die Weißen bringen Epidemien

Mit Beginn des Jahres 1848 verschlimmerten sich die Überlebenschancen der Sioux, als eine von weißen Händlern mitgebrachte Cholera- und Pockenepidemie achtzehn Monate lang unter ihnen wütete. Die Krankheit war für die Teton verheerend,

Hunderte von ihnen starben und ließen zahllose trauernde Überlebende zurück. Andere Probleme bahnten sich an. Seit 1841 beobachteten die Sioux mit Besorgnis die Wagenzüge weißer Einwanderer, die auf ihrem Weg zur Westküste durch ihr Land zogen. Am Anfang waren es nur einzelne Planwagen, aber bald überschwemmten sie das Land. Im Jahr 1850 war die Zahl der alljährlichen Durchwanderer auf 50 000 angewachsen, die Bisons und anderes Wild in großen Mengen verzehrten, während ihr Vieh riesige Mengen Gras verschlang, das für die Bisons lebenswichtig war. Dann begann die US-Regierung auf dem Land der Sioux Forts zu errichten. Dort wurden Soldaten stationiert, und unter diesem Schutz fühlten sich die weißen Einwanderer sicher und entschlossen sich, sich niederzulassen.

Die Sioux waren sich bewußt, daß etwas geschehen mußte. Als ihre Bitten um Hilfe von der Regierung unbeantwortet blieben, wandten sie sich an Red Cloud, dessen Ruf als Kriegshäuptling ihn dazu befähigte, sie in einem Krieg anzuführen. 1851 führte in Fort Laramie in Wyoming ein Zwischenfall in Zusammenhang mit einer Kuh von Weißen zu einem Kampf zwischen den Brule-Sioux und Leutnant J. L. Grattan und seinen 29 Männern. Mehrere Sioux wurden getötet und Grattan und alle seine Männer vernichtet. Die Nachricht dieses Ereignisses verbreitete sich wie ein Lauffeuer, und bald kam es im gesamten Territorium zu Angriffen und Gegenangriffen von Indianern und Weißen. Oberst William S. Harney und seine Truppen umzingelten schließlich eine Gruppe von Brule-Kriegern, töteten 136 von ihnen und schleppten die Überlebenden in Ketten nach Fort Laramie. Das war eine grimmige Statistik für die Sioux-Nation, und ihre Überlebensfähigkeit wurde von nun an auf eine harte Probe gestellt. Im zweiten Teil wirst du erfahren, wie sie es geschafft haben.

Erschreckte Brule und Oglala verstreuten sich nach Norden und Süden, und die Durchzugsstraße entlang des Platte River blieb mehrere Jahre lang unbehelligt. Die Weißen nutzten diese Gelegenheit und fügten neue Wege hinzu, um ihre Lage zu festigen. Abgesehen von dem Weg von 1830 entlang des Platte River gab es seit 1885 den Pfad von Fort Laramie nach Fort Pierre. Nach der Entdeckung von Gold in Montana im Jahr 1862 wurde der Bozeman-Pfad angelegt, der quer durch das Land der Teton hindurchführte.

Im Herzen und im Geiste war das Volk der Teton untrennbar mit seinem Land verbunden. Angesichts der Eindringlinge schwelte in ihnen der Haß, und es bedurfte nur eines Funkens, um ein wütendes Feuer zu entfachen. Dieser Funken ergab sich 1862 in Minnesota, als es zwischen den Weißen und den hungernden Santee-Sioux zu furchtbaren Gewalttaten kam, die ganz Nordamerika in Angst und Schrecken versetzten. Auf beiden Seiten wurden Hunderte von Menschen niedergemetzelt. Als die Östlichen Sioux schließlich besiegt wurden, wurden 38 ihrer Häuptlinge schmachvoll Seite an Seite an Galgen öffentlich gehängt. Einigen der entsetzten Sioux gelang es, nach North und South Dakota zu fliehen, und der Rest verstreute sich in Reservationen von Nebraska bis Kanada.

Red Cloud dachte viel über die Gerechtigkeit des weißen Mannes nach und kam zu dem Schluß, daß den Westlichen Sioux nicht viel anderes übrigblieb, als um ihr Leben zu kämpfen – und genau das taten sie auch für die nächsten 26 Jahre.

Sitting Bull und Crazy Horse

Erst 1890 nahm der Kampf an einem Platz mit Namen Wounded Knee ein häßliches Ende. Während dieser stürmischen Jahre wurden Namen wie Sitting Bull, Crazy Horse, Red Cloud und General George Armstrong Custer sowohl unter den Weißen als auch den Indianern bekannt. Nach der schockierenden Niederlage von Custer am Little Big Horn River brachen die Indianer ihre Lager ab und zogen in verschiedene Richtungen, um den weißen Soldaten eine Verfolgung so schwer wie möglich zu machen. Die meisten von ihnen gaben schnell auf, sobald sie von Regierungstruppen eingekreist waren, und wurden in bestimmte Gebiete getrieben, die als Reservationen vorgesehen waren. Sitting Bull und einige seiner Anhänger flohen nach Kanada und kehrten erst nach vier Jahren wieder zurück. Crazy Horse und seine Bande waren auf der Flucht, bis sie ausgehungert wurden. Nachdem sie sich ergeben hatten, endete jeder wirkungsvolle Widerstand, und die Sioux mußten sich mit einem Leben in der Reservation abfinden.

Die Sioux und die Weißen starteten den qualvollen und enttäuschenden Versuch, Seite an Seite zu leben und sich an ein gemeinsames Leben zu gewöhnen. Aber die Voraussetzungen waren ungleich, denn für die Sioux war diese Aufgabe viel schwieriger. Es sind uns nur wenige Einzelheiten über diese frühen Jahre in den Reservationen bekannt, doch wir wissen, daß dies für die besorgten und verwirrten Indianer hauptsächlich eine Zeit der Verzweiflung war. Diese wurde noch verschlimmert, als der von ihnen verehrte Crazy Horse am 5. September 1877 in Fort Robinson erstochen wurde.

Von 1877 bis 1879 wurden die Sioux in das feuchte und unfruchtbare Flußgebiet des Missouri geschickt, während Red Cloud mit der US-Regierung Verhandlungen über den Verkauf ihrer heiligen Berge, der Black Hills, führte. 1879 wurden Red Cloud und seine Anhänger in dem Gebiet in South Dakota angesiedelt, wo sich heute die Pine-Ridge-Reservation befindet. Dort versuchten sie, wieder von vorn anzufangen. Im selben Jahr überschrieb Red Cloud ohne die allgemeine Zustimmung seines Volkes die reichen Black Hills von South Dakota der Regierung. Dieser Fehler und der Mord, in den er verwickelt gewesen war, waren seine unverzeihbaren Fehler, die sogar heute noch seinen einstmalig großen Namen beflecken.

Bis zum Jahr 1876 verloren die Sioux durch Verträge mit der Regierung die Hälfte ihres Landes. 1879 wurden verschiedene Gruppen der Sioux auf unverschämte Weise in verstreute Reservationen gedrängt, die sich in den abgelegensten und unfruchtbarsten Gegenden von South Dakota, North Dakota, Nebraska und Montana befanden. Einige Sioux blieben in Kanada, und ihre Nachkommen wohnen heute noch dort. Zur Zeit leben ungefähr 60 000 Sioux auf den Reservationen und mehr als 25 000 in den größten Städten der Vereinigten Staaten.

Das Ende der traditionellen Regierung

Für eine kurze Zeit nach 1879 hatten die in den Reservationen lebenden Sioux eine eigene Art von Regierung, die der Zustimmung eines Agenten der Regierung der Vereinigten Staaten, der jeder Reservation vorstand, unterstand. 1889 verabschiedete der Kongreß diesbezüglich neue Gesetze. Über einen Zeitraum von mehreren Jahren wurde jedem Oberhaupt einer Familie Land zugewiesen und als Treuhandeigentum überschrieben. Er erhielt eine bestimmte Anzahl von Hektar des Reservationslandes, das nach seinem Tod auf seine Erben überging. Jede Familie bekam auch einige Kühe und Pferde, einen Wagen, Spitzhacken, Schaufeln, Zaumzeug und 50 Dollar in bar, damit sollten sie ein festes Heim errichten und ihr Land bebauen. Die Regierung und die weißen Missionare waren der Meinung, daß eine umfassende Umwandlung der Sioux auf religiösem wie auf weltlichem Gebiet nötig war. Die Weißen sahen es einfach als selbstverständlich an, daß diese Wandlung innerhalb kurzer Zeit erreicht werden konnte.

Sie überlegten sich nicht, ob diese Haltung vernünftig oder gerechtfertigt war. Weil die Sioux so entschlossen um ihr Land gekämpft hatten, hatten sie in den Augen der Weißen ein unverzeihliches Verbrechen begangen, wofür sie später einen schmerzhaften und anhaltenden Preis bezahlen mußten. Die Treuhandschaft sollte eigentlich auf eine bestimmte Zeit beschränkt bleiben, nämlich so lange, bis sich die Sioux durch gewählte Vertreter selbst regieren konnten. Sie war so entworfen worden, daß sie nach 25 Jahren von selbst hinfällig wurde. Aber die Sioux hatten von solchen Dingen keine Ahnung, und es wurde nur wenig unternommen, um sie in dieser Hinsicht zu erziehen. Am Ende der Frist wurde die Treuhandschaft auf weitere zehn Jahre verlängert und dann noch einmal zehn Jahre, bis ihr schließlich durch den Howard-Wheeler-Act 1934 ein Ende gesetzt wurde.

Die Regierungsprogramme, für die sich die Sioux kaum interessierten und die sie auch oft nicht verstanden, verärgerten sie nur. Die Lage verschlimmerte sich noch durch die argen Dürren von 1889 und 1890. Im Unterschied zu den weißen Farmern konnten die Sioux nicht fortziehen. Sie waren gezwungen, innerhalb der Grenzen ihrer Reservationen zu bleiben. In der Zwischenzeit dezimierten weiße Jäger die noch vorhandenen Bisonherden mehr und mehr. Die Regierung ließ dies aus dem Grunde zu, weil die Indianer ohne Bisons keine andere Wahl hatten, als der Regierung zu gehorchen, um überleben zu können. Im Jahr 1890 gab es nur mehr einige hundert Bisons.

Im Februar 1890 wurde die Dakota-Reservation nichtindianischen Siedlern als Heimstätte geöffnet, und die verwirrten Sioux, deren Pfade fortwährend angegriffen wurden, waren bereit, sich an jedem und an allem festzuklammern, das ihnen auch nur die geringste Hoffnung bieten konnte, zu ihrer alten Lebensweise zurückzukehren. Sie beteten voller Verzweiflung und suchten nach Visionen zu ihrer Führung und Befreiung. Das Schicksal kam ihnen in der Person eines Paiute-Indianers namens Wovoka zu Hilfe, der verkündete, er habe eine bedeutungsvolle Vision gehabt. Darin habe Gott ihm mitgeteilt, wie die Indianer vereint in Frieden und Wohlstand leben könnten und daß sie einen bestimmten heiligen Tanz, den Geistertanz, erlernen müßten.

Für die Indianer war Wovoka ein Messias. Seine Vision wurde rasch überall bekannt und führte zu dem sogenannten »Messias-Wahn«. In wenigen Monaten führten die Stämme der ganzen Prärieregion den Geistertanz auf. Als die Neuigkeiten die Sioux erreichten, akzeptierten sie sie eifrig, und die Oglala sandten eine Abordnung zu Wovoka, um seine Vision und seine Lehren kennenzulernen.

Die Sioux fügten dem Geistertanz zwei neue Elemente hinzu: ein bemaltes Geisterhemd aus Stoff oder Wildleder, das man für kugelsicher hielt, und die Überzeugung, daß der Geistertanz die Weißen dazu bringen würde fortzuziehen und die Bisons zurückkehren ließ. Ihr Glauben blieb fruchtlos. Verängstigte weiße Siedler, die sich nur zu gut an die letzten Kriege erinnerten, verlangten dringend nach Soldaten zu ihrem Schutz. Am 20. November 1890 erreichte General John R. Brooke mit einer schwerbewaffneten Truppe die Pine-Ridge-Reservation. Damit waren die Voraussetzungen für eine letzte Tragödie gegeben. Sie begann damit, daß Sitting Bull in seinem Haus ermordet wurde, und endete, als ein angsterfüllter und friedlicher Häuptling namens Big Foot und seine Anhänger in einem Massaker getötet wurden, das den Schnee in Wounded Knee blutrot färbte. Für kurze Zeit danach versammelten sich die erschreckten und wütenden Sioux und drohten, den Krieg wiederaufleben zu lassen. Ein Jesuitenpriester stimmte sie um, und am 1. Januar 1891 endete der bewaffnete Widerstand der Sioux für alle Zeiten.

Friedliche Beschäftigungen

Das ist im wesentlichen der herkömmliche geschichtliche Überblick, durch den sich Außenstehende die Sioux als blutgieriges Volk vorstellen. Diese weitverbreitete Vorstellung wird durch Autoren, Filmemacher und viele Künstler im Westernstil verstärkt und beibehalten, die ihre Werbewirksamkeit erkennen und nicht überlegen, daß sie den Sioux einen schlechten Dienst erweisen. Deshalb mag es auch jenen, die an diesem landläufigen Bild festhalten, schwerfallen, die Sioux mit Spiritualität in Verbindung zu bringen.

Betrachten wir jedoch das tägliche Leben der Sioux, und sehen wir uns an, wieviel Zeit ihnen wirklich für Kriege blieb. Beginnen wir mit dem Klima im Mittleren Westen. In den meisten Jahren folgt auf sechs Monate mit eiskalten Temperaturen und tiefem Schnee ein Monat mit Schneematsch und Schlamm. Es bleiben also fünf Monate, in denen das Wetter erträglich ist und sie umherziehen können. Dabei haben wir aber die anhaltenden schweren Regenfälle im Sommer, Feuchtigkeit, Windstürme und Tornados noch gar nicht berücksichtigt.

Wir dürfen auch nicht vergessen, daß ein Großteil dieser fünf milden Monate dazu verwendet werden mußte, um durch Jagen, Graben und Pflücken Nahrungsmittel zu sammeln und diese dann zu konservieren, damit sie in den sieben Wintermonaten genießbar waren. Häute und Felle mußten gegerbt und präpariert werden. Der Handel mit anderen Indianern und Händlern war lebenswichtig. Da das Wild nicht stillstand und auf die Indianer wartete, mußten sie sehr viel Zeit zum Reisen aufwenden. An jedem neuen Lagerplatz brauchten sie genügend Zeit, um auszupacken und ein Lager aufzuschlagen, um zu jagen und das Fleisch haltbar zu machen und um dann wieder zusammenzupacken und weiterzuziehen.

Neben den alltäglichen Pflichten im Haushalt mußten sie Pferde einreiten, pflegen und Futter für sie beschaffen. Babys wurden geboren und mußten versorgt werden. Man mußte die Kinder unterrichten, Eheschließungen durchführen, Kleidung ausbessern und Waffen in Ordnung halten. Ratssitzungen brauchten Zeit, denn man hatte sich mit persönlichen und Stammesangelegenheiten zu beschäftigen. Kriegergesellschaften mußten sich versammeln, Pläne machen und neue Mitglieder einweihen. Die Kranken und Verwundeten waren zu pflegen und die Toten zu begraben.

Wenn die gesamte Nation der Sioux zu einer bestimmten Zeit nicht mehr als 60 000 Menschen umfaßte, dann gab es nie mehr als 10 000 Krieger, die für den Kampf gerüstet waren. Sie waren über ein Gebiet verteilt, das sich heute über zweieinhalb Staaten erstreckt, und zwar in viele kleine Nomadendörfer unterteilt. Die Nachbarn der Sioux verhielten sich nicht immer friedlich, und die feindlichen Krieger betraten manchmal ihr Land, dennoch verfügten die Sioux nur über kleine Kriegerscharen. Für ihre

Schlachten und Überfälle mußten sie beträchtliche Entfernungen zurücklegen. Es ist auch bekannt, daß diese Gefechte gewöhnlich kurz und vergleichsweise ohne ernste Folgen waren. Dem muß man noch hinzufügen, daß die Anzahl erfolgreicher »Coups«, das heißt, dem Gegner einen Schlag mit der Hand oder mit einem dünnen Coup-Stab zu versetzen, als eine viel größere Ehre galt, als ihn zu verwunden oder zu töten. Deshalb war dies auch ein bevorzugter Brauch, dessentwegen viele Autoren solcherart indianische Kriegführung als ein Spiel bezeichneten.

Außerdem muß man wissen, daß in der Zeit vor den Reservationen religiöse Rituale ein sehr wichtiger Bestandteil im Leben der Sioux waren. Fast jedes Jahr im Frühjahr traf jede Stammesgruppe Vorbereitungen für den Sonnentanz, der im darauffolgenden Juli abgehalten werden sollte. Das war ein Ritus der Erneuerung, Wiedergeburt, Fortpflanzung und Danksagung, und alle versammelten sich an bestimmten Plätzen, um ihn zu feiern. Der sechzehntägige Ritus wird im zweiten Teil dieses Buches näher beschrieben und bestand aus acht Tagen der Vorbereitung, vier Tagen der Aufführung sowie vier Tagen der Enthaltsamkeit.

Männer und Jungen reisten an Orte in den zerklüfteten Bergen, um vier Tage lang nach Visionen zu suchen, durch die sie Führung in ihrem Leben und geistige Helfer als Beistand erhielten. Sie nahmen auch an Ritualen in Schwitzhütten teil, in denen sich die Sioux reinigten und Heilungen durchführten.

Es gab viele verschiedene Tänze: einen Regentanz, Pferdetanz, Adlertanz und zahlreiche andere, die ihnen am Anfang der Zeit von Wakan Tanka gegeben worden waren, um besondere Segnungen zu erhalten. Zwei wichtige Rituale, der Große Medizintanz der Medizingesellschaft und das Fest der Jungfrauen, werden im zweiten Teil beschrieben.

Üblich waren auch öffentliche Schenkungen. Es kam häufig vor, daß Leute so viel verschenkten, bis sie selbst völlig verarmt waren. Auch nahm sich jeder Clan Zeit, um für Waisenkinder und alte Menschen zu sorgen. Liebende Eltern waren auf Töchter stolz, die die weniger Glücklichen und Hilflosen besuchten, um ihnen Essen zu bringen, ihr Haar zu kämmen und ihre Kleidungsstücke zu flicken. Jedes Mädchen, das in ihren wohltätigen Pflichten versagte, war in den Augen des Stammes nicht würdig, den Namen der Sioux zu tragen.

Das bisher Gesagte umfaßt bei weitem nicht alle religiösen und weltlichen Beschäftigungen, denen sich die Sioux in den fünf milden Monaten des Jahres widmeten. Aber es reicht aus, um die Darstellung der Sioux als ständig kämpfende und grausame Menschen in Frage zu stellen. Einen Großteil ihrer Zeit verbrachten sie mit viel wichtigeren Dingen. Erst als sie durch die weißen Eindringlinge zur Verzweiflung getrieben wurden, zeigten sich ihre kriegerischen Neigungen und Taten, die uns durch Filme und Bücher so bekannt sind. Die Sioux waren ein sensibles Volk, das vielen friedlichen Beschäftigungen nachging und sich leidenschaftlich nach äußerem und innerem Frieden sehnte. Wenn ich ihre zentralen und Nebenpfade beschreibe, werde ich auch mehr auf ihre Handlungen und Überzeugungen eingehen.

Die Umwandlung in Weiße

Man könnte annehmen, daß mit dem Kriegsende am Wounded Knee und mit dem Beginn ihrer Reservationszeit das Schlimmste für die Sioux überstanden war. Das Schlimmste stand ihnen jedoch noch bevor, und Hand in Hand damit trat der wahre innere Frieden dieses Volkes an den Tag, der es am Leben erhielt.

Im Herbst 1972 marschierten entschlossene militante Mitglieder von sieben nationalen Indianerorganisationen nach Washington, D.C., und besetzten mehrere Tage lang die Zentrale des Büros für Indianische Angelegenheiten. Im Februar 1973 begann die dramatische und gefährliche, 72 Tage dauernde Besetzung des historischen Dorfes Wounded Knee in Pine Ridge durch verzweifelte Mitglieder des American Indian Movement (AIM). Bevor die Besetzung zu Ende ging, nahm das gesamte Land Anteil am Geschehen, und es wurde deutlich, daß irgend etwas in Pine

Ridge und in den anderen indianischen Reservationen auf schreckliche Weise schiefgelaufen war. Fast ein Jahrhundert lang waren die »Aus-den-Augen-aus-dem-Sinn«-Indianer gezwungen gewesen, in Verhältnissen zu leben, die ihnen nichts anderes als Elend brachten. Die militärischen Auseinandersetzungen mit den Weißen, die im Jahr 1851 begonnen hatten, waren viel mehr als nur ein Kampf um das Land. Sie machten auch ein tiefgreifendes Aufeinanderprallen der Kulturen deutlich, denn wie schon früher erwähnt, hatten sich die weißen Eindringlinge vorgenommen, zuallererst die wilden und heidnischen Sioux sofort zu »zivilisieren«.

Nachdem die Sioux auf Reservationen untergebracht worden waren, gab die Regierung den Befehl heraus, die Sioux so schnell wie möglich in Weiße umzuwandeln. Niemand fragte sich, ob die Sioux damit einverstanden waren oder ob die Weißen aufgrund ihrer eigenen Verhaltensweise überhaupt das Recht hatten, solche Forderungen zu stellen. Die Ausführung dieses Befehls wurde auch nicht vorläufig aufgeschoben, um die Bitterkeit, die auf beiden Seiten vorhanden war, abklingen zu lassen. Mit der eifrigen Unterstützung christlicher Missionare griff die Regierung sogleich hart durch und führte die Schulpflicht für die Kinder ein. Die Erwachsenen wurden hingegen durch ein Verteilungssystem, das immer mehr verheerende Konsequenzen haben sollte, dem Tod nahegebracht.

Die Regierung war in ihrem Bestreben so erfolgreich, daß die meisten Weißen annahmen, daß die »heidnischen« Sioux sehr schnell ihre indianische Lebensweise aufgeben und weiße Männer und Frauen mit kupferfarbenen Gesichtern werden würden. Außer Agenten der Reservation und anderen Regierungsangestellten besuchten nur sehr wenige Nichtindianer die Reservationen, um herauszufinden, was dort vor sich ging. Aus diesem Grund gibt es nur sehr wenige, verschwommene und unklare Aufzeichnungen aus dieser Zeit. Wir können uns deshalb nur ein sehr oberflächliches Bild machen: In den ersten Jahren in der

Reservation war es das Ziel, aus den Sioux durch Landwirtschaft und Erziehung finanziell unabhängige Menschen zu machen, obwohl der Erziehung sehr vorsichtige Grenzen gesetzt wurden. Die Indianer sollten lernen, aber nur, was die Weißen sie lernen lassen wollten. Eine höhere Ausbildung kam nie in Frage.
Ich habe bereits erwähnt, daß ihnen Land zugewiesen wurde, und diese Maßnahme allein führte schon zu unglaublichem Mißbrauch. Nutzten die Sioux nach Ansicht der korrupten Regierungsbeamten das Land nicht ausreichend, dann konnten diese Agenten das Land an Weiße verpachten. Bis 1916 wurden die meisten Rinderherden der Oglala an Weiße weiterverkauft, und achtzig Prozent des Landes von Pine Ridge war zu lächerlich niedrigen Preisen als Weideland an Weiße verpachtet. Das Verteilungssystem wurde immer noch angewandt, wodurch so etwas wie Arbeitsmoral kaum entstehen konnte.
Die Regierung faßte den Entschluß, daß die christlichen Missionen die Schulausbildung der Sioux-Kinder übernehmen sollten, denn sie hielt sie am besten dafür geeignet, die Zivilisierung voranzutreiben. Die Erziehung unterschied sich jedoch völlig von jener der Sioux, denn sie war streng und energisch. Ein Missionar schrieb: »Der Unterricht aller indianischen Kinder an guten Schulen und für eine bestimmte Zeit in jedem Jahr sollte Pflicht sein. Darauf beruht die eine, große Hoffnung, den indianischen Charakter zu ändern und zu verbessern. Es ist ungewiß, um es milde auszudrücken, ob man die erwachsenen Mitglieder der wilden Stämme jemals dazu bringen oder zwingen kann, sich von ihrer erbärmlichen Wildheit auf das Niveau einer bestimmten Erziehung zu erheben … Die junge Generation hingegen ist flexibel und kann mit Erfolg geformt werden und Höheres erreichen. Die Erziehung der Kinder trifft den Kern des Problems. Wir müssen an der Wiege beginnen, wenn wir die Barbarei besiegen und die Rasse über sich hinausheben wollen.«
Ein für jene Zeit typischer Artikel erschien am 4. November 1876 im *Omaha Herald* und beschreibt eine Gruppe von Sioux, deren

Zug auf dem Weg zum Indianerterritorium in Oklahoma dort Zwischenstation machte. Der abschließende Absatz lautete folgendermaßen: »Mehrere (weiße) Damen gingen durch die Waggons, von denen zwei offensichtlich Offiziersgattinnen und ein wenig mit der indianischen Sprache und den Bräuchen vertraut waren. Die Indianer schienen hoch erfreut zu sein, diese weißen Damen zu sehen, und versuchten, ihre Hand zu schütteln. Das Baby von American Horse war ein rundliches, strammes Kerlchen, und als eine der Damen auf das Kind einsprach, begann es ein furchtbares Geschrei, *genauso natürlich und lebensecht, als wäre es menschlich«* (Hervorhebung durch den Autor).

Junge Sioux-Frau

Ist es nicht sehr ernüchternd, sich die Atmosphäre vorzustellen, in die die Zukunft der Sioux gelegt wurde? Aber diese Atmosphäre der ersten Jahre hielt auch mehr oder weniger im ganzen 20. Jahrhundert an. Es überrascht nicht, daß nirgends im gesamten Land so viele Schüler die Ausbildung abbrechen wie auf den Reservationen. Wie haben sie überlebt?

Im Jahr 1895 schrieb F. W. Blackmar von der Universität von Kansas einen Artikel über die Erziehung der Indianer, in dem er feststellte, daß das vor kurzem verabschiedete Gesetz zur Schulpflicht der Indianer ein Schritt in die richtige Richtung war. Dieses vom Kongreß genehmigte und im März 1881 in Kraft getretene Gesetz sorgte dafür, daß die indianischen Kinder gezwungen waren, die Schulen, die für sie eingerichtet und geleitet wurden, auch zu besuchen. Blackmar fuhr fort, man dürfe nicht annehmen, daß die Eltern indianischer Kinder fähig wären zu entscheiden, ob Erziehung für ihre Kinder gut oder nicht gut sei. Dazu wären die Indianer doch »ein viel zu wildes Volk«.

Unglücklicherweise stand die Meinung Blackmars stellvertretend für die allgemeine Einstellung bezüglich der Schulerziehung der Indianer. Die von der Regierung kontrollierten Schulen hatten militärischen Charakter ohne Toleranz und Geduld. Ihr Hauptziel war es, die »Helden« zu demütigen und jede Spur der indianischen Lebensweise zu zerstören. Erwartungsgemäß stießen sie auf jedem Schritt auf den Widerstand verärgerter Schüler und Eltern. Im Schulsystem der Reservationen hat man erst vor kurzem damit begonnen, diese beklagenswerte Situation zu überwinden.

Die Kirchen, besonders die römisch-katholische, waren, was die Erziehung angeht, etwas erfolgreicher als die Regierung und in vielen Reservationen die einzige Quelle für annehmbare Erziehung. Sie hatten natürlich auch versucht, die Bräuche und Kultur der Stämme auszurotten, doch in den letzten Jahren bedauerten sie dieses Vorgehen und begannen es zu ändern. Aber man muß erwähnen, daß viele ihrer Sioux-Schüler zu Führern der Gemeinde wurden, die die Regierungsbeamten verstehen und mit ihnen zusammenarbeiten konnten.

Die Taufe und die »Riten der Wilden«

Im Laufe der Jahre wurden die meisten Sioux in der einen oder anderen Kirche getauft. Einige hielten dies für ratsam, denn es war die beste Methode, die Weißen zufriedenzustellen und dadurch ihre Rationen zu erhalten. Andere waren der Meinung, daß der christliche Gott ihrem Gott Wakan Tanka sehr ähnlich war, so daß es ihnen nicht schwerfiel, an ihn zu glauben. Manche Weiße forderten Gerechtigkeit und Verständnis für sie. Bereits im Januar 1891 schrieb beispielsweise General Nelson A. Miles in der *North American Review*: »Die Indianer sind praktisch eine verlorene Rasse, und niemand ist sich dessen besser bewußt als sie selbst … Die Unterwerfung einer Rasse durch ihre Feinde kann nichts anderes erzeugen als stärkste Gefühle des Hasses und der Feindseligkeit. Würden wir uns an ihre Stelle versetzen, so könnten wir vielleicht ihre Gefühle verstehen.«

Andererseits standen der Korruption Tür und Tor offen, so daß die Verwaltung der Indianer von Anfang an eine Brutstätte für Schiebung und Übeltaten war. Mit einigen wenigen Ausnahmen zog sie Menschen an, die mehr daran interessiert waren, Geld zu verdienen, als den Indianern zu dienen. Die Regierungsbeamten ließen diesen legalisierten Raub bereitwillig zu und banden jenen die Hände, die Gerechtigkeit verlangten. Die meisten Agenten taten ihr Bestes, um die Autorität der Häuptlinge und Führer, die sich gegen ihre Forderungen wehrten, zu untergraben. Gleichzeitig bemühten sie sich, weniger ehrenhafte Männer zufriedenzustellen, die dann taten, was immer ihnen gesagt wurde.

Außerdem bekämpften die Agenten einen ganz entscheidenden Faktor. Zusammen mit den Verantwortlichen der Kirche bemühten sie sich mehr als engagiert, das lebenswichtige zeremonielle Leben der Sioux auszulöschen. Schon im Jahre 1881 nannten die Weißen den Sonnentanz einen »Ritus der Wilden«, eine »Barbarei«, »dieses grausame Spektakel« und »furchtbar«, und sie machten sich daran, ihn auszurotten, indem sie seine Durchführung in jeder Sioux-Reservation verboten. Kurze Zeit später verboten sie nahezu alle traditionellen Rituale und Bräuche, und wer gegen dieses Gesetz verstieß, indem er irgendwelche Riten ausführte, wurde sofort festgenommen und bestraft.

Nach Art der Sioux während des Sonnentanzes getragene, schützende, aus Salbei gefertigte Bänder für Kopf, Handgelenke und Knöchel

Es dauerte viele, viele Jahre, bis irgend jemand in die Reservation kam und die Frage stellte, warum die Sioux diese Rituale überhaupt aufführten und ob sie vielleicht einen wichtigen religiösen Inhalt hatten. Um das Jahr 1885 erkannten die Weißen, daß die Zeremonien der Sioux rasch eine Sache der Vergangenheit wurden; und in der Tat waren viele davon ein für allemal verlorengegangen. Auf unerwartete Weise garantierte jedoch die Haltung der Weißen das Fortbestehen der lebenswichtigsten traditionellen Riten. Denn die Sioux waren nicht dazu bereit, die Relegion in ihrer Gesamtheit anzunehmen, die ihnen von einem Volk gegeben wurde, das ihnen ihr Land gewaltsam entrissen hatte und sie jetzt als Gefangene hielt. Die Heiligen Männer, Medizinmänner und Medizinfrauen, die in den entlegenen Gebieten lebten, weit entfernt von den Verwaltungszentren, bewahrten entschlossen die alten Pfade. Ihnen ist es zu verdanken, daß die Sioux heute eine kulturelle Wiedergeburt erleben. Bräuche, die fast verloren waren, wurden wieder studiert und eingeführt, und die religiösen Riten, die geheimgehalten wurden, werden von Jahr zu Jahr mit größerer Intensität öffentlich aufgeführt. Der Sonnentanz ist eine dieser Zeremonien. Es gibt häufig Yuwipi-Zeremonien, Heilungen, Visionssuchen und Riten zum Zurückhalten von Geistern. Pubertätsriten werden für pubertierende Mädchen abgehalten, und Heyoka-Zeremonien finden statt, um heilige Clowns zu machen. Man versucht sogar, den heiligen Pferd-Tanz wiederaufleben zu lassen, der 1931 in der Nähe von Pine Ridge zum letztenmal aufgeführt wurde. Ich werde im zweiten und dritten Teil näher auf einige dieser Rituale eingehen, und ich verspreche dir, daß sie dich fesseln werden und lehrreich sind.

Zweiter Teil

Stammespfade

Kapitel V

Die Pfade der Hopi

Die Hopi-Legenden erzählen uns, daß am Anfang, als die Vorfahren des Hopi-Volkes durch das Sipapu-Loch in den Kivas auf die Erdoberfläche kamen, die Wesen, die die Menschen erschufen, ihnen einen zentralen und mehrere Nebenpfade mitgaben. Entlang dieser Pfade hatten sie jene Geschenke hinterlegt, die die Hopi zum Überleben brauchten. Denn die Höheren Wesen wußten sehr wohl, was für eine feindselige Welt auf die Hopi warten würde, sogar im gewöhnlichen Alltag.

Rituale der Vorbereitung

Im wesentlichen bestand der zentrale Pfad der Hopi aus einem jährlichen Zyklus von Ritualen, die vorbereitender Natur waren und mit bestimmten Aufgaben des Pflanzens, Bebauens und der Ernte Hand in Hand gingen. Diese Rituale umfassen Handlungen, die ihr spirituelles Bewußtsein in bezug auf alle Dinge fortführen und erhöhen sollten, die für das Leben und Überleben notwendig waren. In anderen Worten, im zentralen Pfad wurde sowohl die materielle wie auch die spirituelle Seite des Lebens angesprochen, obwohl die Hopi in Wirklichkeit zwischen den beiden nicht unterscheiden, denn das materielle Leben ist ganz von Spiritualität erfüllt.

Der alljährliche Ritenzyklus hat den grundsätzlichen Zweck, den Hopi zu helfen, sich auf alle Dinge, die für das geistige und körperliche Überleben in dieser unwirtlichen Welt, in der sie leben, notwendig sind, vorzubereiten und diese auch zu durchdenken. Da die Hopi eingehend mit ihrer Welt von eisigen, stürmischen Wintern und glühendheißen Sommern vertraut sind,

wissen sie erfahrungsgemäß, welche Gefahren ihnen drohen. Was sie aber nie wissen, ist, wann sie eintreffen oder welche überraschenden Wendungen sie nehmen werden.
Die Höheren Wesen lehrten sie, auf Nöte vorbereitet zu sein, bevor sie eintrafen, damit sie sich ihnen beizeiten stellen und damit fertig werden konnten. Nur wenn sie mit etwas konfrontiert wurden, das ihrer gewohnten Existenz völlig fremd war, waren sie unvorbereitet und gingen fast zugrunde. Das war beispielsweise der Fall, als Nichtindianer ihnen die Pocken brachten und als diese wiederum versuchten, die Kultur der Hopi mit der ihren zu ersetzen. Dabei handelte es sich um fremdartige Ereignisse, die außerhalb ihres Erfahrungsbereiches lagen und deshalb geheimnisvoll und schwer zu bewältigen waren. Dann kam es zwar vor, daß die Hopi durch das Unglück ins Schwanken oder zu Fall gebracht wurden, aber sie waren sofort bereit, sich zur Wehr zu setzen, und waren auch bald wieder auf den Beinen und imstande weiterzumachen. Denn durch Rituale erhielten sie die Stärke und den Rat, den sie für ihre Verteidigung brauchten, bereits im voraus.

Das Innere eines Hopi-Kivas

Das Niederlegen von Pahos an einer Heiligen Stätte im Freien

Man sollte nicht vergessen, daß es keinerlei Berichte darüber gibt, daß die Hopi angesichts großer Schwierigkeiten je in Panik geraten wären, selbst wenn sie ihnen noch so fremd waren. Das ist ein anderer Hinweis dafür, wie tiefgründig die Spiritualität der Hopi war, durch die sie die Ruhe bewahren und alles überstehen konnten.

Die einzelnen Rituale der Hopi waren unwahrscheinlich komplex, und es besteht kein Grund, hier in allen Einzelheiten auf sie einzugehen. Was wir jedoch tun müssen, ist, ihre Absichten und Auswirkungen zu untersuchen und für uns zu nutzen.

Der jährliche Zeremonienzyklus beginnt gewöhnlich im November mit der Neuen Feuer-Zeremonie. Zur Wintersonnenwende findet ein ausführliches Sonnendrama statt, und es werden Riten für Pflanzenkeime und Kriegsgötter abgehalten. Im Januar wird in einem Tanz die Wiederkehr der Sonne dargestellt, der die Vorväter der Hopi-Clans in Form von Kachinas folgen.

Es finden auch Flöten- und Bisonrituale statt. Im Februar halten die Hopi das Ritual des Bohnenpflanzens ab sowie eine zeremonielle Reinigungsfeier, mit der sie die Wiederkehr der Kachina- und anderer Clanvorfahren feiern. Im März wird ein Mysterienspiel veranstaltet, in dem das Wachstum des Mais dargestellt wird (der Zweck des Spiels ist es, Regen zu bringen), und man legt Gebetsstäbe an wichtigen Heiligen Stätten nieder. Im Mai treten maskierte Personifizierungen verschiedener Kachinas öffentlich auf. Im Juli wird der Weggang der Kachinas feierlich begangen, und die Offene oder Maskierte Saison der Kachina-Tänze findet ihren Abschluß. Im August halten sie Schlangen- und Flötentänze ab. Im September und Oktober feiern sie mit Korbtänzen die Ernte, und die Geschlossene Jahreszeit endet. Im November beginnt der Zyklus der Rituale von neuem.

Hopi-Kachinas

Die Kachinas sind jetzt schon mehrmals erwähnt worden, und die herrlichsten, bezauberndsten und charakteristischsten der Pueblo-Zeremonien drehten sich um sie. Die verschiedenen Geschichten der Hopi über den Ursprung der Kachinas weichen ein wenig voneinander ab. Im allgemeinen stimmen sie aber darin überein, daß die Hopi, als sie aus der Unterwelt auftauchten, eine große Anzahl lebendiger, spiritueller Wesen, die sogenannten Kachinas, mitbrachten.

In einer mythischen Erzählung begleiteten die Kachinas die Hopi auf ihren frühen Wanderungen, bis sie sich in Casa Grande niederließen. Dort wurden sie von Mexikanern angegriffen. Alle Kachinas wurden getötet, und ihre Geister kehrten in ihre Heimat in der Unterwelt zurück. Um mit ihnen in Verbindung zu bleiben, behielten die überlebenden Hopi die Masken und Kostüme der Kachinas und entwickelten den Brauch, sie in Ritualen nachzuahmen. Dadurch wurden ihnen weiterhin die Segnungen der Kachinas gewährt, und zwar hauptsächlich in Form von Regen, aber auch als Wohlergehen. Beide Segnungen haben mit Heilung und Fruchtbarkeit zu tun, und sie garantieren die Fortpflanzung und Bewahrung aller erschaffenen Dinge.

In einer anderen Darstellung verloren die Hopi die ursprünglichen Kachinas dadurch, daß sie die von den Übernatürlichen gewährten Segnungen als selbstverständlich betrachteten und sogar die Unverfrorenheit hatten, sich mit ihnen zu streiten. Aus diesem Grund entschlossen sich die Kachinas wegzugehen. Zuvor aber lehrten sie einzelne treue junge Männer, wie sie einige ihrer Zeremonien durchführen und wie sie das nötige Zubehör herstellen sollten. Sie versicherten ihnen auch, daß, solange die Rituale in allen Einzelheiten eingehalten und guten und reinen Herzens ausgeführt wurden, die wirklichen Kachinas kommen und von jenen Besitz ergreifen würden, die die Masken trugen. Danach würden sie Regen und Wohlergehen erhalten. Regnete es andererseits nicht oder tauchten schwierige Probleme auf, dann besagte das, daß etwas nicht richtig durchgeführt wurde oder jemand nicht reinen Herzens gehandelt hatte.

Die Hopi glauben, ihre Toten kehren durch das Sipapu-Loch, aus dem die Menschen ursprünglich an die Erdoberfläche kletterten, in die Unterwelt zurück. In der Unterwelt leben die Toten zusammen mit den ursprünglichen Kachinas, und beide führen ein rituelles wie auch weltliches Leben, das eine Nachbildung des Hopi-Lebens auf Erden ist. Es besteht jedoch ein Unterschied. Jede der wichtigsten Kachina-Zeremonien findet zweimal im Jahr in den Dörfern statt, einmal in ihrer Hauptform und das andere Mal in einer kleineren Version. Zur gleichen Zeit, wenn die große Version auf der Erde aufgeführt wird, feiern die Geister in der Unterwelt das entsprechende kleinere Ritual und umgekehrt. Daraus folgt also, daß die Jahreszeiten vertauscht sind. Der Winter in der Unterwelt entspricht dem Sommer auf der Erde. Die einzige Ausnahme in der Lebensweise besteht darin, daß die Geister nur die Seele der Nahrung essen. Dadurch haben sie kein Gewicht, und einige Geister können in Kachina-Wolken verwandelt werden, die den Lebenden Regen und anderen Nutzen bringen. Am vierten Tag der Stammeseinweihungszeremonie werden auch die Toten eingeladen, in die Dörfer zurückzukehren.

Der Glaube an ein Leben nach dem Tod ist vielleicht der zentralste Gedanke in der Religion der Hopi. Diese Vorstellung kommt in den Zeremonien immer wieder zum Ausdruck. Die modernen Hopi erkennen ein doppeltes Wesen im Menschen, den Körper und die Seele, und der Seele geben sie den ausdrucksvollen Namen *Atemkörper*. Es ist dieser Atemkörper, der nach dem Tod durch das Sipapu-Loch in die Unterwelt gleitet. Wenn der Körper für das Begräbnis vorbereitet wird, wird vorn am Haar eine Gebetsopfergabe angebunden und das Gesicht mit einer maskenähnlichen Baumwollschicht bedeckt. Darin befinden sich Öffnungen für Augen und Nase, und die Maske wird mit einer Schnur auf Stirnhöhe um den Kopf gebunden, »um sich dahinter zu verbergen«. An dieser Schnur werden Gebetsfedern angebracht, die der Verstorbene in der Unterwelt tragen wird. Nachdem die Maske angelegt ist, wird der Verstorbene folgendermaßen angesprochen:

> Du bist ein Kachina geworden.
> Hilf uns beim Herbeirufen des Regens,
> setze dich bei den Göttern für die
> Fruchtbarmachung unserer Farmen ein.

Schwarze Markierungen werden unter die Augen, auf die Lippen, die Stirn, die Wangen, die Handflächen und die Fußsohlen gemalt. Gebetsfedern, manchmal auch ein wenig Essen, und einen kleinen Behälter mit Wasser legt man auf seine Brust. Der Körper wird in mehrere Decken eingehüllt, die mit Stricken festgebunden werden. Dann trägt ihn der Vater oder ein anderer Verwandter, manchmal auch mit Hilfe eines Pferdes oder Esels, zu seiner letzten Ruhestätte.

Mit diesem festen Glauben war für die Hopi der Tod nicht viel mehr als eine wichtige Veränderung der Körpergestalt. Er bedeutete keinen wirklichen Verlust für die Gesellschaft oder den einzelnen, denn die Toten werden wiedergeboren, um in der Unterwelt genauso weiterzuleben, wie sie auf der Erde gelebt

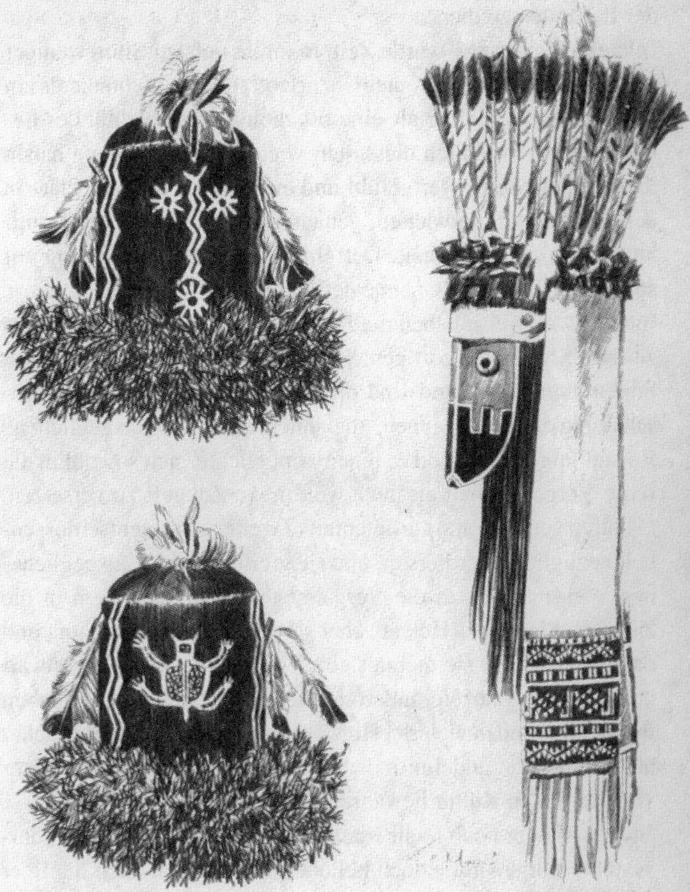

Kachina-Topfmasken der Zuni-Pueblo

haben. Als Wolkenwesen (Regenbringer) dienen sie den Lebendigen weiterhin in lebenswichtiger Weise. Mit Hilfe von Pahos (Gebetsstäben) wurden sie auch zurückgerufen, um als Ratgeber der Lebenden zu dienen.

In dieser Beziehung wurde Zeit, in ihrem tiefsten Sinn, weniger im Zusammenhang mit einer Uhr erlebt, sondern vielmehr als ein geistiger Zustand oder als eine psychologische Realität des Lebens betrachtet. Durch diese sehr wichtige Überzeugung haben die Hopi ein Selbstwertgefühl und ein Gefühl für ihren Platz in der Gesellschaft entwickelt, genauso wie ein Gefühl der Kontinuität der Vergangenheit. Der einzelne kann sich in bezug auf seine gesamte Lebensspanne definieren.

Interessanterweise haben die Hopi gerade in diesem Punkt Nutzen aus ihren Nöten gezogen. Sie waren durch eine Identitätskrise hindurchgegangen und sind daraus mit einer festen Lebensanschauung hervorgegangen, die ihnen eine sehr ausgeglichene Einstellung brachte und es ihnen ermöglichte, sich sowohl in die ferne Vergangenheit als auch weit in die Zukunft zu versetzen. Dadurch vermeiden sie größtenteils Zweifel und Unentschlossenheit bezüglich ihrer Person, und sie greifen in einer ausgeglichenen Weise zurück in die Vergangenheit und nach vorn in die Zukunft. Sie mühen sich ab, aber sie vermeiden Depression, und das Leben ist für sie niemals eine endlose, trostlose Gegenwart ohne Hoffnung auf Veränderung. Besessen sind sie vom Glauben ihres Seins, und in vielerlei Hinsicht waren sie darin erfolgreicher als die meisten anderen indianischen Stämme, wobei sie mehr von ihrer alten Kultur bewahren konnten.

Etwa 240 oder noch mehr Kachinas werden in Zeremonien dargestellt, einige sind jedoch beliebter und werden auch häufiger nachgeahmt. Zu den Kachina-Darstellungen gehören Tiere und Vögel, Kachinas, die durch ein eigenartiges körperliches Aussehen oder ein besonderes Kostüm gekennzeichnet sind, Kachinas, die mit bestimmten Klängen verbunden werden, Kachinas, die bestimmten Jahreszeiten zugeschrieben sind, Melonen-Kachinas, Nagetier-Kachinas usw. Im Grunde genommen wird alles dargestellt, was für ein erfülltes und fruchtbares Leben auf der Erde und in der Unterwelt notwendig ist. Nur Männer, und genauer genommen nur jene, die sich durch vorgeschriebene Stammesriten in angemessener Weise dafür qualifiziert haben, können Masken und Kostüme anlegen und Kachinas darstellen. Aber auch die Frauen spielen eine sehr wichtige Rolle im Zeremonialleben.

Kachina-Darstellungen finden oft als Gruppentänze statt, die von Tagesanbruch bis Sonnenuntergang mit einigen dazwischenliegenden Ruhepausen aufgeführt werden. Die Mitglieder der Gesellschaft proben vor einer öffentlichen Aufführung mehrere Tage lang die Gesänge und Tänze im geheimen, dann werden sie sorgfältig bemalt und kunstvoll in neu dekorierte Masken und Kostüme gekleidet. In vielen Fällen sind das Kostüm und die Körperbemalung auffällig, aber es ist die Maske, die die Kraft besitzt, einen lebendigen Mann in einen Kachina zu verwandeln. Wenn das Mitglied der Gesellschaft während des vorgeschriebenen Rituals die Maske trägt, wird es in einen Kachina verwandelt, und der Mann erhält alle Kräfte und Eigenschaften dieses Kachinas.

Gewöhnlich, wenn auch nicht immer, sind die Kachina-Darsteller maskiert, und sie treten zur richtigen Jahreszeit in allen östlichen und westlichen Pueblo-Dörfern auf. Im Gebiet des Rio Grande wird es denjenigen, die nicht dem Stamm der Pueblo angehören, nicht erlaubt, sie zu sehen. Tatsächlich dürfen sich alle, die nicht zu den Pueblo gehören, einschließlich anderer Indianer, nicht einmal in einem Dorf am Rio Grande aufhalten, wenn ein Kachina-Tanz aufgeführt wird. Dadurch gibt es nur sehr wenige Augenzeugenberichte, obwohl Beobachter das eine oder andere über diese Tänze enthüllt haben. In Hopi- und Zuni-Dörfern wurden die Masken bereitwilliger gezeigt, mit Ausnahme der Clanmasken, und es gibt eine Unmenge an veröffentlichtem Material über ihre Kachinas.

Die Masken der Wolken-Kachinas werden von ihren Besitzern hergestellt. Sie werden vor dem Gebrauch jedesmal aufpoliert und, wenn eine andere Art von Kachina dargestellt werden soll, neu verziert. Außerdem werden regelmäßig neue Kachinas eingeführt, um sich mit neuen Situationen auseinanderzusetzen, und einige der alten gelten auch gelegentlich als überholt. Im allgemeinen ist die Wirksamkeit eines Kachinas ausschlaggebend, und er wird nur so lange angerufen, wie es den Menschen einen Nutzen bringt.

Es sind fast unbegrenzte Variationen und Erneuerungen zugelassen. Die wichtigste Ausnahme bilden einige besondere Arten von Kachinas, die sogenannten Mon-(Häuptlings-)Kachinas, deren Masken für immer unverändert bleiben und niemals kopiert werden. In den meisten Fällen gehören sie einem bestimmten Clan, werden als die *Wuye* (Ahnen des Clans) angesehen und nur bei besonderen Gelegenheiten dargestellt. Einige dieser Clanmasken werden niemals bei Tänzen gezeigt und auch nicht für Tänze kopiert, sie werden aber manchmal in den esoterischeren Zeremonien hervorgeholt und mit der Ermahnung an alle Beteiligten getragen, daß sie die Masken niemandem beschreiben dürfen. Die Clanmaske wird vom Oberhaupt oder von der Mutter des Clans aufbewahrt und muß von ihr jeden Tag im Rahmen eines Rituals gefüttert werden, und sie muß die Gebete und Gesänge kennen, die mit ihr verbunden sind.

Der gesamte Stamm der Hopi wird zu einem vorgeschriebenen Zeitpunkt im Leben zu dem zugelassen, was die Ethnologen den Kachina-Kult nennen. Kleine Kinder läßt man im Glauben, daß die Kachinas, die sie in den Tänzen sehen, tatsächlich übernatürliche Besucher mit ehrfurchtgebietenden Kräften sind. Nachdem diese Geschichte nur für eine bestimmte Zeit glaubhaft ist, weihen sie die Kinder, bevor sie ein Alter von zehn Jahren erreichen, in den Kachina-Kult ein. Dabei lernen sie, daß es ihnen bekannte Männer sind, die die Kachinas in den Ritualen darstellen, die die Anasazi-Pueblo jahrhundertelang erhalten haben. Die Erwachse-

Shalako-Kachina der Hopi

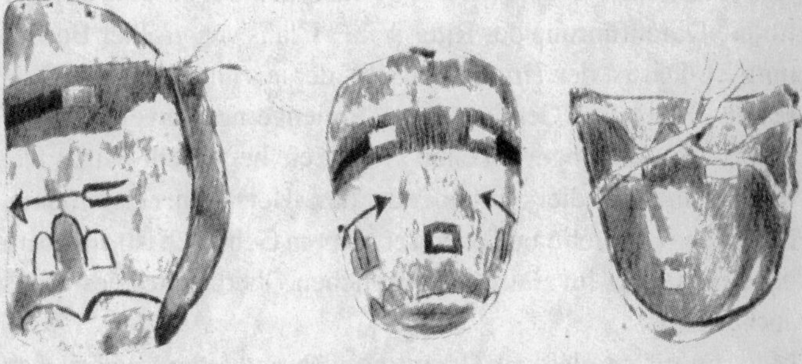

Kachina-Gesichtsmaske der Hopi-Pueblo

nen akzeptieren die menschliche Dimension, glauben aber weiterhin, daß der Darsteller ein wirklicher Kachina wird. Obwohl der Kachina-Darsteller in jeder Hinsicht als das gesehen wird, was er ist, gilt er mehr als ein Freund denn als ein Gott.
Während der Offenen Jahreszeit sind die Kachinas immer dann in den Dörfern zugegen, wenn Rituale durchgeführt werden. Ansonsten leben sie in den Bergen, Seen und Quellen der Unterwelt ... genaugenommen auf den herrlichen Gipfeln der San Francisco Mountains im Norden von Flagstaff, Arizona. Während der Geschlossenen Jahreszeit treten die Kachinas in den Häusern der Unterwelt auf, und auf der Erde finden Tänze statt, die ihre Anwesenheit nicht verlangen.

Die Geheimgesellschaften der Hopi

In jedem Hopi-Pueblo ist die Bevölkerung in eine Reihe geheimer Gesellschaften eingeteilt, von denen jede für eine einzelne Zeremonie verantwortlich ist. Ein bestimmter Clan hat die Leitung einer solchen Gesellschaft und des damit verbundenen Rituals und Zubehörs übernommen.
Das Oberhaupt des Clans ist gewöhnlich der Häuptling der Gesellschaft seiner Gruppe, und er bewahrt den Gegenstand auf, der für die Durchführung des Ritus seines Clans von größter Bedeutung ist. Das ist der *Tiponi* (Fetisch), der aus einem Maiskolben, Federn, Mais- und Gemüsesamen, Pinienkernen und einer Reihe von außen herumgewickelten Schnüren hergestellt wird. Die Hopi nennen ihn die »Mutter« oder das »Herz« einer Zeremonie. Er wird hoch verehrt und, wenn er nicht in Gebrauch ist, an einem geheimen Platz im Haus des weiblichen Oberhauptes des Clans aufbewahrt.
Man nimmt an, daß der Häuptling während jeder alljährlichen Durchführung des Ritus alle Tiponis neu macht. Vor allem wird der alte Maiskolben durch einen neuen ersetzt, dasselbe gilt für

die Federn und die Farbe. Man sagt, daß jeder Häuptling vor seinem Auftauchen aus der Unterwelt dort einen Tiponi besaß.
Zu einem bestimmten Zeitpunkt während des Jahres wird von der Gesellschaft erwartet, daß die Zeremonie unter ihrer Leitung abgehalten wird. Manchmal hängt der Beginn eines Rituals vom Stand der Sonne am Horizont bei Tagesanbruch ab. Manche beginnen, wenn der Mond eine bestimmte Form hat, andere, sobald eine bestimmte Anzahl von Tagen seit der Beendigung des letzten Rituals vergangen ist. Häuptlinge, deren Zeremonien bei einem gewissen Sonnenstand eröffnet werden, werden durch den Sonnenbeobachter des Dorfes über den genauen Zeitpunkt informiert. Andere Gesellschaftshäuptlinge müssen selbst den Zeitpunkt des Beginns bestimmen.
Gewöhnlich versammeln sich die Mitglieder zum Anlaß der Zeremonien in ihren Kivas, aber weniger bedeutende Riten werden manchmal auch in den Haupthäusern des führenden Clans abgehalten. Die Kivas sind im Besitz jenes Clans, deren Mitglieder sie errichtet haben, und in jedem Dorf gibt es genauso viele Kivas wie Clans. Das Oberhaupt des Clans ist meistens sowohl der Leiter der Zeremonie seiner Gruppe wie auch der Häuptling seines Kivas.

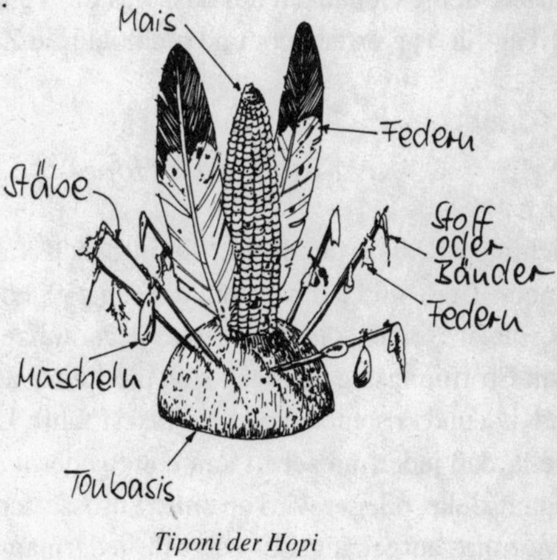

Tiponi der Hopi

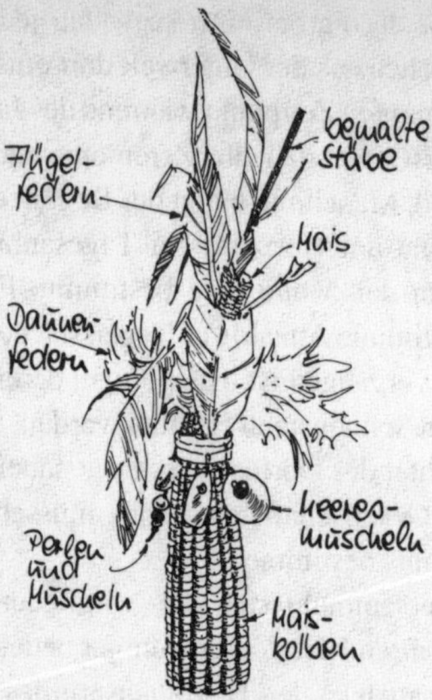

Tiponi der Hopi

Wenn wir jetzt fortfahren, beachte, daß im Zusammenhang mit den Pfaden die einzelnen Teile der Rituale von Bedeutung sind. Konzentriere deine Gedanken auf das, was die Teilnehmer denken und Tag für Tag erreichen, und nicht auf die Zeremonie als Ganzes.

Kiva-Rituale der Hopi

Alle wichtigen Rituale der Hopi, die in den Kivas stattfinden, dauern neun Tage, und jedes Ritual hat seine eigene Ursprungslegende, die in seinen Gesängen und Handlungen wiederholt wird. Am Eröffnungstag begeben sich die Leiter der Zeremonie in ihren Kiva und errichten einen *Na'atsi* (Pfahl). Dieser wird so aufgestellt, daß jeder ihn sehen kann, entweder an der Südseite der Eingangsluke, oder er wird an einer Sprosse der Leiter, die in den Kiva führt, aufgehängt. Er zeigt für jedermann an, daß sich die Gesellschaft in einer geheimen Sitzung befindet. Von diesem Moment an dürfen nur mehr Mitglieder den Kiva betreten, und alle Teilnehmer müssen Enthaltsamkeit üben, indem sie sich von Salz, Fett und sexueller Betätigung fernhalten. Jedes Nichtmitglied, das die Regel des Eintrittsverbots bricht, ist gezwungen, der Gesellschaft beizutreten.

Der erste Tag der neuntägigen Zeremonie wird *Yunggya'a* (Eintreten) genannt. Er ist nur in dem Sinne wichtig, daß er den Beginn markiert, und selten sind alle Mitglieder anwesend. Die nächsten vier Tage sind numeriert, und die letzten vier Tage haben beschreibende Namen: »Einmal nichts«, »Piki beschaffend«, »Nahrung beschaffend« und »Tanztag«. Im allgemeinen sind die ersten sieben Tage dem Ritual gewidmet, am achten Tag finden manchmal öffentliche und private Aktivitäten statt, und am neunten Tag wird normalerweise ein öffentlicher Tanz der Gesellschaft gezeigt. Alle Gesellschaften halten sich mehr oder weniger an einen bestimmten Ablauf, obwohl die Reihenfolge gewisser Handlungen sehr unterschiedlich sein kann.

Hopi-Altar und Sandbild

Ein Großteil des geheimen Rituals im Kiva wird mit Rauchen, Singen und Beten verbracht. Zum Ritual gehört auch Musik, die mit Rasseln aus Muscheln oder Kürbissen gemacht wird, und die Herstellung von Gebetsopfergaben und anderen Geschenken wie Kachina-Puppen. Die Gebetsopfergaben werden auf dem Altar und auf bestimmten Heiligen Stätten niedergelegt. Ein oder zwei Mitglieder werden ausgeschickt, um an vier aufeinanderfolgenden Tagen Rundgänge um das Dorf zu machen, wobei sie nach und nach kleinere Kreise ziehen. Während jedes Rundgangs legen sie Gebetsopfergaben an einer bestimmten Anzahl von Heiligen Plätzen nieder. Zu verschiedenen Zeitpunkten stellen die Gesellschaftsmitglieder Gottheiten dar, denen der Kult gewidmet ist. Außerdem wird ein Altar errichtet, Sandmalereien hergestellt und Medizinwasser vorbereitet.
Der Altar wird am nördlichen Ende des Kivas errichtet und besteht aus zwei Teilen: aus dem Retabel (Rückwand) und einer Anzahl ritueller Gegenstände, die auf dem Boden vor der Rückwand angeordnet sind. Jedes Ritual hat seinen eigenen Altar, seine eigene Gliederung und seine eigenen Gegenstände. Die Retabeln werden im allgemeinen aus einer Reihe senkrechter Holzlatten und Tonfliesen oder flachen Steinen hergestellt, die an einem aufrechten Holzrahmen befestigt sind. Darauf sind symbolische oder realistische Darstellungen natürlicher und übernatürlicher Dinge gemalt, die mit der abgehaltenen Zeremonie in Zusammenhang stehen. Typisch sind Abbildungen von Mais, Regenwolken, Blitzen, Himmelskörpern, heiligen Tieren und Helden des Kultes. Die Basis der Altarrückwand steht direkt auf dem Boden des Kivas. Davor werden die Tiponis und Bildnisse der Himmels- und Erdgötter sowie der Schutzpatrone des Kultes aufgestellt. Auf einem niederen Haufen sauberen Sands steht eine Medizinschale. Von der Schale ausgehend, werden aus heiligem Maismehl sechs ausstrahlende Linien gezogen, die die sechs Himmelsrichtungen darstellen: Norden, Osten, Süden, Westen, oben und unten. Auf jede Linie wird ein Maiskolben gelegt,

dessen Farbe mit der entsprechenden Himmelsrichtung verbunden wird. Der Kolben des Nordens ist gelb, der des Westens blau oder grün, der des Südens rot, der des Ostens weiß, der obere ist schwarz und der untere gefleckt. Entlang dieser Linien werden auch entsprechende Vogelfedern, Weihwasserwedel, Kristalle, Steinbildnisse von Tieren, verschiedenfarbige Kieselsteine und andere Gegenstände plaziert.

Ein Zuni-Pueblo-Altar, der zeigt, wie Pahos und Medizinschale plaziert werden

Beim Herstellen von Medizin mischen die leitenden Mitglieder die Zutaten, während die anderen Mitglieder heilige Lieder singen, ihre Rasseln schütteln und auf den Boden des Kivas schlagen. Damit lassen sie die Wesen der Unterwelt wissen, daß die Lebenden sich bewußt sind, daß die Geister der Unterwelt zuhören, sich beteiligen und dort die entsprechende Gegenzeremonie abhalten. Deshalb wird während der Zubereitung der Medizin das Sipapu-Loch abgedeckt; man entfernt den Holzpfropfen in der hölzernen Abdeckung.

Das Wasser, in das die Zutaten der Medizin gemischt werden, wird mit einem Flaschenkürbis, der mit einem Netz überspannt ist, aus einer besonderen Quelle herbeigeholt. Während das Wasser in die Medizinschale geschüttet wird, werden in bestimmten Abständen verschiedene Gegenstände hinzugefügt, die auf den aus heiligem Mehl geformten, ausstrahlenden Linien plaziert sind, und es werden gewisse Lieder gesungen. Manchmal wird ein Kristall dazu verwendet, um Licht in die Schale zu werfen. Dies gilt als Gebet der Fruchtbarkeit, denn mehrere Mythen beschreiben, wie Frauen durch einen Sonnenstrahl, der auf ihre Vulva fiel, geschwängert wurden. Manchmal wird Rauch in die Schale geblasen, was ein direkter Appell an das Haus der Wolken ist. Meistens kniet ein Mitglied nieder und bläst mit einer Pfeife aus dem Flügelknochen eines Adlers oder Truthahns in die Schale, um die Gottheiten herbeizurufen.

Fast jede Geheimgesellschaft besitzt die Fähigkeit, eine bestimmte Krankheit über andere zu bringen. Diese Krankheit wird ihre *Wuvata* (Peitsche) genannt, und sie kann mit dem heiligen Zubehör der Gesellschaft kontrolliert werden. Zu diesen Beschwerden, die verhängt werden können, gehören: jemanden um den Verstand bringen, vom Blitz treffen lassen, Gewichtsverlust, Ohrenschmerzen, Rheuma, Schlangenbisse, Schwellungen des Unterleibs, Epilepsie, wunde Stellen im Gesicht, Kopfausschläge, Furunkel und Halsschmerzen.

Die Peitsche bestraft alle, die eine der geheimen Regeln der

Zeremonie übertreten. sie kann aber auch Personen und Dinge heimsuchen, die mit religiösen Gegenständen in Berührung kommen, sogar wenn sie dazu berechtigt waren. Zur Vorbeugung reinigen sich die Mitglieder der Gesellschaft im Navotciwa-Ritus. Sie nehmen ein klein wenig Asche in ihre linke Hand und fahren damit, entgegen dem Uhrzeigersinn, über eine Person oder einen Gegenstand, während sie Lieder singen, die den Zauber aufheben. Der Navotciwa-Ritus wird vor allem nach der Beendigung jeder Zeremonie durchgeführt, damit sich die Mitglieder wieder unter die Menschen mischen können, ohne sich oder andere zu gefährden. Es gibt noch andere Methoden der Reinigung: Sie verwenden Gebetsmehl, und häufig bringen sie sich selbst zum Erbrechen. Beim Abnehmen der Maske schwenkt der Hopi-Kachina-Darsteller diese viermal um seinen Kopf und wiederholt anschließend dasselbe mit etwas Asche.

Die Hopi glauben, daß, was immer eine Krankheit verursacht, sie auch wieder heilen kann. Das Heilmittel liegt in der Ursache. Wer unter einer Krankheit leidet, die von einer bestimmten Gesellschaft kontrolliert wird, appelliert dementsprechend an diese Gruppe, um geheilt zu werden. Die Heilung erfolgt im allgemeinen durch das Schwenken von Asche über dem Patienten, während die Mitglieder der Gesellschaft Lieder zur Aufhebung des Zaubers singen. In der Regel tritt die Person der Gesellschaft bei, die sie geheilt hat, entweder für ständig oder nur für ein paar Jahre.

Irgendwann im Laufe der neuntägigen Zeremonie leitet einer der Häuptlinge der Gesellschaft die Gestaltung eines Sandbildes. Gewöhnlich wird es freihändig vorgezeichnet, aber es können dazu auch Hilfsmittel verwendet werden. Die Darstellungen ähneln jenen, die auf die Altarrückwände gemalt sind. Der farbige Sand wird im Navajo-Stil verteilt, indem man ihn zwischen Daumen und Zeigefinger in einem feinen Strahl durchrieseln läßt. Die Kiva-Riten werden meistens am achten Tag abgeschlossen. Der Altar wird abgebaut und die Sandmalerei zerstört. Am nächsten Tag erscheinen alle Mitglieder in sagenhaften Kachina-Kostümen in der Öffentlichkeit, oft bestreut mit heiligem Maismehl, und führen einen sogenannten Tanz auf, was jedoch nicht immer eine sehr korrekte Bezeichnung des Geschehens ist. Dieser Teil der Zeremonie ist im wesentlichen eine feierliche Danksagung an die Götter für das, was sie ihnen, wie von der Gesellschaft und den anderen Menschen vom ersten Tag an erwartet, gewährt haben. Die in den ersten vier Tagen vorbereiteten Geschenke werden jetzt in Anerkennung dessen an die Leute verteilt. Nach Beendigung des Tanzes dürfen alle teilnehmenden Mitglieder der Gesellschaft für weitere vier Tage kein Salz oder Fett zu sich nehmen und müssen sexuell enthaltsam leben. Für diesen Zeitraum kehren sie deshalb wieder in den Kiva zurück, um nicht in Versuchung zu kommen. Danach kommen sie hervor und nehmen wieder ihre weltlichen Tätigkeiten auf.

Wann immer ein neuntägiges Ritual stattfindet, herrscht unter den Hopi eine feierliche Stimmung. Die Menschen tauschen Glückwünsche aus und schenken Opfergaben wie Gebetsfedern und mit Kiefernadeln verzierte, zusammengedrehte Baumwollschnüre, sogenannte Atemlinien.

Pahos (Gebetsstäbe)

Mehrmals wurde bereits der Paho (Gebetsstab) erwähnt, die häufigste Gebetsopfergabe. Er ist untrennbar mit allen religiösen Zeremonien und Gebeten verbunden. Eigentlich ist er an sich schon ein Gebet, und er macht das damit verbundene gesprochene Gebet sehr wirksam. Pahos werden in verschiedenen Formen hergestellt. Eine Form besteht aus zwei Stöcken, die häufig grün bemalt sind und schwarze Enden haben und mit Baumwollschnüren einer genau vorgeschriebenen Länge zusammengebunden sind. Die Farbe Grün stellt einen bemoosten Platz und Feuchtigkeit dar. Einer der Stäbe ist männlich und der andere weiblich. In der Regel wird nur dem weiblichen ein Gesicht gegeben, das aus zwei Punkten für die Augen und einem weiteren Punkt für den Mund besteht. Die Hüllblätter eines Maiskolbens werden wie ein Trichter geformt und enthalten ein wenig Maismehl, Grassamen, Blütenstaub und Honig. Sie werden an der Stelle befestigt, wo die zwei Stäbe zusammengebunden sind. Sie sind das Gebet für eine reiche Ernte. An den Kolbenblättern befindet sich noch eine kurze, aus vier Fäden bestehende Baumwollschnur, an deren Ende zwei kleine Federn befestigt sind. Am dicken Ende der Stäbe wird eine Flügelfeder des Truthahns angebracht und jeweils ein Zweig bestimmter Kräuter.

Pahos der Hopi

Andere Pahos werden aus flachen Bretterstücken gemacht, die zwischen 30 und 90 Zentimeter lang und 5 oder mehr Zentimeter breit sind. Daran werden Federn und Kräuter befestigt. Auch symbolische Darstellungen von Kachinas, Gegenstände der Natur, Tiere und Reptilien werden aufgemalt.

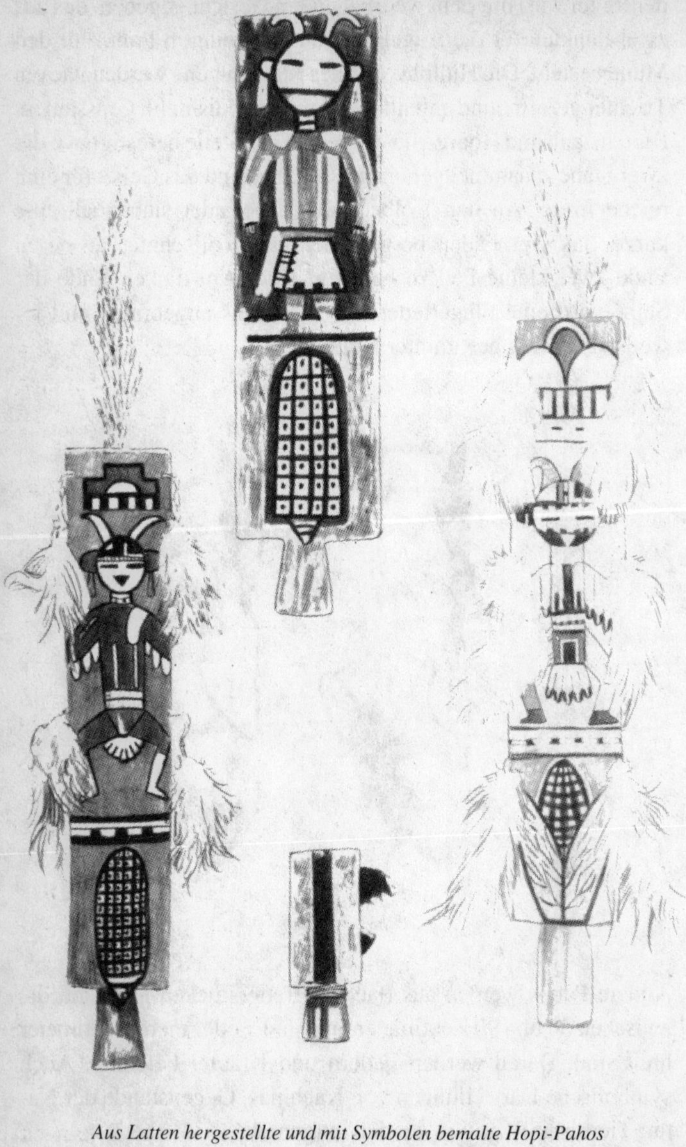

Aus Latten hergestellte und mit Symbolen bemalte Hopi-Pahos

Auf den Altären werden zahlreiche Pahos niedergelegt, und sie haben alle möglichen Formen. Einige sind lange, dünne Stäbe, an deren Ende Baumwollschnüre und Federn festgemacht sind. Andere sind dickere Stäbe mit einer Fülle von Federn, die in der Mitte angebracht werden. Eine andere Art ist gebogen wie ein Spazierstock oder ein Krummstab. Wieder andere sind einfach gerade Stäbe. Andere sind lange Weidenruten, an deren Enden Federn des Adlers, Sperbers, Truthahns, Spechts oder anderer Vögel geknüpft sind.
Alle Pahos haben eine Bedeutung, die die Mitglieder der Gesellschaft kennen, und sie wenden sie dementsprechend an. Ein gebogener Pahos ist gewöhnlich ein Gebet an eine sehr alte Person, die gestorben und in die Unterwelt eingegangen ist. Durch den Stock wird sie jetzt aber zurückgerufen, um sich an der Zeremonie zu beteiligen und an der Erfüllung ihres Zweckes mitzuhelfen. Alle Pahos sind mit großer Sorgfalt und Feierlichkeit gemacht, und wann immer sie verwendet werden, spricht man Gebete über sie. Zur Herstellung der Pahos gibt es spezielle Zeremonien. Die Führer des Kivas treffen sich und gestalten sie, und bevor die eigentliche Herstellung der Pahos beginnt, werden immer vorgeschriebene Handlungen durchgeführt.
Hinter der Herstellung von Gebetsstäben und Gebetsfedern steht die folgende Vorstellung: Ein Mann macht einen Gebetsstab, weil er sich etwas Gutes wünscht, irgendeinen Vorteil von der Gottheit Wolke, den Häuptlingen der Himmelsrichtungen, dem Eishäuptling oder von dem des Pflanzens. Von diesen und anderen Häuptlingen gehen alle guten Dinge aus. Ein Mann macht den Gebetsstab genau wie vorgeschrieben, denn weise, alte Männer in alten Zeiten haben es so bestimmt. Federn und auch Gebetsfedern werden auf den Gebetsstäben verwendet, weil sie leicht sind und weil Wolke und alle anderen Häuptlinge sie wünschen, um ihr *Ka'lamonwu* (die Gebetsfedern, die vorne an der Stirn hängen) zu machen.
Der Hopi tauscht seine Gebetsstäbe und seine Gebetsfedern für

materielle und andere Vorteile bei diesen Häuptlingen ein. Auf seinem Gebetsstab bringt er die vorgeschriebene Feder und das Gras an, die symbolisch für die gewünschten Segnungen sind. Federn der gelben Vögel, Waldsänger, Rotkehlhüttensänger, Truthähne, Adler, Sperber, der Ente und Eule werden verwendet. Wünscht sich ein Hopi Regen, so verwendet er die Feder eines gelben Vogels oder der Ente. An jedem Gebetsstab wird eine Feder des Truthahns angebracht. Für warmes Wetter, das eine gute Pfirsichernte garantiert, nimmt er die Federn einer Eule und eines gelben Vogels. Für die Jagd nimmt man die Federn des Truthahns und eines gelben Vogels und auch etwas Gras, das die Hirsche und Antilopen bevorzugen. Die Feder des Rotkehlhüttensängers ist ein Gebet für Schnee und Eis.

Der Vater eines jungen Knaben macht ihm einen Paho, an den er die Hauptfeder des Flügels eines Kolibris anbringt. Er legt das lose Ende der Schnur seiner Gebetsfeder gegen die Basis der Heiligen Stätte (die Feder zeigt in Richtung Sonnenaufgang) und betet um Schnelligkeit und Ausdauer. Er betet darum, daß die Bewegungen seines Sohnes wie jene des Kolibris sein mögen: schnell und unermüdlich.

Ein Paho darf, nachdem er niedergelegt wurde, vier Tage lang nicht berührt werden. Wer ihn berührt, kann furchtbaren Schaden erleiden. Sogar nach dieser Zeit darf er nur mit der linken Hand berührt werden, denn die linke Hand ist auf derselben Seite des Körpers wie das Herz, und sie ist nicht so raffgierig wie die rechte Hand. Auch ist sie reiner, denn sie berührt beim Essen den Mund nicht und säubert nicht den Körper nach der Ausscheidung. Beim Heilen verwendet der Medizinmann der Hopi immer seine linke Hand.

Während die Sonne tagtäglich über den Himmel wandert, sieht sie die Gebetsstäbe und Gebetsfedern, kommt zu ihnen, atmet ihr Wesen ein und nimmt ihren Atemkörper oder ihre geistige Form mit. Sie hängt jedes Gebet an ihren Gürtel und nimmt es mit sich auf ihrem Weg in den Westen zur Unterwelt am Ende des Tages.

Dort gibt sie alles Eingesammelte Muyingwu, der alle Gebetsstäbe und Gebetsfedern kennt. Muyingwu hebt sie einzeln auf, betrachtet sie und sagt zu den anderen Häuptlingen: »Das ist für dich, das für dich« – je nach Aussehen des Gebetsstabes. Diejenigen, die schlecht, von gedankenlosen Menschen oder von Menschen mit bösen Herzen gemacht wurden, wirft er weg und sagt: »Dieser ist von einem bösen oder einem törichten Mann.« Die Häuptlinge danken Muyingwu und den Herstellern der Symbole. Sie schmücken ihre Stirn mit den Federn und senden dann die von den Menschen gewünschten Gaben.

Die Ursprünge der Hopi-Rituale

Hochqualifizierte Wissenschaftler behaupten, daß die Wanderung der Anasazi-Pueblo und die religiösen Geschichten »wenig oder überhaupt keine historische Gültigkeit haben«. Wir können diese Behauptung nicht ganz übergehen, aber sie ist beunruhigend. Das Volk und seine religiösen Bräuche sind von einer bestimmten Herkunft, und trotzdem haben die Gelehrten diesbezüglich bemerkenswert wenige Antworten.

Bedauerlicherweise, wie ich denke, neigen die Wissenschaftler zu der Annahme, daß spirituelle und weltliche Überzeugungen und Bräuche sich im Laufe der Zeit Seite an Seite entwickeln. Bei einem solchen Ansatz wird aber die spirituelle und weltliche Entwicklung in einen Topf geworfen, ohne einen Unterschied zu machen. Nach Meinung der Wissenschaft benutzt der Mensch, während er sich seiner Umwelt anpaßt, seine eigenen, begrenzten Fähigkeiten, um alles, was für sein Überleben notwendig ist, zu erfinden. Das bedeutet also, daß ihm sein religiöses Leben nicht von den Höheren Wesen gegeben werde, sondern daß der Mensch es im Rahmen seiner Entwicklung und angesichts der Herausforderungen des Lebens entwerfe.

Für die Pueblo und andere Indianerstämme entwickeln sich religiöse Überzeugungen und Bräuche nicht. Sie räumen zwar ein, daß den Zeremonien von Zeit zu Zeit bestimmte geringfügige Zusätze hinzugefügt wurden, sind aber überzeugt, daß ihnen der Kern und die wesentlichen Bestandteile von lebenden, übernatürlichen Kräften gegeben wurden. Das geschah entweder am Anfang der Zeit oder einfach vor langer, langer Zeit während bestimmter Abschnitte und an bestimmten Orten im Laufe ihrer Geschichte. Die Pueblo glauben an ein historisches Auftauchen aus der Unterwelt, an die Existenz der Kachina-Häuptlinge, an den Ursprung der Clans und vieles mehr. Die Tatsache, daß Kivas erst später entstanden, beunruhigt sie nicht. Sie würden darauf antworten, daß diese dann von den Anasazi für rituelle Zwecke gebaut wurden, als es ihnen von den Geistermächten aufgetragen worden war.

Es werden unglaublich komplexe Rituale ausgeführt, nicht nur weil sie heute ihren Zweck erfüllen, sondern weil sie das immer schon getan haben. Man weiß, daß ein Pueblo-Dorf sich ab und zu bestimmte Zeremonien eines anderen Dorfes ausgeliehen hat. Aber diese angenommenen Zeremonien gelten nicht als so wichtig wie die ursprünglichen und dorfeigenen Zeremonien. Mit dorfeigenen Zeremonien meine ich solche, die für mindestens sechshundert Jahre praktiziert worden sind ... dies umfaßt zwar nicht die gesamte Lebensspanne der Anasazi-Pueblo, ist aber doch ein beeindruckend langer Zeitraum für die Beibehaltung eines Brauches. Wurde ein bestimmtes Ritual 1350 n. Chr. in einem Dorf wie Awatovi abgehalten, bedeutet das außerdem, daß es bereits einige Zeit davor benutzt wurde.

Der Anthropologe Jesse Walter Fewkes, der die Hopi besser als alle anderen Gelehrten kannte, erklärte in bezug auf das wunderschöne Flötenritual des Walpi-Dorfes:

> Es ist ganz klar, daß im Zusammenhang mit einem komplizierten Zeremonialleben umfangreiche mythologische Überlieferungen eng mit dem Ritual verbunden sind. Diese Überliefe-

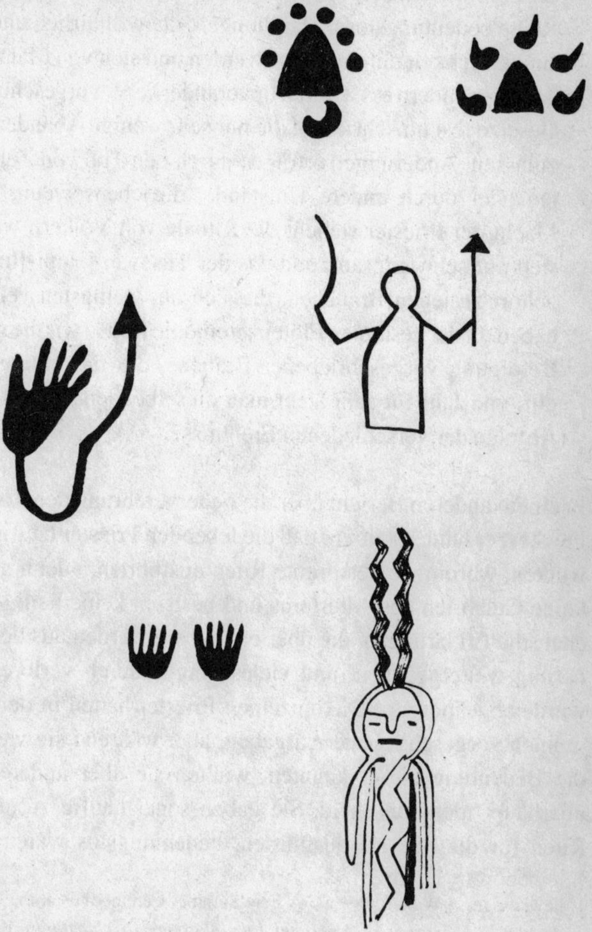

Typische Hopi-Symbole,
wie sie auf Zeremonialgegenständen verwendet werden

rungen sind den denkenden oder frommen Mitgliedern der Priesterschaft bekannt und werden von ihnen als Erklärung für die Zeremonien herangezogen. Für sie ist das Ritual nicht eine Reihe bedeutungsloser Handlungen, die willkürlich und ohne Einheitlichkeit durchgeführt werden und sich von Mal zu Mal ändern, sondern es ist durch unveränderliche, vorgeschriebene Gesetze fest umschrieben, die nur sehr wenige Abänderungen zulassen. Änderungen erfolgen durch den Tod von Zelebranten oder durch andere Umstände, die ebensowenig in der Macht der Priester stehen; die Rituale von Völkern wandeln sich nur sehr langsam, und das der Tusayan-[Hopi-]Indianer gehört zu jenen Bräuchen, die sich am wenigsten verändert haben. In der gesamten Flötenzeremonie finden wir die strenge Befolgung vorgeschriebener Bräuche, die für andere Riten gilt, und Jahr für Jahr sieht man dieselbe Genauigkeit in der Abfolge der verschiedenen Ereignisse.[1]

In einem anderen Bericht über die Feuerverehrung der Hopi sagt Fewkes, er hätte erfahren, daß die lebenden Priester häufig nicht wußten, warum sie bestimmte Riten ausführten, »denn sie sind keine Gelehrten des Altertums und besitzen keine heiligen Bücher; die Erklärungen, die überlebt haben, wurden aus der Erinnerung weitergegeben, und vieles ging dadurch verloren oder wurde abgeändert«.[2] Die einzelnen Priester hatten in den Zeremonien vorgeschriebene Aufgaben, aber während sie vielleicht die Bedeutung dieser kannten, wußten sie über andere Riten überhaupt nicht Bescheid. Sie gaben sogar häufig zu, daß die Riten für die, die sie ausführten, bedeutungslos waren. »Wir

1 Fewkes, Jesse Walter, 1892a, »A Few Summer Ceremonials at the Tusayan Pueblos«, *A Journal of American Ethnology and Archaeology,* Bd. 1, S. 99–133, Houghton Mifflin Company, Riverside Press, Cambridge, Mass.

2 Fewkes, Jesse Walter, 1922a, *Fire Worship of the Hopi Indians,* Smithsonian Institution, Bureau of American Ethnology, Annual Report, 1920, S. 589–610, Washington, D. C.

singen unsere Lieder, sprechen unsere Gebete, weil sie uns durch unsere Ahnen übermittelt worden sind, und sie wissen besser als wir, was gut ist.« Fewkes kommt zu dem Schluß, daß seit langer Zeit praktizierte Riten als wirksam gelten und dies für die Hopi Beweis genug ist, daß sie von den Gottheiten gegeben sind und den Zweck am besten erfüllen.

Wie andere Forscher beschäftigte sich auch Fewkes mit verlorengegangenen Bedeutungen. Er wollte den Grund für jedes Ritual und die Bedeutung seiner Bestandteile kennen. Nichtindianer versuchen immer leidenschaftlich zu verstehen. Sie wollen und verlangen von Gott sogar Begründungen für alles. Aber die Indianer erdreisten sich nicht, die Geister zu fragen, warum sie der geschaffenen Welt die gegebenen Regeln auferlegt haben. Sie glauben, daß die Geister immer wissen, was am besten ist, und möchte der Mensch ihre Segnungen erhalten, wird er tun, was von ihm verlangt wird, ohne auf Beweisen und Erklärungen zu bestehen. Er will doch seinen Wohltäter nicht verärgern, indem er mit Fragen über Dinge den Prozeß verhindert, die er aufgrund seines begrenzten Wissens ohnehin nicht vollkommen verstehen kann. »Der Wind bläst, wo er will.« Die Indianer akzeptieren, daß viele Dinge einfach über das Begriffsvermögen des Menschen hinausgehen und der Mensch Glück im Wissen findet, daß es höhere Kräfte gibt als ihn, die für ihn tun, was getan werden muß. Der Indianer schämt sich nicht und fühlt sich auch nicht herabgesetzt, wenn er zugibt, von höheren Kräften abhängig zu sein. So wollen es die Höheren Wesen, und er läßt es nicht zu, daß ihm aus Stolz oder Sorge die Fülle unvergleichlicher Segnungen verlorengeht. In seinen Augen tun das nur die Törichten. Notgedrungen dient manchmal der alberne und derbe Zeremonienclown der Hopi dazu, sie daran zu erinnern, was aus dem Menschen werden würde, würde er jemals vergessen oder übersehen, wer er ist und was seine Verantwortungen sind.

Die Glaubenshaltung der amerikanischen Ureinwohner stört vielleicht unsere neugierige Natur, die ernüchternde Wahrheit ist

jedoch, daß es den Indianern gleichgültig ist, was wir von ihrer Religion halten. Sie bitten uns nicht, sie zu erforschen, sie halten ihre Aufführungen nicht für uns ab, und es würde sie sehr wenig stören, wenn wir uns entschließen, unsere Fragen auf alle Zeiten für uns zu behalten.

Man muß jedoch betonen, daß es den Indianern nicht an jeglichen Kenntnissen hinsichtlich ihrer rituellen Bräuche fehlt. Jahrhunderte der Anwendung brachten Erkenntnisse. Bestimmte, richtig ausgeführte Dinge lassen bestimmte Dinge geschehen, und das Tun und Geschehen sind miteinander verbunden. Aber auch diese Erklärungen werden nur widerwillig an Außenstehende weitergegeben, vor allem aus einem Grund: Die meisten Wissenschaftler halten es für unmöglich, daß ein prähistorisches Volk eine wahre Beziehung mit einem wirklichen und lebendigen Gott haben kann, der durch Gebet und Natur jenen Wahrheit und greifbare Segnungen vermittelte, die sich ihm völlig anvertrauten. Praktisch jeder Missionar spendete dieser wissenschaftlichen Anschauung Beifall – zumindest bis vor einigen Jahren, als manche Kirchen, die für die Indianer da sind, anfingen, ihren Gottesdiensten einige traditionelle Bräuche und altes Gedankengut einzufügen.

Die traditionellen Indianer kennen die Meinungen der Wissenschaftler und Missionare diesbezüglich sehr gut, und sie fragen sich, warum wir immer noch von ihnen erwarten, daß sie bei der Enthüllung und Erklärung ihres religiösen Lebens völlig offen sind. Würden wir im umgekehrten Fall nicht genauso empfinden? Solange Nichtindianer die indianischen Religionen als falsch bezeichnen, werden die Indianer schweigen. Wir können daher annehmen, daß die meisten Bücher, Artikel und Filme dem Publikum weiterhin dasselbe Bild der Indianer vermitteln werden, das heißt, sie seien weniger intelligent als das weiße Volk und diesem unterlegen. Aus diesem Grund sollen wir solchen Publikationen zufolge also nicht auf sie hören und sie weiterhin bedauern – und sie müßten auf jeden Fall zur nichtindianischen

Lebensweise und Religion bekehrt werden. Diese Situation ist, um es vorsichtig auszudrücken, widersinnig, denn wie dieses Buch zeigen soll, läßt sich damit die nichtindianische Welt Erkenntnisse über Leben und Überleben entgehen, die sie dringend brauchen könnte.

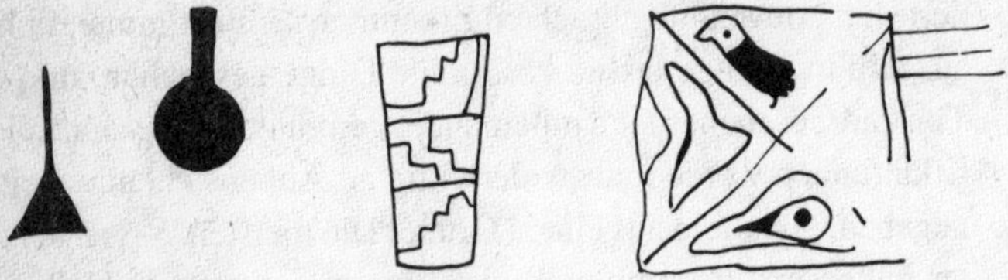

Zusammenfassung der Hopi-Pfade

Die Hopi-Pfade sind komplexer als die der anderen Stämme, die in diesem Buch behandelt werden, so daß an dieser Stelle vielleicht eine Zusammenfassung zweckmäßig ist.

1. Die Hopi glauben, daß ihnen die Pfade von den Höheren Wesen gegeben sind, die entlang dieser Pfade Segnungen und Ereignisse niederlegen. Wandern wir diesen Pfaden entlang, dann können wir diese Segnungen aufheben und für unser Leben nutzen.
2. Die Pfade sind so ausgelegt, um die Menschen auf das vorzubereiten, was auf sie zukommen kann, und um mit unseren täglichen Pflichten Hand in Hand zu gehen. Dir wird auffallen, daß auch die Pfade der anderen in diesem Buch beschriebenen Stämme vorbereitender Natur sind.
3. Das Hopi-Volk vertraut darauf, daß seine Gottheiten über das Leben als Ganzes wachen und ihm alle nötigen Informationen vermitteln, um in gewissen Augenblicken und Jahreszeiten übernatürliche Hilfe zu erhalten.

4. Die meisten rituellen Handlungen werden in einem unterirdischen Kiva ausgeführt, der für sie den Schoß der Mutter Erde darstellt, die Leben und Erneuerung verleiht. Der Ort der Gottesverehrung und Bittstellung ist äußerst wichtig. Man muß die Nähe zu den Gottheiten, die Wärme und Macht ihres Seins fühlen. Ist dies der Fall, hören die Menschen die Mächte sprechen, Motivierung entsteht, und erstaunliche Dinge geschehen. Die Toten kehren zurück, Zauberhaftes und Wunder ereignen sich, und die Gläubigen werden gleichzeitig zurück in alte Zeiten und nach vorne in die Zukunft geführt. Das Bewußtsein wird erweitert. Die Gegenwart wird intensiver. Gefühle und Sinne werden geschärft. Der geistige Zustand wird vertieft. Die Menschen sind erhöht. Die Körper beben. Es herrscht ein Gefühl der Erwartung und Erregung. Wundersame Dinge geschehen.
5. Das Leben ist ein Kreislauf. Es hat weder Anfang noch Ende. Man glaubt an ein Leben nach dem Tod, das schließt die Wiedergeburt jedoch nicht ein. Man stirbt, nur um in der Unterwelt wiedergeboren zu werden, wo das Leben unaufhörlich nachgeahmt wird. Der Tod ist nicht mit Furcht verbunden, denn jede Person hat eine immer ausgefüllte Existenz fest in der Hand. Es müssen laufend Beiträge geleistet werden.
6. Leben ist am besten, wenn einem die Dinge nie leichtfallen; das konzentriert den Geist auf die Dinge, die wichtig sind, und auf unseren Zustand der Abhängigkeit.
7. Das Wohl des gesamten Dorfes steht an erster Stelle, das Wohl des einzelnen an letzter. Diese Anschauung bringt dem einzelnen den Nutzen des Ganzen und dem Ganzen den Nutzen des einzelnen. Die Zusammenarbeit in allen Dingen ist garantiert. Und das Wohl des Stammes wird in Abhängigkeit von der verantwortlichen und uneingeschränkten Erfüllung der Rolle einer jeden Person gesehen.
8. Die Natur (wobei die Menschen nur einer ihrer Bestandteile

sind) und die Höheren Wesen sind im Sinne von Einheit, Geist, Einstellung und Zweck eins.

9. Für Erfolg im Leben muß eine Person jede Rolle, die ein Mensch im Laufe des Lebens von der Geburt bis zum Tod annehmen muß, ausleben und gründlich durchdenken. Verlangt werden auch das Akzeptieren und Dankbarkeit für die eigene, fortdauernde Rolle in der Unterwelt.
10. Wesentlich ist, die Notwendigkeit zu erkennen, daß Platz für die Älteren und die alte Lebensweise geschaffen werden muß. Beides darf nicht abgelehnt werden, wenn ein Mensch auf Ausgeglichenheit und Erfolg hoffen will.
11. Die Regeln für eine wirksame Einhaltung sind ausgeglichen und umfassen sowohl das Physische wie auch das Psychische – das Ausführen angemessener Handlungen, die Einhaltung der Tabus, Kontrolle über die eigenen Gefühle und das Herz, um nur dann Überschwang zu zeigen, wenn es angebracht ist. Die Fähigkeit zu einer solchen Kontrolle wächst mit der Übung. Wird die eine oder andere Seite des Rituals vernachlässigt, geht das Gleichgewicht verloren, und das Scheitern ist die Folge.
12. Das Gebet ist das Mittel, etwas geschehen zu lassen. Die Formel lautet: Gebet + rituelle Handlungen + Kachinas = begrenzte Kontrolle der Natur. Kommt die Menschheit ihren Verpflichtungen nicht nach, könnte das Universum unter Umständen nicht mehr richtig funktionieren. Diese Überzeugung stärkt das Ego und bietet Selbstachtung, einen Sinn für den eigenen Platz und ein Gefühl, daß die persönlichen Beiträge von Bedeutung sind.
13. Kachina ist gleichbedeutend mit Segnungen. Werden die Masken angelegt, ergreifen die Geister, die durch die Masken dargestellt sind, vom Träger Besitz. Der Träger wird mehr als ein sterblicher Mensch. Er ist Mensch plus Geist, doppelt oder dreimal so stark, wenn er mit den ursprünglichen Kachina-Gottheiten verbunden ist. Die Toten geben den Lebenden

ihre Kraft und ihren Rat. Die ursprünglichen Kachina-Gottheiten halten die Verbindung der lebenden Hopi mit dem Ursprung des Lebens aufrecht, mit dem Mittelpunkt, der niemals vernachlässigt, als selbstverständlich betrachtet oder aufgegeben werden darf.

14. Die Rituale müssen mit einem guten und reinen Herzen ausgeführt werden.
15. Tatsächliche Zeit hat weniger mit Uhren zu tun als mit unserem geistigen Zustand und psychologischen Realitäten. Der Gebrauch der Zeit und unser Bewußtsein von Zeit, auf persönlicher Ebene und im Rahmen des Lebens, ist von wirklicher Bedeutung und in jeder Weise produktiv.
16. Eine Identitätskrise – wenn man sich ein Bewußtsein seiner selbst bewahren muß, wenn etwas oder jemand versucht, es einem wegzunehmen – führt zu einer ausgeglichenen Anschauung. Depression wird vermieden. Das Leben ist niemals eine endlose, trostlose Gegenwart ohne Hoffnung auf Veränderung. Man gewinnt ein Selbstgefühl, einen Platz in der Gesellschaft, Glauben an sich selbst und ein Gefühl der Kontinuität mit Vergangenheit, Gegenwart und Zukunft – eine unwandelbare Identität.
17. Der Tiponi ist die Mutter und das Herz eines Rituals, das Symbol für Identität und Leistung.
18. Die Riten müssen zu den richtigen Zeiten abgehalten werden, und ihre Abfolge ist auf die Winter- und Sommersonnenwende abgestimmt.
19. Die Rituale dauern neun Tage.

Der zentrale Pfad

Erster Tag, das Eintreten: Das Bildnis der Frau der Morgendämmerung wird auf der Kiva-Luke niedergelegt. Es werden zwei kleine Feuer entfacht und ihnen Kiefernnadeln geopfert. Gebete für die heiligen Gaben werden in Anerkennung dafür gesprochen, daß sie gewährt würden.

Zweiter bis vierter Tag, positive Vorbereitung: Die Tiponis werden mit neuen Verzierungen aufgefrischt. Man raucht, singt und betet, begleitet von Musik. Ein Altar wird errichtet, wobei die Symbole die wesentlichen Dinge des Lebens darstellen. Ein Sandbild wird angefertigt, Pahos und andere Geschenke hergestellt, Tiponi und Pahos auf dem Altar und der Sandmalerei niedergelegt, die Toten zurückgerufen, Unterhaltungen mit ihnen finden statt. Medizinwasser wird zubereitet, mit Kristallen Licht in die Schale geworfen, Rauch und auch mit einer Pfeife in die Schale geblasen, Wasser zur Reinigung mit Fichten- oder Feldgrasruten gesprengt.
Fünfter Tag: Verteilung der Pahos an heiligen Stätten.
Sechster Tag: Um nichts dem Zufall zu überlassen, wird geprüft, ob alle für den Erfolg der Zeremonie notwendigen Dinge vorhanden sind. Es wird weiterhin Medizinwasser gesprengt und getrunken.
Siebter Tag: Für das feierliche Mahl wird das traditionelle Maisessen vorbereitet.
Achter Tag: Für das feierliche Mahl werden zusätzliche Speisen vorbereitet.
Neunter Tag: Öffentlicher Tanz und feierliches Mahl; Pahos und andere Geschenke werden verteilt. Man bekennt sich zu dem Glauben, daß die Sonne die Geister der Pahos an den heiligen Stätten mitgenommen und den Gottheiten übergeben hat. Vertraue darauf, daß die Ansuchen erhört werden.
Zehnter bis dreizehnter Tag: Kein Salz oder Fett zu sich nehmen und sexuell enthaltsam leben; am letzten Tag reinigt man sich selbst und die Maske mit Asche.

Die Nebenpfade

Aberglaube: Hexen. Wann immer Fehlschläge die Ausmaße einer Krise annehmen wie zum Beispiel im Falle einer Dürre oder Epidemie, glauben die Hopi, daß sich eine oder mehrere Hexen mit Ameisen, Eulen, Krähen oder ähnlichem verbündet haben.

Diese Hexen haben ein tierisches und ein menschliches Herz. Sie sind Mitglieder einer geheimen Gesellschaft und versuchen, schlafende Kinder anzuwerben. Sie sind sehr gefürchtet und nur schwer zu identifizieren. Aber mit bestimmten Amuletten und Farben, wie Türkis, können Hexen abgewehrt werden, und deshalb tragen Personen diese gewöhnlich an sich, und sie sind auch in den Häusern zu finden. So ein Aberglaube wird von der modernen Gesellschaft im allgemeinen verächtlich als überflüssig und unwahr abgetan, aber die Hopi sind sich dadurch immer den Gefahren des Lebens bewußt gewesen und auch dessen, daß sie die Höheren Wesen ständig brauchen, damit sie über sie wachen. Das ist auch der Grund, warum sie die Krankheit mehr fürchten als den Tod. Während letzterer nur ein Übergang vom Leben an der Oberfläche der Welt zum Leben in der Unterwelt ist, kann eine Krankheit den Betroffenen in den Zustand der totalen Abhängigkeit versetzen. Und was noch schlimmer ist, als Folge der Krankheit kann man vielleicht seine Rolle nicht mehr erfüllen, was den Ablauf der organisierten Gruppe im Haushalt stören kann oder vielleicht sogar den des Universums.

Heilen: Alle Hopi lernen, mit Kräutern als Medizin umzugehen, und es gibt Medizinmänner und Medizinfrauen. Beim Heilen folgen sie dem Ausspruch: »Das Heilmittel ähnelt der Ursache.« Kann die Ursache gefunden werden, kann man auch das Heilmittel dafür finden. Haarige Samen beispielsweise würden die Haare wachsen lassen. Auch heute noch glaubt man, daß zwei nebeneinander wachsende Pflanzen miteinander verwandt sind, und die eine wird als das Kind der anderen betrachtet. Pflanzen sind auch als männlich und weiblich bekannt, und jede ist mit einer Himmelsrichtung verbunden. Viele Pflanzen sind in den religiösen Zeremonien wichtig; manche werden auf die Altäre gelegt und andere an Gebetsstäben angebracht. Kristalle werden verwendet, um Beschwerden zu lokalisieren. Dazu sieht sich die Medizinperson den Patienten vier oder fünf Minuten lang durch den Kristall an, wiegt sich hin und her und bewegt den freien Arm vor und zurück. Dann legt sie plötzlich den Kristall sachte an der Stelle auf den Körper, von der die starken Schmerzen ausgehen. In alten Zeiten gab es eine ganze Reihe verschiedener Behandlungsmethoden, wie den Augensucher, der sich herumbewegte, überallhin schielte und starrte, bis er schließlich die Richtung feststellte, aus der der unheilvolle Einfluß kam. Gegen Kopfschmerzen und andere kleinere Beschwerden wurden Massagen angewandt. Dabei rieben sie mit geraden Handbewegungen die Augenbrauen, Stirn, Schläfen und Nasenwurzel und verwendeten an bestimmten Punkten im Nacken und auf den Schultern Akupressur. Gewisse Nicht-Kachina-Tänzer benutzten einen »Blitzrahmen«, den sie aus Kiefern oder Fichten herstellten, die vom Blitz getroffen worden waren. Diese Rahmen wurden für das Austreiben böser Geister verwendet und von sogenannten Feuersteinärzten, die vom Blitz gesandte Krankheiten heilten. Sie schlugen damit Eingeweihten auf das Herz und den Rücken, um ihnen die Kraft des Blitzes zu verleihen. Es gibt einen Bericht über einen schweren Krankheitsfall von einigen Kindern. Die Medizinmänner errichteten einen Altar in ihrem Kiva und legten darauf bei Sonnenuntergang Gebetsstäbe nieder. Daraufhin wachten die Eltern und Kinder die ganze Nacht lang im Kiva.

Obwohl es keine Medizingesellschaften mehr gibt, findet man in Hopi-Dörfern immer noch einzelne Heiler. Lassen die Umstände es zu, nehmen sie sich vier Tage Zeit, um sich auf die eigentliche Heilung vorzubereiten. Während dieser Zeit reinigen sie sich in einem Ritual, um ein geeigneter Kanal zu werden, durch den die Geistermächte die wirkliche Heilung durchführen können. Die Heiler der Sioux und Apachen haben eine sehr ähnliche Auffassung, und in den entsprechenden Kapiteln gehe ich näher darauf ein.

Arbeit und Spiele hatten auch den Zweck, zur Erhaltung der Gesundheit der Hopi beizutragen. Die Arbeit der Frauen wurde bereits beschrieben, und die Frauen in jenen alten Zeiten waren dünn und schmal. Die Männer rasten oft viele Kilometer quer durch die glühendheiße Wüste, ohne etwas zu trinken oder zu rasten. Obwohl heute Kleintransporter in Mode sind, legen einige Farmer immer noch große Entfernungen von ihren Häusern zu ihren Feldern laufend zurück. Sie laufen dieselbe Entfernung am gleichen Tag auch wieder zurück. Ein Händler in Canyon Diablo und Oraibi heuerte einmal einige der besten Läufer der Hopi an, um sich von ihnen wilde Pferde einfangen zu lassen. Sie fingen die Pferde und zusätzlich mehrere Rehe und Antilopen.

Die Verbindung der oben beschriebenen Überzeugungen und der Bräuche brachte den Hopi einen bemerkenswerten inneren Frieden. Hast du je die Gelegenheit, ihnen zu begegnen, wirst du dies an ihren Gesichtern, am Auftreten und am geruhsamen Lebensstil erkennen. Jene, die immer noch in den alten Dörfern leben, haben, verglichen mit dem durchschnittlichen Lebensstandard der Amerikaner, praktisch überhaupt nichts. Trotzdem haben sie alles. Uns bleibt nur, ihre gründlich erlernten Pfade in unserem Leben anzuwenden, worauf ich im dritten Teil dieses Buches eingehen werde.

Kapitel VI

Die Pfade der Cherokee

Die zentralen Pfade

Ich habe darauf hingewiesen, daß die zentralen Pfade der Indianer vorbereitender Natur waren, und der zentrale Pfad der alten Cherokee ist ein wunderbares Beispiel dafür. Vorbereitung war der Kern ihres jährlichen Zyklus der Feiern, der seinen Ursprung im jährlichen Kreislauf der Jahreszeiten hatte. Die Natur hatte die Indianer gelehrt, daß die Dinge nicht enden.

Wenn wir heute diese Pfade gehen, können wir die komplexen Einzelheiten der Rituale der Cherokee-Feste größtenteils nicht anwenden. Deshalb werden wir uns auf ihren eigentlichen Zweck konzentrieren, und das wird uns in allem, was wir tun, großen Nutzen bringen.

In ihrem Großen Fest des Neumondes im Herbst, das sie den Beginn nannten, stoßen wir auf etwas Unerwartetes. Der Anfang des Zyklus fällt auf das Ende der Wachstumsperiode der Natur. Holten die Cherokee die Früchte und Ernte ein und hielten ein Festgelage ab, dann bedankten sich die Menschen damit dafür, daß ihnen die Höheren Wesen die versprochenen Segnungen gewährt hatten. Die Cherokee drückten in Ritualen dem Ursprung der Gaben ihren Dank und ihre Anerkennung aus. Sie bekannten damit, daß dem ursprünglichen Versprechen gemäß über sie gewacht wurde. Der Zyklus wurde also in einer überaus positiven Stimmung eröffnet. Jeder bestätigte, daß zwischen den Menschen und Gott alles gut war und daß er davon überzeugt war, die Beziehung würde auch weiterhin Bestand haben.

Um dieser Erklärung Nachdruck zu verleihen, hielten sie unmittelbar anschließend das Fest der Festigung und Versöhnung ab. In dieser einzigartigen Zeremonie wurde die Verbindung der

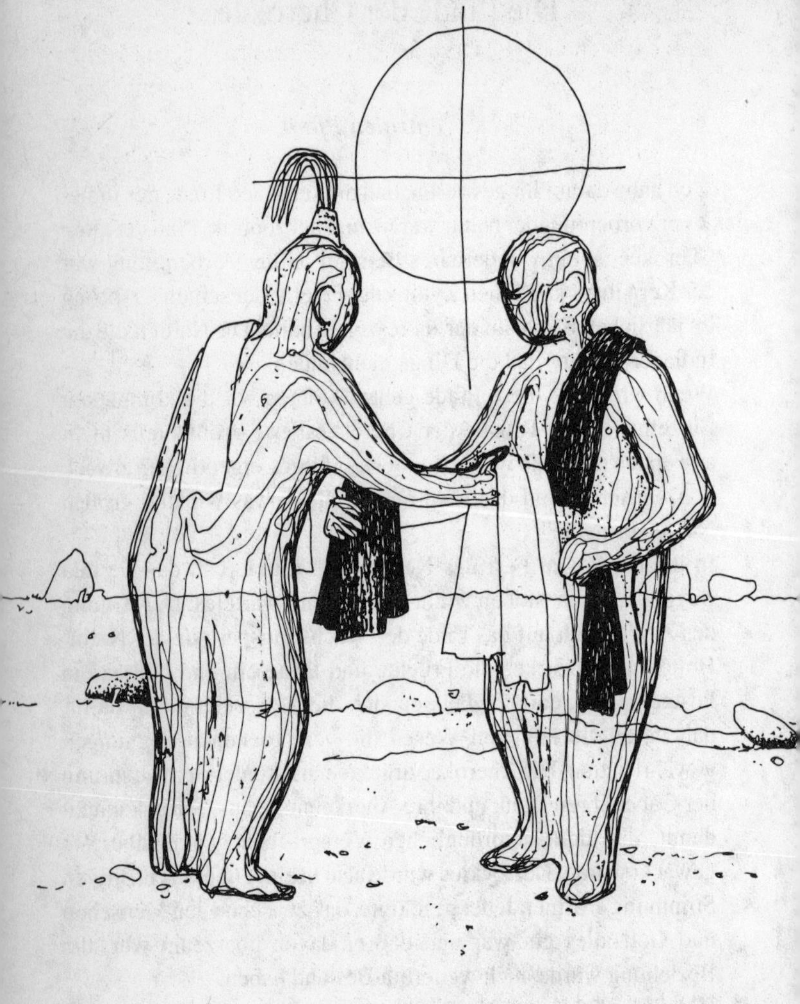

Der Festigungsritus der Cherokee

Höheren Wesen und der Menschheit durch zwei Männer symbolisiert, die das Ritual der Festigung ausführten. Bei diesem öffentlichen Ritual standen sich zwei voll bekleidete und bewaffnete Männer gegenüber und tauschten ihre Kleidungsstücke und Waffen aus, bis jeder am Ende die gesamte Kleidung des anderen trug. Danach waren sie untrennbare Brüder, und es wurde von ihnen erwartet, daß sie sich ein Leben lang gegenseitig voll unterstützten. Für die Menschen war dies ein Symbol der höheren Tatsache, daß die Höheren Wesen, indem sie das Volk durch die Ernte und andere Dinge so reichlich gesegnet haben, bewiesen, daß nichts zwischen ihnen und den Cherokee stand. Auch sie hatten ihre Gewänder ausgetauscht – durch Gebet und das Vertrauen in Ertrag und Schutz –, und auch sie waren untrennbare Brüder. Auf das Festigungsritual folgten die intensiven Reinigungsriten, in denen die Menschen siebenmal von Kopf bis Fuß in fließendes Wasser eintauchten. Auf diese Weise wurden alle unvorhergesehenen Hindernisse oder Barrieren, die die Menschen bewußt oder unbewußt zwischen sich und die Wesen gestellt haben könnten, aus der Welt geschafft. Die Himmelstore wurden weit geöffnet, und es herrschte allgemeine Zuversicht.

Als nächstes fand das Fest des Springenden Busches statt, der natürliche Höhepunkt der gerade gefeierten Zuversicht. In diesem Ritus drückten die Cherokee ungezügelte Freude aus, indem sie die Quelle ihrer Segnungen anerkannten. Als Danksagung warf jeder Heiligen Tabak in das Heilige Feuer.

Dennoch lernten die Cherokee durch Erfahrung, daß übermäßige Zuversicht zu einem ernsten Problem werden konnte. Es bestand die Gefahr, sich einzubilden, daß sie ihre Segnungen selbst bewirkt hatten oder daß sie sie von den Wesen nur deshalb erhielten, weil sie sich diese verdient hatten. Aber der Winter war dem Fest des Springenden Busches hart auf den Fersen. In der eisigen Atmosphäre und puren Trostlosigkeit des Winters wurden die Cherokee für längere Zeit daran erinnert, daß sie ohne die Wesen nahezu hilflos waren. Wenn die Blätter von den Bäumen fielen, wurden die Felder karg, das Wild zog sich zurück, der Schnee häufte sich, Schneeregen nagte an Fleisch und Knochen, und die Holzvorräte wurden kleiner und kleiner. Die Stammesältesten sahen darin einen Vorteil, saßen in den Hütten am Feuer und erzählten den erstaunten Kindern und nervösen Erwachsenen beruhigende Geschichten davon, wie unzählige Jahrhunderte lang die Winter kamen und gingen und die Wesen nie vergaßen, für die Menschen zu sorgen.

Und tatsächlich, der Schnee schmolz, die Winde legten sich, die Regen wurden wärmer, Eisbrocken schwammen die Flüsse hinunter, und die ersten gelbgrünen Grashalme bohrten ihre freundlichen Spitzen durch den Erdboden und sahen hinauf zur Sonne. Neue Geschöpfe wurden geboren. Mutter Erde erneuerte die Schöpfung und führte sie fort. Sie hatte wieder einmal über den Kaltmacher gesiegt, und gemeinsam mit der gesamten Schöpfung wurden die Cherokee zu neuerlichem Feiern aufgerufen. Wie die Älteren ihnen gesagt hatten, hatten die Höheren Wesen sie nicht vergessen. Die Zeit zum Pflanzen war wieder gekommen, und wie immer baten sie die Alte Frau Mais-Mutter, herbeizukommen und dem Saatgut Leben zu geben.

Die nächste Feier im Rahmen des jährlichen Zyklus war das Erste Neumondfest. Einige alte Früchte vom vergangenen Jahr, die als Zeugen für die Verläßlichkeit der Höheren Wesen aufbewahrt worden waren, wurden hervorgeholt und verzehrt. Man zündete auch neue Feuer an als Symbole der frischen Anfänge.

Jetzt fragte man sich: Konnte dies alles wirklich wahr sein? War es in Anbetracht der grundlegenden Natur der Menschheit nicht zuviel der Hoffnung, daß die Wesen so viel Liebe für die Cherokee empfanden? Die Priester antworteten:

> Seht hinaus auf die Felder dort draußen, wo sich die Früchte zeigen.
> Alte Frau Mais-Mutter kam, als wir sie riefen.
> Sie gab dem Mais und den anderen Pflanzen wahres Leben.

Auch die Bohnen und anderen Gemüse beweisen dies.
Früchte werden auf den Bäumen sichtbar.
Die Flüsse sind gefüllt.
Fisch ist reichlich vorhanden.
In den Hügeln laufen Rehkitze umher.
Die Wesen kommen auf uns herunter und enthüllen sich in dem, was sie von neuem erschaffen.
Nun muß die vollkommene Reinigung der Menschen stattfinden, damit wir angemessene Gefäße für die stattfindende göttlich-menschliche Vereinigung sind.

Dann wurde das Fest des Neuen Grünen Mais abgehalten. Die Leute aßen den grünen Mais als greifbaren Beweis für die Hoffnung und das erfüllte Versprechen.
Das Ende des Zyklus der Rituale kam schließlich dann, als sie mit der Ernte der reifen Feldfrüchte den höchsten Sieg feierten. Umgeben von köstlichen Düften, drückten sie ihren Jubel und Freude selbstvergessen im Fest des Reifen Grünen Mais aus.
Aber das nächste Jahr lag vor ihnen, und um sich auch weiterhin die heiligen Gaben zu sichern, mußte der jährliche Zyklus der Feste wieder beginnen. So würde es immer sein.
Ein wichtiger Aspekt der Religion der Cherokee lag in der besonderen Betonung der Reinigung durch siebenmaliges Eintauchen in fließendes Wasser während der Rituale und durch den Gebrauch der Farbe Weiß als Symbol für Reinheit. Die Feierlichkeiten im Rahmen des jährlichen Zyklus umfaßten Riten, die auch bei anderen Gelegenheiten durchgeführt wurden, aber dennoch hatte jedes Fest eigene Rituale. Wir dürfen annehmen, daß diese Variationen aus alten Zeiten überliefert worden sind, während die Cherokee davon überzeugt sind, daß sie direkt von den Höheren Wesen kommen. Wir können auch vermuten, daß von den Priestern der einzelnen Feste erwartet wurde, daß sie besondere und angemessene neue Wege entwickelten, die in jeder Situation das gewünschte Ergebnis bringen würden. Die Menschen wurden

also aufgefordert, kreativ zu sein, und keine zwei Feiern im Laufe des jährlichen Zyklus verliefen genau gleich. Zudem mußte die monotone Wiederholung in jeder religiösen Handlung vermieden werden, denn man durfte im Zusammenhang mit den Höheren Wesen nicht nachlässig sein oder die Beziehung zwischen dem Göttlichen und dem Menschlichen als selbstverständlich ansehen.

Das Reinigungsritual der Cherokee

Die Lebensgewohnheiten der Cherokee

Die klugen Cherokee konnten mit Eintönigkeit ungewöhnlich gut fertig werden. Nachdem ihnen die Probleme bekannt waren, die sich aus Eintönigkeit und Langeweile ergeben konnten, entwikkelten sie eine Lebensweise, bei der eine langweilige Routine in regelmäßigen Abständen unterbrochen wurde. Einige Betätigungen waren unorganisiert und wurden in gemächlicher Art ausgeführt. Andere waren organisiert und wurden schnell und energisch erledigt.

Ihre Philosophie in bezug auf die meisten täglichen Arbeiten war: »Verschiebe, was immer du kannst, auf morgen oder so lange, wie du kannst ... denn wird etwas nicht erledigt, dann war es wahrscheinlich von vornherein nicht so wichtig.« Sie hielten es nicht für besonders umsichtig, etwas zu erledigen und hinter sich zu bringen. Sogar wenn neue Häuser gebraucht wurden, schoben sie das Bauen bis spät in den Herbst auf, während wir es vielleicht als das beste halten würden, die Aufgabe so früh wie möglich im Jahr zu erledigen und abzuschließen. Aber sie zogen es vor, sich zu entspannen, zu fischen, zu jagen, einen Feind zu überfallen, handwerkliche Arbeiten zu verrichten oder mit den Kindern zu spielen. Konnte eine Aufgabe nicht mehr länger aufgeschoben werden, arbeiteten alle mit, um sie in kurzer Zeit zu erledigen. Auf diese Weise wurde ein Haus, an dem ein Mann allein drei Monate lang bauen müßte, in zwei oder drei Tagen errichtet und fertiggestellt.

Die Cherokee verrichteten ihre Arbeiten in Übereinstimmung mit den Jahreszeiten und dem Sonnenstand. Ihnen war das Prinzip der Sonnenuhr bekannt, und sie benutzten sie in einigen Ritualen, aber sie verwendeten sie im allgemeinen nicht als Uhr, die ihre Tätigkeiten regelte. In diesem Sinne wurde sie nur für bestimmte Abschnitte von Zeremonien und für bestimmte tägliche Ereignisse angewandt. Beispielsweise begannen sie Dinge bei Sonnenaufgang, zur Mittagszeit oder bei Einbruch der Dunkelheit. Aber diese Zeitpunkte waren nur annähernd festgelegt, und die Cherokee standen niemals unter dem Druck, etwas zu einer bestimmten Zeit anzufangen oder zu beenden.

Die Kriege andererseits waren von Anfang bis Ende eine hochorganisierte Angelegenheit und wurden mit Genauigkeit und Bestimmtheit durchgeführt. Dem gefährlichsten Feind wurde mit höchster Anstrengung begegnet, und keine Einzelheit blieb bei der Vorbereitung, der Marschordnung, den unterwegs durchgeführten religiösen Riten, der Art und Weise des Angriffs und der Siegesfeier und Reinigung nach der Rückkehr unbeachtet.

Die Cherokee führten demnach ein Leben der Abwechslung und reduzierten den Streß, indem sie Langeweile vermieden. Anhaltende Tätigkeiten wurden regelmäßig unterbrochen, um den Druck zu verringern. Wurde das Leben zu ernst, führten sie irgendeine törichte Handlung durch. Alles wurde in die angemessene Perspektive gerückt, und als allgemeine Regel galt, alles so angenehm wie möglich zu gestalten. Alles enthielt ein Ventil zur Entlastung. Aus diesen äußerst vernünftigen Erkenntnissen ihrer Nebenpfade können wir mit Sicherheit einen Nutzen für unser eigenes Leben ziehen.

Kristalle

In diesen Tagen der Vergeistigung und ganzheitlichen Heilung sind Bergkristalle besonders beliebt geworden. Läden in Amerika und Europa berichten, daß sich der Verkauf und die Preise der Kristalle in den vergangenen paar Jahren mehr als verdreifacht haben. Auch der Markt für Bücher, Seminare und für den persönlichen Unterricht in der Heilung und Meditation mit Kristallen floriert. Weil Kristalle präzise in Reaktion auf elektrischen Strom schwingen, sind sie wesentliche Bestandteile in Radios, Uhren, Computern und bei der Laserstrahlerzeugung. Die prismatischen Eigenschaften der Kristalle und die winzige elektrische Ladung, die sie ausstrahlen, wenn sie gerieben werden, verleihen der Theorie Glaubwürdigkeit, daß die Steine Elektrizität übertragen und verstärken. Die Benutzer von Kristallen sprechen von Energie, Schwingungen und Gleichgewicht, und sie benutzen die Steine für viele Zwecke. Einige Personen, die von der Wirksamkeit der Kristalle überzeugt sind, geben zu, daß die Heilkraft der Kristalle nicht wissenschaftlich erwiesen ist. Aber sie vertreten einfach den Standpunkt, daß die Meditation mit ihnen hilfreich sein kann, denn das darauf basierende Glaubenssystem leitet Harmonie und Frieden ein.

Die Medizinmänner und -frauen der Hopi und Apachen verwendeten Kristalle, aber in viel geringerem Ausmaß als die Cherokee. Man muß wissen, daß sich bei den alten Priestern der Cherokee alles um ihre Kristalle der Weissagung drehte, die ein wesentlicher Bestandteil ihrer Arbeitsutensilien und ihrer Nebenpfade waren. Der Kristall war zwar nicht immer Teil ihrer Kleidung, ja, sie trugen nicht einmal immer einen bei sich, aber er war für die berufliche Tätigkeit eines Priesters unerläßlich.

Die Cherokee-Bezeichnung für den Kristall der Weissagung bedeutet »Licht, das durchdringt«. Gemeint ist sowohl das Licht, das durchdringt, auf was immer es fällt, als auch das Licht, das durch die Substanz des Gegenstandes dem Beobachter Anweisungen gibt.

Wie sie glaubten, mußte derjenige sterben, der ohne entsprechenden Segen und Einweihung einen Kristall der Weissagung berührte. Ein gewöhnlicher Priester trug manchmal seinen Kristall auf der Brust an einem Lederriemen, den er um den Hals gebunden hatte, aber er blieb anderen immer durch seine Kleidung verborgen. Eine Ausnahme bildeten der Oberpriester während des Versöhnungsfestes und der oberste Kriegshäuptling, die beide die ihren offen trugen. Alle anderen, die Kristalle zur Weissagung besaßen, verrieten nicht einmal, wo sie sie trugen oder eingesteckt hatten. Die Kristalle, die sie nicht mit sich führten, wurden entweder als Schätze in einer heiligen Schachtel, *Ark* genannt, aufbewahrt oder sorgfältig in sieben Hirschhäute eingewickelt.

Es gab fünf verschiedene Größen von Kristallen der Weissagung, von denen alle die Form eines Hexagons hatten und aus kristallinem Quarz bestanden. In einigen frühen Berichten wird erwähnt, daß die Steine in alten Zeiten Diamanten waren, aber die Archäologen bezweifeln dies. Die Forscher konnten nicht in Erfahrung bringen, wie nach Ansicht der Cherokee die Kristalle ihre Kraft erhielten. Aber mein Freund Archie Sam (über den ich am Ende dieses Kapitels mehr berichten werde) gab mir diesbezüglich einige Informationen. Auf Band bestritt er, daß er irgend etwas von Bedeutung über die Steine wußte, aber unter vier Augen sagte er mir, daß ihm sein Vater White Tobacco Sam

erzählt hatte, die Kristalle seien besondere »Steine von Gott«, die während ihrer Formierung die Kräfte des gesamten Universums in sich speichern. Jeder Kristall zeigt diese Kräfte in seinen Facetten; die Facetten dienen dazu, den Benutzern klarzumachen, daß alles, was sie sehen, viele Seiten und Nuancen besitzt und daß man über jede dieser Facetten meditieren muß, um eine wahre und brauchbare Antwort zu erhalten.
Aus den alten Zeiten ist jedoch nur bekannt, daß jeder Priester einen Kristall besaß und daß Kristalle aller Größen mit demselben Vertrauen befragt und in gleicher Weise geehrt wurden.

Cherokee-Priester in alten Zeiten mit seinem durch Kräfte vergrößerten Kristall

Der größte Kristall wurde vom Obersten Kriegspriester benutzt, um das Ergebnis einer bevorstehenden Schlacht zu prophezeien. Kurz nach Sonnenaufgang faltete er sieben Hirschfelle, legte sie auf einen kleinen Tisch und plazierte darauf den Kristall. Dann trat er einige Schritte zurück und betete zu jedem der sieben Himmel. Dazu berührte er zuerst den Boden mit seinen Händen, hob sie langsam hoch und hielt an jedem Himmel kurz an, bis er den siebten und höchsten erreicht hatte. Zwischen jedem Daumen und Zeigefinger hielt der Priester eine große steinerne Perle, und war es den Cherokee bestimmt, den Feind zu besiegen, schien sich die Perle in seiner rechten Hand zu regen und zu bewegen. Sollten sie die Schlacht verlieren, bewegte sich die Perle in seiner linken Hand. Würden sie siegen, dann floß Blut auf der rechten Seite seines Kristalls herab, würden sie verlieren, dann floß es auf der linken Seite.

Die vier Kristalle, die die Weißen Priester benutzten, waren kleiner als die Kriegskristalle und hatten je nach ihrem Gebrauch unterschiedliche Größen. Der größte wurde dazu verwendet, um festzustellen, ob ein einzelner, eine Familie oder ein Dorf von Krankheit befallen werden würde. Der Priester brachte ein Opfer und fing auf eine der drei folgenden Methoden die ersten Strahlen der Morgensonne ein: Er legte den Kristall auf sieben gefaltete Hirschhäute, auf einen mit Rehhaut bedeckten Pfosten oder in die Spalte eines Hauses. War das Omen günstig, erschien im Stein ein helles und ungetrübtes Lichtermeer. War das Omen ungünstig, schien der Kristall blau und rauchfarben zu sein, und es würden so viele Menschen sterben, wie dem Anschein nach an seiner rechten Seite auf dem Boden lagen.

Derselbe Kristall wurde gelegentlich von einer großen Menschenmenge zum selben Zweck befragt. Das geschah beispielsweise auf dem Fest des Großen Herbstmondes, wenn die Cherokee den Beginn ihres Mondjahres feierten. Am festgesetzten Tag versammelte der Priester eines jeden Dorfes die gesamte Bevölkerung noch vor Sonnenaufgang im Haus des Stadtrates und setzte sie in Reihen mit ihrem Gesicht gegen Osten gerichtet hin. Dann öffnete er eine Spalte in der Ostwand des Hauses und setzte seinen Kristall der Weissagung dort hinein, um die ersten Strahlen der aufgehenden Sonne aufzufangen. Er entfernte sich etwas mehr als einen Meter vom Kristall, heftete seine Augen auf den Stein, wandte sein Gesicht zur Sonne und sprach ein Gebet. Während er betete, glänzte der Kristall immer heller, bis schließlich tief aus dem Inneren des Steins blendende Strahlen auf die

Decke des Hauses reflektiert wurden. Zuerst bewegte sich das Licht hin und her, dann senkte es sich tiefer und tiefer, bis es letztlich wie ein Blitz die sitzenden Menschen traf. Über einige zog das Licht hinweg, ohne sie im einzelnen anzustrahlen, und man glaubte, daß diese Personen noch vor Wiederkehr des nächsten Neumondes sterben würden. Während des Rituals berührte der Priester niemals den Kristall. Er blieb nur stehen, wo er war, und wiederholte seine Gebete.

Glaubwürdige Teilnehmer, die Ende des 18. Jahrhunderts diesem erstaunlichen Ritus beiwohnten, behaupteten hartnäckig, daß ihnen tatsächlich Fälle bekannt waren, bei denen die Cherokee, auf denen das Licht auf seiner Wanderung nicht verweilt hatte, zwar nicht innerhalb des ersten Monats, aber in den folgenden drei Monaten starben.

Der nächstkleinere Kristall wurde dazu verwendet, um verlorene oder gestohlene Gegenstände wiederzufinden. Zu diesem Zweck setzte der Priester den Kristall in die Sonne und betete um die Übermittlung von Informationen. Hatte ein Diebstahl stattgefunden, konnte er im Kristall den gestohlenen Gegenstand und auch den Dieb erkennen.

Der Jagdkristall war noch kleiner. Der Jäger sprach zuerst ein geeignetes Gebet und plazierte den Stein so, daß er am Morgen das Sonnenlicht einfangen konnte. Würde er einen Bock töten, sah er ihn im Stein; war es eine Hirschkuh, dann wurde eine Spur von Blut sichtbar; würde er nichts töten, konnte er nichts sehen und brauchte an diesem Tag gar nicht auf die Jagd zu gehen. Am nächsten Tag konnte er es wieder versuchen. Kristalle, die während einer Jagd verwendet wurden, legte man an einem Flußufer auf einen hölzernen Hocker und bedeckte sie mit sieben gefalteten Hirschhäuten. Eine sehr erfolgreiche Jagd war angekündigt, wenn nach Hochheben der Decken im Kristall eine Menge Hirschhörner zu sehen waren. Erschienen nur wenige oder überhaupt keine Hirschhörner, dann stand ein Fehlschlag bevor.

Die Menschen verwendeten den kleinsten Kristall, um vorherzu-

sagen, wie lange sie leben würden. Sollte der Fragende ein hohes Alter erreichen, erschien im Kristall eine Gestalt mit grauem Haar und einem langen, weißen Bart.
Manchmal suchte ein eifersüchtiger oder mißtrauischer Ehemann einen Priester auf, der feststellen sollte, ob ihm seine Frau treu war oder nicht. In diesen Fällen legte der Priester seinen Kristall bereit und betete um Informationen. War sie treu, änderte sich das Aussehen des Kristalls nicht. War sie aber untreu, erschienen sie und ihr Liebhaber im Stein. Man erzählt, daß der Priester dann einige zu diesem Zweck getötete Fliegen in die Hand nahm und feierlich das Übel verkündete, das über die Frau kommen würde. Öffnete er dann seine Hand und eine der Fliegen wurde wieder lebendig, würde sie sofort zu ihr fliegen, sich auf ihrem Körper niederlassen und sich in sieben Tagen in sie hineinbohren, was mit bitteren Qualen verbunden war. Sie würde fühlen, wie sie sich in ihr Herz fraß, und würde sterben. Es gibt Berichte, daß solche Frauen unweigerlich am siebten Tag gestorben waren. In den Berichten wurde nicht erwähnt, ob auch eine Ehefrau einen Priester aufsuchen und ihrem Mann dieselbe Gerechtigkeit zukommen lassen konnte.
Jeder Cherokee-Priester schätzte seinen Stein und seine Kräfte so sehr, daß er ein Versteck für ihn suchte, sobald er wußte, daß er sterben würde und keinen Lieblingsschüler hatte, dem er ihn hinterlassen konnte. Er ging allein in den Wald und machte einen Baum ausfindig, in den ein Specht ein Loch gepickt hatte. Er vergrub seinen Kristall darin und verstopfte das Loch mit Lehm und Rinde so, daß er nicht mehr entdeckt werden konnte. Würde er diese Vorkehrung nicht treffen und würde jemand nach seinem Tod den Stein finden, ohne daß eine bevollmächtigte Person den Auftrag erhalten hätte, ihn zu übernehmen, würde jedes Mitglied der Familie des Priesters sterben.

Zweifelsohne ist dir aufgefallen, daß der wichtigste Zweck der Kristalle die Prophezeiung von Leben oder Tod war. Das wird verständlich, wenn wir uns bewußt sind, daß die Cherokee in einer Welt lebten, in der ein langes Leben aus dem einen oder anderen Grund ständig bedroht war, wobei die Kriege mit Nachbarstämmen das Ihre dazu beitrugen. Aber der wichtigste Zweck der Weissagungen war, herauszufinden, was geschehen würde, damit sie sich darauf vorbereiten konnten und keine Überraschung erlebten. Anscheinend wurden düstere Vorhersagen nicht als endgültig angesehen. Gewöhnlich wurden zusätzliche Rituale abgehalten, um zu versuchen, nach angemessener Reinigung, Gebeten und Opfergaben eine günstige Vorhersage zu erhalten. Die Cherokee glaubten, daß Zustände und Umstände geändert werden konnten. Allein schon die Anwesenheit und angemessene Anwendung von Kristallen waren Vorboten von Gesundheit und Wohlergehen. Sie glaubten, daß Kristalle Erleuchtung brachten und eine innewohnende Schutzwirkung hatten. Das alles stimmt recht gut mit den heutigen Ansichten in bezug auf sie überein. Die Cherokee verwendeten die Kristalle jedoch nicht auf so verschiedenartige Weise wie wir. Die Zeiten, Erkenntnisse und Bedürfnisse haben sich etwas geändert, und die Cherokee-Priester wären wahrscheinlich die ersten, die mit dem heutigen Gebrauch der Heiligen Steine von Gott einverstanden wären.

Heilungsmethoden der Cherokee

Heilung war ein weiterer Nebenpfad, auf dem die Cherokee wanderten. Für uns liegt der größte Wert wiederum in der Auslegung der Heilungsmethode der Cherokee. Außer den Kräutern werden wir heute wahrscheinlich nur wenige ihrer Methoden anwenden und kaum die moderne Medizin zu ihren Gunsten ablehnen. Wie wir aber sehen werden, war einiges vollkommen modern, und wir haben die Vorteile jetzt endlich genauso erkannt wie sie.

Ein wesentlicher Bestandteil der Cherokee-Heilung war das Verbinden von Handlung und Gebet durch den Heiler. Die zwei waren untrennbar miteinander verbunden, und die Cherokee waren absolut davon überzeugt, daß das eine oder andere allein keine Heilung bringen würde. Wesentlich war auch das Vertrauen, sowohl das des Heilers als auch das des Patienten. Beide mußten davon überzeugt sein, daß die Krankheit entweder geheilt würde oder daß es irgendeinen guten und geistigen Grund gab, sollte es zu keiner Genesung kommen.

Heute bestätigen Ärzte und Psychiater, wie wichtig das Vertrauen für den Heilungsprozeß ist. Sie haben festgestellt, daß der Geist chemische Abläufe im Körper beeinflussen kann, die entweder vorteilhaft oder schädlich sein können. Bemerkenswerte Heilungen wurden allein durch Optimismus erreicht. Heute gibt man in der ganzheitlichen Heilung den Patienten Hoffnung und ein Gefühl der Kontrolle. Die Beziehung zwischen Patient und Heiler ist äußerst wichtig. Cherokee-Heiler und ihre Patienten erkannten dies vor Hunderten von Jahren, lange Zeit vor den westlichen Ärzten.

Das St.-Mary's-Hospital-und-Ärztezentrum in Tucson, Arizona, unterstützt zur Zeit eine Serie sehr erfolgreicher Tagungen in verschiedenen Städten der Vereinigten Staaten, bei denen indianische Medizinmänner und -frauen die Vortragenden sind. Sie bieten eine Gelegenheit, sich eingehend mit »dem didaktischen und auf Erfahrung beruhenden Lernen auseinanderzusetzen, mit der Verwendung der Meditation als Weg zu persönlichem und beruflichem Wachstum, zeigen, wie man Schmerzen abbauen und wie man durch ein erweitertes, spirituelles Bewußtsein Selbstverwirklichung erlangen kann«. Edgar Monetathchi jr., ein Medizinmann der Comanchen, ist leitender Direktor der Abteilung für Traditional Indian Medicine am St.-Mary's-Hospital-und-Ärztezentrum. Der regelmäßige Lehrkörper besteht aus elf Dozenten und umfaßt unter anderen den hervorragenden Oneida-Indianer David Powless und den in gleicher Weise begabten Medizinmann der Mescalero-Apachen Paul Ortega.

Es überrascht nicht, daß Priester, das heißt Religion im allgemeinen, im Leben der Cherokee eine dominierende Rolle spielten und daß Religion untrennbar mit jedem Teil des Lebens verbunden war. Wurden die Menschen von irgendwelchen Katastrophen getroffen, wandten sie sich an die Priester, die in ihrer vermittelnden Eigenschaft Lösungen wußten. Es wird deutlich, daß die alten Cherokee bereitwillig ein abhängiges Volk waren, und was die Anerkennung für das Erreichte betraf, so war die persönliche Befriedigung untergeordnet. Sie glaubten, daß es zu ihrem Besten war, wenn die Höheren Wesen, die nicht so begrenzt waren wie die Menschen, die oberste Kontrolle hatten. Man wandte sich nur deshalb an die Priester, weil diese sich rund um die Uhr an die höheren Mächte wandten. Der Respekt der Menschen ihren Priestern gegenüber beruhte darauf, daß diese wußten, wie sie ihre vermittelnde Rolle gemäß der alten Lehren zu erfüllen hatten.
Sogar bei fremdartigen und überwältigenden Problemen wie der Pockenepidemie verließ man sich auf die Priester. Über Fehlschläge war man natürlich enttäuscht, aber jeder unglückliche Ausgang wurde entweder dem göttlichen Willen zugeschrieben, dem Mangel an Kenntnis, wie die Vorbereitung hätte erfolgen sollen, der Fehleinschätzung in bezug auf die Ursache oder die Behandlungsmethode, aber auch dem Mißbrauch von Personen oder heiligen Eigentums. Der drohende Tod oder ein anderer Verlust rief keine Panik hervor, ja sie wurden in der Tat sehr stoisch hingenommen. Die Cherokee wappneten sich im voraus, denn sie wollten so genau wie möglich wissen, was vor ihnen lag, damit sie sich darauf vorbereiten konnten und nicht für immer zerstört waren. Vorbereitung war der Grund für das ständige Weissagen mit Kristallen und Perlen.
Für diese Art von Weissagung nahm der Priester eine große weiße Perle zwischen Daumen und Zeigefinger seiner rechten Hand und eine große schwarze Perle zwischen Daumen und Zeigefinger seiner linken Hand. Während er betete, hielt er seine Hände hoch über seinem Kopf, und die Perle, die sich zuerst am deutlichsten

bewegte, gab ihm die gesuchte Antwort. Die weiße Perle deutete auf eine positive und die schwarze Perle auf eine negative Antwort hin.

Die Priester und Menschen konnten auf verschiedene Arten Krankheiten, andere Unglücke und den Tod bekämpfen, bevor diese ihre Opfer forderten. Mehr darüber findest du auf den nächsten Seiten. Die Menschen glaubten an ein riesiges Pantheon höherer und zum Großteil guter Mächte, die bei Gebrauch angerufen wurden. Eine Kombination von Handlung und Vertrauen war wesentlich, um Hilfe zu erhalten, und das Gebet war fest mit dem Glauben verbunden und wurde fortwährend angewandt. Für bestimmte Bedürfnisse und zur Erlangung geistiger Führung wurden bestimmte Gebetsformeln entwickelt. Damit wurden auch Feinde jeder Art abgeblockt oder zugedeckt, um sie hilflos zu machen. Der Priester und die Menschen erwarteten, daß ihre Gebete beantwortet wurden. Die Menschen hatten eine positive Haltung, und in den Gebeten kamen keine Zweifel zum Ausdruck.

Wie sich auf ihrer Suche nach innerem Gleichgewicht in der Heilung zeigt, war die Lebensweise der Cherokee sehr vernünftig. Den Menschen war ein Verstand gegeben, und die Cherokee wußten, daß es der Wille der Höheren Wesen war, daß sie diesen Verstand benutzen. Sie wußten auch, daß den Wesen ein moralisches Leben gefiel und für das persönliche und nationale Überleben wichtig war. Für sie war Enthaltsamkeit manchmal notwendig und positiv. Fasten oder andere Beschränkungen wurden regelmäßig praktiziert. Persönliche Würde, Ehre und ein gemeinsames Verantwortungsgefühl galten als wertvolle Eigenschaften. Die Menschen legten auf diese Dinge Wert, und jeder schätzte den anderen so sehr, daß er keinem anderen zur Last fallen wollte. Wie alle alten Völker glaubten die Cherokee an viele Dinge, die die Weißen als Aberglauben bezeichnen würden. Aber bestimmte geheimnisvolle Geschehnisse konnten nicht anders erklärt werden, und nur so gelang es ihnen, gegen solche Ereignisse und

Omen, die den Menschen schadeten und vor denen sie sich fürchteten, anzukämpfen. Zauberei wurde akzeptiert, und die Menschen und Priester bedienten sich ihrer.

Die Cherokee waren praktische Menschen; sie nahmen die Religion und das alltägliche Leben auf eine praktische Weise in Angriff. Ihre Dörfer waren überlegt organisiert, ihre öffentlichen und religiösen Gebäude waren zweckmäßig, sie trafen praktische wirtschaftliche und militärische Entscheidungen. Sie beobachteten die Natur und ihre Geschöpfe aufmerksam und ahmten sie nach. Auf diese Weise fanden sie viele ihrer zweckmäßigen Heilmittel und auch wirksame Methoden, sie anzuwenden.

Bei der Durchführung einer Heilung begann der Heiler mit dem Lokalisieren der schmerzhaften Stelle am Patienten, denn der Heiler versuchte nicht so sehr die Krankheit zu heilen, sondern die Ursache zu beseitigen. Er fuhr fort, indem er den Patienten fragte, ob dieser gegen ein Tabu verstoßen und welche Träume und Vorzeichen er gehabt hatte. Derartige Nachforschungen veranlaßten den Patienten, im Geiste Zeitspannen von Monaten oder Jahren zurückzugehen, bevor der Heiler das Gefühl hatte, die richtige Ursache gefunden zu haben. Selbst dann, wenn der Heiler in der Behandlung der Ursache einen Fehler machte, wurde das nicht als solcher betrachtet, sondern einfach als eine falsche Diagnose aufgrund unzutreffender oder nicht ausreichender Informationen. Nur wenn der Heiler den wirklichen Übeltäter nicht ausfindig machen konnte, konnte er gezwungen werden, seinen Patienten jemand anderem zu überlassen. Hatte er erst einmal die richtige Ursache ermittelt, konnten die geeigneten Wurzeln oder Kräuter bestimmt und herbeigeholt werden. In Zweifelsfällen benutzte der Heiler Perlen, um festzustellen, ob seine Vermutungen korrekt waren. Zeigte sich beim Patienten innerhalb von sieben Tagen nach der Behandlung keine Besserung, dann nahm man an, daß mehr als eine Ursache hinter seinen Beschwerden steckte. Dann wurden entweder weitere Behandlungen durchgeführt, oder man wandte sich an einen anderen Heiler.

Für eine Heilung in gleichem Maße wichtig waren die den verwendeten Heilmitteln innewohnenden Kräfte wie auch die sorgfältige Einhaltung der Regeln und Bestimmungen der Riten und Gebete. Zu den Utensilien eines Heilers gehörten unter anderem Gegenstände für Weissagungen, Kratzinstrumente, um den Patienten zum Bluten zu bringen, ein Blasrohr aus Wasserdost, Schöpflöffel aus Flaschenkürbissen, eine Flaschenkürbisrassel (niemals eine Rassel aus einem Schildkrötenpanzer) und einem Holzstampfer aus Persimone, der für Massagen und Akupressur benutzt wurde.

Zu den Behandlungsmethoden gehörte die Verabreichung der Heilmittel in gekauter oder flüssiger Form. Die Medizin wurde mit einem Blasrohr über den Patienten gesprüht; der Heiler blies seinen Atem auf den Patienten; er besprengte den Patienten mit Hilfe eines kleinen Tannenzweiges mit der Medizin. Der Patient wurde den Dämpfen des Heilmittels in einem Schwitzbad ausgesetzt und dann in einen kalten Bach getaucht. Er erhielt Massagen mit gewärmten Händen, die über einem Heiligen Feuer Kraft erhalten hatten. Durch das Erbrechen in einen Fluß konnte man sich von der Krankheit befreien. Der Heiler kratzte den Patienten, saugte die Ursache der Krankheit heraus und begrub diese anschließend; und der Heiler schritt auf vorgeschriebene Weise um den Patienten herum.

Die Cherokee-Priester und Ärzte führten keine Operationen in unserem Sinne durch. Sie glaubten, daß sie einen Patienten auch ohne Operation heilen konnten und daß es für ihn besser war zu sterben, als einer Amputation unterzogen zu werden, durch die er nicht mehr für sich selber sorgen konnte und zu einem nicht mehr funktionellen Teil der Gemeinschaft werden würde.

Zu den Mächten, an die die alten Heiler ihre Gebete richteten, gehörten unzählige, faszinierende Geschöpfe: irdische, geistige und himmlische. Im wesentlichen wurden diese Wesen dazu bewegt, die Krankheit oder ihre Ursache zu beseitigen und die Beschwerde davonzutragen. Die geistigen Bemühungen waren ein zentrales Element im Glauben an eine Genesung. Es gab viel zu viele dieser Geschöpfe, als daß ich sie hier aufzählen könnte (ich habe sie in meinem Buch *The Mysterious Cherokee* beschrieben).

Es gibt noch heute Medizinmänner und -frauen, die aktiv als Heiler unter den Cherokee tätig sind, aber ihre Patienten sind meistens nur die äußerst traditionellen Mitglieder ihres Stammes oder einige Nichtindianer, die an ihre Kraft glauben. Manche dieser Heiler wenden Heilmittel an, während andere als Berater und Beantworter von Fragen dienen und beim Auffinden verlorener Gegenstände helfen. Manche stellen Schutzamulette her. Dr. J. T. Garrett, ein Lehrer für Cherokee-Medizin, ist stellvertretender Direktor des Office of Program Operations des Indianischen Gesundheitsdienstes und einer der Vortragenden bei den Tagungen über die traditionelle indianische Medizin, die ich oben erwähnt habe. Früher hatte er im Krankenhaus der Cherokee-Reservation in Cherokee, North Carolina, gearbeitet.

Aberglaube

Den Cherokee fehlten unsere wissenschaftlichen Mittel, um das Unbekannte zu untersuchen und zu verarbeiten. Ihre Methode war es, sich mit Hilfe des Aberglaubens mit dem Unbekannten zu befassen. Beachte, daß ich sie nicht als »Opfer« des Aberglaubens bezeichne, wie das so oft von primitiven Völkern gesagt wird. Sie waren »naiv«, aber ich glaube nicht, daß sie seine unfreiwilligen Opfer waren. Statt dessen empfanden sie den Aberglauben als ein nützliches Werkzeug, um all das zu erklären und zu entschuldigen, für das sie keine andere Erklärung hatten. In dieser Beziehung verhielten sie sich ähnlich wie der Rest der Welt vor dem 20. Jahrhundert, und wenn wir ehrlich sind, dann müssen wir zugeben, daß der Aberglaube in beachtlichem Ausmaß auch noch unter jenen Menschen herrscht, die von sich

behaupten, aufgeklärt zu sein. Viele von uns haben Ängste und entsprechende Glücksbringer zur Verteidigung in unserem »Arsenal«.
Die Cherokee und ihre Heiler glaubten, für Krankheiten, Schicksalsschläge und Tod gebe es sowohl natürliche als auch übernatürliche Ursachen. Sie waren ebenso davon überzeugt, daß natürliche und übernatürliche Ursachen das Glück beeinflußten. Sie wußten, einige Dinge waren auf gewöhnliche Unfälle oder Unvorsichtigkeiten zurückzuführen, beispielsweise wenn ein Mann sich schnitt oder ein Kind beim Laufen hinfiel und sich das Bein oder den Arm brach, aber die meisten Schwierigkeiten hatten übernatürliche Ursachen. War ein Problem von irgend etwas Merkwürdigem begleitet, dann bedeutete dies, daß irgend jemand oder irgend etwas mit besonderen Kräften über das Individuum verärgert war und Vergeltung übte.
Menschliche oder tierische Geister konnten die Ursache jeder geheimnisvollen, unerklärlichen oder heimtückischen Krankheit sein. Gewöhnlich handelten diese Geister nicht selbständig. Sie wurden meist von einer Hexe oder einem anderen Menschen dazu veranlaßt. Die Sonne sandte selten Krankheit, viel häufiger wurde sie um Hilfe bei der Heilung gebeten. Feuer konnte erzürnt sein und an jemandem Rache nehmen, der etwas verschwenderisch ins Feuer warf, aber genauso wie die Sonne wurde Feuer häufiger gebeten, die Ursachen einer Krankheit hinwegzunehmen. Der Mond konnte für Blindheit verantwortlich sein, war aber niemals die Ursache von Krankheiten. Ein verschmutzter Bach konnte sich an dem rächen, der ihn beleidigt hatte. Donner war der Vater des Blitzes und konnte jemanden verletzen oder töten, aber auch Donner war ein Wesen, das eher Hilfe brachte. Die tierischen Geister waren unsichtbar, doch man konnte ihre Anwesenheit fühlen. Sie sandten vor allem deshalb Krankheiten, um sich gegen ein Unrecht zur Wehr zu setzen, das ihnen zugefügt worden war. Menschliche Geister fühlten sich einsam und wollten menschliche Gesellschaft. Sie verursachten eine Krankheit, damit Men-

schen starben und zu ihnen kamen. Die tierischen Geister verursachten die meisten Krankheiten. Es gab da die Reinkarnationen von Tieren, die von Jägern getötet worden waren, und ein Tier konnte bis zu sieben Reinkarnationen durchgehen, bevor es schließlich in das Land der Nacht einging.

Hexen waren Männer und Frauen, die das Lebensprinzip und die Lebenskraft eines Menschen stehlen konnten, und diese dann ihrer eigenen Kraft hinzufügten. Sie griffen mit Vorliebe die schwachen Menschen an und schlichen deshalb um die Kranken und Schwachen herum. Hexen wurden in ihren Beruf eingeführt, indem sie fasteten und gleichzeitig eine vorgeschriebene Zeit lang ein bestimmtes saures Gebräu tranken, das aus einer käferförmigen Pflanze gewonnen wurde. Wer es an vier aufeinanderfolgenden Tagen einnahm, konnte sich in jedes Geschöpf der Erdoberfläche, sei es Tier oder Mensch, verwandeln. Wer es sieben Tage lang einnahm, konnte die Form und Kraft von Vögeln oder Tieren annehmen, die unter der Erde lebten oder über sie hinwegflogen. Hexen zogen es vor, bei Nacht zu arbeiten, daher schützten sich die Menschen vor ihnen am häufigsten während dieser Zeit mit umgewandeltem Tabak, von dem weiter unten im Kapitel »Opfergaben« noch die Rede sein wird.

Die »Menschen-Mörder«

Menschliche Wesen, die als »Menschen-Mörder« bezeichnet wurden, waren Hexen, die die Macht hatten, durch das Verändern der Nahrung im Magen eines Opfers diesem Schmerzen zu verursachen, die Meinung einer Person zu ändern oder sie um den Verstand zu bringen und eine geringfügige Beschwerde in eine ernsthafte zu verwandeln. Außerdem konnten sie einen unsichtbaren Pfeil in den Körper einer Person schießen und sie töten.

Es gab einige gefürchtete Krankheiten, von denen man glaubte, sie würden durch Tricks eines menschlichen Täters verursacht. Dieser täuschte den Patienten und den Heiler, indem er eine Krankheit sandte, die sich so auswirkte wie eine andere. Aus diesem Grund stellte der Heiler dann vielleicht eine falsche Diagnose und erkannte seinen Fehler erst, als es bereits zu spät war. Menstruierende Frauen konnten Krankheiten an alles weitergeben, was sie berührten, oder an alle, die sie berührten. Hielt sich eine Frau in dieser Zeit in einer Gruppe auf, dann konnte sie sogar da schreckliche Beschwerden verursachen. Schwangere Frauen waren etwas weniger gefährlich.

Auch Träume, Vorzeichen und Omen konnten die Ursache von Krankheiten sein. Übertretene Tabus und nichtbeachtete Anordnungen konnten auf heimtückische Weise körperliche Beschwerden, wie Zahnschmerzen oder Magenschmerzen, hervorrufen.

Schließlich kamen die ansteckenden Krankheiten und Epidemien, die am meisten gefürchtet waren. Verursacht wurden sie, wie man sagte, durch Unsittlichkeit sowie die bösen Einflüsse und Taten der weißen Eindringlinge. Von den Weißen glaubte man, daß sie Epidemien verursachten, um die Städte und Dörfer der Cherokee zu verwüsten, damit sie sich das Land der Cherokee aneignen konnten.

Um das Obenerwähnte zu erklären und zu bekämpfen, schufen die Cherokee eine komplizierte Glaubenswelt, die die Gelehrten mit Stichworten wie Geistwesen, abergläubische Handlungen, Anzeichen und Omen, Träume, Gebetsformeln und Mythen zusammengefaßt haben. Wir werden diese Überzeugungen nicht im einzelnen untersuchen, denn wir sind mehr am Grundprinzip interessiert als an den Überlieferungen.

Unsterbliche und Kleine Leute

Es gab zwei Arten von Geistwesen: die Unsterblichen und die Kleinen Leute. Beide lebten an geheimen Orten im Land der Cherokee, und ihre Lebensweise war jener der Cherokee sehr ähnlich. Die Unsterblichen waren unsichtbar, außer sie wollten gesehen werden, und sie sprachen wie die Cherokee und sahen auch wie sie aus. Die Unsterblichen waren sehr freundlich und fanden oft Cherokee, die sich verlaufen hatten, pflegten sie, bis sie wieder auf Reisen gehen konnten, und führten sie dann wieder zurück zu ihren Häusern. Viele Male halfen die Unsterblichen den Cherokee-Kriegern gegen ihre Feinde und bewahrten sie vor einer Niederlage. Dabei waren sie unsichtbar, aber wegen der wunderbaren Dinge, die auf den Schlachtfeldern geschahen, wußten die Cherokee, daß die Unsterblichen anwesend waren.

Ausgewachsene Kleine Leute reichten einem Mann kaum bis zum Knie, aber sie waren stämmig gebaut und gutaussehend, mit langem Haar, das fast bis auf den Boden reichte. Sie bewirkten große Wunder und liebten Musik und Tanz. Sie waren hilfreich und gütig, und ihre Spezialität war das Finden und Zurückbringen verlorengegangener Cherokee-Kinder. Sie kamen auch heimlich in der Nacht, um den Menschen beim Pflanzen oder Ernten ihrer Feldfrüchte zu helfen. Die Kleinen Leute konnten nur durch einige von ihnen ausgewählte Cherokee gesehen werden, und nur diese waren imstande, sie den anderen Menschen zu beschreiben.

Der Glaube in die Unsterblichen und die Kleinen Leute endete nicht mit der Bekehrung der Cherokee zur Lebensweise und Religion der Weißen. Die Indianer sahen sie weiterhin und erhielten Beweise für ihre Gegenwart. Das gilt auch heute noch für die Östlichen wie auch die Westlichen Cherokee, besonders für jene mit rein indianischem Blut.

Neben den Geistwesen gab es noch Feen: winzige, gutmütige und schelmische Leute. Sie ließen in den Häusern der Menschen und auch in der Umgebung von Jägern merkwürdige Dinge geschehen: Sie waren zum Beispiel am Werk, wenn ein Jäger einen Pfeil vollkommen ins Leere schoß und ihn dann nicht wiederfinden konnte. Ein bestimmter Geist war nicht so freundlich. Er schlich in der Nacht mit einer brennenden Fackel herum. Niemand wußte, wie er aussah, weil sich niemand in seine Nähe wagte.

Reinigung bei Tagesanbruch

Der Aberglaube erklärte oder befaßte sich nicht mit jedem Problem, aber zusammen mit den Lösungen aus anderen Bereichen des Lebens war er sehr hilfreich, um den Menschen jenen inneren Frieden zu geben, den sie nötig hatten, um mit den unfreundlichen, übernatürlichen Mächten und Widrigkeiten fertig zu werden, die sie ansonsten zerstört hätten. Frauen warfen etwa, während sie aßen oder bevor sie zu essen begannen, ein kleines Stück vom fettesten Teil des Fleischs ins Feuer. Diese Handlung garantierte, daß gute Dinge geschehen würden, und hielt die bösen Dinge fern. Jeder Jäger schnitt von jedem getöteten Hirsch ein Stück vom Oberschenkel ab und warf es weg; tat er dies nicht, folgten ganz sicher Krankheiten und Mißgeschick wie etwa der Verlust der Treffsicherheit des Jägers.

Frisch getötetes Wild wurde mehrere Male durch den Rauch und die Flammen eines Feuers geschwungen. Das war eine Opferhandlung, um den Geist des Geschöpfes freizulassen, denn er durfte niemals gegessen werden. Man nahm an und fürchtete, daß man sich, ohne es zu wissen, in der Nacht beim Schlafen bestimmte Unreinheiten zuzog, entweder von Hexen oder aus irgendeinem anderen unbekannten Grund. Deshalb drehten sich die Menschen beim Aufwachen vor Tagesanbruch auf den Bauch und sangen ein sich wiederholendes Lied. Dann nahmen sie sich Zeit für eine Meditation, wiederholten den Gesang und führten dieses Ritual bis Sonnenaufgang durch. Anschließend standen sie auf, gingen zum nächsten Fluß oder Bach und sangen am Ufer stehend wiederum dasselbe Lied. Sie sprangen in den Bach und blieben so lange unter Wasser, wie sie ihren Atem anzuhalten vermochten. Dann standen sie auf und warfen sich noch einmal wie vorher ins Wasser. Sie wiederholten dies siebenmal, und danach fühlten sie sich von den Unreinheiten der Nacht befreit und waren für den Tag bereit.

Gewisse Anzeichen deuteten normalerweise darauf hin, daß der Tod oder eine andere Tragödie bald zuschlagen würde. Erschien einem für einen kurzen Augenblick ein Freund und verschwand dann wieder, bedeutete dies, daß der Freund bald sterben würde. Hörte man bei Tag das Geschrei eines Ziegenmelkers, dann hatte eine Hexe die Gestalt des Vogels angenommen. Sang er mehrmals in der Nähe eines Hauses, dann würde jemand von der Familie in diesem Haus bald sterben. Landete eine Eule auf einem Pfirsichbaum in einem Dorf und schrie, dann würden sich Feinde in einigen Tagen diesem Dorf nähern. Sang ein bestimmter Rotkehlhüttensänger, dann war bald ein Sturm zu erwarten. Einige Anzeichen lassen den Humor der Cherokee erahnen, denn wir können durchaus annehmen, daß sie sehr selten vorkamen: Krähte eine Henne, starb bald jemand in der Familie; oder sprach ein Hund wie eine Person, dann ereignete sich bald eine Katastrophe; bewegte sich ein Maismehlstampfer ohne fremde Hilfe im Haus herum, würde die ganze Familie bald sterben …

Träumte eine Person, sie würde nach Westen gehen, war das ein Zeichen, daß sie bald sterben würde. Auch andere Träume zeigten den Tod an – sah man etwa einen Adler oder Kranich auf dem Boden oder tief fliegend, sah man jemanden einen Fluß hinabtreiben, der viel Wasser führte, sah man ein brennendes Haus und eine Person, die ganz besonders reine Kleidung trug. Manche Träume sagten Krankheit voraus oder waren Zeichen, daß Hexerei betrieben wurde. Träumte man vom Fliegen, dann war das ein Zeichen, daß der Träumer ein sehr hohes Alter erreichen würde. Einer Frau, die träumte, ihr Sohn wäre ein Adler geworden, wurde mitgeteilt, daß er ein großer Krieger werden würde.

Unreinheit wurde ganz besonders mit Nachgeburten und Menstruationen verbunden, und gegen beides führte man Reinigungsrituale durch. Lag ein Ehemann während der Menstruation seiner Frau neben ihr, so wurde auch er unrein und mußte sich siebenmal in Wasser eintauchen und saubere Kleidung anziehen. Vor dem Baden trank er zur inneren Reinigung einen Tee, der Brechreiz verursachte. Nachdem ein Mann und seine Frau Geschlechtsverkehr hatten, galten beide als unrein und mußten sich siebenmal in fließendes Wasser eintauchen. Auch ihre Gewänder mußten gewaschen werden. Was immer einen toten Körper, einen menschlichen Knochen oder ein Grab berührte, wurde unrein und mußte so lange unberührt bleiben, bis die Unreinheit durch Reinigungsrituale beseitigt wurde. Krieger, die in einer Schlacht Feinde getötet hatten, mußten sich nach ihrer Rückkehr zu Hause einem Reinigungsritual unterziehen, indem sie sich in Wasser eintauchten.

Gebetsformeln der Cherokee

Die Höheren Wesen gaben den Cherokee verschiedene Methoden, um Vorhersagen zu machen und mit ihren Verlusten und Katastrophen fertig zu werden. Größte Bedeutung hatte in diesem Zusammenhang der jährliche Zyklus der Feste, der großen wie auch der kleineren. Aber es gab auch die Nebenpfade, die sie gehen konnten. Diese umfaßten das Weissagen mit Kristallen und Perlen, das ich bereits beschrieben habe, Gebetsformeln, Opfergaben, Reinigung und einige andere Bräuche, die für uns von Nutzen sein werden.

Cherokee-Priester, der eine Gesichtsmaske der Kontrolle dazu benutzt, um Regenwolken näher heranzulocken

Gebetsformeln waren formalisierte Sätze, die mechanisch wiederholt wurden. Die zwei wichtigsten Arten waren die für Liebe und die zum Heilen von Krankheit. Liebesformeln wurden angewandt, um eine Ehefrau anzuziehen und zu behalten, um eine Frau von einem Rivalen wegzulocken, um sich bei jemandem beliebt zu machen und als Mittel der Rache, wenn man betrogen worden war. Krankheitsformeln wurden zur Beseitigung von Krankheitsursachen rezitiert, zum Schutz und für ein langes Leben.

Formeln von geringerer Stärke wurden von Jägern und Heilern benutzt. Die Jagdformeln waren dazu da, um das Wild näher heranzulocken, damit es leichter getötet werden konnte, und um bessere Fallen herzustellen. Auch das Sammeln von Heilkräutern verlangte nach Anziehungsformeln, und es gab rituelle Gebete, um verlorengegangene Leute, Tiere und Gegenstände zu finden. Wegen letzterer knüpfte der Priester häufig einen Kieselstein, Strohhalm, ein Brotbällchen oder einen braunen Stein an das Ende einer Schnur, die er zwischen Daumen und Zeigefinger hielt; die Richtung, in die das Pendel schwang, gab die Lage des verlorenen Gegenstandes an. Formeln zur Kontrolle des Wetters wurden angewandt, um schwere Stürme aufzuhalten, um während einer Dürre Regen herbeizurufen und um Regen zu stoppen, wenn zuviel davon fiel. Es gab auch Formeln für Krieg und Ballspiele.

Im großen und ganzen war die wichtigste Wirkung der Gebetsformeln, einen bösen oder negativen Aspekt oder eine Sache zuzudecken – und damit auszuschalten und festzubinden. In der Tat begann der Bittsteller einen Gebetsprozeß, indem er den Gegner zuerst aus seinem Blickfeld entfernte und dann auch aus seinen Gedanken verdrängte. Hatte sich der Bittsteller dann erst einmal von seinem Gegner befreit und war unbelastet, konnte er mit seinem Leben oder einer bestimmten Beschäftigung fortfahren. Eine Nebenwirkung der Gebetsformeln war, gewünschte oder begehrenswerte Dinge anzuziehen oder näher heranzuholen. Im dritten Teil werden wir diese zwei Verwendungsmethoden auf moderne Weise nutzen.

Mais

Als Opfergaben wurden in erster Linie Mais, Wildfleisch und Tabak verwendet. Mais war das Hauptnahrungsmittel der Cherokee, und sie behandelten ihn dementsprechend. Mais war im Haushalt und bei den zeremoniellen Feiern das wichtigste Gemüse. In seinen Gebetsformeln wurde er als die Mutter des Mais beschworen, eine Anspielung auf seinen Ursprung, der im Blut einer alten Frau lag, die von ihren ungehorsamen Söhnen getötet worden war.

Das erste und wichtigste Ereignis im Frühjahr war die Vorbereitung der Felder und das Pflanzen der Feldfrüchte. Der Oberste Hohepriester und seine sieben Berater bestimmten, zu welchem Zeitpunkt das Pflanzen beginnen sollte, damit die Früchte eines jeden Feldes der Nation zur selben Zeit reifen würden. Um eine gute Ernte zu garantieren, wurden sieben Maiskolben von der Ernte des vergangenen Jahres sorgsam vom Obersten Hohenpriester aufbewahrt. Man glaubte, daß diese den neuen Mais näher und näher heranziehen würden, bis er ausgereift war. Dann wurde das Erntefest gefeiert, auf dem die alten Kolben mit den frischen vermischt und gegessen wurden.

Das jährliche Fest der Danksagung, der Grünmaistanz, das vor dem Verspeisen des ersten neuen Mais gefeiert wurde, war die feierlichste aller Stammeszeremonien. Es stand für Versöhnung und Sühne für die Fehler des vergangenen Jahres, war eine Amnestie für Verbrecher und umfaßte Gebete mit der Bitte um Glück und Wohlstand für das kommende Jahr. Nur jene, die sich durch Gebet, Fasten und Reinigung auf angemessene Weise vorbereitet hatten, durften an dieser Zeremonie teilnehmen, und niemand wagte es, den gekochten, frischen Mais zu essen, bevor die Zeremonie abgehalten wurde. Beim Essen des Mais gab man acht, daß man ihn nicht durch Blasen zum Auskühlen brachte,

denn das verursachte einen Windsturm, der über den noch auf den Feldern stehenden Mais hinwegfuhr und ihn zerstörte.
Beim Pflanzen des Mais setzten sie sieben Körner (die Sieben ist eine heilige Zahl) in jeden Erdhügel der einzelnen Reihen und verzogen sie später nicht. Nachdem der letzte Mais gepflanzt war, errichtete jeder Feldbesitzer in der Mitte des Feldes eine kleine Einzäunung. Dann setzten sich er und der Oberpriester seines Dorfes innerhalb dieser auf den Boden, mit ihren Köpfen nach unten gebeugt. Während der Besitzer vollkommen still war, rauchte der Priester seine mit Heiligem Tabak gestopfte Heilige Pfeife, schüttelte seine Medizinrassel, verstreute Maiskörner auf dem Boden und richtete gesungene Beschwörungen an die Mutter des Mais.
Kurz darauf war von außen ein lauter, raschelnder Ton zu hören, und beide Männer wußten, daß die Alte Frau diesen Lärm verursachte, während sie den Wahren Mais mit seiner spirituellen Kraft ins Feld brachte und ihn dem gepflanzten Mais hinzufügte. Keiner der beiden Männer durfte jedoch seinen Kopf heben und nach ihr Ausschau halten, nicht bevor der Priester seine Gesänge beendet hatte. Bis dann hatte sie immer schon ihre Arbeit vollendet und war verschwunden. Dieses Ritual wurde in vier aufeinanderfolgenden Nächten wiederholt, und anschließend betrat niemand das Feld, bis weitere sieben Nächte vergangen waren. Dann trat der Priester auf das Feld, und waren alle heiligen Bestimmungen richtig befolgt worden, fand er junge Triebe vor. War der Besitzer eines Feldes gewillt, den Priester angemessen zu vergüten, lehrte dieser ihn die richtigen Gesänge und Rituale, so daß er die Zeremonien der Maisgebete selbst durchführen konnte.

Tabak

Tabak wurde als Weihrauch verwendet, als Zutat in Reinigungsriten, als Überbringer von Gebeten an die Höheren Wesen, als Liebestrank und in fast jeder wichtigen Festlichkeit als Garant für einen feierlichen Eid. Er verpflichtete einen Krieger, gegen den

Feind in den Krieg zu ziehen, er setzte einen Friedensvertrag in Kraft, bestätigte einen Verkauf oder andere Übereinkommen, er suchte nach Omen für den Jäger, vertrieb Hexen und böse Geister und wurde beim Heilen verwendet. Er wurde entweder in einer Pfeife geraucht oder zerkleinert und über ein Heiliges Feuer gestreut. Niemals wurde er in Form einer Zigarette gerollt oder zum Vergnügen geraucht. Bei der Tabaksorte handelte es sich um die sogenannte *Nicotiana rustica* (wilder Tabak), den die Cherokee den Alten Tabak nannten.

Tabak hatte an sich keine wirkliche Kraft, sondern erhielt diese erst, wenn er durch ein Ritual, das beim Pflanzen begann, umgewandelt wurde. An einem geheimen Platz, wo niemand den wachsenden Tabak sehen und versehentlich seine Kraft beschädigen konnte, breitete ein Priester im Frühjahr auf einer kleinen Stelle am Boden Holz von einem Baum aus, der vom Blitz getroffen worden war, und verbrannte es. An diese Stelle pflanzte er anschließend den Tabak. War während dieses Vorgangs Donner zu hören, dann war das ein besonders gutes Vorzeichen: Die Ernte würde ausgezeichnet sein. Im Herbst wurde der Tabak bei Sonnenaufgang geerntet und sofort an ein Flußufer gebracht, wo der Priester viermal oder siebenmal eine heilige Gebetsformel über ihn sprach.

Durch diesen Akt wurde dem Tabak, der nun als umgewandelt galt, seine Kraft gegeben. Um dem Tabak zusätzliche Kraft zu verleihen, hielt man ihn in die Höhe, damit er die Strahlen der aufgehenden Sonne aufnehmen konnte. Da man annahm, daß der Speichel und Atem einer Person deren Lebenskraft und Persönlichkeit enthielt, bekam der Tabak noch mehr Kraft, wenn man ihn kaute oder auf ihn blies.

Die vier wichtigsten Methoden, umgewandelten Tabak zum Heilen oder gegen Hexen anzuwenden, waren folgende: Er wurde in der Nähe von Patienten so geraucht, daß der Rauch sie berührte; er wurde herumgeblasen, damit er einen gewissen Bereich ausfüllte; der Rauch wurde in die Richtung geblasen, in der man eine

Person vermutete; oder der Tabak wurde an einem Platz hinterlegt, an dem die gewünschte Person mit ihm in Kontakt kommen würde.

Wildfleisch

Wildfleisch war eine andere wichtige Opfergabe, denn Hirsche und Rehe waren als Nahrungsmittel fast genauso wichtig wie Mais. Aus diesem Grund war die Fortpflanzung des Wildes von großer Bedeutung für die Cherokee, und dem Rotwild wurden besondere Kräfte zugeschrieben.

Die erste Handlung vor jedem Fest war, sieben in einem Ritual ausgebildete Jäger auszuschicken, um die ersten sieben Hirsche für das Fest zu besorgen. Die Zungenspitzen aller dieser Hirsche wurden abgeschnitten, in einen heiligen Behälter gegeben und dem Obersten Hohenpriester gebracht, der sie in den Heptagon-Ritualen für Prophezeiungen verwendete. Während der Zeremonie nahm der Priester die Zungenspitzen und warf sie in das Heilige Feuer.

Jeder beobachtete den Vorgang aufmerksam, denn die Richtung, in die die Stücke beim Verbrennen und Platzen sprangen, war ein Vorzeichen. Platzte keine oder sprangen sie gegen Osten, dann würde für die Menschen alles gut sein. Platzten sie und sprangen gegen Westen, bedeutete das Unglück. Die Anzahl von Menschen, die unter bestimmten Umständen sterben würden, wurde durch die Anzahl der davonfliegenden Stücke angezeigt, und der Oberste Kriegspriester benutzte diese Methode häufig, um Prophezeiungen hinsichtlich der Schlachten zu machen.

Archie Sam

Während unserer vielen Gespräche erzählte mir Archie Sam in großen Zügen über alte Cherokee-Bräuche, die entweder nicht mehr länger praktiziert wurden oder am Aussterben waren.

Manchmal, nachdem er mich gebeten hatte, das Tonband auszuschalten und mir keine Notizen zu machen, erzählte er mir Dinge, die er für so geheim hielt, daß ich sie erst nach seinem Tod veröffentlichen durfte. Obwohl er es nie sagte, wußte ich doch, daß der Grund für seine Vorsicht in der Furcht vor Vergeltung lebender Medizinmänner und -frauen oder den Geistern Verstorbener lag. Er war ein gebildeter Mann, aber er glaubte zutiefst an die alten Bräuche.

Im Grunde glaube ich nicht, daß einige der vertraulichen Mitteilungen wirklich so hochheilig waren, aber ausschlaggebend war nur die Tatsache, daß er sie dafür hielt. Eingeborene Amerikaner legen großen Wert darauf, ungeschriebene Verhaltensnormen einzuhalten, und sie glauben fest daran, daß Übertretungen schreckliche Folgen haben. Andererseits bin ich kein Indianer, kein Medizinmann, und um sicherzugehen, daß durch mein Enthüllen von Geheimnissen keinem Ritual geschadet wird, enthülle ich von keinem so viel, daß ein Nichtindianer es genauso präzise durchführen könnte wie ein Medizinmann. Aber in bezug auf die Pfade liegt uns sowieso nicht daran, irgendwelche Rituale nachzuvollziehen oder auszuführen. Wir wollen die grundsätzliche Bedeutung oder den Kern verstehen und, was immer wir können, für unsere heutigen Zwecke verwenden. Ich werde diesbezüglich im dritten Teil Hilfe und Rat anbieten.

Was das Heilige Feuer betrifft, das im Nationalen Heptagon brannte, bemerkte Archie, daß das letzte Feuer 1729 in Natchez, Mississippi, verloschen war. Die Menschen nahmen zuviel von der weißen Lebensweise an und ließen es einfach geschehen. Später bereuten sie es, und die Priester gingen in die Berge, um für Vergebung und um Rat zu bitten. Es wurde ihnen mitgeteilt, daß sie anstatt der heißen Kohlen Asche verwenden sollten, aber die Asche mußte immer von jenem Feuer stammen, das seit den Anfängen in Brand gehalten worden war. Diese Asche wurde auf dem Marsch der Tränen mitgenommen. Feuer, die später auf den Plätzen brannten, wurden aus oder über dieser Asche entfacht.

Das geheime Wissen über diese Asche enthält Anleitungen, wie sie in angemessener Weise von einem Ort zum anderen transportiert werden muß (zum Beispiel wenn ein neuer Tanzplatz eingeweiht wird), um zu verhindern, daß die Asche während des Transportes ihre Kraft verliert. Es müssen bestimmte Gebete verwendet werden, und jedes Gebiet, das die Asche durchquert, muß einem Austreibungsritual unterzogen werden.

Sich für die Reinigung in Wasser einzutauchen war ein Ritual, das am Aussterben war, sagte Archie. Er empfand das als sehr traurig, denn es war ein unwahrscheinlicher Vorteil, am Wasser zu leben und Wasser für Zeremonien zu benutzen. Das Geheimnis, fließendes Wasser zu benutzen, im Gegensatz zu einem stehenden Teich oder sogar einem See ohne Abfluß, bestand darin, daß es von den Höheren Wesen die Macht erhalten hatte, die Auswirkungen von Fehlern und jegliche körperliche Unreinheit hinwegzutragen. Deshalb sollte Wasser, das für rituelle Zwecke verwendet wird, wegen seiner Wirksamkeit von einer fließenden Wasserquelle stammen. Auch wenn dieses Wasser einer natürlichen Quelle entnommen und dann in eine Schale gegeben wird, behält es seine Kraft, und diese Kraft wird freigesetzt, wenn man es in Verbindung mit einem Gebet auf seinem Körper anwendet.

Wie Archie erzählte, verwenden die Medizinleute der Cherokee auch kaum mehr Kristalle zur Weissagung. Er weiß von einem Fall, bei dem der Medizinmann einen Kristall verwendete, um zwei Männer zu identifizieren, die eine junge Frau vergewaltigt und getötet hatten. Er schaute in den Kristall und sah, wer sie waren. Später berichtete der Medizinmann dies der Polizei, und die Verbrecher wurden gefaßt, vor Gericht gestellt und verurteilt.

White Tobacco Sam bat einmal einen Medizinmann, der einen Kristall besaß, die Zukunft vorherzusagen. Er tauchte ihn in fließendes Wasser, und während er darin lag, konnte der Medizinmann an der Oberfläche ein Bild erkennen. Es sagte aus, daß die traditionelle Lebensweise der Cherokee so lange verfallen würde, bis eines Tages die jungen Cherokee sie wieder stärkten. Archie sagte mir im geheimen, daß Kristalle zur Bestimmung der Ursache einer Krankheit verwendet wurden und daß man damit auch feststellen konnte, welches Heilungsverfahren angewandt werden sollte. Zu diesem Zweck wurde der Kristall zuerst über einem Feuer erwärmt, dann dem Patienten auf verschiedene Körperstellen aufgelegt, bis der Heiler den Hauptsitz der Krankheit oder ihr Zentrum erkennen konnte. Dazu blickte er durch den Kristall. Anschließend wurde der Kristall, der immer noch dieses Bild festhielt, in das Sonnenlicht gelegt, und die Ursache oder die Natur der Krankheit wurde enthüllt. Indem der Heiler den Kristall auf seine verschiedenen Facetten drehte, wurden die einzelnen Schritte sichtbar, die er für die Heilung anwenden sollte. Manchmal zeigte er auch an, welche Art von Medizin und Akupressur eingesetzt werden sollte.

Das Heilen mit Kristallen

Archie sagte auch, daß Medizinmänner ihre erwärmten Kristalle mit einer schnellen Bewegung zwischen den Handflächen ihrer Hände rieben. Dadurch sandten die Steine starke Schwingungen aus, die den Schmerz beseitigten, wenn der Kristall auf die schmerzende Körperstelle des Patienten gelegt wurde. Häufig waren die Schwingungen so stark, daß der gesamte Körper des Patienten heftig bebte. Hinterher war der Patient vollkommen entspannt und ruhig.

Tiefes Starren in einen Kristall brachte einem klare Gedanken, und wurde der Kristall gegen die Stirn gehalten, so konzentrierte und verstärkte er die Wahrnehmung auf eine Art, die den Benutzer sehr viel weiser machte. Er war fähig, direkt den Kern eines Problems oder was anderswo vor sich ging zu erkennen. Er konnte zurück in die Vergangenheit oder nach vorn in die Zukunft reisen.

Um sich Kräuter und Wurzeln für Heilmittel zu beschaffen, gingen einige der Medizinmänner der alten Zeiten, einschließlich einiger Zeitgenossen Archies, allein in die Wälder und riefen mit bestimmten Gesängen die Geister verstorbener Medizinleute zu sich. Diese sprachen mit einer rauhen, keuchenden Stimme, die nur schwer zu verstehen war. Sie erklärten die Bedeutung der Heilmittel, die sie gerade enthüllen wollten, und führten die lebenden Medizinleute zu jenen Stellen, an denen die richtigen Kräuter und Wurzeln zu finden waren. Wie mir Archie erzählte, kamen die Verstorbenen in furchterregender, erbärmlicher Gestalt, manchmal sogar als teilweise Skelette. Die Person mußte tapfer sein, die da stand und sich mit ihnen traf, und weil sie das wußten, belohnten sie sie dementsprechend. White Tobacco Sam war eine solche Person gewesen.

Das Zurückrufen der Toten

Es gab auch den unheimlichen Brauch, die Toten zurückzurufen, damit sie mit einem sprachen, einem Rat und größeres Wissen gaben. Beim Betreten eines Zimmers glitten die Toten durch die Luft und schwebten in der Nähe der Decke. Wollte White Tobacco Sam jemanden zurückrufen, verwendete er einen alten Dialekt, den nur Personen verstehen konnten, die darin ausgebildet waren. Wenn die Toten zurückkehrten, konnte er sie sehen und sprechen hören, aber jemand ohne eine Ausbildung als Medizinmann, wie er sie gehabt hatte, konnte das nicht. Die Toten erschienen in einer geisterhaften Darstellung des Alters, das sie zu dem Zeitpunkt in ihrem Leben erreicht hatten, über das der sie Rufende mit ihnen sprechen will. Erinnerte sich der Rufende zum Beispiel an einen Augenblick in seinem Leben, in dem er mit der anderen Person zu tun gehabt hatte, nahm der Verstorbene das Alter an, das er zu jenem Zeitpunkt gehabt hatte. Dann konnten die beiden über das Problem oder die Angelegenheit sprechen, und der Verstorbene war fähig, seinen Rat und seine Erläuterungen anzubieten.

Archie hatte das noch nie jemandem erzählt, aber er berichtete, daß eines Nachts, als er noch ein Kind war und er und sein Vater allein zu Hause gewesen waren, White Tobacco Sam allein in den

Raum ging, den er bei der Heilung von Patienten benutzte. Um Mitternacht hörte Archie mehrere Cherokee-Stimmen aus diesem Zimmer kommen. Obwohl er wußte, daß er das nicht machen sollte, schlich er sich zur Tür und blickte verstohlen hinein. Im Zimmer war es ziemlich dunkel, denn es brannte nur eine einzige Kerze auf dem Tisch. Sein Vater hatte sich in einem Schaukelstuhl zurückgelehnt und war in ein angeregtes Gespräch mit mehreren Personen vertieft, von denen Archie keine sehen, aber alle sehr genau hören konnte. Im Gespräch ging es um die Heilung eines Mannes, der gerade bei Archies Vater in Behandlung war. Archie fürchtete sich und hörte nicht sehr lange zu. Er hatte am nächsten Morgen den Eindruck gehabt, sein Vater blicke ihn auf eine Weise an, die darauf hindeutete, daß er von Archies Lauschen wußte. Aber White Tobacco verlor ihm gegenüber darüber kein Wort.

White Tobacco verfügte auch über eine geheime Gebetsformel, die er sang, wenn er die Geister darum bitten wollte, sein Haus während seiner Abwesenheit zu beschützen. Sie sollten ganz besonders seine Heilungsutensilien bewachen. Um in angemessener Weise um diese Art von Hilfe zu bitten, waren bestimmte Dinge notwendig: Etwas Medizin, eine Pfeife und umgewandelter Tabak wurden draußen am Hauseingang hinterlegt, und zwar dann, wenn die Bitte ausgesprochen wurde. Kamen die Geister nicht sofort, konnte es geschehen, daß die Kleinen Leute vorbeispazierten, die Medizin mitnahmen und den Kranken gaben. Dann war das Haus ohne Schutz.

Es gab eine Zeit, in der sich gewisse Medizinpersonen in Oklahoma in Tiere verwandeln konnten. Archie war überzeugt, daß sein Vater dazu fähig gewesen war, aber er hatte ihm nie dabei zugesehen. Einmal war ein alter Mann mit Medizinkraft, der in der Nähe der Familie Sams lebte, sehr krank geworden. Archie und sein Vater besuchten den Mann und brachten ihm etwas zu essen. Der alte Mann sah furchtbar aus und war im Delirium, und Archies Vater glaubte, daß er dem Tod sehr nahe war. Als sie gingen, folgte ihnen der Jagdhund des alten Mannes böse knurrend. Schließlich warf White Tobacco einen Stein nach dem Hund, um ihn davonzujagen. Er wollte ihn nicht treffen, aber der Stein traf ihn genau zwischen den Augen und fügte ihm eine klaffende Wunde zu, die sofort blutete. Der Hund jaulte und lief davon. Zwei Tage später kehrten sie zurück, um nachzusehen, wie es dem alten Mann ging. Er lag tot auf dem Boden mit demselben Stein in einer riesigen Wunde zwischen seinen Augen. Der Hund wurde nie mehr gesehen. White Tobacco sagte Archie, daß der alte Mann ein Hexer gewesen war.

»Es sind merkwürdige Mächte am Werk«, sagte Archie, »und niemand weiß, wann sie hinter einem her sind.«

Ich fragte ihn, wohin nach Meinung der Medizinleute die Toten gehen würden. Er antwortete, daß wir auf vier Ebenen von Planeten leben, wobei dieser Planet die erste Ebene ist. Nach dem Tod verbringen wir zuerst einige Zeit in geisterhafter Gestalt auf dieser Ebene und gehen dann auf die nächste über. Aus dieser Ebene und den nächsten zwei kommen die Toten, die von lebenden Medizinleuten gerufen und um Hilfe und Rat gebeten werden. Der Verstorbene befindet sich in einem Seinszustand, in dem es keine Zeit gibt. Er bewegt sich langsam durch die Ebenen, wobei er von der einen zur nächsten übergeht. Schließlich erreicht er die höchste Ebene, wo die Höheren Wesen leben. Dort bleiben wir, und niemand kann aus dieser Ebene zurückgerufen werden. Verblüfft über seine letzte Bemerkung, wies ich darauf hin, daß, wenn also Personen nicht aus der höchsten Ebene zurückgerufen werden konnten, Hilfe nur von jenen zu erwarten war, die sich auf der untersten oder den dazwischenliegenden Ebenen befanden. Archie bestätigte dies und sagte, er vermutete, daß einige der gerufenen Personen nicht zurückkommen würden. In diesem Fall wurde die Bitte an andere weitergegeben. »Aber«, fügte er hinzu, »die Reise zur höchsten Ebene dauert nach unserer Zeitrechnung eine Ewigkeit, obwohl die Verstorbenen das nicht wissen oder sich nicht darum kümmern, denn sie sind sich keiner Zeit bewußt

oder davon begrenzt. Wie auch immer, die lebenden Medizinleute wandten sich gewöhnlich an jemanden, den sie gekannt hatten, also an jemanden, der noch nicht so lange verstorben war.«
Manchmal kam es jedoch vor, daß ein großer Cherokee der Vergangenheit selbst etwas auf der Erde beobachtet hatte, über das er mit einem Medizinmann sprechen wollte. Er kam in der Nacht und machte merkwürdige Geräusche, um die Aufmerksamkeit der Person zu erregen. War die Person dann wach, führten die beiden ein Gespräch, und die verstorbene Person teilte dem Medizinmann mit, was sie ihn wissen lassen wollte.

Die sieben Himmel und die Macht der Einheit

Dann stellte ich die Frage, warum ein Unterschied zwischen den vier Planeten und den sieben Himmeln bestand und in welcher Beziehung sie zueinander standen. Nachdem ich wieder einmal das Tonband abgeschaltet hatte, sagte Archie, daß die sieben Himmel den Wirkungsbereich der Höheren Wesen darstellten und aus diesem Grunde nicht dasselbe waren wie die Planeten, zu denen man nach dem Tod aufstieg – obwohl der vierte Planet und der siebte Himmel ein und dasselbe waren. Konzentrierte sich eine Person darauf, eine geistige Reise durch die sieben Himmel zu machen, wollte sie nicht an den Tod und das Leben danach denken. Obwohl Menschen, die eine gesunde Einstellung zum Tod hatten, diese Dinge nicht zu fürchten brauchten.
In Zusammenhang mit dem Tanzen auf den Medizinplätzen sagte Archie, daß der Schlüssel zu einem mächtigen Tanz darin liegt, daß die Menschen in Körper und Geist vereint sind, daß sie die Rituale als eine Person ausführen, völlig vereint. Ist dies der Fall, dann empfängt und sendet das Heilige Feuer Wellen wie ein Radiosender. Strahlt jeder dieselben Wellen aus, dann erreicht der Überschwang mit Hilfe des Feuers und des Rauches ganz sicherlich Gott. »Einheit besitzt eine wunderbare Macht. In diesem Zustand sind keine Worte nötig. Gott fühlt das und antwortet darauf. Kein gesprochenes Gebet kann so stark sein!«

Archie Sams Tod und Wiedererscheinen

Archie starb plötzlich aus unbekannter Ursache in Oklahoma City am 23. Mai 1986. Er war nicht ganz 62 Jahre alt. In der zweiten Nacht nach seinem Tod wurden zwei seiner engsten Freunde, die in Tulsa, Oklahoma, lebten und im gleichen Haus in getrennten Zimmern schliefen, gegen zwei Uhr morgens vom Licht in ihren Zimmern geweckt, das sie beim Zubettgehen ausgeschaltet hatten. Die Lichter waren jetzt eingeschaltet und schienen viel heller als je zuvor. Ohne zu rufen oder sich sonst irgendwie gegenseitig zu verständigen, verließen sie gleichzeitig ihre Schlafzimmer und betraten das Wohnzimmer, wo wiederum die Lichter, die ausgeschaltet gewesen waren, jetzt eingeschaltet waren und hell leuchteten. Erstaunt sahen sie sich um, und dort stand Archie.

Er erklärte, daß er sie besuchen wollte, und nachdem sie sich beruhigt hatten, unterhielten sich die drei mehrere Stunden lang über die Tage und Ereignisse, die sie vor seinem Tod gemeinsam erlebt hatten. Dann, kurz vor Morgengrauen, erklärte er, daß er jetzt zu seinem Sarg zurückkehren müsse, und verabschiedete sich. Nachdem er geisterhaft durch die Eingangstür nach draußen gegangen war, war ein lauter, donnernder Lärm zu hören. Das Haus wurde wie von einem Erdbeben so stark geschüttelt, daß beide Freunde beinahe hinfielen. Einige Augenblicke später hörte das Beben auf; die Lichter wurden schwächer und gingen aus. Das verblüffende Erlebnis war vorbei.

Archie hatte ihnen nicht gesagt, warum er gekommen war oder wie es war, tot zu sein, und er hatte nicht angedeutet, daß er wiederkommen würde. Sie waren verwundert und hatten keine Erklärung. Sie erzählten mir die Geschichte etwas zögernd, und ich bezweifle, daß sie sie vielen anderen erzählt haben ... vielleicht einigen ihrer engen traditionellen Cherokee-Freunde, die Archie gekannt und wie sie auf seinem Medizinfrühlingsplatz getanzt hatten. Er hat mir keinen derartigen Besuch abgestattet.

Kapitel VII

Die Pfade der Apachen

Der zentrale Pfad der Western-, Chiricahua- und Mescalero-Apachen findet seinen Höhepunkt in der jährlichen Sonnenaufgangszeremonie oder der Zeremonie des Sichentfaltens für ein pubertierendes Mädchen. Es wird zu Changing Woman (sich wandelnde Frau), dem größten Kulturheros der Apachen. Changing Woman wurde auch White Painted Woman (weiß bemalte Frau) oder White Shell Woman (Weiße-Muschel-Frau) genannt. Laut Edgar Perry trug das Mädchen in White Mountain während des Ritus den Namen *Saan Nabidegishe. Saan* bedeutet »eine alte Dame« und *Nabidegishe* »mit der Hand Bewegung(en) ausführen«. Zusammen bedeuten die Worte: Eine alte Dame führt Bewegung(en) mit der Hand aus. Im Laufe der Zeremonie wird aus dem pubertierenden Mädchen eine heiratsfähige Frau, die während eines bestimmten Abschnitts des Ritus gewisse bedeutungsvolle Handbewegungen ausführt.

Die Informationen, die ich hier wiedergebe, stützen sich auf meine persönlichen Erlebnisse bei Sonnenaufgangszeremonien in den siebziger Jahren in White Mountain und San Carlos. Sie basieren auch auf umfassenden und beispiellosen Schilderungen, die mir der White-Mountain-Medizinmann und Hauptsänger Renzie Gordon gab. Zu dem Zeitpunkt, als wir miteinander sprachen und ich die Gespräche auf Band aufnahm, das war am 8. Oktober 1974 im Haus unseres gemeinsamen Freundes Edgar Perry, war er 62 Jahre alt und hatte seit 46 Jahren die Tänze in White Mountain und Cibicue geleitet. Er war ein außergewöhnlicher Mann, dieser Renzie Gordon – mit seiner weichen, braunen Haut und seinem kurzgeschnittenen, grauen Haar. Er lächelte oft und brach ab und zu in ein herzhaftes Lachen aus. Dennoch war er gelassen, würdevoll und äußerst intelligent. Er runzelte des öfteren seine Stirn, wenn ihn eine Frage verblüffte und er versuchte, sie so ehrlich und ausführlich wie möglich zu beantworten. Das führte zu längeren Erörterungen in Apache, die Edgar mit Mühe für mich übersetzte.

Als kleiner Junge hatte er in einem Wickiup gelebt, und er kicherte, als ich von ihm wissen wollte, wie das war. »Kalt im Winter, guter Schatten im Sommer. Im Winter gruben wir ein Loch in den Boden des Wickiup, legten eine Kuhhaut hinein und schliefen darin.« Renzie hatte nur eine begrenzte formelle Erziehung in den Missionsschulen des weißen Mannes erhalten. Er hatte drei verheiratete Töchter und sechzehn Enkelkinder. Er hatte auch Söhne, aber keiner von ihnen war als Medizinmann ausgebildet. »Die sind zu grün. Sie müssen erst älter werden. Ich würde sie nicht unterrichten, bevor sie nicht mindestens dreißig Jahre alt sind.« Er hoffte, daß der eine oder andere daran interessiert sein würde, die Leitung der Sonnenaufgangszeremonie zu erlernen, nachdem das alles war, was Renzie tat. Er praktizierte keine andere Art von Medizin.

Im ganzen hatte Renzie 49 Sonnenaufgangszeremonien abgehalten, einschließlich vier in San Carlos, und er hoffte noch eine mehr leiten zu können, bevor er in Pension ging, um die runde Zahl 50 zu erreichen. Renzie begann damit, als er noch alleinstehend war und in Cedar Creek lebte. Damals war er sechzehn Jahre alt, und sein Vater hatte ihm das Singen und die anderen Dinge beigebracht, die mit dem Ritual verbunden sind.

Drei Jahre vor unserem Gespräch hatte Renzie einen jungen Mann namens Ryan Burnette darin unterwiesen, wie man eine Sonnenaufgangszeremonie abhält. Wie mir Renzie anvertraute, nahm er an, daß Ryan seinen Sohn, wenn dieser ein wenig älter war, »oder einer anderen geliebten Person« lehren werde, die Zeremonie zu leiten.

Renzie erzählte, daß es vor langer Zeit fünf oder sechs Sänger gegeben hatte, aber sie sind alle verstorben. Jetzt gab es nur noch zwei, ihn selbst und Ryan, die das Singen beherrschten. Er bezog sich natürlich nur auf die White Mountain Reservation; mein Freund Phillip Cassadore, der in San Carlos lebt, ist auch ein berühmter Sänger, und in Mescalero ist ein anderer Freund, Paul Ortega, der Hauptsänger.

Die (Sonnenaufgangs-)Zeremonie von Changing Woman

Meine Frau Lisa und ich nahmen an der Zeremonie »Geschenk einer sich wandelnden Frau« (wie es auf der Einladung geschrieben stand) teil, die für Jonell, Phillips Tochter, ausgerichtet wurde. Sie wurde auf einem wunderschönen bewaldeten Gelände am nördlichen Ende der San-Carlos-Reservation abgehalten. Es waren Hunderte von Apachen anwesend und vielleicht ein Dutzend Nichtindianer, Freunde der Familie Cassadore. Gegen Sonnenuntergang des ersten Nachmittags, einem Freitag (um sich der Arbeitswoche anzupassen, werden jetzt alle Sonnenaufgangszeremonien an Wochenenden abgehalten), kündigte Phillip an, daß das Mädchen um neun Uhr abends zum erstenmal in der Öffentlichkeit erscheinen werde und das Ritual bei Sonnenaufgang am nächsten Morgen fortgesetzt würde, vorausgesetzt, das gesamte Zubehör war vorhanden. Dabei erwähnte er insbesondere den blaugrünen Stein (Türkis), den weißen Stein und Federn. Samstag nacht tanzte das Mädchen bis Mitternacht ungefähr drei Stunden lang um ein Feuer herum. Dann tanzte sie, mit einigen Ruhepausen, in ihrem Wickiup mit ihrer Mentorin und sechs Medizinmännern, von denen jeder eine besondere Fähigkeit besaß, die ganze Nacht durch. Einer wußte über die Kräuter Bescheid, einer über den Körper, einer über den Blutkreislauf, einer über den Kopf, einer über die gesunde Ernährung, einer über das Herz und die Seele. Jeder von ihnen sagte dem Mädchen, was es über diese Dinge wissen sollte.

Nachdem die Medizinmänner fertig waren, wurde das Mädchen von seiner Mentorin »ermahnt«. In diesem Fall war das die

77jährige Mutter von Phillip. Sie erzählte ihr die Legende der White Painted Woman und wie das Leben aussehen wird, wie man mit Nöten und Niedergeschlagenheit fertig wird, wie man glücklich sein kann und wie die Zeremonie ihr für den Rest ihres Lebens Führung und Schutz geben wird. Vor allem wird das Mädchen 32 Blitze besitzen, die sie abschirmen und schützend umgeben werden. »Menschen, die vertrauen und verstehen, brauchen keine Gewehre«, sagte sie, »Gewehre sind ein Eingeständnis mangelnden Glaubens, und sie retten niemanden.«

Die Legende von White Painted Woman

Phillip erzählte dann die Legende von White Painted Woman folgendermaßen: Sie wurde am Anfang von Geber des Lebens erschaffen, der sie vor einer bevorstehenden, flutartigen Überschwemmung warnte (an dieser Stelle erwähnte Phillip, wie diese Legende der Apachen der Geschichte der Sintflut zu Noahs Zeiten glich). White Painted Woman wurde angewiesen, eine große Seeohrschale zu finden und Mano und Metate, frisches Wasser, Mais, andere Nahrungsmittel und einen Gehstock mit einem gebogenen Griff, wie der eines Spazierstocks, hineinzulegen. Dann sollte auch sie in die Schale steigen. Die Überschwemmung kam, und sie schwamm auf der Wasseroberfläche herum. Nach einigen Tagen ging das Wasser wieder zurück, und die Schale landete auf einer sandigen Stelle. Die Apachen glauben, daß es sich dabei um das Gebiet von White Sands in New Mexico handelte.

Als White Painted Woman aus der Schale herausstieg, trug ihr Geber des Lebens auf, sich in den Sand zu knien. Sie kniete sich dreimal nieder, aber nichts geschah. Sie war entmutigt, aber Geber des Lebens befahl ihr, sich noch ein viertes Mal niederzuknien. Sie wurde schwanger und gebar augenblicklich den Sohn der Sonne. Sie dachte, das wäre alles gewesen und daß sie beide allein sein würden. Aber Geber des Lebens befahl ihr, sich wieder viermal niederzuknien, und nach dem vierten Mal sagte er, sie

solle Wasser in sich tropfen lassen. Sie tat es und brachte das Kind des Wassers zur Welt.
Phillip beendete seine Erzählung nicht. Es finden sich in anderen literarischen Berichten über die Überlieferungen der Apachen leicht abweichende Schilderungen dieser Legende. Diese erzählen auch, wie White Painted Woman den herangereiften Brüdern sagt, was die richtige Art zu leben ist. Sie gingen dann von ihrem Zuhause weg, und indem sie ihren Rat befolgten, befreiten sie die Erde von fast allem Bösen.
Im Gegensatz zu anderen Gestalten der Mythologie der Apachen wurde White Painted Woman nie älter. Wann immer sie ein bestimmtes Alter erreichte, wanderte sie gegen Osten. Nach einer Weile sah sie in der Ferne ein jugendliches Abbild ihrer selbst, das auf sie zukam. Wenn sie und das Abbild aufeinandertrafen, verschmolzen sie miteinander, und sie wurde jung. Dann war sie wiederum ein junges Mädchen.

Zweck und Vorbereitung der Sonnenaufgangszeremonie

Das wichtigste Ziel des Pubertätszeremoniells ist es, das pubertierende Mädchen zu Changing Woman zu machen. Bei der Invokation des Sängers in der ersten Nacht und dann wieder bei Sonnenaufgang, wenn der erste Sonnenstrahl auf die Scheibe einer Seeohrschale fällt, die auf der Stirn des Mädchens hängt, tritt die Kraft von Changing Woman in sie ein und bleibt für sieben Tage in ihr. Im Laufe des Ritus nimmt das Mädchen die unvergleichlichen Eigenschaften von Changing Woman an und erhält damit das Rüstzeug für ein nützliches, erfülltes und langes Leben. Die Kraft ist verankert und verwandelt sie; dann ist sie wie ein Samen, der für den Rest seines Lebens gute Früchte in sich trägt. Indirekt macht sie diese Segnungen allen zugänglich, die durch ihre Anwesenheit oder ihre Gebete, oder beides, mit ihr an der Zeremonie teilnehmen.
Da die Sonnenaufgangszeremonie den Apachen so wichtig ist, fragte ich Renzie, ob er um ihr Überleben bangte, denn äußere

Einflüsse machten sich mit Eifer daran, diesem Ritus, der als heidnisch und irreführend angesehen wird, ein Ende zu setzen. Er erwiderte, daß er nicht besorgt war. Es sollten eigentlich jeden Sommer eine, zwei oder drei Zeremonien stattfinden, aber es würde ihn nicht beunruhigen, wenn in einem Sommer einmal keine abgehalten würde. »Das Jahr muß erst kommen und gehen.« Es würde aber nie geschehen, daß sich zwei Sommer hintereinander keine Familie mit einer Tochter finden ließe, die bereit wäre, Changing Woman zu werden. Die Langlebigkeit des Stammes hing davon ab. Trotzdem wollte er sich durch unser Gespräch vergewissern, daß die für das Ritual notwendigen Einzelheiten nicht verlorengingen. Denn er stellte die Vermutung an, daß die Zeremonie in fünfzig Jahren enden könnte, wenn sich die Dinge so wie bisher weiterentwickelten.

Die Vorbereitungen für eine Sonnenaufgangszeremonie sind recht aufwendig. Der Vater des Mädchens muß einen Medizinmann zum Singen beschaffen, eine Mentorin, einen Platz zum Abhalten der Zeremonie, Feuerholz, Wasser und Essen für mehrere hundert Gäste. Er muß auch für die Dauer der Zeremonie eine Unterkunft für das Mädchen und den Medizinmann vorbereiten, dazu Lagerhäuser und für die Mahle schattige Lauben aus Zweigen. Natürlich helfen ihm die Familienmitglieder, Verwandten und Freunde bei diesen Vorbereitungen – auch mit den Ausgaben, die heutzutage beträchtlich sind. Es müssen große Opfer gebracht werden, und das ist auch zum Teil der Grund, warum diese Zeremonie nur noch für wenige Mädchen abgehalten wird.

Die Wirksamkeit der Zeremonie hängt davon ab, ob sie auf die vorgeschriebene Weise durchgeführt wird, und jeder Verstoß wird von einer oder auch mehreren Kräften als schwerwiegender Mangel an Respekt aufgefaßt. »Alles muß genau richtig ausgeführt werden; man hat da keine andere Wahl.« Es werden Vorkehrungen getroffen, daß dies auch gewährleistet ist.

Während der Zeremonie muß das Mädchen ein gerades Trinkrohr tragen, einen hölzernen Kratzstab, Federn und zumindest ein

Oberteil aus Wildleder im alten Stil, wie es von Changing Woman getragen wurde. Ihr Rock darf aus Stoff sein, aber er muß wie im Stil der frühen Reservationszeit bis zu den Knöcheln reichen. Jonells bodenlanges Wildlederkleid wurde von der Heye-Stiftung in New York ausgeliehen. Es war ein sehr altes, in prächtiger Weise mit Fransen geschmücktes und mit Perlen verziertes Gewand.

Das Trinkrohr wurde aus dem Stiel einer Rohrkolbenpflanze angefertigt. Es ist ungefähr fünf Zentimeter lang und gelb bemalt. Der Kratzstab ist etwas länger, am einen Ende spitz und am anderen manchmal mit Schnitzereien verziert, und er ist auch gelb bemalt. Beide Gegenstände sind an einem langen Lederriemen befestigt und werden wie eine Halskette getragen. Während des Rituals und vier Tage danach darf das Mädchen nur durch das Rohr trinken und sich nur mit dem Stab kratzen.

Renzie erklärte, daß dem Mädchen die Fingernägel lang wachsen und sich nach hinten biegen würden, wenn es nicht für die gesamten vier Tage nach der Zeremonie den Kratzstab verwendete. Benutzt sie das Trinkrohr nicht, wachsen ihr Backenhaare, oder es wächst ihr ein Bart wie einem Mann.

Auf beiden Schultern ihres Kleides wird eine kleine Flaumfeder eines Adlers befestigt, und eine weitere Flaumfeder des Adlers wird ihr hinten am Haar angebunden. Die Federn an den Schultern lassen sie während der Zeremonie leichtfüßig gehen, tanzen und laufen. Renzie erklärte, daß die Kopffeder als Führer des Mädchens dient. Wohin sie auch für den Rest ihres Lebens geht, die Feder wird sie behüten und auf sie achtgeben. Auch wenn ihre Mentorin sie am vierten Tag abnimmt, »ändert sich das nicht«.

Das Singen zum Stab

Renzie nimmt vor dem Ritual immer ein Schwitzbad und bringt alle obenerwähnten Gegenstände und zusätzlich eine besondere Hirschhaut, auf der das Mädchen knien oder liegen wird, mit sich in die Hütte, damit er für sie beten kann. Dazu singt er vier alte

Gebetslieder. Er beschrieb dies als das »Singen zum Stab«, fügte aber hinzu, daß er mit dem Gebet zum Stab auch für die anderen Dinge betete. »Die vier Lieder, die man singt, segnen alles, nicht nur den Stab, sondern auch die Federn, das Rohr und alles andere.«

Sind die Gebete beendet, verziert er den Stab, der aus dem Ast einer Eiche hergestellt wird, die Eicheln trägt. »Wir benutzen dazu niemals Cottonwood oder andere Bäume, die keine Früchte oder Nüsse tragen.« Die Rinde wird abgezogen, so daß der Stab »weiß« ist. Dann wird der Stab mit einem gelben Schlamm bemalt, der an einer heiligen Stelle an den Ufern des Salt River gefunden wird. Dem natürlichen Material wird kein anderer Farbstoff beigemengt. Man bindet vier Bänder am Stab fest: ein schwarzes, blaues, gelbes und weißes. Manchmal werden auch andere Farben benutzt, aber die soeben aufgezählten sind die korrekten, denn sie symbolisieren die vier Haupthimmelsrichtungen. Wohin das Mädchen nach Beendigung des Tanzes auch geht, sagte Renzie, da werden einige der verschiedenen Farben sein, was soviel heißt wie: »Da wird immer jemand sein, der sich um sie kümmert; jemand hört sie, jemand beschützt und behütet sie.«

Zwei Schwanzfedern eines Steinadlers werden in einer aufrechten Position am gebogenen Ende des Stabes befestigt. An der einen Feder wird eine weiße Steinperle angebracht und an der anderen eine blaugrüne (Türkis). Die Adlerfedern und die Perlen beschützen das Mädchen für immer gegen Krankheiten, die durch irgendwelche Mächte verursacht werden. Auch Pirolfedern werden an die Adlerfedern angebunden, und weil der Pirol ein fröhlicher Vogel ist, der sich um seine eigenen Angelegenheiten kümmert und ein gutes Benehmen hat, verleihen die Federn dem Mädchen ein gutes Wesen. Sobald das Mädchen zu tanzen beginnt, wird es von der Schutzwirkung und Zuversicht durchdrungen und ist am Ende der Zeremonie ganz davon erfüllt.

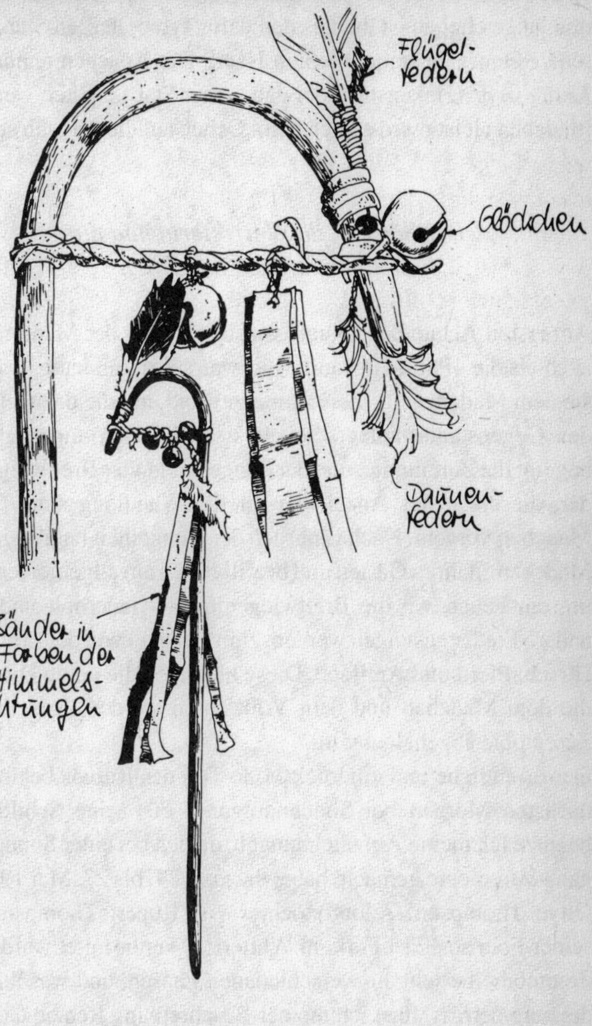

Stab, den das Apachen-Mädchen bei der Sonnenaufgangszeremonie benutzt

Nachdem eines der wichtigsten Geschenke, das dem Mädchen und dem Stamm während der Zeremonie gegeben wird, Schutz und langes Leben ist, hält es den dafür symbolhaften Stab, während es tanzt, in seiner rechten Hand. Die Apachen nennen ihn *Keshe ya ha* (Hakenstab oder gebogener Stab). Später, wenn das Mädchen alt ist, wird es sich beim Gehen auf diesen Stab stützen.

Die Sänger, die Vertreterin und das Sonnenaufgangsmädchen

Am ersten Abend des Rituals sagt der Sänger der Mentorin, die auch als die »Patin« bekannt war, was sie zu tun hatte, während sie dem Mädchen das Zeremonialgewand und die dazugehörenden Gegenstände anlegt. Sobald das Mädchen angezogen ist, beginnt die Zeremonie, und der Sänger singt vier Brettwiegenlieder, die ein erstes Anzeichen für die Wandlung sind, die im Mädchen vorgeht. Nach Einbruch der Dunkelheit begibt sich das Mädchen zu ihren Gästen und beteiligt sich am allgemeinen Tanz um ein Feuer, wo die Brettwiegenlieder wiederholt und noch andere Lieder gesungen werden, zum Beispiel von der Ernte, von Hirsch, Pferd und Antilope. Diese kündigen die guten Dinge an, die dem Mädchen und dem Volk zuteil werden, weil die alte Zeremonie abgehalten wird.

Der öffentliche und eindrucksvolle Teil des Rituals beginnt am nächsten Morgen bei Sonnenaufgang. Für seine Schilderung benutze ich meine Aufzeichnungen, die ich bei einer Sonnenaufgangszeremonie gemacht habe, die vom 24. bis 27. Mai 1974 für Olive Thompson, Adoptivtochter von Rupert Thompson und seiner Frau aus East Fork, in Whiteriver veranstaltet wurde. Die Zeremonie besteht aus verschiedenen Phasen, und was ihre Bedeutung betrifft, füge ich meiner Beschreibung Renzie Gordons Erklärungen hinzu.

Jede Phase hat etwas Besonderes zum Inhalt, das entlang des

Pfades liegt und vom Mädchen und den anderen Teilnehmern aufgehoben und benutzt werden muß.

Ich kam an einem kühlen, klaren Morgen um 6.10 Uhr an der Zeremonienstätte an. Es war hell, aber die Sonne war noch nicht über den Bergrücken im Osten aufgegangen. Der Duft von Nadelbäumen lag in der Luft und vermischte sich mit dem scharfen Geruch eines nahen Feuers, das zwei Männer hüteten. Um 6.45 Uhr kamen in Kleinlieferwagen das Mädchen, seine Familie, die Großmutter, ein paar Freunde, einige Sänger und der Hauptsänger, in diesem Fall Ryan Burnette. Ich war der einzige Nichtindianer.

Die Gruppe ging sofort an die Arbeit und stellte die für das Ritual erforderlichen Dinge auf. In die Mitte einer circa dreieinhalb mal fünf Meter großen Plane aus Segeltuch, die längere Seite war in Ost-West-Richtung ausgelegt, wurde ein Stapel von acht bunten Decken plaziert, eine über der anderen, und ganz oben wurde eine gegerbte Hirschhaut darauf gelegt, wobei der Kopf gegen Osten gerichtet war. Dabei konnte es sich um einen Schwarzwedel- oder Weißwedelhirsch handeln, sagte Renzie. Der Kopfteil der Haut war gelb angemalt, und an seinem Ende war die weiße Daunenfeder eines Adlers festgebunden, an deren Kiel eine türkisfarbene Perle angebracht war. In alten Zeiten mußte die Haut unbeschädigt sein, aber Renzie erklärte, daß heutzutage ein Einschußloch gestattet war. »Wir nehmen es diesbezüglich nicht sehr genau; es geht in Ordnung, auch wenn sie ein Loch hat.« Er wußte nicht, warum der Kopf gelb bemalt wurde; wichtig war nur, daß alles so ausgeführt wurde, wie es immer schon geschehen war. Der Türkis und die Feder waren ein Gebet darum, daß das Mädchen und das Volk immer ausreichend Fleisch zu essen hatten.

An den vorderen Rand der Plane wurde ein kleiner, niederer geflochtener Korb gestellt, der mit Rohrkolbenpollen gefüllt war. Er wird »Stich-Korb-Teller« genannt und speziell für dieses Ritual hergestellt und dafür verwendet. Auf dem Boden reihten sich über siebeneinhalb Meter lang gegen Osten zuerst zwei

mittelgroße traditionelle Tragekörbe der Apachen, die mit eingewickelten Süßigkeiten gefüllt waren, und dann Dutzende von Schachteln mit Orangen, Crackerjacks (karamelisiertes Popcorn und Erdnüsse), alkoholfreien Getränken in Dosen und ähnliches. Der Zweck aller dieser Dinge wird im Laufe der Zeremonie erklärt.
Jetzt nahmen der Sänger und die sieben männlichen Assistenten, von denen vier kleine mit Wasser gefüllte Kesselpauken hielten, sehr schnell am hinteren Rand der Plane ihre Plätze ein und kehrten sich gegen Osten. Direkt vor ihnen, auch gegen Osten gerichtet, standen das Mädchen und noch ein anderes Mädchen, das ihre Gehilfin war und immer dann einsprang, wenn die Patin nicht mit dem Mädchen tanzte. Dementsprechend wird die Gehilfin auch als »Vertreterin« bezeichnet. Sie kann eine Schwester oder eine Freundin sein und wird wahrscheinlich in zwei bis drei Jahren selbst die Sonnenaufgangszeremonie durchmachen. Ihr langes traditionelles Kleid war in diesem Fall aus Stoff, obwohl es auch nach traditioneller Art aus Wildleder gemacht sein kann. An diesem Tag waren beide Mädchen sehr hübsch, ernst und würdevoll, wie es sich für diese Gelegenheit ziemt, und ihr glänzendes schwarzes Haar fiel wunderschön über ihren Rücken. Die Vertreterin stand zur Linken des Mädchens. An einer Stirnlocke des Mädchens war eine kleine, runde Seeohrschale festgebunden, die ihm über die Stirn hing und deren Hohlseite nach außen gedreht war. (Das kann eine ganze Schale sein oder auch nur eine aus der Schale geschnittene Scheibe.)

Phase 1:

Es war 6.35 Uhr am Morgen. Olive stand stockstill gegen Osten gerichtet da. Ihre Augen waren fest geschlossen, und sie konzentrierte sich intensiv auf das, was jetzt geschen sollte. Alle anderen beobachteten sie aufmerksam. Plötzlich, als die Sonne über den fernen Berggipfeln aufging, schoß ein Lichtstrahl gleich einem Laserstrahl in ihre Richtung und traf die Seeohrschale auf ihrer

Stirn. Die Schale glühte hell, während das Licht anhielt und in sie eindrang. Sie war Changing Woman. Sie erhob sich auf ihre Zehenspitzen und begann sich senkrecht auf- und abzubewegen, während sie auf der Stelle tanzte. Ihre Bewegung brach den Bann der Zuschauer. Der Sänger, von den anderen Sängern und den Trommlern begleitet, fing an zu singen, und die Vertreterin begann, an der Seite Olives zu tanzen. Stimmen erhoben sich, Trommeln dröhnten, und kleine Glöckchen an den Gewändern der Mädchen klingelten. Um 7.05 Uhr kamen langsam die Gäste an. Bis 9.30 Uhr waren zwischen 300 und 350 Leute anwesend, und die Luft war erfüllt von den roten Staubwolken, die ihre Kleinlieferwagen aufwirbelten.

Während dieser Phase wurden 32 Lieder gesungen. Jedes dauerte ungefähr zweieinhalb Minuten, und dazwischen gab es einminütige Pausen. Lange Pausen zum Rasten legten sie nicht ein. In jeder Pause hörten die Mädchen zu tanzen auf. Sobald der Sänger wieder anfing, schlossen sich die Mädchen an und tanzten genau im Takt; sie waren lebhaft, aber in ihren Bewegungen sehr graziös. Olive hatte ihrer Festtracht das bekannte perlbestickte T-förmige Halsband der Apachen hinzugefügt. Es war ein ganz besonders reizvolles. Sie trug auch ein weinrotes Perlenhalsband mit vielen Strängen. An ihren Füßen hatte sie die traditionellen Frauenmokassins, bei denen der Zehteil nach oben gebogen ist. Als die Luft wärmer wurde, schob die Vertreterin während jeder Pause Olives Haar zurück und wischte ihr mit einem violetten Schal, der an der rechten Schulter ihres Kleides befestigt war, behutsam über das Gesicht.

Beim Tanzen schlug Olive immer im Takt zur Musik mit der Spitze ihres Stabes fest auf den Boden. Während der Pausen besprachen der Sänger und seine Assistenten leise die Dinge und schienen die Einzelheiten zu überprüfen und zu bestätigen. Ryan machte einen selbstsicheren, kompetenten und ehrfürchtigen Eindruck, und er hatte eine starke, ausgezeichnete Stimme.

In der Mitte der ersten Phase hielt ein älterer Mann den Leuten einen fünfminütigen Vortrag in der Apachen-Sprache. Darin sprach er über ihre guten Gedanken und ihr Verhalten während der Zeremonie. Ein anderer Mann hielt ungefähr dreißig Minuten später einen weiteren Vortrag, beendete diesen aber auf englisch mit dem Ausspruch »Benehmt euch«. Nicht jeder hörte aufmerksam zu, und manche schienen die Vorträge völlig zu ignorieren. Renzie hatte betont, daß das Mädchen bereits dann von der Kraft, Changing Woman zu werden, erfüllt wird, wenn sie am ersten Abend angezogen und ermahnt wird. Aber als die Sonne auf die Schale fiel und sie zu tanzen begann, wurde die Kraft verstärkt und wuchs im Verlauf des Ritus weiter, so daß sie am Ende von der Kraft von Changing Woman buchstäblich durchdrungen war. Diese hielt während ihres gesamten Erwachsenenalters an.

Phase 2:

Zwei Stunden und zehn Minuten waren vergangen, und das letzte der 32 Lieder war verklungen. Nach einer nur äußerst kurzen Pause verließ die Vertreterin Olives Seite, und die Patin – eine gutaussehende Frau mittleren Alters, die ein Wildlederoberteil und einen Taftrock trug – nahm ihren Platz an Olives Linker ein. Um 8.45 Uhr begann der Sänger wieder, und beide tanzten auf der Stelle. Sie waren immer noch gegen Osten gerichtet, aber ihre Augen waren gesenkt, um nicht direkt in die starke, aufgehende Sonne zu blicken. Um 9.15 Uhr nahm die Patin dem Mädchen den Stab ab und steckte ihn am Anfang der Reihe von Lebensmitteln in den Boden, wobei ihr der Sänger half. Das Loch für den Stab hatte ein Mann mit einer gewöhnlichen Spitzhacke gegraben. Während der Stab fest und in aufrechter Stellung in den Boden gesteckt wurde, betete der Sänger für das Mädchen und gab ihr Anweisungen. Sobald der Stab aufgestellt war, kniete sie sich auf die Hirschhaut und den Stapel von Decken und begann, sich mit erhobenen Händen anmutig hin und her zu wiegen. Es wurden vier Lieder gesungen, und das Mädchen wiegte sich in Begleitung dazu.

Ich hatte gelesen, daß das Hinknien und die Handbewegungen des Mädchens die Schwängerung von Changing Woman durch die Sonne nachvollzogen, aber Renzie stimmte dem nicht zu. »Die Sonne blickt auf sie herab«, sagte er, »und der Medizinmann ordnete dem Mädchen an, zur Sonne zu schauen, während es kniete. Danach wird die Sonne immer auf sie scheinen, wohin sie auch geht, besonders nachdem wir mit ihr fertig sind.« Die Stellung, die sie einnahm, hat nichts mit ihrer Schwängerung zu tun. »Nein, nichts. Denn sie ist eine Jungfrau.« Was das Mädchen ausführte, war ein Gebet, und durch sein Hinundherschwingen blieb es nur im Takt mit der Musik.

Phase 3:

Die Patin half Olive, sich in Vorbereitung auf ihre Formgebung mit dem Gesicht nach unten auf die Hirschhaut zu legen – den Kopf gen Osten, die Arme an ihrer Seite und die Beine ausgestreckt. Dafür nahmen sie sich nur soviel Zeit, wie nötig war, um die Stellung zu wechseln. Zuerst zog die Patin Olives Haar und Kleid gerade. Um 9.40 Uhr fing die Patin an, sie zu formen. Während des Formens umkreiste sie Olive im Verlauf eines jeden der vier Lieder schnell viermal. Beim Umkreisen benutzte sie ihre Hände und ihre bloßen Füße, um Olive zu formen. Sie begann auf der rechten Seite, bewegte sich nach unten über das Gesäß und die Beine, ging dann auf die linke Seite und wiederholte dies. Anschließend formte sie sanft Olives Gesicht. Insgesamt vollendete sie sechzehn Kreise im Uhrzeigersinn. Um 9.50 Uhr erfaßte die Patin Olives Schultern und half ihr, sich auf ihre Füße zu erheben. Die Patin holte den Stab und gab ihn Olive zurück, und als der Sänger und die Musik wieder begannen, tanzten Olive und die Patin auf der Stelle, Seite an Seite.
Olive war bereits ein sehr gut aussehendes Mädchen, aber erstaunlicherweise war sie jetzt größer und schöner ... ja geradezu strahlend und sich der Kraft, die in ihr wirkte, voll bewußt. Sie wurde vollkommen verwandelt, und jeder dort konnte das sehen.

Die Zuschauer hakten sich gegenseitig ein und fingen an, vor und zurück zu tanzen – und wieder vor und zurück. Sie gingen zurück in der Zeit und erinnerten sich an die Zeit, als die Apachen noch ein großes und unabhängiges Volk waren. Sie fuhren fort, auf diese Weise zu tanzen, bis am Sonntag der öffentliche Teil der Zeremonie beendet war.

Das Apachen-Mädchen der Sonnenaufgangszeremonie, das für äußere und innere Schönheit massiert wird

Es heißt, die Kraft von Changing Woman lasse das Mädchen weich werden, damit es geformt werden kann, sein Formen bringt es in die richtige Verfassung für das Leben. Renzie betonte, die Patin müsse das Mädchen zuerst hinlegen und es dann mit ihren Händen und Füßen strecken. Der Grund dafür ist, daß das Mädchen nicht seine eigenen Hände benutzen darf, um sich niederzulegen.

Phase 4:

Um 10.00 Uhr, nach einer Unterbrechung, um Umstellungen vorzunehmen, nahm die Patin wiederum den Stab und stellte ihn mit Hilfe des Mannes mit der Hacke am östlichen Ende der Nahrungsmittelreihe senkrecht auf. Der Sänger begann zu singen.

Die Patin strich Olives Haar zurück und zog ihr Kleid gerade. Sie stellte sich hinter das Mädchen, legte ihre Hände auf Olives Rücken, gab ihr einen scharfen Stoß und sandte sie so auf ihren ersten Lauf. Als Olive lief, folgte ihr die Patin. Einige Zuschauer beteiligten sich. Olive lief um den Stab herum und kam auf ihren Platz zurück. Als die Patin den Stab passierte, ergriff sie ihn und brachte ihn Olive zurück. Dann tanzten beide auf der Stelle, bis das Lied endete.

Der ganze Prozeß, einschließlich der Vorbereitung und des Stoßens, wurde dreimal wiederholt. Vor jedem Lauf verschob die Patin den Stab ungefähr sechzig Zentimeter weiter nach außen, somit lief Olive jedesmal etwas weiter. Beim zweiten, dritten und vierten Lauf machten so viele Zuschauer mit, daß sie die Patin wegdrängten und es ihr schwermachten, den Stab zu holen. Beim vierten Lauf war ihre Begeisterung so groß, daß sie fast den Stab selbst überrannten!

Während es heißt, daß das Laufen die vier Lebensabschnitte symbolisiert, Säuglingsalter/Kindheit, Jugend, Erwachsenen- und Greisenalter, und daß sich das Mädchen durch das Umkreisen jeden Abschnitt aneignet, erwähnte Renzie ausdrücklich, das Mädchen laufe, damit »es durch das Laufen zur starken Frau wird, damit in der Zukunft ... ihre Beine stark sein werden und ihr Leben stark sein wird. Es ist fast wie Gymnastik für die Zukunft. Es ist eine symbolische Handlung.«

Phase 5:

Um 10.20 Uhr lief Olive in die vier Himmelsrichtungen, und der Stab wurde dabei von der Patin und dem Mann mit der Hacke genauso aufgestellt wie in der vierten Phase. Die Menschenmenge drängte sich so dicht um Olive, daß für sie ein Weg zum Laufen frei gemacht werden mußte. Während sie lief, bewegte sie sich in einem gemäßigten Tempo.

Jedesmal, wenn eines der vier Lieder anfing, wurde sie vorwärts gestoßen und lief los. Sie begann im Osten, lief dann in den

Süden, den Westen und schließlich in den Norden. Wiederum folgte ihr die Patin und holte jedesmal den Stab. Nachdem sie zu ihrer Ausgangsstellung auf der Plane zurückgekehrt waren, tanzten die Frau und das Mädchen so lange auf der Stelle, bis das Lied beendet war. Während Olive und die Patin liefen, begannen die Leute, Essen aus den Schachteln zu nehmen, und so ging das unter großem Geschrei und mit viel Freude weiter.

Diese Phase diente im großen und ganzen demselben Zweck wie die vierte Phase, nämlich dem Mädchen die Fähigkeit zu verleihen, schnell zu laufen, ohne zu ermüden. »Es ist nichts anderes«, sagte Renzie. »Sie läuft viermal aus demselben Grund.« Es bedeutet jedoch auch, daß sie durch das Laufen in die vier Himmelsrichtungen deren Kräfte einfängt, was zu ihrer Ausdauer beiträgt. Indem die Leute mit ihr liefen und anfingen, das Essen aus den Schachteln zu nehmen, bekräftigten sie ihr Vertrauen, daß die Zeremonie sie alle in den kommenden Jahren mit Essen und guten Dingen segnen wird. »All die Früchte und das Essen … das bedeutet den Leuten, die mit ihr herumlaufen und ihr folgen, sehr viel.«

Phase 6:

Um 10.35 Uhr begann nach einer nur sehr kurzen Pause die nächste Phase. Der Sänger hob den ersten der zwei Körbe auf, die mit eingewickelten Süßigkeiten gefüllt waren; und als der Gesang und die Musik begannen, tanzte er hin und her, zu Olive hin und von ihr weg. Als er sein Lied beendet hatte, segnete er Olive, indem er Blütenstaub auf ihren Kopf und ihr Gesicht streute. Dann schüttete er die Süßigkeiten über ihren Kopf. Die Kinder rauften sich um die Süßigkeiten – zusammen mit ein paar Erwachsenen, die deswegen von den anderen auf gutmütige Art geneckt wurden.

Man sagt, die Süßigkeiten würden heilig, wenn sie über den Kopf des Mädchens geschüttet werden, und wer etwas davon bekommt, wird auch in den zukünftigen Jahren ausreichend davon erhalten. Renzie bestätigte das und fügte hinzu, daß diese Handlung ein Gebet für das Mädchen war, daß sie genausoviel im Leben besitzen möge. »Deshalb leeren wir alles über sie. Aber es ist auch ein Gebet für alle anderen … die Jungen und all die Erwachsenen, die nach diesen Süßigkeiten greifen und sie nehmen. Darin ist alles vermischt: Eicheln und Kastanien und Mais sind mit den Süßigkeiten vermischt. Der Medizinmann betet zuerst mit jenem gelben Pulver. Wenn sie dann damit fertig sind, ruft die Person, die mit dem Korb voller Süßigkeiten dort steht, ihnen zu: ›Seid ihr bereit?‹ – ›In Ordnung, mach schon, schütte ihn aus‹, antworten sie dann.« Das Hinundhertanzen des Mannes hatte keine besondere Bedeutung, »es wird einfach so gemacht«. Nur ein Korb wird ausgeleert, »nur ein kleiner, nicht ein großer«.

Phase 7:

Um 10.40 Uhr begann eine neue Reihe von Liedern, und am Ende des ersten Liedes segnete der Sänger das Mädchen und die Patin mit Blütenstaub, den er dem Stich-Korb entnahm. Dann segneten Olives Vater, einige andere Männer und Olives Mutter die zwei mit Blütenstaub. Schließlich stellten sich alle Zuschauer in einer Reihe auf und streuten Blütenstaub auf das Mädchen und die Patin. Sie taten das nur, solange ein Lied gesungen wurde. In dem Augenblick, in dem das Lied endete, hörte auch das Bestreuen auf. Sobald der Sänger wieder ein neues Lied anfing, begannen auch sie wieder. Das Mädchen und seine Patin tanzten wie gewöhnlich auf derselben Stelle, aber sie standen am Schwanzende der Hirschhaut. Während der Sänger und seine Assistenten sangen, schrie die Menge in großer Begeisterung.
Der Blütenstaub hatte eine zitronengelbe Farbe und wurde zuerst auf den Kopf, dann auf die Schultern und die Brust des Mädchens und der Patin aufgetragen. Dann wurde ein wenig auf das Kopfende der Hirschhaut gestreut. Nach dem Bestreuen rieb jede Person etwas Blütenstaub auf die eigene Wange oder auch auf beide.

Als alle fertig waren, waren das Mädchen und die Patin buchstäblich mit Blütenstaub zugedeckt. Im ganzen dauerte das Bestreuen ungefähr zwanzig Minuten, und danach warfen Männer von der Ladefläche eines Kleinlastwagens aus Süßigkeiten und andere Geschenke in die Leute.

Renzie erklärte, daß sich der Sänger vor dem Streuen des Blütenstaubs schnell durch die Leute bewegte, dabei sang er und fragte, wer etwas Blütenstaub zum Streuen haben wollte. Nachdem er etwas davon an all jene verteilt hatte, die welchen wollten, begann er mit dem Bestreuen. Der Blütenstaub war eine Mischung aus fünf verschiedenen Arten. »Dazu gehören Mais, sehr feine Getreidekörner, Rohrkolben, ein weißer Blütenstaub und ein Pflanzenpollen. Man muß alle fünf verwenden.« Der Vater des Mädchen beschaffte alle Pflanzen, aber der Medizinmann sagte ihm, welche es sein und wo sie geholt werden müssen. Es gab verschiedene Plätze, wo sie im Land der Apachen gefunden werden konnten. Renzie bestätigte, daß das Mädchen und die Patin in dieser Phase zum erstenmal auf die Hirschhaut stiegen. Er wies darauf hin, daß der Blütenstaub auf der Hirschhaut auf die türkisfarbene Perle und die Feder fallen gelassen werden muß. »Das ist ein Heiliger Platz, und man muß für sie beten, damit ihr nichts Böses widerfahren wird.« Wenn also der Blütenstaub dorthin gelegt wurde, dann »ist das ein Gebet für das Mädchen; dann fangen sie an, diesen auf das Mädchen und die Patin zu streuen, und die wichtigste Stelle ist dort drüben, wo der Hirschkopf ist«. Besonders interessant ist die Tatsache, daß jene, die das Mädchen bestreut und auf diese Weise gesegnet haben, jetzt das Recht haben, es darum zu bitten, sich auf seine Kraft als Changing Woman zu berufen und ihnen einen Wunsch zu gewähren. Das kann irgendeine Bitte um Hilfe sein, aber »manchmal bringt eine Frau ihr Kind zu diesem Mädchen. Das ist so Brauch bei den Apachen. Ist ein Kind krank, dann spuckte das pubertierende Mädchen, weil es heilig ist, auf eine gewisse Art in den Mund des Kindes, um das Kind gesund zu machen.« Die Menschen wissen

nicht, wann die eigentliche Heilung stattfinden wird. »Die Heilung erfolgt vielleicht in derselben Nacht, vielleicht am nächsten Tag. Jedenfalls dann, wenn es sich langsam besser fühlt. Aber sie kann auch gleich dort erfolgen – in dem Augenblick, in dem das Mädchen das Kind behandelt.«
Edgar Perry warf ein, daß seine Schwiegermutter das mit seinen kleinen Töchtern gemacht hat. »Sie spuckte in den Mund des kleinen Babys, damit das Baby ein langes Leben haben würde.« Renzie erklärte, daß die Leute, die ihre eigenen Wangen mit Blütenstaub bestrichen, dies nur auf der rechten Seite tun sollten. »Das bedeutet großartige Dinge, weißt du ... das segnet auch mich, damit ich an dieser großen Erfahrung teilhabe.« Die Süßigkeiten und anderen Geschenke werden an dieser Stelle verteilt, um zu bekräftigen, daß die Leute an den Segnungen teilhaben, die dem Mädchen widerfahren werden. »Dann müssen vier weitere Lieder gesungen werden, und das ist die letzte Handlung.«

Phase 8:

Mit dieser Phase endeten die Rituale für diesen Tag. Zwei Frauen sammelten den Blütenstaub vom Hirschkopf ein und gaben ihn in einen Korb. Dann stieg Olive mit sehr flinken Bewegungen von der Hirschhaut herunter, hob den Korb auf, schüttelte ihn fest und warf den Blütenstaub mit einer raschen Geste in Richtung Osten. Dann umkreiste sie den Stapel von Decken, packte eine nach der anderen und schleuderte sie in jede der vier Himmelsrichtungen. Sie flogen nicht weit, denn die Menge rückte von allen Seiten immer näher an sie heran, so nahe, daß einige der Decken auf den Leuten landeten.
In weniger als zwei Minuten waren alle Decken ausgeworfen, und diese Phase war beendet. Es war 11.05 Uhr vormittags, und die acht Phasen hatten insgesamt vier Stunden und dreißig Minuten gedauert. Das ganze Zubehör und alle Schachteln wurden aufgesammelt und in den Lastwagen verstaut, die Menge löste sich auf. Das Mädchen, die Patin, der Sänger und seine Assistenten, die

Familie des Mädchens und ihre speziellen Gäste begaben sich zum Lager, das eigens zu diesem Zweck vorbereitet worden war. Nur einige andere Weiße und ich standen allein auf dem Zeremonienplatz. Ganz offensichtlich war Olive sehr müde, trotzdem hatte sie während eines jeden Liedes mit Energie getanzt, obwohl es ein sehr heißer Tag war und der feine rote Staub, den die Fahrzeuge und die tanzenden Zuschauer aufwirbelten, stickig war und alles einhüllte.

Als wir über diese Phase sprachen, erklärte Renzie, daß die Hirschhaut und die Decken genau so geworfen werden müssen, wie das Olive getan hatte, zuerst die Haut, dann die Decken in die vier Himmelsrichtungen, während sie sich im Uhrzeigersinn drehte. Die Verwandten oder die Patin oder wer auch immer Decken zu diesem Zweck zur Verfügung gestellt hatte, kamen jetzt, um ihre zu holen. Sie warf die Decken so schnell, weil »sie müde ist«. Die Verwandten brachten sie am nächsten Morgen zurück, damit sie sie wieder verwenden konnte. Der Akt des Werfens der Decken und der Haut war ein weiteres Mittel, um sicherzustellen, daß sie und die Leute im kommenden Jahr reichlich Fleisch und Decken haben würden.

Renzie erklärte weiter, daß an diesem Nachmittag für die wichtigsten Teilnehmer ein großes Festmahl abgehalten werden würde. Das Mädchen rastete anschließend bis zum Einbruch der Dunkelheit und begab sich dann zu einem Zelt, das an einem speziell dafür vorbereiteten Tanzplatz aufgestellt worden war, in der Nähe der Stelle, an der die Sonnenaufgangszeremonie abgehalten wurde.

Das Große Tipi und der Zeremonienkreis

Während des Nachmittags wurde das Große Tipi vorbereitet, das am nächsten Morgen in der Sonnenaufgangszeremonie gebraucht wurde. Für den Tanz am Samstagabend wurde auch der Tanzkreis

vorbereitet, der auf einem ebenen Gelände lag und ungefähr einen Durchmesser von sechzig Metern hatte. Er befand sich etwas östlich des Platzes, auf dem die Sonnenaufgangszeremonie selbst abgehalten wurde. Ryan Burnette sagte mir, daß die Stangen des Tipi um 16.00 Uhr nachmittags bearbeitet und das Tipi dann bis 18.00 Uhr aufgestellt würde, »bevor die Kronentänzer tanzen«.
Als ich um 16.10 Uhr am Zeremonienplatz ankam, lagen die vier Stangen des Tipi bereits auf dem Boden. In der Nähe befanden sich vier Fichten, von denen jede wie ein Christbaum geformt und drei bis dreieinhalb Meter hoch war.
Die Stangen des Tipi waren paarweise angeordnet und lagen in ostwestlicher Richtung, dabei zeigte der untere Teil des Stammes gen Osten. Zwei Männer arbeiteten an einem Paar von Stangen. Die Stangen waren ungefähr sieben Meter lang, einschließlich ihrer Äste. Bei zwei Bäumen war das Laub noch auf den Ästen und bei den anderen zwei nicht. Am Sonntag erklärte mir jemand, was Renzie später auch bestätigte, daß vier verschiedene Arten von Bäumen verwendet wurden. Die zwei mit dem Laub bzw. den Nadeln waren der Cottonwood-Baum und die Fichte. Die anderen beiden konnte mein Informant nicht identifizieren. »Aber«, sagte er, »die vier Stangen und ihre vier Farben sind vier Arten von Gebeten.«
Ich erfuhr, daß vor dem Bemalen mit einem Beil die Rinde von den Stangen entfernt wurde. Die Familien des Mädchens und der Patin stellten jeweils einen Mann und einen Helfer zur Verfügung, die die Stangen beschafften und vorbereiteten. Mit den modernen Zeiten Schritt haltend, wurden zum Bemalen kommerziell hergestellte Farben verwendet. Bemalt wurden sie mit symbolischen Mustern, die vom unteren Ende des Stammes bis zu den Stellen reichten, wo die Äste aus dem Stamm wuchsen. Jede Stange hatte ein anderes, einfaches Muster. Eine Stange wurde mit Sprühdosen blaugrün und die andere weiß gespritzt.
Die zwei nächsten Männer bemalten ihre Stangen in Schwarz und in Gelb. Die schwarze Farbe war flüssige Schuhcreme, die mit

einem Tupfer aufgetragen wurde; die gelbe wurde dort an Ort und Stelle in Farbkannen gemischt. Sie wurde mit einem zusammengeknüllten Lappen aufgetragen. Es sollte erwähnt werden, daß die vier Farben dieselben waren wie jene der Bänder am Stab des Mädchens, die die Himmelsrichtungen symbolisieren.

Nachdem sie mit dem Bemalen fertig waren, legten sie die vier Stangen Seite an Seite hin und kürzten die Stämme so, daß sie alle dieselbe Länge hatten. In diesem Moment entdeckten sie ein ernstes Problem. Eine der Stangen war an der Stelle gebrochen, wo der Ast aus dem Stamm wuchs. Die Bestürzung war groß, denn eine angebrochene Stange konnte nicht verwendet werden. Die Stangen mußten einwandfrei sein, und eine beschädigte zu benutzen würde jener Person schaden, die sie vorbereitete. Die Stange konnte nicht repariert werden. Man mußte von einem bestimmten Ort in den Bergen eine neue herbeischaffen. Zwei der Männer fuhren los, um die neue Stange zu holen. Beim Einbruch der Dunkelheit um 19.30 Uhr waren sie noch nicht zurück. Da es auf dem Zeremonienplatz kein Licht zum Arbeiten gab, fragte ich mich, ob das Tipi für das Ritual am Morgen bereit sein und was geschehen würde, wenn es das nicht war.

Um circa 18.30 Uhr brachte ein Kleinlieferwagen ein kleines Zelt aus Segeltuch und einige Erfrischungen für das Mädchen, ihre Begleiter und Familie. Auf anderen Lastwagen wurden Haufen von Holz für das große Feuer herbeigeschafft. Das Holz wurde an der Ostseite der runden Zeremonialfläche aufgestapelt. Diese war durch einen kleinen Erdhügel markiert, der an der Außenseite des Kreises verlief. Das Zelt stand nordöstlich davon, gleich außerhalb des Hügels.

Ryan Burnette war angekommen und stellte mit Hilfe der Männer, die die Stangen vorbereitet hatten, die vier Fichten am äußeren Rand des Zeremonienplatzes auf – in jeder Himmelsrichtung eine. Der Baum im Osten wurde zuerst aufgestellt, und dann folgten die anderen im Uhrzeigersinn. Sie sprachen jedesmal ein kurzes Gebet, wenn sie den Stamm eines Baumes in die Erde gruben. Als sie fertig waren, holten sie Holz von dem großen Stapel und schichteten es für das abendliche Feuer an einer Stelle auf, die etwas östlich der Kreismitte lag.

Es war überraschend, zu sehen, wie deutlich die vier Fichten den Zeremonienplatz umschrieben. Einer der Männer klärte mich später darüber auf, daß diese Bäume nicht die vier Himmelsrichtungen symbolisierten. »Die Menschen gehen um diese Bäume herum, um gut zu sein«, sagte er. »Nicht jeder kann um sie herumgehen.« Jemand konnte, »weil er okay war. Kann eine Person um die Bäume herumgehen, dann sagen andere keine bösen Dinge über sie. Die Bäume sind nicht die Himmelsrichtungen; sie sind vier Wege.« Später bemerkte noch ein junger Mann, daß »die Bäume eine Grenze bilden, die kein Auto und kein Lastwagen überschreiten kann. Fahrzeuge können nicht ins Innere des Kreises fahren ...« (wie sie das, bevor die Bäume aufgestellt waren, häufig taten).

Das Zelt, dessen Eingang dem Kreis gegenüberlag, war ein gekauftes Modell. Die Öffnung vorn war dreieckig, und das Zelt wurde von zwei Stangen gestützt, die oben verkreuzt waren. Der hintere Teil maß ungefähr zweieinhalb Meter im Quadrat. Ein Mann sagte mir, das Zelt werde dazu benutzt, um die Kostüme der Kronentänzer und des Mädchens zu reparieren. Aber in Wirklichkeit benutzten es das Mädchen, die Patin, die Vertreterin und die Familie des Mädchens die ganze Nacht lang, genauso wie die unmittelbar angrenzenden Bereiche. Um etwa 19.00 Uhr wurde vor dem Zelt ein kleines Feuer entzündet, und die Zuschauermenge fand sich ein.

Um circa 19.45 Uhr wurde das große Lagerfeuer angezündet. Noch vor 20.00 Uhr kamen Olive und ihre Familie, ihre Patin und die Assistenten an und setzten sich entweder vor dem Zelt oder im Zelt hin. Ryan Burnette, seine Assistenten und die Trommler nahmen ihren Platz an der Westseite des Kreises ein und begannen mit der Musik. Vier Begleiterinnen versammelten sich um Olive; sie waren ungefähr in ihrem Alter und waren herrlich gekleidet, in Oberteilen aus Wildleder mit T-förmigen Halsketten und langen, vollen Taftröcken, die im Licht glänzten. Jetzt waren sehr viele Zuschauer anwesend, und sie umgaben den gesamten Zeremonienkreis.

Um 20.15 Uhr betraten die Kronentänzer, die in der Apachen-Sprache *Gans* genannt werden, den Zeremonienplatz an einer Stelle neben der Fichte, die im Osten stand. Sie kamen ganz leise, nur die Glöckchen an ihren wildledernen Hemden bimmelten. Keine besonderen Laute von seiten der Zuschauer begleiteten ihre Ankunft. Eine Person bemerkte: »Ich frage mich, wann sie kommen werden?«, und plötzlich standen sie da, insgesamt fünf, im Gänsemarsch marschierend, mit dem Clown hinten an letzter Stelle.

Sie warfen lange, beängstigende Schatten, ihre Erscheinung war ehrfurchtgebietend, mit ihren kniehohen Mokassins aus Wildleder und den phantastischen, mindestens ein Meter hohen, hölzernen Kronen. In jeder Hand hielten sie einen bemalten Stab, ihre Gesichter waren hinter schwarzen Masken verborgen, und unter ihren Gürteln steckten hinten und seitlich Fichtenzweige. Ihre Körper waren mit kräftigen symbolischen Mustern bemalt; die Grundfarbe des Körpers war Grau, auf die in eindrucksvoller Weise schwarze Punkte und andere Muster aufgetragen waren. Der Clown hatte in Abständen von zehn Zentimetern Streifen um seine Beine gemalt. Die von ehrfürchtiger Scheu erfüllte Zuschauermenge wich zurück, als die Gans den Bereich umkreisten. Sie gingen außen um die Fichten herum, betraten den Zeremonienkreis wiederum an der Fichte im Osten und näherten sich dann dem Sänger und seinen Assistenten.

Der erste Tanz der Gans war nur leicht bewegt. Der Clown tat mehrere Dinge, so zeichnete er beispielsweise mit seinen Stäben Linien auf den Boden und pausierte dabei gelegentlich, um sein Schwirrholz herumzuwirbeln. Hier und da lief er den Kindern nach, die wie verschreckte Vögel das Weite suchten, in Wirklichkeit aber entzückt waren. Irgendwann dazwischen legte sich der

Clown mit dem Rücken auf den Boden und stieß seine gestreiften Beine wie wild in die Luft, während die Menge lachte. Was bedeutete das? Einfach, daß die Menschen in den ernstesten Augenblicken häufig törichte Dinge tun, daß wir nicht immer den gebührenden Respekt zeigen.

Wann immer die Musik spielte, hakten sich einige Zuschauer ein und tanzten den gesellschaftlichen Tanz vor und zurück. In regelmäßigen Abständen verließen die Gans den Platz im Gänsemarsch und wurden bald von der Dunkelheit verschlungen. Es dauerte nicht lange, und sie kehrten zurück und tanzten wieder, oft lebhafter als zuvor. Solange ich anwesend war – ich blieb nicht die ganze Nacht –, betraten Olive und ihre vier Begleiterinnen immer wieder den Zeremonienplatz im Gänsemarsch und gingen um das Feuer herum, während sie die senkrechten Bewegungen des Tanzes der Sonnenaufgangszeremonie durchführten. Dann stellten sie sich nebeneinander an der nordöstlichen Seite des Kreises auf, und während die Gans auf der westlichen Seite tanzten, tanzten sie dort den gesellschaftlichen Tanz, indem sie sich einhakten und vorwärts und zurück bewegten. Olive war wieder frisch, in ernster Haltung strahlend.

Immer, wenn die Gans sich entfernt hatten, um ihre engen Masken abzunehmen und etwas frische Luft zu schnappen, nahm Olive ihren Stab und führte ihre Begleiterinnen im Gänsemarsch um das Feuer herum, dabei schlug sie mit dem Stab im Takt zur Musik auf den Boden. Es war nicht zu übersehen, daß sie ihre Rolle immer mit etwas mehr Nachdruck ausführte als die anderen Mädchen. Ich nahm an, dies sei kein Zufall. Es war ihr Moment, und ohne Zweifel unterdrückten die anderen ihre Bemühungen ein wenig, damit Olive ihn voll und ganz ausleben konnte.

In jener Nacht erfuhr ich nicht, wie lange sich dieser Ablauf wiederholte. Um 22.00 Uhr fuhr ich zu meinem Motel, um etwas Schlaf zu bekommen. Bevor ich ging, hatten jedoch einige Leute bemerkt: »Sie muß die ganze Nacht tanzen. Sie darf nicht aufhören.« Wahrscheinlich, dachte ich mir, waren aus diesem Grund

das Zelt und das Essen dort, damit sie sich ab und zu ausruhen und erfrischen konnte.
Ich mußte mich an Renzie wenden, um die mir fehlende Auskunft über die Länge ihres Tanzens zu erhalten. Er bestätigte, daß das Mädchen, ihre Patin und Begleiterinnen die ganze Nacht am zeremoniellen Tanzplatz verbrachten. Aber alles in allem tanzte das Mädchen nur ungefähr zwei Stunden lang, »denn es steht noch ein anderer Tanz am Sonntagmorgen bevor. Sie braucht viel Schlaf. Ihre Mutter und ihr Vater lassen sie nicht die ganze Nacht tanzen, weil sie sich gut ausruhen muß. Am Sonntag fängt alles wieder von neuem an. Früh am Sonntagmorgen, noch bevor die Sonne aufgeht.«
Renzie stimmte nicht mit der Information überein, die ich früher über die Fichten erhalten hatte. Er erklärte, daß sie den Kronentänzern dienten und nichts mit dem Pubertätsritual selbst zu tun hatten. Wie er sagte, mußte jedoch der Baum im Norden eine Pinie sein, der im Osten eine Kastanie, der im Süden eine Zeder und der im Westen eine Eiche. Zusätzlich sollten alle vier ihre Blätter haben. »Sieh, weil alle vier Samen erzeugen, weißt du, die Pinien und Kastanien … das sind Samenbäume, und bei dem Mädchen ist es auch so. Wenn es verheiratet ist, bringt es Samen hervor … es bekommt Kinder. Das gleiche gilt für den Hakenstab; er ist aus Eiche. Wir verwenden nur Bäume, die Früchte oder Nüsse tragen.« Jeder Baum muß mit der richtigen Farbe angemalt werden, nachdem die Rinde abgezogen ist. »Damit sie weiß sind. So wurde es vor langer Zeit gemacht, und ich mache es immer noch auf dieselbe Art.«
Das Große Tipi hatte einen langen Apachen-Namen, den Renzie als »Die vier Stangen, die alle vier zusammenkommen, die alle in eine Richtung und auf eine Stelle zeigen« übersetzte. Obwohl er nicht anwesend gewesen war und die beschädigte Stange gesehen hatte, wußte er davon und sagte, daß die Männer bei der Vorbereitung noch einen weiteren Fehler gemacht hatten. Sie hätten die Blätter auf allen vier Stangen lassen sollen, aber da

zwei Stangen ohne Blätter waren, mußten sie sie abgeschnitten haben.
Er sagte, daß es ganz egal war, welches Zelt für Samstagabend benutzt wurde, und es konnte alt oder neu sein. Es erhielt keinen besonderen Segen vom Sänger. Er stellte auch fest, daß die Gans kein notwendiger Teil der Sonnenaufgangszeremonie waren, aber aus Tradition immer auftraten. »So wurde es all die Jahrhunderte hindurch gemacht, aber sie stehen in keinem direkten Zusammenhang mit Changing Woman.«

Phase 9:

Als ich am Sonntagmorgen um 6.20 Uhr am Zeremonienplatz ankam, war ich überrascht, daß das Ritual bereits im Gange war und das Tipi stand. Ich habe nie erfahren, wann die neue Stange angekommen war oder wann die Stangen aufgestellt worden waren. Ich bemerkte jedoch, daß die neue Stange, nämlich die weiße, nicht so sorgsam vorbereitet war wie die anderen, und die Farbe war kaum zu sehen. Die vier Fichten, die vergangene Nacht den Tanzkreis markierten, waren verschwunden.
Olive und eine neue Vertreterin tanzten bereits auf der Stelle am westlichen Ende der Plane. Hinter ihr waren der Sänger und seine Assistenten. Vor ihr lag der Stapel von Decken; es waren doppelt so viele, und daher war auch der Stapel doppelt so hoch wie am Samstag. Der Kopf und der Schwanz der Hirschhaut hingen über den vorderen und hinteren Teil. Auf dem Hirschkopf befand sich immer noch etwas Blütenstaub vom Bestreuen am Samstag.
Zwei Männer saßen auf dem Boden direkt vor der Plane Olive gegenüber. Auf der Nordseite stand ein Medizinmann und auf der Südseite ein anderer Mann, dessen Platz im Verlauf des Rituals abwechselnd mehrere andere Männer einnahmen. Unmittelbar hinter dem Medizinmann und etwas rechts von ihm war ein zweiter Medizinmann, der in einem niederen Korb Blütenstaub mit Wasser vermischte. Hinter diesem Mann und drei Meter östlich des vorderen Rands der Plane stand das Große Tipi. Seine

vier Stangen waren nach Tipi-Art aufgestellt, an der Spitze gekreuzt, wobei die Enden der Stämme die Ecken des Vierecks bildeten: die gelbe Stange im Nordwesten, die weiße Stange im Nordosten, die blaue Stange im Südosten und die schwarze Stange im Südwesten. In etwa zwei Meter Höhe über dem Boden war ein Seil wie eine Wäscheleine von der schwarzen zur weißen Stange gespannt. An der weißen Stange war in Seilhöhe die fünfzehn Zentimeter lange Feder eines Steinadlers festgebunden, und eine ähnliche Feder hing an der blauen Stange. An das dicke Ende des Kiels dieser Federn waren mehrere kleine Büschel gelber Federn angebunden.

Wie gewöhnlich sang Ryan Burnette, aber jetzt stimmten mehrere andere Medizinmänner mit ein. Man machte mich darauf aufmerksam, daß einer von ihnen der oberste Medizinmann war; er verbrachte fast die ganze Zeit hockend und rührte die flüssige orangegelbe Mischung aus Blütenstaub und Wasser. Er tat das immer, während ein Lied gesungen wurde, und hielt in den Pausen inne. In gewissen Abständen nahm ein anderer Mann seinen Platz ein, damit er sich ein wenig ausruhen konnte. Der Korb mit der Mischung wurde auf den Boden direkt am Fuß der gelben Stange hingestellt, und ein fünfundzwanzig Zentimeter langer, handgeschnitzter, flacher Stock mit abgerundeter Spitze diente zum Rühren.

Als ich ankam, waren sehr viele Zuschauer anwesend, und obwohl sie die ganze Nacht durchgetanzt hatten, zeigten sie kaum Anzeichen der Erschöpfung – ihre Begeisterung für die Zeremonie und ihre Wohltaten war zu groß.

Ich war neugierig zu sehen, wie es Olive ging. Die Belastung des langen Rituals war offensichtlich, und sie machte einen abgespannten und müden Eindruck. Ihr Haar war noch immer mit einem Hauch von Blütenstaub bedeckt; die zitronengelben Körnchen stachen im frühen Morgenlicht deutlich vom tiefen Schwarz ab. Die Feder auf ihrem Hinterkopf war mittlerweile vom Staub ganz grau geworden, und genauso sahen die Federn auf ihren

Schultern und der Hirschhaut aus. Ich staunte, wie sie am Anfang eines jeden Liedes sofort mit ihrem Stab den Takt übernahm und energisch tanzte. Ohne Zweifel schöpfte sie Kraft aus der tiefen Energiequelle der Ekstase, hervorgerufen durch die unglaublichen Veränderungen, die in ihr vorgingen.

Der Medizinmann auf der nördlichen Seite hielt in jeder Hand die Schwanzfeder eines Adlers, an deren Kiel ein Wildlederriemen festgebunden war, den er seinerseits um seine Hand gewickelt hatte. Wie man mir sagte, stammten die zwei Federn von den Stangen des Cottonwood-Baumes und der Fichte. Dies erklärte, warum nur mehr an zwei Stangen Federn hingen. Der Mann, der zur Linken des Medizinmannes stand, hielt in seiner linken Hand die Schwanzfeder eines Adlers, an der eine lange Garbe aus trockenem, steifem Feldgras hing. Diese war so geformt, daß sie ein röhrenförmiges Bündel bildete, das vielleicht einen Durchmesser von vier Zentimetern hatte. Wie ich später herausfand, war das der Pinsel, der dazu benutzt wurde, um das Mädchen mit der flüssigen Blütenstaubmischung zu bemalen und auch um Blütenstaub auf die Zuschauer zu streuen.

Die ganze neunte Phase hindurch tanzten Olive und ihre Vertreterin auf der Stelle, wie es die Mädchen am vorhergehenden Tag gemacht hatten. Die zwei Männer, die ihnen gegenüberstanden, tanzten auch auf der Stelle als Begleitung zu jedem Lied. Verschiedene Männer nahmen abwechselnd den Platz zur Linken ein, einschließlich Rupert, der Vater des Mädchens. Jeder dieser Männer hielt, während er tanzte, den Graspinsel in seiner linken Hand. Olives Mutter tanzte in einer Reihe von Frauen zu Olives Rechten, so etwa zweieinhalb bis drei Meter entfernt. Nachdem sie ihr so nahe blieb, war es deutlich, daß sie zutiefst um ihre Tochter besorgt war und sie aufmerksam beobachtete. Um 7.35 Uhr, als es wärmer wurde, trat sie mit einem alkoholfreien Getränk in der Dose nach vorn und hielt es für Olive, während das Mädchen mit ihrem Trinkrohr daraus trank. Später tat die Vertreterin dasselbe für Olive.

In jeder Pause kämmte die Vertreterin Olives Haar nach hinten und wischte ihr den Schweiß mit einem Schal von der Stirn, der an Olives Kleid festgemacht war. Dann reinigte sie auch ihr eigenes Gesicht.

Phase 10:

Um 8.05 Uhr stellte sich der Sänger direkt hinter Olive, und während er seine Hände ungefähr fünf Zentimeter von ihrem Körper entfernt hielt, sprach er hörbar ein Gebet. Ohne sie je zu berühren, führte er seine Hände anmutig entlang ihres Kopfes, der Schultern und Arme. Er schien ihr auch Anweisungen zu geben. An dieser Stelle verließ die Vertreterin Olives Seite, und die Patin nahm – in einem blauen traditionellen Kleid – ihre Position auf der linken Seite Olives ein, stand aber nicht neben ihr. Olive gab ihrem Vater, der links vom Medizinmann stand, ihren Stab. Der tanzte dann damit und schlug ihn genauso auf den Boden, wie Olive das getan hatte.

Olive kniete auf der Hirschhaut und den Decken, und als das Lied begann, hob sie ihre Arme mit gebogenen Ellbogen und offenen Händen seitlich hoch. Sie wiegte sich graziös vor und zurück, vor und zurück. Die Geschichte war lebendig! Changing Woman – »Die Alte Frau, die Bewegungen mit ihren Händen macht« – tanzte wieder, und die Zuschauer waren von Emotion überwältigt. Im ganzen wurden vier Lieder gesungen, und Olive wiegte sich und machte Bewegungen, solange jedes Lied dauerte.

Zu diesem Zeitpunkt begannen sich sowohl das Tempo als auch das Benehmen der Anwesenden merklich zu steigern. Augen funkelten. Der Atem wurde schneller. Die Trommeln wurden lauter, die Lautstärke des Sängers nahm zu, und die zwei Männer, die Olive gegenüberstanden, nämlich ihr Vater und der Medizinmann, begannen, energisch im Gleichschritt zu ihr hin und von ihr weg zu tanzen. Erwartungsvolle Laute liefen nun durch die Zuschauermenge. Es war aufregend, und es war offensichtlich, daß sich der Höhepunkt näherte.

Phase 11:

Gegen 8.15 Uhr nahm Olive unter Führung des Sängers eine sitzende und flehende Position auf der Hirschhaut ein, ihre Beine vor sich ausgestreckt und ihre Hände mit den Handflächen nach oben auf ihrem Schoß. Drei Lieder wurden gesungen, zu denen die Männer vor und zurück tanzten. Der Mann, der links vom Medizinmann stand und die Schale mit der flüssigen Blütenstaubmischung hielt, trat jetzt vor. Als das vierte Lied erklang, tauchte er den Pinsel in die Mischung und begann, wie ein Künstler mit einem großen Pinsel eine Leinwand bearbeiten würde, Olive damit zu bemalen.

Er begann an ihrem Kopf und Gesicht und trug die Mischung großzügig auf. Dann zog er den Pinsel über ihren linken Arm und fuhr weiter bis zu ihrem Fuß, ging um sie herum und tat dasselbe auf ihrer rechten Seite. Nachdem er damit fertig war, bekam ich die Strafe für das Fotografieren aus zu großer Nähe zu spüren, denn er tauchte seinen Pinsel in die Flüssigkeit und fing an, indem er sich mit einer schnellen Bewegung herumdrehte, mit verheerender Wirksamkeit die Menge zu bespritzen. In Anbetracht der geringen Menge an Flüssigkeit, über die er verfügte, war es bemerkenswert, wie gründlich die erfreuten Zuschauer durchnäßt wurden. Obwohl ich schnell reagierte, wurden ich und meine Kamera von Kopf bis Fuß bespritzt … doch machte mir das überhaupt nichts aus, denn dadurch hatte auch ich Anteil an diesem großen und gesegneten Ereignis.

Es wurden vier Lieder gesungen, und der Vorgang des Spritzens wurde viermal wiederholt. Als es vorbei war, war Olive von Kopf bis Fuß gelb. Einige Male hatte er den vollen Pinsel über ihr Gesicht und ihren Körper gezogen. Dann wurde die Farbe wieder auf sie gespritzt, wodurch sie zum Blinzeln veranlaßt wurde, um sie nicht in die Augen zu bekommen.

Phase 12:

Um 8.30 Uhr stand Olive auf, und Frauen entfernten rasch die Hirschhaut und den Stapel Decken. Als der Medizinmann ihr die Spitzen seiner zwei Adlerfedern entgegenstreckte, ergriff sie mit jeder Hand eine. Ihr Vater stand jetzt, den Stab haltend, zur Linken des Medizinmanns, ihr gegenüber. Als das nächste Lied begann, geriet jeder auf erstaunliche Weise in Begeisterung. Von den Frauen kamen Freudenschreie, und die Männer gaben ein zustimmendes erfreutes Grunzen von sich. Sogar Olive, von der aus Tradition erwartet wurde, daß sie während der Zeremonie ernst und nüchtern blieb, fing an zu lächeln, als sich die Hauptgruppe, von allen Seiten von Familienmitgliedern und Freunden begleitet, im Gleichschritt auf das Große Tipi zubewegte. Olive schritt dabei rasch vorwärts, und die zwei ihr gegenüberstehenden Männer bewegten sich im gleichen Tempo rückwärts. Dies bedeutete, daß die Männer sie durch die vier Lebensabschnitte zogen, die sie jetzt für sich beanspruchen konnte.

Apachen-Mädchen der Sonnenaufgangszeremonie

Das erste Lied brachte die Gruppe zur Mitte des Großen Tipi. Während sie sich weiterbewegten, zogen sie die Arme und Federn abwechselnd vor und zurück – wie horizontal arbeitende Kolben eines Motors –, und Olive schien den Moment unheimlich zu genießen. Sie war ganz offen ekstatisch, und ihre Müdigkeit schien dahinzuschmelzen, während sie voll und ganz Changing

Woman wurde, eine Erwachsene, der ein langes, erfülltes Leben sicher war.
Insgesamt wurden vier Bewegungen ausgeführt mit nur kurzen Pausen zwischen den Gesängen. Als erstes bewegten sie sich in die Mitte des Tipi. Dann legten sie jeweils ungefähr neun Meter zurück; die Menge von Glückwünschenden drängte sich so dicht um die zentrale Gruppe, daß es unmöglich wurde, das Geschehen genau zu beobachten. Während sich die Prozession weiterbewegte, brachte die Menge schreiend ihre Überraschung und Beifall zum Ausdruck. Als das vierte und letzte Lied begann, hoben die Männer, die das Große Tipi vorbereitet und aufgestellt und jetzt bereitgestanden hatten, die Stangen senkrecht in die Höhe und legten sie langsam zusammen. In dem Moment, in dem das letzte Lied endete, legten sie die Stangen, ohne sie fallen zu lassen, rasch so auf den Boden, daß ihre Spitzen nach Nordosten zeigten.

Das neue Leben

Die Sonnenaufgangszeremonie war vorbei, und während die glückliche Zuschauermenge aufbrach und sich zu den Fahrzeugen begab, konnte ich nicht genau sehen, was mit Olive geschah. Einer meiner Freunde, der Samstag abend ein Gan-Tänzer gewesen war, kam an mir vorbei und zerrte zwei der Fichten hinter sich her. Er blieb lange genug stehen, um sich von mir zu verabschieden und mir zu sagen, daß er in Kürze mit den anderen Gans im Lager des Mädchens tanzen mußte. Für Olive Thompson waren die anstrengendsten Qualen vorbei. Ohne eine nennenswerte Ruhepause ging sie 27 unerbitterliche Stunden lang durch das strengste Ritual hindurch, das ich je eine junge Person erleben sah, und sie hat es mit meisterhafter Grazie bewältigt. Dasselbe galt für Ryan Burnette, und ich konnte seine Ausdauer und Fähigkeit nur bewundern.
Kurz vor dem Bemalen mit dem Blütenstaub drehte sich Rupert

Thompson – in seinem Cowboyhut, dem roten Samthemd, Jeans und Cowboystiefeln sehr gut aussehend – um und sah mich an. Es war ein sanfter, einladender Blick von einer anderen Kultur, und weil ich nicht wußte, was sagen, stellte ich ihm die dumme Frage: »Bist du müde, Rupert?« Er lächelte und nickte bejahend. Aber wenn ich je Stolz und Würde gesehen habe, dann war es damals, mitten in jenem staubigen, hektischen und überfüllten Platz. Er und ich wußten, daß es sich mehr als gelohnt hatte, die Zeremonie abzuhalten, und wir beide glaubten, daß sie im Leben Olives und des Apachen-Volkes ihre Wunder bewirken würde – wie das die Sonnenaufgangszeremonie immer schon getan hatte. Zum letztenmal wandte ich mich an Renzie, um mich zu vergewissern, daß ich die Phasen 9 bis 12 richtig verstanden hatte. Er bestätigte, daß mit dem Blütenstaub nur Wasser vermischt wurde, und sagte, für diesen Mischvorgang gebe es keine besondere Bezeichnung. Die Deckenanzahl wird verdoppelt, weil sie das Mädchen als Sitz benutzen muß, während es bemalt wird. »Und da hängen diese Adlerfeder und dieser Türkis, und der Mann stellt sie auf die Beine, wenn er mit der Adlerfeder tanzt. Das hat dieselbe Bedeutung wie das, was er mit ihr am Sonntagmorgen beim Sonnenaufgangstanz getan hat.« Mit seinem Vor-und-zurück-Tanzen lädt er sie ein aufzustehen, und sie wird die Feder ergreifen und aufstehen. »Fast wie eine Taufe« nimmt sie das neue Leben an, das ihr während der Zeremonie gegeben wurde, ein neues Leben, in dem sie alle Kräfte von Changing Woman besitzt, die einem Menschen nur gewährt werden können.
Die Gruppe schreitet viermal weiter, weil es vier Lieder braucht, um diesen Teil des Rituals richtig auszuführen. Alle sind aufgeregt und glücklich, weil »sie es fast geschafft hat; man ist dem Abschluß nahe. Jeder schreit, weißt du. Wie bei einem Sieg, es ist fast buchstäblich ein Sieg. Alle wissen, was sie hat.« Es ist richtig, zu sagen, daß die vier Bewegungen das Durchschreiten der vier Lebensabschnitte darstellen. Die Arme werden vor und zurück gepumpt, denn so wünschen sich die Leute den Verlauf

ihres Lebens, stark und voller Energie, was ihr beim Tanzen, beim Bewegen hilft. Es ist so, als würde sie sagen: »Jetzt habe ich all das getan, es gehört nun mir. Ich werde all diese guten Dinge besitzen, und die Menschen werden gesegnet sein.«

Das Vor-und-zurück-Wiegen des Mädchens hat dieselbe Bedeutung wie am vorhergehenden Tag, aber, erklärte Renzie, »irgendwie ist es hier ein wenig anders«. Für die Apachen hat es noch eine zusätzliche Bedeutung. Auch die Lieder sind die gleichen. Meine Annahme, daß die zwei Federn, die der Medizinmann hielt, von den Stangen stammten, war falsch. Renzie sagte, daß an jeder der Stangen immer eine kleine Feder hängen mußte und daß die großen, vom Medizinmann gehaltenen, die Nacht über an dem Seil gehangen hatten, das zwischen den Stangen gespannt war. Der Sänger befestigt die zwei Federn dort, gleich nachdem die Stangen aufgestellt sind. Dann nimmt er sie am Morgen ab und gibt sie dem Medizinmann. Dabei sagt er ihm, was er damit tun muß.

Renzie gab mir einige abschließende Einzelheiten über die Zeremonie: Der Pinsel wird aus nichts anderem gemacht als aus einer Adlerfeder und Gras. Keine Steinperlen werden daran angebracht. Der Vater des Mädchens hat das Recht, mit ihm zu tanzen, wenn er aber nicht will, muß er nicht. Die Farbe wird entlang des gesamten Körpers des Mädchens und auf den Boden gemalt »als Schutz oder Schild, daß ihm nichts Böses geschehe ... daß es gesund sei und ein langes Leben haben möge«.

Ich wollte wissen, ob Mädchen, die die Sonnenaufgangszeremonie mitgemacht hatten, immer sehr alt wurden und ob sie stärker und gesünder waren als Frauen, die den Ritus nicht durchgemacht haben. »Ja, es gibt viele alte Frauen unter uns, die da durchgegangen sind. Sie leben wirklich länger.«

Mir gefiel ganz besonders, wie Renzie beschrieb, warum das Mädchen mit nach oben gerichteten Handflächen dasaß: »Diese Person tanzt hier«, sagte er, »sie [Changing Woman und die anderen Gottheiten] lassen sie ihren Beutel füllen, dann geben sie diesem Mann die Feder, und hier bereitet er sie vor.« In bezug auf das Bespritzen der Menge mit Blütenstaub: »Nun ja, es bedeutet, daß alle diese Leute wie das pubertierende Mädchen sein könnten, weißt du, ein langes Leben haben … sie haben Anteil daran.«

Die Decken werden weggelegt, damit niemand auf sie steigt oder darüber geht. Was die vier Stangen betrifft, so müssen sie niedergelegt werden, indem sie »nach Norden zeigen«. Die Besitzer der Stangen müssen sie mitnehmen und irgendwohin legen, sie dürfen aber nicht als Feuerholz oder für sonst etwas verwendet werden. Am Sonntagnachmittag finden keine weiteren Rituale statt, und der Medizinmann der Kronentänzer entscheidet, ob diese tanzen werden oder nicht.

Am Montagmorgen, dem vierten Tag, nimmt die Patin dem Mädchen das Kostüm und Zubehör ab, und alle geliehenen Dinge werden ihren Besitzern zurückgegeben. »Siehst du, sie müssen dem Mädchen alle diese Federn und alle diese Dinge abnehmen – das Wildleder, Kleider –, alle Dinge werden Montag morgen entfernt. Das ist der Abschluß. Die Patin nimmt dem pubertierenden Mädchen alles ab … wenn wir Freitag abend anfangen, dann zieht die Patin ihm alles an, sie legt ihm alle diese Dinge an. Dann am Montag muß sie seine Haare waschen und es schön machen. Danach kann das Mädchen wieder sein Schulkleid anziehen, weil es fertig ist. Der Tanz ist zu Ende.«

Während dieser Akt des Ausziehens die Sonnenaufgangszeremonie beendet, bleibt das Mädchen noch für weitere vier Tage heilig, und es gibt bestimmte Verhaltensregeln, an die es sich halten muß. »Die Patin ist am wichtigsten, und sie ist diejenige, die dem Mädchen sagen muß, was es zu tun hat, nachdem wir mit ihm fertig sind. Am Montag, das ist der letzte Tag, sagt ihr die Patin, daß sie sich von allem Unfug fernhalten soll, und sie gibt ihr gute Ratschläge, wie sie sich benehmen soll und wie sie die beste Art von Frau sein kann.« Dann erlaubt die Kraft von Changing Woman im Mädchen ihm, diese Dinge auch zu tun. »Früher oder später nämlich heiratet das Mädchen, und das wird Liebe und Kinder bringen. So ist das. Wir beten darum. Sie ist wie ein Same. Du pflanzt etwas, und es wird wachsen. So wird es auch mit dem Mädchen sein.«

Die Nebenpfade der Apachen

Das wichtigste Anliegen der Nebenpfade der Apachen war das Verstehen von Kraft und ihre wichtigen Anwendungsmöglichkeiten. Denn Kraftquellen, unsichtbare, übernatürliche Wesen und Geister wurden für genauso wirklich gehalten wie die sichtbaren Kräfte der Natur. Die Übernatürlichen werden in menschliche Angelegenheiten verwickelt, werden angesprochen, als wären sie menschlich und am Leben, und man erwartete von ihnen, daß sie auf eine wahrnehmbare Weise antworteten. Vor allem glaubte man, daß eine gewisse Art von Himmelskörpern, mythologische Figuren, Tiere, Pflanzen und Mineralien heilige Kräfte besaßen und daß ein kleiner Teil dieser Kräfte von Menschen erworben und angewandt werden konnte. Der Hauptanteil der Kraft bleibt bei seiner Quelle, der es überlassen ist, zu helfen oder Schaden zuzufügen, ganz wie es das übernatürliche Wesen wünscht – je nachdem, ob es am menschlichen Verhalten Gefallen findet oder daran Anstoß nimmt.

Es herrscht die Ansicht, daß Kraft das gesamte Universum durchzieht, die Menschen aber nicht direkt an sie herankommen können. Sie muß durch etwas zu ihnen kommen wie zum Beispiel durch Sonne, Mond, Blitz, Bär, Adler, Eule, Eidechse oder Schlange. Trotzdem ist es der Mensch, der durch die Verbindung mit der Kraft selbst lernt, wie die Kraft in nutzbringender Weise angewandt werden kann.

Kraft

Kraft und die Fähigkeit, sie anzuwenden, können gekauft, von einer anderen Person, die sie bereits besitzt, im Unterricht erlernt, durch Fasten, Gebet und Waschungen oder durch ein außergewöhnliches Ereignis erlangt werden. Das sind die Verfahren, durch die man Visionen oder Träume erwirkt, in denen sich die Kraft zeigt und sich der Person zur Verfügung stellt. Wer sie auf letztere Weise erhält, überragt in den Augen der Menschen die, die Kraft kaufen, denn zu ihnen kam die Kraft freiwillig. Heute streben nur mehr wenige Apachen Kraft an, denn ihr Erwerb erfordert mehr Zeit, Energie, Ausgaben und Verantwortungsgefühl, als die meisten Menschen aufwenden wollen. Kraft hat ihren Lohn, aber auch ihren Preis, von denen der teuerste vielleicht die Eifersucht und der Neid der Leute sein dürfte. Menschen, die keine Kraft besitzen, sind in jeder Krise von Personen abhängig, die welche haben, und Hilfe ist teuer.

Es ist wichtig, zu verstehen, daß nach Ansicht der Apachen die Medizinperson nur ein Vehikel ist, das die Übernatürlichen beim Heilen verwenden. Die Personen an und für sich haben nicht die Fähigkeit zu heilen. Es war der Brauch, daß die Medizinperson von seinem Patienten vier Geschenke verlangte wie beispielsweise Flaumfedern eines Adlers, Stücke bestimmter Steine oder Muscheln und kleine Beutel mit Blütenstaub. Diese werden der Medizinperson übergeben, gelten aber als Bezahlung an die übernatürliche Kraft. Der Akt, Opfergaben zu geben, beschwört die Kraft herbeizukommen, und es gilt als selbstverständlich, daß

Typische Apachen-Symbole,
wie sie auf Zeremonialgegenständen verwendet werden

die Kraft der Bitte nachkommt. Wann immer die Kraft anwesend ist, ist jede rituelle Handlung, die von der Medizinperson ausgeführt wird, wie das Wegwischen von Schmerz mit Hilfe von Federn oder das Aussaugen irgendeines Gegenstandes aus dem Patienten, einfach nur ein sichtbares Zeichen der wahren Heilung, die zur gleichen Zeit von der Kraft durchgeführt wird.

Die Diyin der Apachen

Hat eine Kraft einmal einer Person, die danach strebt, einen Teil von sich gewährt, dann muß diese Person durch Ausprobieren feststellen, was die Kraft durch sie vollbringen kann. Über einen langen Zeitraum hinweg lernt sie, was die Kraft erreichen kann, wenn sie richtig angewandt wird. Obwohl zwei Personen dieselbe Art von Kraft besitzen können, werden sie sie niemals auf dieselbe Weise ausüben. An manche Kräfte kann man sich wenden, um Krankheiten festzustellen, zu heilen oder sich dagegen zu schützen. Wer diese Gabe besitzt, wird im allgemeinen Medizinmann oder Medizinfrau genannt. In der Sprache der Apachen lautet die Bezeichnung dafür *Diyin*. Neben Medizinleuten gibt es Männer und Frauen, die sogenannte geringere Kräfte besitzen, um Prophezeiungen zu machen und verlorene Gegenstände zu finden.
Die Apachen glaubten nicht, daß Kraft ein Eigentum oder eine Eigenschaft auf Dauer ist – das Privileg, ein Kanal für die Kraft zu sein, kann jederzeit von dem zurückgenommen werden, der sie verliehen hat. Das geschieht, wenn diesem etwas mißfällt oder wenn er das Gefühl hat, daß der richtige Augenblick dafür im Leben des Besitzers gekommen sei. Der Bestand der Kraft hängt größtenteils vom Respekt ab, den ihr Inhaber ihr gegenüber zeigt, und sie sollte zu jeder Zeit sein größtes Anliegen sein, und ihr Wohl sollte immer vorgehen. Er darf sie niemals als selbstverständlich betrachten. Sollte er sie verlieren, dann gibt es praktisch keine Möglichkeit, sie zurückzuholen. Der Verlust der Kraft verursacht eine verständliche Angst und Unsicherheit, denn die Person, die sie besaß, ist jetzt schutzlos. Überdies hat sie sie

vielleicht auf eine Weise eingebüßt, durch die sie sich die Vergeltung jenes Wesens verdient, das ihr die Kraft verliehen hat.
In den meisten Fällen ist die Kraft bei Apachen-Männern und -Frauen Anfang Dreißig am wirksamsten, eine Tatsache, die einen Zusammenhang zwischen körperlicher Gesundheit und dem Höhepunkt der Aktivität verrät. Man nimmt an, daß nach diesem Zeitabschnitt die Fähigkeit, die Kraft anzuwenden, abnimmt. Viele verlieren sie nie ganz. Anderen wird durch Träume, Geister oder ähnliches zu verstehen gegeben, daß der Verleiher wünscht, daß die Kraft durch traditionelle Methoden einem geeigneteren Empfänger übergeben wird.
Seit dem Anbeginn der Zeit wurde jede Kraft so eng mit einer Vielzahl von Gesängen und Gebeten verbunden, daß diese Begleiterscheinungen als ein wesentlicher Bestandteil angesehen werden. Deshalb hängt die Fähigkeit, diese Kraft zu verteilen, direkt davon ab, wie gut die Person die Gesänge und Gebete der Kraft erlernen und sich merken kann. Diese sind Teil der Tradition der Apachen, und dazu muß man monatelang privaten Unterricht bei Medizinmännern oder -frauen nehmen, die imstande sind, die Gesänge und Gebete weiterzugeben. Die Bezahlung hängt mit der damit verbundenen Arbeit und dem Zeitaufwand zusammen, aber das Erlernen ist immer teuer. In alten Zeiten erfolgte die Bezahlung in Gütern; heute wird Geld vorgezogen. In der Tat sind heute die Kosten der Hauptgrund für das abnehmende Interesse an der Erlangung von Medizinkräften. Zusätzlich muß man die unheimlich komplexe Medizinsprache und Zeremonienabfolgen beherrschen und außerdem noch ein sehr gutes Gedächtnis und allein schon die körperliche Stärke besitzen, die notwendig ist, um bei einer Zeremonie die anstrengenden Gesänge stundenlang ohne Unterbrechung zu singen.
Auch wenn man das alles in Betracht zieht, dann überwiegen die Belohnungen für das Erlangen von Kraft die Kosten. Eine Person mit Kraft hat die besten Möglichkeiten, sich eine Stellung, gesellschaftliche Kontakte und Respekt zu verschaffen. Sie besitzt ein

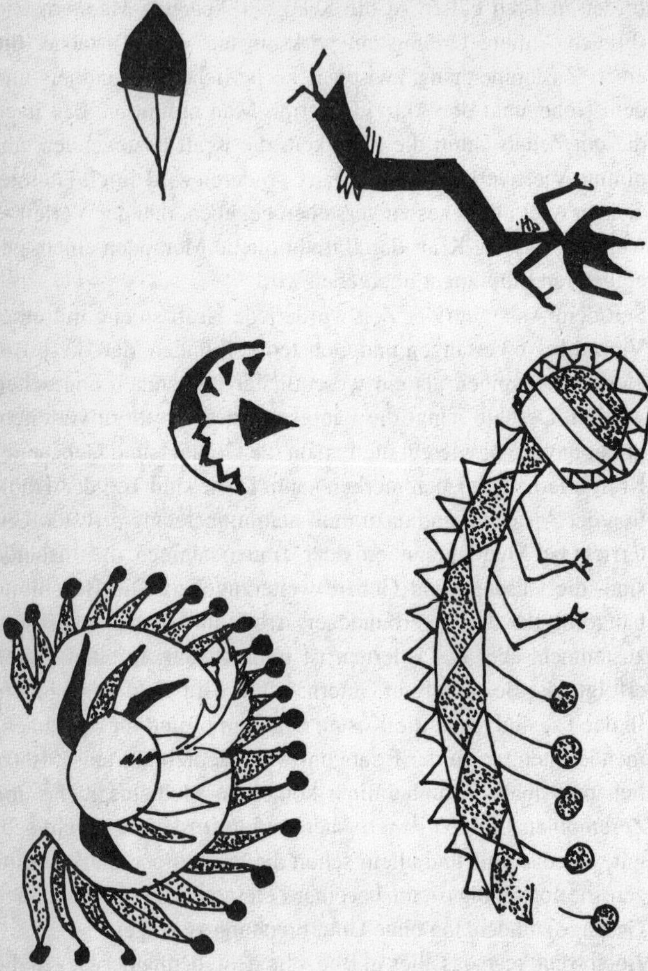

Apachen-Symbole

Gefühl der persönlichen Sicherheit und eine Einnahmequelle. Dazu kommt, daß eine Medizinperson zum Wohl der gesamten Gemeinde beitragen kann, wenn sie ihre Kraft vorsichtig und erfolgreich anwendet und Anschuldigungen, Hexerei zu betreiben, vermeiden kann.

Schutz vor Hexerei

Genauso wie bei den amerikanischen Kolonialisten und den Leuten aus England schien auch bei den Apachen das Thema der Hexerei dann aufgekommen zu sein, als sie versuchten, Unglücke zu erklären und damit fertig zu werden. Nachdem die übernatürlichen Mächte sowohl wohlwollend als auch rachsüchtig sein konnten, nahm man an, daß einige von ihnen sich fast ausschließlich für den letzteren Weg entschieden. Mit Hexerei wurde eine Kraft verbunden; um Hexerei betreiben zu können, mußte eine Person eine Kraft besitzen. Das bedeutete, daß Medizinmänner und -frauen die Hauptverdächtigen waren, zusammen mit einigen privaten Individuen, die aus irgendeinem Grund, den nur sie allein kannten, von jemandem das Handwerk der Hexerei erlernt hatten, der es bereits beherrschte.

Es gibt zwei Arten von Hexen. Die gefährlichsten von ihnen besitzen schwarzmagische und Voodookräfte, die gewöhnlich bei Nacht mit verschiedenen und geheimnisvollen Mitteln praktiziert werden. Diese Kraft kann eine Person oder ihre Besitztümer mit einem »Gift« oder mit Krankheit befallen, was plötzliche und katastrophale Auswirkungen hat. Die andere Kraft hat mit sexuellen Praktiken zu tun und wird Liebesmagie genannt. Sie ist nur dann schlecht, wenn sie mit ihrer ganzen Macht angewandt wird, das heißt also, wenn die normale körperliche Anziehung bis zur Lust gesteigert wird.

Zum Schutz gegen Hexerei werden im allgemeinen Perlen aus Türkisen und Adlerfedern verwendet, die an Gegenstände angebracht und von Personen getragen werden, und auch Blütenstaub der Rohrkolben. Wird eine Person trotzdem davon getroffen, kann sie sich einer Heilungszeremonie unterziehen; in solchen Fällen bevorzugt man Blitz-, Bär- und Schlangenrituale. In den alten Zeiten rief man häufig die Gan-Darsteller herbei, um die Hexen zu bekämpfen, aber heutzutage sind sie finanziell unerschwinglich geworden. In einer Zeremonie messen die Medizinpersonen ihre Kräfte mit denen der Hexe. Sind sie erfolgreich, stirbt die Hexe, oder ihr widerfährt etwas Tragisches, und der Patient erholt sich wieder.

Das Überleben des Glaubens an die Hexerei beruht zum großen Teil auf der Tatsache, daß sie Feindseligkeiten und Unglück erklärt, und er rechtfertigt die Notwendigkeit, die Kultur und traditionellen Zeremonien aufrechtzuerhalten. Außerdem werden damit sexuelle und gesellschaftliche Exzesse entschuldigt, eine Variante der Begründung »Der Teufel zwang mich, es zu tun«. Wer finanziell gut gestellt ist, wird oft besonders verdächtigt. Deshalb veranlaßt der Glaube an Hexerei diese Menschen, derartige Reaktionen dadurch zu vermeiden, daß sie ihren Besitz mit anderen teilen. Weil auch kränkende und überhebliche Personen leicht einen Verdacht auf sich ziehen, ist die Hexerei ein wichtiger Beweggrund, mit der Familie und anderen in Harmonie zu leben. Alles in allem hat der Glaube an die Hexerei also seine negativen wie auch positiven Seiten. Jenen, die ihrer bezichtigt werden, kann er großen Kummer bereiten, aber gleichzeitig ist er eine regulierende Kraft im täglichen Leben.

Das Leben in der Reservation und der Kontakt mit den Engländern bewirkten eine drastische Reduzierung der zeremoniellen Aktivitäten der Apachen. Die meisten der prachtvolleren Rituale, die früher, vor der Reservationszeit, ein wesentlicher Bestandteil des Lebens waren (sie sind in meinem Buch *The People Called Apache* beschrieben), sind in Vergessenheit geraten und verschwunden. Einige Rituale wurden von den Behörden verboten, andere wurden aufgegeben, weil sie nicht mehr länger gebraucht wurden, und wieder andere wurden wegen der damit verbundenen Komplexität und Kosten nicht mehr durchgeführt. Nur die

Sonnenaufgangszeremonie, einige kleinere persönliche Riten und ein paar Heilungszeremonien werden immer noch ausgeführt, aber auch diese seltener als früher. Dennoch sind heute in jeder Reservation Medizinmänner tätig. Trotz Einwände und aufgeworfener Zweifel durch die Christen sind die Apachen nicht bereit, die alten Riten vollkommen aufzugeben.

Die Medizin der Apachen

Ihr Vertrauen in die Riten wird durch die Feststellung von Krankheiten, durch Heilungsverfahren und wirksame Schutzmaßnahmen gegen Schaden bestärkt. Außerdem verstehen die Menschen den Zweck der Zeremonien und betrachten sie nicht als Ersatz für die angloamerikanische Medizin, sondern als eine Ergänzung dazu. Sie benutzen die medizinischen Einrichtungen der Reservationen, sind aber der Meinung, daß ihnen die Rituale helfen, die Ursachen einer Krankheit festzustellen, und sie in einer Weise vor einem erneuten Auftreten schützen, die auf einen Apachen beruhigend wirkt. Während Medizinleute der Apachen oft zugegeben haben, daß sie die Natur einer Krankheit nicht so genau feststellen können wie ein kompetenter Arzt, so ist es Zweck der Zeremonien, die ursprüngliche Ursache des Problems aufzudecken, was also eine Person gedacht oder getan hat, um es hervorzurufen. Manchmal finden sie auch heraus, wo im Körper oder Geist die Krankheit sitzt. Auch wenn ausgebildete Ärzte versagen, führt häufig ein Apachen-Heiler eine Heilung durch. Dadurch, daß Medizinleute ermitteln, was die Krankheit verursachte – wie zum Beispiel die Verletzung eines Tabus oder die respektlose Handhabung einer Kraft –, sind sie in der Lage, ihren Patienten zu zeigen, wie sie ähnliche Probleme zukünftig vermeiden können.

Im allgemeinen ist für die Apachen Krankheit die Folge einer Verletzung einer Kraft. Wie ich schon früher erwähnt habe, steht es den Kräften frei, zu handeln, wie sie wollen, und sie sind nicht immer wohlwollend. Werden sie gekränkt, üben sie manchmal

Vergeltung, indem sie Krankheiten verursachen. Sie handeln nicht böse, denn die Menschen hatten eine Vorwarnung und genaue Anweisungen erhalten, wie sie ein gutes Verhältnis mit den Kräften aufrechterhalten konnten.
Es existieren Hunderte von Tabus, und solange eine Person keines davon verletzt, ist sie sicher. Man soll beispielsweise nicht auf die Spur einer Schlange treten, und man darf auch keine Schlange töten, denn Schlangen sind eine Kraftquelle. Das klingt im ersten Augenblick recht einfach, aber in Wirklichkeit ist dem gar nicht so. Manche Tabus haben zwar einen praktischen Zweck und entsprechen dem gesunden Menschenverstand, doch die meisten fallen nicht in diese Kategorie und sind deshalb weder leicht zu erlernen, noch kann man sie sich leicht merken. Also erhöht sich die Wahrscheinlichkeit, daß man durch Nachlässigkeit oder einen Fehler ein unbekanntes oder vergessenes Tabu verletzt.
Im wesentlichen regelt die Idee der Kraft das Leben der Apachen, weil sie die Menschen dazu bewegt, mit Respekt und in Harmonie mit ihrer Umwelt zu leben. Die verletzte Kraft dringt in dem Augenblick in den Missetäter ein, in dem er das Tabu übertritt. Danach wählt sie einen beliebigen Zeitpunkt, um ihn krank zu machen. Es liegt dann bei ihm, gar nichts zu unternehmen und es darauf ankommen zu lassen, ins Krankenhaus zu gehen oder Hilfe bei einer Medizinperson zu suchen.
Wie schon früher erwähnt, wurde in früheren Zeiten für jeden Aspekt des Lebens eine Fülle wundersamer und geheimnisvoller Zeremonien aufgeführt, und irgendwie fanden die Apachen die Zeit, sie abzuhalten. Während viele davon von Hauptmann John G. Bourke und Albert B. Reagan aufgezeichnet wurden, war keiner der beiden Männer fähig, die tiefere Bedeutung dieser Ereignisse zu ergründen. Fast alle Zeremonien, die sie beobachteten, begannen gegen 21.00 Uhr und dauerten bis zum Morgengrauen. Andere Rituale fingen bei Einbruch der Dunkelheit an, und die Medizin-Rad-Zeremonie, eine von mehreren, in denen

eine riesige und komplizierte Sandmalerei angefertigt wurde, wurde bei vollem Tageslicht angefangen und beendet. Einige Zeremonien dauerten mehrere Nächte lang, während eine Folge verschiedener Rituale ausgeführt wurde.

Heilungszeremonien

Heute werden zwei Arten von Heilungszeremonien durchgeführt. Die ersteren sind kurze Zeremonien, um festzustellen, was die Ursache einer Krankheit ist und was man dagegen machen soll. Sie beginnen gewöhnlich in der Abenddämmerung und enden um Mitternacht oder kurz danach. Die anderen sind lange Zeremonien zur Heilung oder Beseitigung des Problems. Diese beginnen in der Abenddämmerung und dauern bis zum Morgengrauen. Manche davon ziehen sich auch über mehrere Nächte hin, dabei wird die Dauer von der Schwere des Problems bestimmt, vom Erfolg des Medizinmanns und von der Fähigkeit des Patienten oder seiner Familie zu zahlen.

Noch bis zum Jahr 1940 war es der Brauch, die Dienste eines Medizinmanns oder einer Medizinfrau anzufordern, indem man mit Blütenstaub vorn auf seinen oder ihren Mokassin oder Schuh ein Kreuz zeichnete und anschließend eine Anzahlung in Form von Geld, Türkisen oder Adlerfedern auf das Kreuz legte. Hob die Medizinperson die Opfergabe auf, dann zeigte sie ihre Bereitschaft an, die Heilungszeremonie durchzuführen. Je nachdem, wieviel Arbeit damit verbunden war, war es üblich, auch mehr als nur eine Anzahlung zu geben. Es war auch Sitte, mit Blütenstaub einen Halbmond auf die Handfläche der Medizinperson zu zeichnen, wenn ihre Dienste benötigt wurden. Derartige Bräuche waren von Ort zu Ort in der Reservation verschieden und hingen von der Art der Krankheit ab. Heute werden sie nicht mehr immer praktiziert.

Waren die Vereinbarungen für ein Heilungsritual einmal getroffen, wurden die uralten Traditionen wieder wachgerufen. Kurz vor der eigentlichen Zeremonie trifft sich die Medizinperson oder

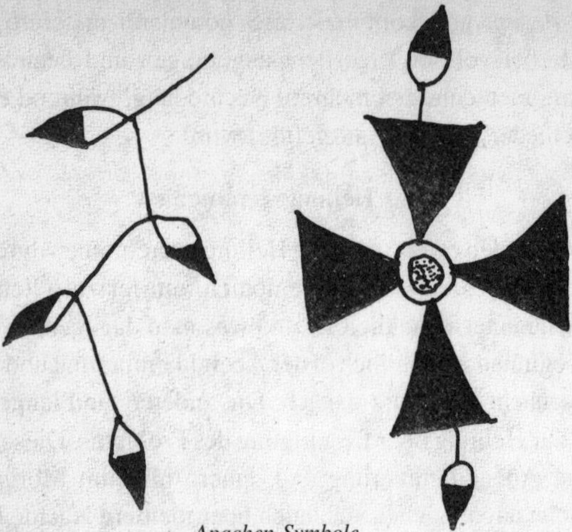

Apachen-Symbole

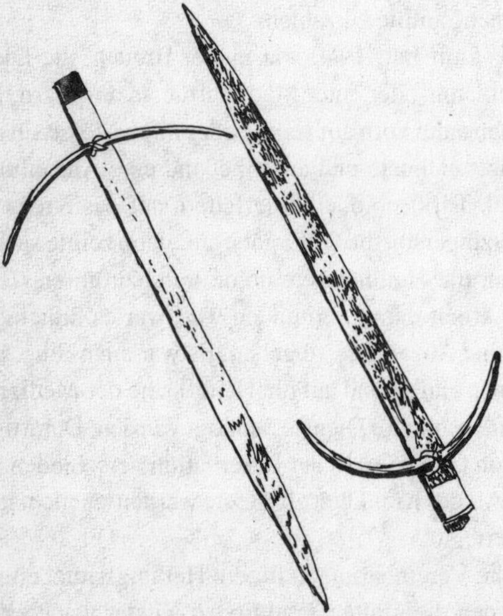

Heilungskreuze der Apachen

ein informierter Älterer mit der Familie oder Freunden und beschreibt den mythischen Ursprung, den Zweck und die vielen Erfolge des Ritus. Die Geschichten sind äußerst dramatisch und bilden einen fesselnden Rahmen für das tatsächliche Ereignis.
Die Zeremonie beginnt mit einer Ermahnung an die anwesenden Personen, reine und harmonische Gedanken zu haben. Das Ritual umfaßt eine Reihe von Dingen, die in der richtigen Abfolge ausgeführt werden müssen, und an bestimmten Stellen muß das Zubehör eingesetzt werden. Gesänge sind zwar das am meisten verwendete Mittel, aber es wird auch eine Anzahl traditioneller Gegenstände benutzt.
Die modernen Medizinmänner stecken als Kennzeichen nur eine kleine weiße Feder an ihr Hemd. In alten Zeiten trugen sie bemalte Medizinhüte und -hemden, und noch andere faszinierende Gegenstände wie vierfädige Schnüre, Medizinhalsbänder und Kreuze.
Während einige Zeremonien ohne Unterbrechung die ganze Nacht hindurch dauern, erreichen andere nach der Hälfte einen Punkt, wenn sich jeder ausruht und etwas ißt. Die Kinder schlafen, die Erwachsenen sprechen leise, und ein paar Stunden lang geschieht wenig. Dann wird wieder mehr Holz ins Feuer gelegt, und die Zeremonie wird bis zum Morgengrauen fortgesetzt. Die Sänger, die der Medizinperson assistieren, sind selbst keine Medizinleute und können Kräfte besitzen oder auch nicht.
In vielen Zeremonien wird eine bestimmte Ausrüstung verwendet, dazu gehören geheimnisvolle Amulette, gewisse Pflanzen oder Körperteile von Tieren. Diese Gegenstände besitzen eine austreibende Kraft und werden am Patienten angewandt, um die Krankheit herauszuziehen. Dazu werden sie entweder gegen den Körper des Patienten gehalten und weggezogen oder als Bürste verwendet, mit der die Krankheit weggefegt wird. Blütenstaub ist die wichtigste Opfergabe in Zeremonien, obwohl in einigen Riten auch Maiskolben benutzt werden. Weiße Muscheln, Türkise, schwarzer Jet und Catlinit verkörpern Kraft und sind von gleicher

Bedeutung, denn jedes wird mit einer bestimmten Himmelsrichtung verbunden. Adlerfedern, besonders jene des Steinadlers, sind auch ein wichtiger Bestandteil der religiösen Utensilien.

Heilungskreuze, wie sie von den Apachen zur Beseitigung von Krankheiten verwendet werden

Zeremonialreifen

Früher wurden hölzerne Zeremonialreifen allgemein verwendet. Sie wurden *Penseh* genannt und in zwei Größen hergestellt: kleine, die nur einen Durchmesser von einigen Zentimetern hatten, und große mit einem Durchmesser von über sechzig Zentimetern. Um die Reifen zu formen, wurden die Enden übereinandergelegt und mit Wildlederriemen zusammengebunden. Sie wurden in Vierergruppen verwendet, dabei war jeder in der Farbe der Himmelsrichtung bemalt, die er repräsentierte: Grün oder Schwarz für den Osten, Blau für den Süden, Gelb für den Westen und Weiß für den Norden. Wurden sie über einen Patienten gehalten und dann weggenommen oder stieg der Patient durch sie hindurch, beseitigten sie Krankheiten. Weißer Salbei, Adlerfedern, Steine und Muscheln wurden an den Reifen festgebunden, um ihnen zusätzliche Kraft zu geben. Auch wurden kreuzförmige Zeremonialstäbe angefertigt, die zwischen einem und eineinhalb Metern lang waren und am oberen Ende ein kurzes, gerades oder gebogenes Querstück hatten. Diese waren mit symbolischen Linien und Figuren – wie Gottheiten, Tieren, kosmischen Symbolen und Blitzen – bemalt. Legte man sie einem Patienten auf und hob sie wieder hoch, entfernten auch sie die Krankheit. Gewöhnlich wurden Heilungszeremonien nur für jeweils eine Person abgehalten, aber es gibt Riten für Gruppen, mit denen Epidemien abgewehrt werden. Einige Zeremonien sind zum Schutz da und finden im Frühjahr und Sommer statt, wenn Blitze und Schlangen, Skorpione und andere giftige Lebewesen vorhanden sind. Die Blitzzeremonie wird für eine Gemeinde abgehalten, wenn man glaubt, daß böse Kräfte am Werk sind; sie kann auch Regen bringen.

Wenn die Umstände es rechtfertigten und wenn der Patient es sich leisten konnte, dann wurden die ehrfurchtgebietenden Gan-Tänzer aufgefordert zu tanzen. Sie wurden für ihre Rolle in den Heilungsritualen von einem Medizinmann vorbereitet, der die Macht dazu hatte. Die Geschichten, die heute von Informanten der Western-Apachen hinsichtlich des Ursprungs der Gans erzählt werden, unterscheiden sich in geringfügigen Einzelheiten voneinander, ähneln aber im wesentlichen der folgenden.

Am Anfang holte das Oberste Wesen, Geber des Lebens genannt, die Apachen aus der Mitte oder dem Inneren der Erde hervor und führte sie hinauf zu dem Land, wo sie leben sollten. Nachdem sie dort angekommen waren, hatten sie die Anweisung erhalten, sich ehrfurchtsvoll als ein Teil der Natur zu benehmen, das Land zu schützen und besonders alle Lebewesen zu hegen und zu pflegen. Aber die Apachen waren wie alle Menschen begrenzt und verletzbar, und so erlagen sie schließlich der Verderbtheit und Derbheit, mit denen sie von den bösen Kräften in Versuchung gebracht wurden.

Heilungsreifen, wie sie von den Apachen benutzt werden, um Krankheiten zu beseitigen

Der besorgte Geber des Lebens sandte nun die Gans als seine Abgesandten, damit sie die Apachen lehrten, ein besseres Leben zu führen. Die Menschen lernten in unmißverständlichen Worten, wie sie anständig und ehrenhaft leben, wie sie die Kranken heilen, wie sie gerecht regieren, wie sie wirkungsvoll und verantwortlich jagen, wie sie pflanzen und ernten und wie sie jene bestrafen sollten, die nicht so lebten, wie der Geber des Lebens es von ihnen verlangte.

Die Gans eröffneten ihnen auch, daß sie die Macht hatten, den Apachen zu helfen oder ihnen zu schaden, und die von ehrfürchtiger Scheu ergriffenen Menschen versuchten nun, so zu leben, wie man es ihnen aufgetragen hatte, eine Zeitlang wenigstens. Dann erlagen sie wiederum der Versuchung und verfielen in ihre böse Lebensweise. Die Gans waren mit den Apachen äußerst unzufrieden und entschlossen sich, sie zu verlassen und sie die bitteren Früchte ernten zu lassen, die sie zu Recht verdienten (die Schatten von Eden, die Sintflut und die Römer 1, 18 bis 2, 11!). Aber die Gans waren gütige Geister, die immer noch Hoffnung für die Menschen hatten, und deshalb zeichneten sie Bilder von sich auf die Oberflächen von Felsen in den Heiligen Höhlen und in ihrer Umgebung. Diese Zeichnungen kann man heute noch sehen. Als sie fertig waren, betraten die Gans die Heiligen Höhlen und drangen tief in die Heiligen Berge ein, bis sie den Ort erreichten, an dem die Sonne selbst dann noch schien, wenn die Erde aufgrund der Unwissenheit der Menschen in Dunkelheit getaucht war, den Ort, an dem immer Freundlichkeit und Friedlichkeit herrschte.

Die niedergeschlagenen und reuigen Apachen studierten die Zeichnungen für lange Zeit und machten sich viele Gedanken über die böse Natur des Menschen und ihre traurigen Früchte. Schließlich entschlossen sie sich, die Gan-Tänzer darzustellen und damit den Versuch zu machen, so zu leben, wie der Geber des Lebens es wünschte. Sie ahmten den prachtvollen Kopfschmuck, Röcke und Mokassins nach, die auf den Felsen dargestellt waren, und benutzten all dies bei der Aufführung der mächtigen Tänze, die die Gans sie gelehrt hatten. Auf diese Weise entstanden die Gan-Tänze, und so bestehen sie auch heute noch.

Gan-Tänzer

Der Kronen- oder Gan-Tanz wird genauso aufgeführt wie schon immer. Vier Tänzer bilden eine Gruppe, dazu kommt der Clown. Die Identität der Darsteller wird geheimgehalten, und wer diese

Regel des Nichterkennens bricht, »macht Ärger« und wird scharf zurechtgewiesen. Jeder Tänzer wählt den Kopfschmuck und das Kostüm nach seinem eigenen Geschmack, aber der Medizinmann sagt ihm, welche Materialien er verwenden und wie er den Kopfschmuck machen soll. Die Masken sind ganz verschieden: Die der Western-Apachen sind aus breiteren Brettern gemacht und variieren mehr als die der Chiricahua und Mescalero. Schwarz, Blau, Gelb und Weiß repräsentieren die vier Himmelsrichtungen. Auf jeder Maske ist eine Figur, die auf den Clan des Tänzers hinweist. Während ein Informant behauptete, daß alle Verzierungen mit einer Adlerfeder auf das Kostüm gemalt werden, die dann sauber gewaschen und auf dem Gesicht der Maske angebracht wird, sagen andere, daß häufig gewöhnliche Pinsel verwendet werden. Immer wird am dicken Ende der Adlerfeder oder des Pinsels, die zum Malen benutzt werden, ein blaugrüner Stein befestigt. Schwarze oder türkisfarbene Steine werden innen in den Stoffteil der Maske eingenäht. Bei Heilungsritualen hat manchmal jeder Tänzer einen Stein in seinem Mund, den er auf die kranke Person spuckt. Gelbe Schmetterlinge, die auf den hölzernen Teil des Kopfschmuckes eines Tänzers gemalt waren, »Hörner« genannt, sollen angeblich die Menschen daran erinnern, daß zu ihren Vorvätern Schmetterlinge gehörten. Die Sterne, Sonne und Mond, die auf den hinteren Teil der Maske und auf die Brust des Tänzers gemalt waren, waren »hell«, um verärgerte Kräfte zu verscheuchen. Ein Kreuz, umgeben von einer roten Linie, repräsentiert den Geber des Lebens und die Sonne, die durch ihn scheint. Die gemalten, weißen Punkte auf dem Rahmen des Kopfschmuckes und auf dem Körper des Tänzers zeigen ein reines Herz an. Weiße Dreiecke auf dem Körper stehen für die Heiligen Berge oder die Zähne eines Tänzers. Eine rote, auf den Kopfschmuck gemalte Sonne kennzeichnet den vierten Tänzer, und ein Kreuz über der Sonne symbolisiert den Sieg der in der Zeremonie verwendeten Tierhörner über die bösen Kräfte. Eine grüne Sonne auf beiden Seiten des Kopfschmuckes sagt dem

Tänzer, »wohin er gehen soll«. Auf den Kopf gestellte Dreiecke auf einer Maske symbolisieren den Felsen, auf dem nur der Medizinmann sitzen darf.

Der gesamte Körper des Clowns ist weiß und mit schwarzen Punkten bemalt. Manchmal ist in der Mitte seiner Maske eine Schlange gemalt. Gelegentlich ist er der einzige Tänzer, der Zweige eines Nadelbaums um seine Taille und Handgelenke gebunden hat. Jedoch tragen die anderen Tänzer während der Heilungsriten für manche Krankheiten und während der Sonnenaufgangszeremonie auch Zweige eines Nadelbaums. Alle schädlichen Geister fahren in die Zweige hinein, und nach dem Tanz trägt der Clown die Zweige weg und verbrennt sie. Die Bemalung des Clowns versinnbildlicht den Hirsch, der das symbolische Pferd des Clowns ist.

Die Stäbe der Gans der Western-Apachen sind reicher verziert als die der Chiricahua und Mescalero. Sie sind entweder auf die verschiedenste Weise bemalt oder ganz unbemalt. Sie sind aus dem Stiel einer Agave oder Yucca gemacht, variieren in der Länge von 0,6 bis 1,2 Metern und sind leicht gebogen. Wurde der Kopfschmuck früher auch aus den Stielen der Agave hergestellt, so bestehen die modernen Versionen häufig aus dünnen Latten vom Holzhändler oder aus Sperrholz und werden mit gekauftem Emaillack bemalt. Auch sind sie selten so kunstvoll, fein und meisterhaft wie der phantastische Kopfschmuck der frühen Jahre. Die Gan-Tänzer von heute halten an dem Brauch fest, ihre Kostüme nach dem Tanz an einem geheimen Ort auszuziehen und sie dann in einer Heiligen Höhle zu verstecken. Über die Kostüme werden Gebete gesprochen, und manchmal werden auch die Lederriemen, mit denen sie zusammengebunden sind, aufgeknotet, um zu verhindern, daß sie getragen werden, falls jemand sie finden sollte. Das erfolgt deshalb, weil die Western-Apachen glauben, daß jemand, der kein Tänzer ist und den Gan-Kopfschmuck aufsetzt, verrückt wird.

Es ist wichtig, unsere Betrachtungen über die Pfade der Apachen damit abzuschließen, daß wir die Bedeutung ihrer Heilungszeremonien hervorheben, so wie sie sie sehen. Wenn sich Außenstehende Gedanken über die Heilungszeremonien der Apachen machen, dann neigen sie dazu, sich nicht direkt mit tatsächlichen und überraschenden Heilungen auseinanderzusetzen, sondern betonen lieber die psychologischen Vorteile. Da wir für erstere über keine einleuchtenden Erklärungen im Rahmen der herkömmlichen Medizin verfügen, lassen wir diese beiseite und beschäftigen uns nur mit den geistig-seelischen Aspekten.

Ich will damit nicht andeuten, daß der psychologische Aspekt weniger wichtig ist. Ganz im Gegenteil, die Medizin ist sich schon vor langer Zeit bewußt geworden, daß viele körperliche Beschwerden »Nebenprodukte« bzw. Folgen psychischer Störungen sind.

Auch die Apachen haben diese Erfahrung gemacht, und sie haben erkannt, daß man psychische Störungen mit Hoffnung durchbrechen oder ersetzen – durch die Überzeugung, daß die Zeremonie den Patienten gesund machen wird – und damit einen wesentlichen Schritt in Richtung Genesung tun kann. Die Zeremonien der Apachen sind so angelegt, daß sie diesen positiven Schritt erreichen. Sie beschäftigen die Gedanken des Patienten auf positive Weise, führen innere Ruhe herbei, verleihen Stärke, indem sie den Willen, gesund zu werden, festigen, und sie versichern, daß Familie und Freunde sich wirklich sorgen.

Tradition und persönliche Erfahrung waren immer schon die Prüfsteine der Heilung der Apachen. Jeder lernte von Kindheit an von den unerschütterlichen Wurzeln des Apachen-Glaubens. Sie wuchsen auf, indem sie an zahlreichen Zeremonien teilnahmen, und sie wurden Zeugen vieler Heilungen. Die Medizinperson hatte als wesentlicher Teil des Heilungsprozesses einen festen Platz in ihrem Leben, und ihre Kräfte waren jedem bekannt. War die Entscheidung, sich einer Heilung zu unterziehen, erst einmal gefaßt, wurde das Schwergewicht ganz und gar auf positive Ergebnisse gelegt.

Beteiligung und positive Gedanken

Nachdem eine Medizinperson beschafft worden war, wurden der Patient und alle, die an dem Ritus teilnehmen würden, intensiv in die traditionellen Einzelheiten verwickelt. Sie wußten, daß der Erfolg sicher war, wenn diese auf angemessene Weise ausgeführt wurden. Jeder tat irgend etwas gegen die Krankheit, und alle Handlungen waren sorgfältig aufeinander abgestimmt.

Lange bevor die eigentliche Zeremonie begann, hielt die Medizinperson einen Vortrag über den Nutzen der Zeremonie und über die alten Lehren, die damit verbunden waren. Auf diese Weise schärfte sie dem Patienten die Notwendigkeit ein, positive Gedanken zu haben. Dann, wenn sich der Zeitpunkt des Ereignisses näherte, mußte der Platz, an dem die Zeremonie abgehalten werden sollte, ausgewählt werden; die Frauen kochten, die Männer sammelten Feuerholz, Einladungen an Gäste wurden ausgesandt, und die Zeremonialgegenstände wurden zusammengetragen und vorbereitet.

Es nahmen all jene teil, die sich auch wirklich Sorgen machten. Alle, die dem Patienten wichtig waren, waren anwesend, und jeder beteiligte sich auf irgendeine Art. Die Vorbereitung des Essens dauerte an, und es wurden viele Reden über richtiges Verhalten und gute Gedanken gehalten. Von den Männern erwartete man, daß sie sich am Singen und Trommeln beteiligten. Alle nahmen an den Blütenstaub-Segnungen und an den wichtigen gesellschaftlichen Tänzen teil. Durch diese Tätigkeiten lehrte man die Kinder die wichtigen Lehren von Glauben und Gebet.

Die Betonung lag auf der Beteiligung, und dies brachte die gesündesten Ergebnisse, die möglich waren. Das Ritual bei Nacht abzuhalten hatte den Vorteil, daß die Menschen während dieser Zeit nicht durch die üblichen Dinge abgelenkt wurden, die sie bei

Tag tun und sehen konnten. Die Dunkelheit schuf eine Aura des Wunderhaften und weckte spirituelle Gedanken. Sogar die Dauer der Zeremonie war ein wichtiger Faktor. Die Zeremonie dauerte die ganze Nacht, lange genug, daß alle Personen und jeder Aspekt des Ritus allmählich und zunehmend in das Geschehen eingeführt und hinausgeführt wurden.

Apachen-Mädchen bei der Sonnenaufgangszeremonie

Die Apachen glauben, daß die Kräfte am besten in einer positiven Atmosphäre der Heiterkeit wirken. Eine entgegengesetzte Haltung vermittelt den Eindruck von Zweifel und Niederlage. Unter den Gästen gab es demnach wenig Zurückhaltung, und äußere Beobachter, die die Situation nicht begriffen, kritisierten oft, daß sie ihrer Freude Ausdruck verliehen. Als das Heilungsritual voranschritt, unterhielten sich die Erwachsenen, die nicht unmittelbar beteiligt waren, miteinander, lachten und machten Witze; einige Männer und Frauen suchten nach dem Getränk Tulapai (das die Apachen aus Kakteen gewannen) und tranken davon, soviel sie konnten. Die Kinder liefen und schrien inmitten von alldem ungezwungen umher.

Der Beginn einer lebenslangen Freundschaft

Heilungen werden auch heute noch so durchgeführt. Für diejenigen, die sich fragen, wie eine religiöse Zeremonie am wirkungsvollsten sein kann, empfiehlt sich diese Methode sehr. Eine Apachen-Heilungszeremonie war häufig der Anfang einer engen und lebenslangen Freundschaft zwischen der Medizinperson und dem Patienten. Bewirkte eine Zeremonie keine Heilung, dann fügte das dem Ruf der Medizinperson nur dann nicht mehr wiedergutzumachenden Schaden zu, wenn sie am Anfang in bezug auf den Erfolg allzu zuversichtlich gewesen war. Fehlschläge konnten gewöhnlich durch die Vermutung erklärt werden, daß die Medizinperson zu spät aufgesucht worden oder daß Hexerei mit im Spiel war. Auch kann, wie Renzie in Zusammenhang mit den Heilungen des Mädchens der Sonnenaufgangszeremonie erklärt hatte, die Heilung erfolgreich gewesen sein, sich ihre Auswirkung aber erst später zeigen. Deshalb muß sich der Patient vor Nachlässigkeiten hüten, indem er die Schutzamulette trägt, die er von der Medizinperson erhalten hat, und die immer gegenwärtigen Tabus beachtet.

Die Menschen waren sich bewußt, daß die Medizinperson nicht in jedem Fall erfolgreich sein mußte, deshalb waren in den traditionellen Prozeß bereits Entschuldigungen eingebaut. In manchen Fällen wurden mehrere Medizinleute aufgesucht, bevor eine Genesung erfolgte, und manchmal trat sie nie ein. Selbst wenn man die Tatsache berücksichtigt, daß die Verzweiflung die Menschen nach Hilfe suchen läßt, so dürften die Heilungszeremonien wohl kaum bis zur heutigen Zeit überlebt haben, wenn sie nicht in gewisser Hinsicht für die Patienten und das Volk als ganzes von Nutzen gewesen wären.

Im dritten Teil dieses Buchs wirst du Gelegenheit haben, selbst einige der Apachen-Pfade auszuprobieren, um zu heilen und um dein Leben auf großartige Weise zu verändern. Ich bin sicher, daß dich die Ergebnisse mehr als nur überraschen werden. Du wirst entdecken, wenn man sich Dinge aus alten Zeiten aneignet, über sie nachdenkt und anwendet, dann erwachen sie erstaunlicherweise auf machtvolle Weise zum Leben.

Kapitel VIII

Die Pfade der Sioux

Der Sonnentanz der Sioux

Der zentrale Pfad der Sioux-Nation war und ist immer noch der Sonnentanz. Niemand weiß, nicht einmal die Sioux selbst, wie alt diese Zeremonie ist oder was ihre früheste Form war. Jedenfalls wurde sie bereits abgehalten, als die ersten weißen Forscher im 18. Jahrhundert das Land der Sioux betraten.

Ich hatte das besondere Privileg, jene zwei Männer zu meinen engen Freunden zu zählen, die die bekanntesten und bestinformierten Leiter der Sonnentänze in diesem Jahrhundert in Pine Ridge und Rosebud waren: Fools Crow und Eagle Feather, dessen englischer Name Bill Schweigman war. Weil sie die Information für die Nachwelt erhalten wollten, entschlossen sich die zwei Männer, ohne daß ich sie dazu überreden mußte, mit mir über die innersten Einzelheiten des Tanzes zu sprechen und sie mir zu zeigen. Dieses Material habe ich zur Gänze in meinem Buch *Sundancing at Rosebud and Pine Ridge* veröffentlicht.

Den zwei Männern zufolge, untermauert von älteren Quellen, ist der Sonnentanz ein Ritus der Wiedergeburt, Erneuerung, Fortpflanzung und Danksagung. Während er im Hochsommer abgehalten wird, wenn die Sonne ihre volle Stärke erreicht, beginnen die Vorbereitungen für die alljährliche Feierlichkeit bereits im Frühjahr. Sie werden in der Zeit in Angriff genommen, wenn sich Mutter Erde und Sonne zusammentun, um »Kaltmacher« zu vertreiben, und dann wieder neues Wachstum und neues Leben im allgemeinen hervorbringen und nähren.

Der Sonnentanz wird in einem großen, offenen Kreis abgehalten, an dessen Rand eine schattige Laube verläuft, unter der sich Sitze für die Zuschauer befinden. In seiner Mitte wird ein hoher Cottonwood-Baum aufgestellt, der heilige Sonnentanzbaum, auch Sonnenpfahl genannt. Der Platz wird bereits früh im Jahr ausgewählt, und auch gewisse Einzelheiten werden im Frühjahr erledigt, aber die eigentliche Zeremonie findet während vier Tagen im Sommer statt. Dann gehen ihr weitere acht Tage der intensiven Vorbereitung voraus. Die Tänzer müssen sich nach Beendigung der Zeremonie noch vier Tage lang bestimmten Einschränkungen unterwerfen. Alles in allem beansprucht sie also sechzehn Tage. Zur ordentlichen Durchführung des Sonnentanzes gehört, daß am letzten Tag – und manchmal an einem oder mehreren anderen Tagen – Männern, den sogenannten »Gelobenden«, zwei hölzerne Spieße (oder manchmal Adlerkrallen) durch die Haut der Brust gebohrt werden. An diese Spieße wird dann ein festes Seil angebunden, dessen anderes Ende am Sonnenpfahl festgemacht wird. Die Männer bilden einen Kreis um den Sonnenpfahl und gehen viermal nach vorne, um ihre Hände auf ihn zu legen und zu beten. Dann reißen sie, so stark sie können, an den Seilen, bis es ihnen schließlich gelingt, die Spieße loszureißen. Bei einer anderen Methode werden zwei Spieße auf dem Rücken auf Höhe der Schulterblätter unter die Haut gebohrt. Daran werden mit Lederriemen schwere Bisonschädel angebunden und dann so lange herumgezogen, bis durch ihr Gewicht die Spieße losreißen.

Fruchtbarkeitssymbole der Sioux,
wie sie auf dem heiligen Baum des Sonnentanzes verwendet werden

Als uneingeweihter Außenstehender kann man sich leicht vorstellen, wie entsetzt die ersten Missionare von dieser Marter als Teil des Sonnentanzes waren. Ohne den geringsten Versuch zu machen, seine volle Bedeutung für die Sioux zu verstehen, unternahmen sie sofort alles in ihrer Kraft Stehende, um der Zeremonie ein Ende zu setzen. Gegen 1890 glaubten sie, ihr Ziel erreicht zu haben. Aber dem war nicht wirklich so, denn in den Augen der Sioux hatte der Sonnentanz einen zu wesentlichen Anteil an ihrem Wohlergehen und Überleben, als daß sie seine Ausrottung zulassen konnten. Heimlich hielten sie ihn in abgelegenen Gebieten der Reservationen weiterhin ab.

Die Gründe, warum sie den Sonnentanz fortführten, erklären sich bereits aus dem, was ich über die Zwecke oder Ziele dieses Tanzes erwähnt habe: alljährliche Wiedergeburt, Erneuerung, Fortpflanzung und Danksagung. Die Tatsache, daß die Missionare nicht versuchten, diese Gründe zu verstehen, änderte nichts an den Bedürfnissen und Überzeugungen der Sioux. Der Aspekt der Marter des Tanzes war nicht annähernd so schrecklich, wie sich die Missionare das vorstellten. Der Schmerz hatte einen Zweck, aber es floß überraschend wenig Blut. Niemand starb dabei, und keiner litt nach Ende des Tanzes lange an den Wunden.

Der Sinn dieses Abschnitts des Tanzes lag darin, daß ein paar Männer, zusammen mit einigen Frauen, die Haut ihrer Arme als Fleischopfer gaben, stellvertretend den Höheren Wesen im Namen des gesamten Stammes danken konnten – auf eine Art und Weise, deren Aufrichtigkeit nicht in Frage gestellt werden konnte und die für alle klar erkennbar war.

Ein einfaches, gesprochenes »Wir danken euch« reichte den Sioux nicht aus. Jemand mußte es auf eine Art sagen, in der tief empfundene Aufrichtigkeit unmißverständlich zum Ausdruck kam. Nicht einmal die römisch-katholischen Priester, deren Orden früher auch Geißelungen und andere Formen der Selbsttorturen praktizierten, machten einen Versuch, das zu verstehen. Für sie war die Opferhandlung heidnisch und barbarisch, und sie stellten sofort fest, daß sie in keiner Weise von Gott gegeben sein oder von ihm akzeptiert werden kann. Das schlimmste an dieser allgemeinen Verurteilung war, daß sie sie auch für die Werte der restlichen Zeremonie blind machte, und sie enthält noch viele andere.

Interessant ist, daß römisch-katholische und einige protestantische Missionare nach einem Jahrhundert des Zusammenlebens mit den Sioux schließlich erkannt haben, daß sehr vieles für die traditionellen religiösen Bräuche der Eingeborenen spricht. Auf den Reservationen sind heute viele von diesen in die kirchlichen Riten und Lehren eingegliedert.

Solltest du dich an dieser Stelle jetzt etwas wundern, dann muß betont werden, daß ich nicht vorschlage, daß du dich wie die Sioux durchbohren oder dich beim Folgen der Pfade irgendeiner anderen Form der Selbstgeißelung oder Selbstbestrafung unterziehen sollst. Auch empfehle ich dir nicht, stundenlang in der glühenden Sonne zu tanzen, wie das die Sonnentänzer machen, wenn sie sich nicht durchbohren. Diese Bräuche dienen allein den Sioux und den anderen Plains-Stämmen, die denselben Tanz in mehreren verschiedenen Formen aufführen. Dir werden einige der anderen Aspekte des Tanzes und die positiven Handlungen und Gedankenmuster von Nutzen sein, die damit Hand in Hand gehen. Diese werde ich jetzt und dann im dritten Teil beschreiben.

Die Vorstellung der Sioux von der jährlichen Erneuerung hatte eine ähnliche Wirkungskraft wie die des alten Zeremoniallebens der Cherokee. Nach den langen und bitterkalten Wintern des Mittelwestens warteten sie ungeduldig auf die ersten Anzeichen des wiederkehrenden neuen Lebens und Wachstums. Da den Menschen gelehrt wurde, sich als Teil der Natur zu sehen, empfanden sie das Frühjahr als eine Zeit, in der auch sie an der Freude teilhaben und die Kraft für Wiedergeburt, Erneuerung und Fortpflanzung, die die Höheren Wesen gewährten, zu sich herabrufen konnten. Die Dankbarkeit bezog sich auch darauf, daß sie den Winter überlebt hatten.

In den Tagen bevor die Sioux von Reservationsgesetzen eingeengt und ihr Zeremonialleben unterdrückt wurde, widmete sich der Sonnentanz offen und freudig jedem der folgenden Anliegen: der Erneuerung der Kraft, indem sie sich als wiedergeboren betrachteten, so daß das gesamte Leben und seine Möglichkeiten frei von früheren Problemen waren und ihnen uneingeschränkt offenstanden; der Erneuerung der Kraft, indem sie durch Rückerstattung, Wiederherstellung und Wiederbelebung abermals neu, frisch und stark wurden; der Erneuerung der Kraft der Fortpflanzung, indem sie sich weiter vermehrten, sowohl Kinder als auch kreative Ideen zeugten und hervorbrachten, die die Langlebigkeit der Familie und der Nation garantierten; der Erneuerung der Kraft der Danksagung, indem sie in angemessener Weise den wohlwollenden und beschützenden Wesen Dankbarkeit ausdrückten, die die Gebete der Menschen dadurch erhörten, daß sie ihnen die Kraft verliehen, ihre Wiedergeburt, Erneuerung und Fortpflanzung zu verwirklichen.

Danksagung

Bei der Betrachtung der Pfade der Sioux muß man sich immer vor Augen halten, daß sich die Begeisterung und Hingabe der Menschen auf ihren Glauben stützten, gemeinsam mit der ganzen Schöpfung zu feiern. Beim Tanzen hatten sie die feste Vorstellung, daß die gesamte Welt und die Himmel mit ihnen tanzten und daß sich eine Orgie gegenseitiger Segnungen ereignete. Zusätzlich zu den persönlichen Belohnungen, die ihnen zuteil wurden, hatten die Menschen dadurch das Gefühl, daß sie wichtig waren und gebraucht wurden. Sie leisteten einen Beitrag und fühlten, daß es sich lohnte. Ihre Gedanken und ihre Liebe wurden geschätzt. Ihre Weisheit hatte einen Wert. Es versteht sich von selbst, daß sie sich demnach beim Tanzen sehr gut fühlten. Sie waren glücklich und geborgen.

Im wesentlichen war der gesamte Tanz ein Gebet, das sich aus Bitten, Anerkennung und Dankbarkeit zusammensetzte. Jeder

Abschnitt des Tanzes widmete sich dem einen oder anderen dieser Aspekte.

Wiedergeburt, Erneuerung und Heilung

Mit der Wiedergeburt setzten sie sich auseinander, wenn die Tänzer barfuß tanzten, um sich mit Mutter Erde zu vereinen, wenn diese die gesamte Natur neu zur Welt brachte: Boden, Vegetation, Flüsse, Bäche, Fische und die Vogel- und Tierwelt. Da die Tänzer barfuß waren, bestand keine Schranke, die verhinderte, daß sie ihnen die Kraft der Wiedergeburt verlieh. Um ihre Knöchel, Handgelenke und den Kopf trugen die Tänzer geflochtene Bänder aus heiligem Salbei, die böse Geister daran hinderten, in sie einzudringen und die Macht des Tanzes zu beeinträchtigen. Manchmal trugen sie als Gebet für den Fortbestand der Tierherden auch Armbänder aus Bisonhaut. Das Trommeln, das die Tänzer begleitete, war die Stimme von Mutter Erde, die den Menschen ihre Worte der Ermutigung, Billigung und Liebe sandte. Der Baum selbst, der für dieses Ereignis rituell gefällt wurde, symbolisierte durch sein Sterben eine Übergangsperiode – der Tod des Alten ging vonstatten, und wenn die vier Tage des Tanzens vorüber waren, dann würde für die Sioux das Neue beginnen.

Mit der Erneuerung befaßten sie sich, wenn die Tänzer in der Sonne tanzten und ihre wohltätige Kraft und Stärke in ihren Geist, Körper, Herzen und Seelen aufnahmen. Jene, die tanzten (und durch sie alle Mitglieder der Nation), waren erfüllt von dem Licht und der Erleuchtung, die notwendig waren, um zu wachsen, zu gedeihen, schön zu sein und zu überleben. Es war derselbe Vorgang wie für die Wesen in der Pflanzenwelt. Auch sie holten Kraft und Beistand aus den vier Himmelsrichtungen, deren Position für den Sonnentanz mit jeweils zwei Fahnen markiert war, die am Rand des Kreises aufgestellt wurden: Rot für den Norden, Gelb für den Osten, Weiß für den Süden und Schwarz für den Westen. Die Sonne verlieh den Tänzern auch Heilkräfte, und

zumindest einmal im Verlauf eines jeden Tanzes wurden für alle Zuschauer, die darum baten, Heilungen durchgeführt.
Während des Tanzes wurden auf verschiedene Arten Gebete von einzelnen oder von Gruppen dargereicht. Eine Art war das Beten durch Singen von Liedern, die von den Sängern gesungen wurden, welche die Tänzer begleiteten. Eine zweite Art war das Blasen von Pfeifchen, die aus dem Flügelknochen eines Steinadlers hergestellt wurden; die dritte die Verwendung der Heiligen Tabakpfeife eines jeden Tänzers: Ihre Köpfe symbolisierten die Erde, ihre Stiele alles, was auf der Erde wächst, ihre Schnitzereien auf den Stielen alle vierbeinigen Kreaturen, die daran hängenden Federn alle fliegenden Kreaturen, ihr Tabak das gesamte Volk der Sioux, und ihr süßlich riechender Rauch, ja sogar allein schon die Gegenwart der Pfeife trug Gebete hinauf zu Wakan Tanka. Die vierte Art war das Beten durch den Fürsprecher, die den Tanz leitende Person, die in bestimmten Abständen Gebete darbrachte. Die fünfte Möglichkeit war das Anbringen langer Streifen aus farbigem Stoff am unteren Ende des Baums. Jede Farbe war in sich selbst ein Gebet, und wer großes Wissen besaß, verstand ihre Bedeutung. Heute wird zusätzlich immer eine Farbe hinzugefügt, die ein Gebet für das Wohl und die Zusammenarbeit aller Rassen dieser Welt darstellt: der schwarzen, weißen, gelben und roten. Zwei fahnenartige, rote Stofftücher, die die Blutsverwandtschaft der Sioux-Nation symbolisieren, werden auf die höchsten Äste des Baumes gehängt und flattern im Wind. Wie bei den Pahos der Hopi beginnt ein Stück Stoff mit der Darbringung seiner Gebete, sobald es am Baum festgemacht ist, und setzt diese Gebete während der vier Tage des Tanzes fort. Die Fleischopfer, die männliche und weibliche Tänzer darbieten, werden in kleine Stoffpäckchen eingewickelt, an lange Stricke gebunden und als individuelle Gebete am Baum festgemacht.

Fortpflanzung, Vorkehrung und Reinigung

Wenn es um die Fortpflanzung ging, dann wurden zwei aus

ungegerbtem Leder hergestellte Symbole an den belaubten Ästen am Baumwipfel angebracht. Die Tänzer konzentrierten sich in einer bestimmten Phase des Tanzes auf jeweils eines. Nicht immer, aber in den meisten Fällen war auf diesen Symbolen ein großer Phallus dargestellt, der die Fortpflanzung symbolisierte. Das eine Symbol war das Abbild eines Mannes und war rot oder schwarz bemalt. Das andere war ein in schwarzer Farbe gemalter Bison. Manchmal ersetzte die Figur eines Vogels, der Donner darstellte, den Bison. Gleich unterhalb der niedersten Äste wurde quer ein langes Bündel festgebunden, das aus Zweigen eines Kirschbaums bestand, die in einer Haut eingewickelt waren und noch ihre Knospen trugen. Auch dies symbolisierte fortdauerndes Leben durch Fortpflanzung.

Wenn die Tänzer und die begleitenden Musiker ihre Gedanken und Gebete auf die Symbole konzentrierten, dann durchdachten sie und sangen über Angelegenheiten, die mit der Fortführung des Lebens verbunden wurden. Das bezog sich hauptsächlich darauf, wie die Höheren Wesen die Menschheit segneten und wie sie sie in jeder Jahreszeit mit dem versorgten, was sie brauchten, das galt besonders für die Bisons und den Regen, von denen die Existenz der Sioux so stark abhängig war. Zusätzlich zu den Symbolen aus ungegerbtem Leder stellte der Fürsprecher am westlichen Ende des Tanzkreises einen kleinen symbolischen Altar auf. Dieser umfaßte einen bemalten Bisonschädel, der auf einem Bett von heiligem Salbei lag, zwei schwarze Fahnen und einen Pfeifenständer, wo die Heiligen Pfeifen der männlichen Tänzer abgestellt wurden, wenn diese sie nicht benutzten.

Autoren, die über den Sonnentanz schreiben, bemerken häufig, daß in früheren Zeiten jene Männer und Frauen gelobten, den Tanz mitzumachen und das Durchbohren und die Fleischopfer auf sich zu nehmen, die sich in Krisenzeiten durch ein Gelöbnis dazu verpflichtet hatten. So schwor vielleicht ein Mann, dessen Leben im Kampf gegen einen Feind in Gefahr war, Wakan Tanka, falls er überleben würde, im darauffolgenden Jahr am Sonnentanz teilzunehmen. Aber Tänzer in diesem Jahrhundert tun es oft Jahr für Jahr einfach, um ihren Glauben an die traditionellen Überzeugungen zu bekunden. Ich vermute, daß dies auch auf einige Gelobende in früheren Zeiten zutraf.

Als Vorbereitung für den zeitgenössischen Sonnentanz kommen der Fürbitter, seine Helfer und oft auch die Gelobenden in Schwitzhütten zusammen, um sich zu reinigen und um den Segen Wakan Tankas zu erbeten. Hat der Tanz einmal begonnen, wird jeden Tag vor Sonnenaufgang ein Reinigungsritual in einer Schwitzhütte abgehalten, die auf der westlichen Seite außerhalb des Tanzkreises aufgestellt wurde. Später gehe ich noch näher auf die Schwitzhütte und ihre wichtige Rolle im religiösen Leben der Sioux ein.

Nachdem der Sonnentanz und das Durchbohren über ein halbes Jahrhundert lang geheim durchgeführt wurden, fing man in den fünfziger Jahren in Rosebud und Pine Ridge wieder an, die Feierlichkeiten öffentlich abzuhalten. Dort und in anderen Reservationen finden sie seitdem ohne Störungen statt. Die Tänze werden entweder in der ersten Juliwoche oder in den letzten zwei Tagen im Juli und den ersten zwei Tagen im August abgehalten. Nichtindianische Besucher sind willkommen, aber die Sioux erwarten von ihnen, daß sie sich genauso ehrfurchtsvoll benehmen wie in einer kirchlichen Meßfeier. Das Fotografieren ist, abgesehen von wenigen Ausnahmen, nicht gestattet, obwohl es mir erlaubt wurde, Aufnahmen von der gesamten Zeremonie und den Vorbereitungen zu machen. Auch durfte ich das ganze Geschehen filmen. Dieser Film befindet sich in den Archiven des Center for Western Studies am Augustana College in Sioux Falls, South Dakota, wo er Forschern zur Verfügung steht.

Noch eine besondere Anmerkung: Wenn du die Pfade der Sioux in Erwägung ziehst, dann denke daran, daß sie, vielleicht mehr als jeder andere Stamm, sehr vielfältige Rituale besitzen, die sie auch umgestalten, damit sie den veränderten Umständen der Zeit gerecht werden.

Eine der eindrucksvollsten Zeremonien aus frühen Zeiten, die als Nebenpfad diente, war das heilige Festmahl der Jungfrauen. Wurde sie zum erstenmal abgehalten, dann hatte sie den Zweck, öffentlich bekanntzugeben, daß ein pubertierendes Mädchen das heiratsfähige Alter erreicht hatte, genauso wie bei der Sonnenaufgangszeremonie der Apachen.

In ihrer ältesten Form wurde sie Bison-Stier-Zeremonie genannt. Eine der Bisonfrauen lehrte die Lakota diese Zeremonie, damit sie ihre Töchter zum Zeitpunkt ihrer ersten Menstruation reinigen und böse Einflüsse von ihnen fortjagen konnten. Sie war auch eine Ermahnung, so fleißig und gastfreundlich zu leben und ein solch beispielhaftes Leben zu führen, daß ihre Ehemänner ihnen niemals wegen Untreue die Nasenspitze abschneiden würden. Es gab kein festgelegtes Ritual, das die Zeremonie beherrschte, aber jede Aufführung war, was die Riten, Gesänge und ihren Ablauf betraf, früheren Zeremonien ähnlich.

Bekam ein Mädchen seine erste Monatsblutung, mußte es sich allein in ein Tipi begeben. Ihre Mutter und Freundinnen zeigten ihm, wie es sich pflegen und den Abfall beseitigen und wie es nach der Blutung ihren Körper durch Baden oder in der Schwitzhütte reinigen sollte. Sie erklärten dem Mädchen auch die Rolle, die es in der Zeremonie spielen würde. Für die Zeremonie wurden folgende Gegenstände gebraucht: ein neues Tipi; ein neues Kleid und ein Lendenschurz für das Mädchen; eine hölzerne Schüssel; entweder frische oder getrocknete wilde Kirschen (Prunus virginiana); die Daunenfeder eines Adlers, deren Kiel mit der Kopfhaut einer männlichen Stockente umwickelt war; Sagebrush (Beifuß); getrocknetes Holz von Eschenahorn oder Cottonwood; eine Trommel; eine Pfeife und getrocknete Weidenrinde zum Rauchen; Süßgras; Essen für das Mahl und Geschenke für die Gäste. Der Medizinmann, der das Ritual durchführen sollte, suchte vorher nach einer Vision, die er dann während der Zeremonie erzählte. Er brachte auch einen Bisonschädel mit Hörnern, einen Stab aus Kirschholz, einen heiligen Feuerstock und die Zeremonialpfeife mit. Die Gäste wurden mittels Einladungsstäben eingeladen, und allen, deren Anwesenheit nicht erwünscht war, schickte man einen getrockneten Knochen. Die Zeremonie wurde auf einen Tag festgelegt und dauerte vom Morgengrauen bis zum Sonnenuntergang. Die Gäste kamen schon am vorhergehenden Tag an und wurden eingeladen, auch nachher noch zu verweilen, um das Fest zu verlängern.

Die Daunenfeder des Adlers wurde am Haar des Mädchens festgemacht; ihr Geist sollte ihm viele Kinder bringen. Es wurde ihm ein Stab aus Kirschholz überreicht, der ihm helfen sollte, Pflaumen und wilde Kirschen zu finden, damit es Pemmikan – das getrocknete und zerstoßene sowie mit Fett und Beeren vermischte Bisonfleisch – in großen Mengen herstellen konnte. Als die Zeremonie zu Ende war, erhielt sie den Namen Bison-Frau, und sie gehörte nun einer Klasse an, die sich von den Frauen unterschied, die diese Zeremonie nicht mitgemacht hatten.[1]

Da wir an der tieferen Bedeutung der rituellen Pfade interessiert sind und sie nicht nachahmen wollen, will ich nicht auf nähere Einzelheiten der Bison-Stier-Zeremonie eingehen. Aber die Gebete, die für das Mädchen dargebracht wurden, sind wichtig: daß sie in ihrem Leben keine faule Frau sein möge; daß sie keine törichten oder beschämenden Dinge tun möge; daß sie keinen Ärger bekommen möge und einen guten und tapferen Ehemann finden, viele Kinder gebären und sehr glücklich sein möge.

Eine Pubertätszeremonie des 19. Jahrhunderts

Das Ritual des Mündigwerdens, wie es Charles Alexander Eastman, dessen Sioux-Name Ohiyesa war, gegen Ende des 19. Jahrhunderts gekannt hatte, unterscheidet sich ziemlich von dem

1 Walter, James R., *Lakota Belief and Ritual*, S. 241–263. University of Nebraska Press, Lincoln und London

von mir gerade beschriebenen. Das veranschaulicht, wie die Sioux danach strebten, ihre Rituale an die Zeiten anzupassen. Der Herold des Dorfes gab das Ereignis bekannt, indem er verkündete, daß die Tochter einer bestimmten Familie am nächsten Tag ihr erstes »Jungfernfeuer« entfachen würde. Alle anderen Mädchen, die weder den Bitten von Männern nachgeben noch ihre Unschuld zerstört hatten, waren eingeladen, sich ihr anzuschließen und vor ihren Gefährtinnen und vor den Augen von Sonne, Erde und Wakan Tanka aufs neue ihre Unberührtheit und Reinheit zu verkünden.

Nachdem dieses Ereignis nach dem Sonnentanz und der Großen Medizingesellschaft die wichtigste Zeremonie war, fand es auch als Teil der Sommerfeierlichkeiten in der Zeit des großen Stammestreffens statt. Damit dem Ritual alle beiwohnen konnten, wurde es im großen Kreis abgehalten, um den die Tipis des großen Lagers aufgestellt waren. Dort wurden zwei große Kreise auf den Boden gezeichnet, einer innerhalb des anderen. Genau in das Zentrum des innersten Kreises wurde ein grob bearbeiteter, herzförmiger und rot bemalter Stein gelegt. An seiner östlichen Seite stieß man ein scharfes Messer in den Boden, und an seiner linken Seite befanden sich zwei Pfeile mit Widerhaken. Die Mädchen standen im inneren Kreis gegenüber des Steines. Ihre Mentorinnen, die den Ritus bereits durchgemacht hatten, standen innerhalb des äußeren Kreises. Ganz außen waren die Zuschauer, und eine der Kriegergesellschaften hatte die Aufgabe, Ordnung zu halten.

Eine Medizinfrau leitete das Ritual. Sobald es angefangen hatte, stand es jedem Mann unter den Zuschauern frei, an eine der jungen Frauen heranzutreten, von der er wußte, daß sie unwürdig war, und sie zu kritisieren. Konnte er jedoch seine Anschuldigung nicht beweisen, dann wurde er von der verantwortlichen Kriegergesellschaft schwer bestraft.

Bei der Durchführung des Rituals traten alle Mädchen nacheinander an den Heiligen Stein heran und legten feierlich ihre rechte

Hand darauf. Damit erklärten sie, daß sie noch Jungfrauen waren, und es war ihr Gelöbnis, es bis zu ihrer Heirat zu bleiben. Durch diesen Akt erklärten sie sich auch damit einverstanden, mit dem Messer oder den Pfeilen bestraft zu werden, sollten sie dieses Gelöbnis je brechen.

In alten Zeiten waren Mädchen darauf bedacht, eines oder mehrere dieser Feste mitzumachen, und gelegentlich war ein Mädchen auch gezwungen, eines zu veranstalten, um dem bösen Gerede über ihr Verhalten ein Ende zu setzen. Bei solchen Gelegenheiten war der Ritus als Herausforderung für die anderen gedacht, Beweise für ihre Anschuldigungen zu erbringen.

Manchmal führten junge Männer ein ähnliches Ritual aus, und sie unterlagen sogar noch strengeren Regeln, denn kein junger Mann konnte an der Zeremonie teilnehmen, der einem Mädchen gegenüber auch nur von Liebe gesprochen hatte. Unter den Sioux galt es als große Ehre, sich im Krieg oder bei der Bisonjagd ausgezeichnet zu haben und vor allem einen Platz im Stammesrat angeboten zu bekommen, bevor man mit irgendeiner erwachsenen Frau, außer seiner eigenen Schwester, gesprochen hatte.[1]

Eine zeitgenössische Pubertätszeremonie

Obwohl die Pubertätszeremonie heute kaum noch abgehalten wird, hatte ich das große Glück, daß in Rosebud eine geschätzte Freundin von mir 1977 dem Pubertätsritus für ihre Enkelin beiwohnte und mir anschließend einen Bericht darüber schickte. Ich vermute, daß dies der einzige derartige Bericht ist, der einem Außenstehenden gegeben wurde. Aus offensichtlichen Gründen nenne ich keine Namen, einem qualifizierten Fachmann stehen sie jedoch zur Verfügung.

Am 1. Juli wurde an einer bestimmten Stelle in Rosebud eine Laube aus Cottonwood-Bäumen aufgestellt, die am Rande eines

1 Eastman, Charles Alexander, 1911, *The Soul of the Indian,* S. 95–99. Houghton Mifflin Company, Boston und New York

Kreises verlief, der einen ungefähren Durchmesser von neun Metern hatte. Um 10.00 Uhr wurde in der Mitte der Laube ein Tipi errichtet, und der Rest des Tages wurde damit verbracht, Salbei zu sammeln, mit dem der gesamte Boden des Tipi bedeckt wurde. Um 21.00 Uhr war die Arbeit noch nicht beendet. Am 2. Juli kamen gegen 8.00 Uhr mehrere Frauen zum Zeremonialplatz und fingen an, genügend Stoffstücke für die Herstellung einer Steppdecke zu schneiden. Das Mädchen gesellte sich zu den Frauen, und diese zeigten ihm, wie man die Stücke zusammennäht. Mit Hilfe der Frauen war die Decke bis 20.00 Uhr fertig. Im Tipi wurde ein kleines Feuer angezündet, und das Mädchen blieb die ganze Nacht dort. Verwandte schliefen in der Nähe in Zelten, um auf sie achtzugeben.

Um 8.00 Uhr am 3. Juli ging es weiter. Eine Verwandte kam mit einer Haut und Perlen. Nachdem das Mädchen sein Frühstück beendet hatte, verbrachte die Verwandte den Rest des Tages damit, ihm beizubringen, wie man nach der alten Methode Mokassins herstellt. Meine Berichterstatterin bemerkte in ihrem Brief, daß das Mädchen nach der Zeremonie weiterhin Mokassins anfertigte und mehrere sehr gute Paare fertiggestellt hatte.

Am 4. Juli begann der Tag damit, daß das Mädchen und die Frauen an einer Schwitzhüttenzeremonie teilnahmen. Im Verlauf des Vormittags zeigte eine Frau dem Mädchen, wie man indianisches Brot in der Pfanne macht. Am Nachmittag zeigte ihm eine andere Frau, wie man Mokassins mit Stachelschweinborstenstickerei verziert.

Am 5. Juli begann das Ritual früh, weil an jenem Abend ein spezieller Ritus stattfinden sollte; dazu gab es ein Festmahl, und Geschenke sollten ausgeteilt werden. Nach einem Schwitzbad für die Frauen begannen Männer, das Fleisch für das Mahl vorzubereiten. Gegen 11.00 Uhr wurde zu Mittag gegessen. Dafür brachte meine Informantin *Wasna* (getrocknetes Fleisch oder Pemmikan) zur Schwitzhütte, eine andere Frau Saft aus wilden Kirschen. Männliche Sänger reichten die Feder eines Steinadlers, Salbei und Süßgras dar. Als alles vorbereitet war, führte meine Informantin das Mädchen in die Schwitzhütte, zündete das Süßgras als Gebet an, band die Adlerfeder an seinem Haar fest und rieb den ganzen nackten Körper mit Salbei ein, damit sie ihrem Volk geläutert gegenübertreten konnte. Danach zog das Mädchen das traditionelle mit Perlen bestickte Kleid aus Wildleder an, und meine Informantin kämmte dem Mädchen das Haar so, daß es ihr offen über Schultern und Rücken fiel. Auf solche Weise trug man das Haar zur Trauer, und in diesem Fall trauerte das Mädchen über den Verlust ihrer Mädchenzeit.

Die Sänger gingen voraus, und dann begab sich die ganze Gruppe zum Zeremonialtipi, wo ein Medizinmann das Mädchen ins Innere führte und ihm Anweisungen gab, wie es sein Volk behandeln sollte: »Wie es zu allen nett, liebenswürdig und hilfreich sein, alle wie seine eigenen Brüder und Schwestern behandeln sollte.«

Dann ging er voran aus dem Tipi hinaus, und sie begaben sich zum südlichen Ende des Zeremonialkreises. Auf ihrem Weg blieben sie viermal stehen, um zu beten. Die Gesänge, die anfingen, als die beiden das Tipi betraten, gingen etwa für drei Stunden weiter. Als nächstes ließ der Medizinmann das Mädchen aufrecht auf einem kleinen, viereckigen Stück Bisonhaut stehen, das ganz mit roten Perlen bestickt und gleich vor dem Eingang des Tipi hingelegt war. Da der Pflaumenbaum ein früchtetragender Baum ist, band er eine Knospe dieses Baumes in ihr Haar und betete zu den vier Himmelsrichtungen. Dann stellte er sie ihrem Vater und ihrer Mutter, ihren Brüdern und Schwestern und dem übrigen Stamm als eine reife und heiratsfähige Frau vor. Es wurde ein Lied für sie gesungen, und sie erhielt den Namen Bison-Frau. Alle tanzten zu den Gesängen und der Trommelmusik um das Tipi herum. Das Festmahl wurde abgehalten, und das Austeilen von Geschenken beendete das Ritual. Gegen 21.00 Uhr schenkten die meisten Leute dem Mädchen Geld, und die sehr glückliche Gruppe zerstreute sich und ging nach Hause. Am nächsten Morgen wurden das Tipi und die Laube abgebaut. Meine Bekannte schloß ihren Bericht mit der Bemerkung ab, daß »alles auf sehr nette Weise gemacht worden war«.

Weitere Sioux-Pfade

Der Große Medizintanz

Die Sioux hatten eine geheime Medizingesellschaft, von der es heißt, daß sie ihren Ursprung beim Stamm der Algonkin hatte, deren Mitglieder nach höchsten moralischen Maßstäben leben mußten. Diese Gesellschaft praktizierte und lehrte den Gebrauch von heilenden Wurzeln und Kräutern und hielt ein jährliches Medizinfest ab. Auf diesem Fest wurden alle Medizinbündel und Totems der verschiedenen Bünde ausgestellt und ihre Medizinlieder gesungen. Wurden Kandidaten für die Mitgliedschaft in die Gesellschaft aufgenommen, fand ein Großer Medizintanz statt. Dafür wurden Einladungen in Form von kleinen Tabakbündeln ausgesandt. Es wurden zwei sehr große Tipis aufgestellt, die sich in ungefähr dreißig Meter Entfernung gegenüberstanden, halb offen waren und mit einem dachlosen Korridor oder einer Kolonnade aus frisch geschnittenen Ästen verbunden waren. Eins dieser Tipis war für die Gesellschaft, die den Tanz veranstaltete, und ihre Novizen; das andere benutzten die Krieger, deren Aufgabe es war, Erfrischungen auszuteilen und die Ordnung unter den Zuschauern zu bewahren. Zu diesem Zweck wurden die besten und tapfersten Krieger des Stammes ausgewählt.
Nachdem die Vorbereitungen abgeschlossen waren, kleideten und bemalten sich die Mitglieder eines jeden Bundes entsprechend ihrer Rituale, betraten dann den Korridor im Gänsemarsch, angeführt von ihrem ältesten Mann oder Häuptling. Sie stellten sich vor das Kriegertipi nach Westen schauend, und ihr Führer richtete einige Worte direkt an Wakan Tanka. Darauf streckte

jeder seinen rechten Arm horizontal von der Schulter und mit offener Handfläche aus und sang im Gleichklang mit den anderen eine kurze Anrufung, die mit einem tiefen *»E-ho-ho-ho!«* endete. Der Häuptling wiederholte diese beeindruckende Darbietung vor dem Hauptquartier, während er gen Osten gerichtet war. Dann nahmen die Mitglieder eines jeden Bundes ihre zugewiesenen Plätze ein, und der Reihe nach wurden die Gesänge und Tänze dargeboten.

Die ungeheuer dramatische Schlußzeremonie war die Initiation der Novizen, die in der Nacht zuvor ihre abschließende Vorbereitung erhalten hatten. Sie wurden vor das Haupttipi geführt und mußten sich auf einen prächtigen Teppich aus Gewändern und Fellen knien, rechts die Männer, nackt und schwarz bemalt, mit einem roten Punkt genau über dem Herzen, und links die Frauen in ihren besten Gewändern. Frauen wie Männer trugen ihr Haar offen, wie das der Brauch bei zeremoniellen Darbietungen war. Eine gleiche Anzahl von Obermedizinmännern, von denen jeder einem der Novizen zugeordnet war, stand ihnen auf halber Länge des Korridors gegenüber, etwa fünfzehn Meter entfernt.

Nach einem stillen Gebet wandte sich der Reihe nach jeder Medizinmann an seinen Schützling, ermahnte ihn, unter den Augen von Wakan Tanka alle Regeln der Gesellschaft einzuhalten, und gab ihm Anweisungen hinsichtlich seiner Pflichten seinen Mitmenschen und dem Herrscher des Lebens gegenüber. Alle Medizinmänner nahmen dann eine Haltung von vortrefflicher Kraft und Würde ein, dabei gingen sie leicht in die Hocke, als wären sie am Start eines Rennens, und hielten ihre verzierten Medizinbeutel fest in beiden Händen. Im Gleichtakt schwangen sie ihre Arme nach vorn und stießen ein gutturales *»Yo-ho-ho-ho!«* aus, das eine überraschende Wirkung hatte. Mitten in der atemlosen Stille, die darauf folgte, machten sie einen Schritt nach vorn, dann noch einen und noch einen, bis sie nur mehr etwa einen Meter von der Reihe der knienden Novizen entfernt waren. Jetzt schwangen sie die Medizinbeutel mit großer Gewalt, wodurch sie

ihre ganze mystische Kraft in die Körper der bebenden Initianden zu projizieren schienen. Diese fielen, scheinbar leblos, sofort nach vorn auf ihre Gesichter.
Nach diesem fesselnden Höhepunkt wurden die Trommeln heftig geschlagen, und der Tanz begann wieder voller Energie. Einige Male tanzten sie um die ausgestreckten Körper der neuen Mitglieder herum und bedeckten sie mit feinen Kleidern und Gewändern, die später als Geschenke verteilt wurden, dann erlaubte man ihnen, sich wieder zu bewegen und sich am abschließenden Tanz zu beteiligen. Ganz eindeutig war die gesamte Darstellung symbolisch für Tod und Wiederauferstehung.[1]

Die Schwitzhütte

Unzählige Erwähnungen der Schwitzhütte machen deutlich, daß sie auf den Nebenpfaden der Sioux eine sehr wichtige Rolle spielte. Sie ist eine kuppelförmige Struktur, die aus gebogenen und zusammengebundenen jungen Weiden errichtet wird. An ihrer höchsten Stelle ist sie ungefähr 1,2 Meter hoch, und im Durchmesser mißt sie gewöhnlich zwischen 2,5 und 3 Metern. Ursprünglich wurde das Gerüst mit Häuten bedeckt, heute werden meist Decken und Segeltuch benutzt. Der Eingang für die Sonnentanz-Schwitzhütte der Sioux liegt an der Westseite, in Richtung der untergehenden Sonne, und dient in diesem Fall als Symbol für Erneuerung und Wiedergeburt. Die Teilnehmer sitzen auf einem Bett aus Salbei. Steine werden in einer symbolhaft geformten Feuerstelle erwärmt, die dreieinhalb Meter westlich des Eingangs gegraben wird. Zwölf Steine werden in die Hütte hineingereicht und in eine kleine Feuerstelle gelegt, die sich dort in der Mitte befindet. Nach dem Rezitieren einer traditionellen Anzahl gesungener Gebete schüttet ein Medizinmann, während er seine Pfeife hält, Wasser über die heißen Steine; Dampf füllt

1 Eastman, Charles Alexander, 1911, *The Soul of the Indian,* S. 63–73. Houghton Mifflin Company, Boston und New York

die Hütte, und die Hitze steigt fast bis zum Unerträglichen. Die Willensstärke einer Person läßt sich am Ausmaß der Hitze feststellen, die sie ertragen kann. Während der Medizinzeremonien in den Schwitzhütten geschehen merkwürdige Dinge: Gegenstände fliegen herum, Stimmen und andere Laute sind zu hören, Rasseln und Funken können in der Luft herumschweben, und man hört selbst die Steine sprechen, wenn sie Botschaften der Geister überbringen. Wenn wir uns mit Fools Crows Erfahrungen in der Schwitzhütte befassen, werde ich mehr über diese wundersamen Dinge berichten.
Die Schwitzhütte wird zum Beten, zur Reinigung, zum Weissagen und zum Heilen verwendet. Medizinpersonen machen ständig davon Gebrauch, und sehr traditionelle Personen benutzen sie im Laufe des Jahres häufig.

Yuwipi und Visionssuche

Die Yuwipi-Zeremonie ist ein weiterer Pfad der Sioux. Sie dient zum Heilen, Weissagen und um verschwundene Personen oder Gegenstände wiederzufinden. Ein Medizinmann, der dieses nächtliche Ritual durchführt, errichtet auf dem Boden eines Hauses einen besonderen Altar und läßt sich von den Zuschauern seine Hände fest hinter dem Rücken zusammenbinden. Dann wickeln sie ihn von Kopf bis Fuß in eine dicke Decke, so daß er wie eine Mumie völlig verpackt ist. Mit Seilen binden sie die Decke fest. Daraufhin wird er der Länge nach auf den Altar gelegt, während die anderen Teilnehmer in einem eng gedrängten Kreis um ihn herumsitzen und sich an den Händen halten, damit sie bemerken, wenn sich irgend jemand bewegt. Die Lichter werden ausgelöscht, und der Medizinmann betet laut, daß jeder ihn hören kann. Nach einer genau festgelegten Zeit werden die Lichter eingeschaltet, und ohne daß ihm jemand geholfen hätte, sitzt der Yuwipi-Mann frei von seiner Umschnürung da, mit der säuberlich gefalteten Decke neben sich und den Händen im Schoß gefaltet. Er verrät nie, wie er das schafft, und fragt man ihn, behauptet er immer, daß die Geister kommen und ihn losbinden. In der Zeit, wenn der Medizinmann eingewickelt und im Dunkeln bleibt, bittet er um Hilfe bei der Feststellung der Ursache einer Krankheit, die er heilen soll, und um die Mitteilung der für die Heilung notwendigen Wurzeln oder Kräuter. Wurde er darum gebeten, einen verschwundenen Gegenstand oder eine Person zu finden, bittet er in diesem Zusammenhang um Rat. Es kommt häufig zu überraschenden Ergebnissen, und diesbezüglich gibt es viele Aussagen, die dies bezeugen, einschließlich jener von Nichtindianern, die daran teilgenommen haben und denen auf erstaunliche Weise geholfen wurde. Mir persönlich sind Bestätigungen von weißen Krankenschwestern und von Weißen anderer Berufsgruppen bekannt.

Die Visionssuche ist ein anderer Nebenpfad, und zwar ein ganz besonders wichtiger. In alten Zeiten machten alle jungen Männer diese Erfahrung durch, manchmal im Alter von nur elf Jahren und niemals später als in den ersten paar Jahren ihres Jünglingsalters. Erwachsene Männer gingen auf Visionssuche, wenn sie Hilfsgeister benötigten, die ihren Erfolg im Krieg, bei Angriffen und beim Regieren sichern sollten. Auch einige Frauen gingen auf Visionssuche, aber nicht in so großer Anzahl wie die Männer. Medizinpersonen waren sehr von den Visionen abhängig und begleiteten und führten häufig andere Suchende. So verhält es sich auch heute noch in Pine Ridge und Rosebud.

Einer der beliebtesten Plätze für die Visionssuche war der majestätische Bear Butte, der westlich von Rapid City in South Dakota liegt. In alten Zeiten war jeder abgelegene und rauhe Ort, der spirituelle Gedanken anregte, ein akzeptabler Platz für die Suche. Nach einer Beratung beim Medizinmann und nach der Reinigung in einer Schwitzhütte machte sich der weiß bemalte Suchende entweder mit einem Medizinmann oder allein auf den Weg zum Platz der Visionssuche. Dort brachte er fastend und betend bis zu vier Tage und Nächte zu, während er nach einer Vision von den Höheren Wesen und den Geistern suchte. Darin erschienen ihm

ein oder mehrere Helfer in der Form von übernatürlichen Gegenständen, Tieren, Vögeln oder ähnlichem und überbrachten ihm Anweisungen von den Gottheiten.
Als erstes errichtete der Suchende einen angemessenen Platz für die Visionssuche. Dieser bestand aus einem 1,2 bis 1,8 Meter breiten und 2 oder 2,4 Meter langen, sorgsam gesäuberten Rechteck, »Bett« genannt, das manchmal mit flachen Steinen und andere Male mit Salbei bedeckt wurde. Seine vier Ecken kennzeichnete er mit Stoffahnen in den Farben der vier Himmelsrichtungen, die an jungen Bäumen festgemacht wurden. Eine oder mehrere Schnüre, an die unzählige kleine Tabakopfer angebracht sind, wurden so von Fahne zu Fahne gezogen, daß sie die Seiten des Bettes markieren – so ähnlich wie die Seile um einen Boxring.

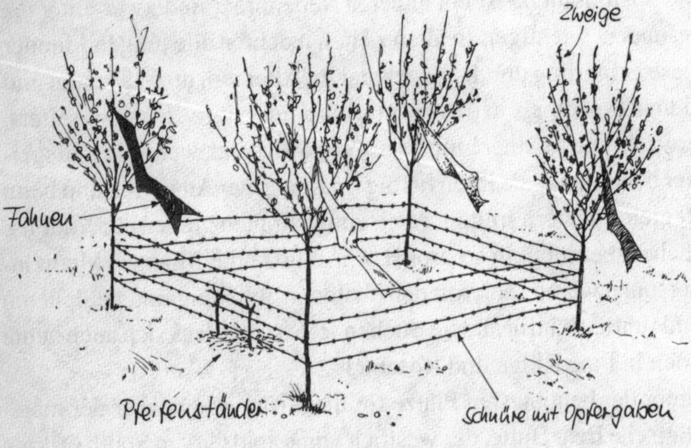

Der Platz zur Visionssuche der Sioux

In den Stunden, in denen er wachte, stand der Suchende entweder und folgte dem Pfad der Sonne, oder er saß gen Osten gerichtet da und meditierte intensiv. Seine Heilige Pfeife plazierte er am westlichen Ende des Bettes, damit er seine Gedanken darauf konzentrieren konnte. Visionen traten nicht immer ein, erhielt der Suchende aber eine, dann kehrte er, wenn er allein war, zu seinem

Dorf zurück, besprach die Vision mit dem Medizinmann und beriet mit ihm, wie er sie am besten anwenden konnte. Ansonsten sprach er mit dem Medizinmann gleich darüber, solange sie sich noch gemeinsam dort aufhielten.
Gewöhnlich erhielt er irgendeinen materiellen Teil des Tieres, Vogels, Steins oder anderen Gegenstands, dessen Geistbild ihn in seiner Vision besucht hatte, und er bewahrte diesen in seinem Medizinbündel auf. Dadurch war die Person sicher, daß die Kraft der Vision in sie eindringen und von da an bei ihr bleiben würde, um sie zu erinnern, zu beschützen und zu führen. Visionen werden meistens geheimgehalten, aber die, die dann erst viel, viel später erzählt wurden, sind erstaunlich und außergewöhnlich.

Die Hunka-Zeremonie

Die Sioux hatten einen Hunka-Ritus (Machen von Brüdern), der seinem Wesen nach der Festigungszeremonie der Cherokee ähnlich war, über die ich bereits zu Beginn von Kapitel VI berichtet habe. Während jedoch das Ritual der Cherokee ausschließlich dem Gewinnen eines Bruders diente, konnte durch den Ritus der Sioux jede Person eine andere adoptieren und durch das richtige Ausführen der Einzelheiten der Zeremonie ein lebenslanger Gefährte dieser Person werden.
Die Zeremonie war äußerst kompliziert und ist, abgesehen vom Kern der Idee, nicht leicht auf einem Pfad anzuwenden, der in der modernen Welt gegangen werden kann – außer von Indianern.

Das Zurückhalten von Geistern

Das Zurückhalten des Geistes ist ein besonders interessanter Pfad der Sioux, denn in seinem Mittelpunkt stehen die schönen Gedanken und die Liebe, die er in den teilnehmenden Personen hervorruft. In alten Zeiten war er weit verbreitet. Aber in den Augen der ersten Missionare war das Ritual heidnisch, und sie strebten, wie sie das so häufig mit anderen Ritualen auch taten, seine Ausrottung an. Heute wird es nur mehr selten abgehalten, aber ich hatte die Ehre, es am 3. Juli 1975 bei einem Sonnentanz in Rosebud mitzuerleben. In diesem Fall war eine junge Frau, für die 1974 eine spezielle Heilungszeremonie abgehalten worden war, kurz vor dem Sonnentanz des Jahres 1975 gestorben. Nachdem sie gelobt hatte, am Tanz teilzunehmen, falls sie bis zum Juli 1975 leben würde, wurde eine Zeremonie zur Zurückhaltung des Geistes abgehalten, um ihr zu helfen, ihr Versprechen einzuhalten.

Die Zeremonie zur Zurückhaltung eines Geistes war eines der sieben Rituale, die den Sioux von White Buffalo Maiden, die auch die Heilige Pfeife brachte, gegeben worden war. Sie wurde für eine geliebte verstorbene Person abgehalten, meistens für ein Kind oder einen Jugendlichen, und hatte einen zweifachen Zweck: die gebrochenen Herzen zu trösten, indem sie den Geist einer verstorbenen Person für eine bestimmte Zeit – manchmal bis zu einem ganzen Jahr – auf der irdischen Ebene festhielt; und gute Gedanken, Liebe und Einheit in allen Nationen zu fördern.

Die Rolle des Geisthüters erforderte von ihm beträchtliche Opfer. Diejenigen, die einwilligten, sie zu übernehmen, mußten einen guten Ruf haben und bereit sein, sich für die Dauer der Zeremonie von weltlichen Interessen und Betätigungen fernzuhalten, damit sie sich intensiv auf den zentralen Zweck des Rituals konzentrieren konnten, also durch ständiges Beten die Trauerzeit zu verlängern. Das hielt den Geist der geliebten Person in der Nähe und machte den Abschied für Familie und Freunde erträglicher.

Nach den traditionellen Reinigungsriten in der Schwitzhütte wurden eine Haarlocke des Verstorbenen und mehrere andere kleine Gegenstände aus seinem Besitz in ein ungewöhnliches Geistbündel gepackt und an einem Ehrenplatz in der Hütte des Hüters hinterlegt. Auch wurde ein Geistpfahl aus dem Holz eines Cottonwood-Baumes geschnitzt, mit einem Gesicht bemalt, das den Verstorbenen darstellte, und für die Dauer des Ritus aufrecht am Eingang der Hütte des Hüters in den Boden gesteckt. In der Zeremonie der Freisetzung hielt man das Bündel und den Pfahl der Sonne entgegen, während man Gebete sprach, dann wurde der Geist mit weiteren Gebeten zu Wakan Tanka fortgeschickt.

Das Geschenkfest

Ein anderer Nebenpfad der Sioux betraf das Lernen, daß die Liebe zu Besitztümern eine Schwäche war, die man überwinden mußte. Sie glaubten, daß eine solche Neigung die materielle Seite des Menschen ansprach und, ließ man ihr freie Hand, sehr bald das spirituelle Gleichgewicht einer Person stören würde, vielleicht sogar für immer. Aus dem Grund war eine der ersten Eigenschaften, mit der man ein Kind vertraut machte, die Großzügigkeit. Kinder wurden ermuntert zu verschenken, was sie am meisten schätzten. Damit sie die Freude am Geben kennenlernen konnten, wurde ihnen bereits in einem sehr jungen Alter die Verwaltung einiger Güter der Familie übertragen. Neigte ein Kind dazu, habgierig zu sein oder zu sehr an irgendeinem dieser Güter oder an seiner eigenen Habe zu hängen, erzählte man ihm Legenden, die die Verachtung und die Schande schilderten, die sich geizige und bösartige Menschen immer einhandeln.

Öffentliches Verschenken oder ein Geschenkfest war Bestandteil aller wichtigen Zeremonien, ganz besonders von jenen zur Feier von Geburt, Pubertät, Heirat oder Tod, und es wurde immer dann praktiziert, wenn jemand einer Person oder einem Ereignis besondere Ehre erweisen wollte. Bei derartigen Gelegenheiten war es üblich, bis zur vollkommenen Verarmung zu geben. Fools Crow hat das mehrere Male getan. Manchmal wurde alles, was eine Familie besaß, an Verwandte und Freunde verschenkt, vor allem an die armen und alten, von denen man dafür nichts als Gegenleistung verlangen konnte. (Jesus verlangte dasselbe von seinen Jüngern.) Dann machte man zusätzlich auch noch häufig den Höheren Wesen Geschenke, die wertvoll sein konnten oder auch nicht, die aber für den Geber selbst immer ein wahres Opfer darstellten und einen dementsprechenden Lohn versprachen.

Ein anderer Nebenpfad, der mit dem Geschenkfest zusammenhing, war, daß sich nicht nur die Verwandten von Waisen, Verwitweten und Alten um sie kümmerten und sie versorgten, sondern auch das gesamte Dorf und der Stamm. In der Beziehung wurden der Großzügigkeit einer jeden Person nur durch ihre Stärke, Fähigkeit und ihr Vermögen, oder der Mangel an diesen, Grenzen gesetzt. Es war eine Ehre, wenn man auserwählt wurde, anderen einen besonderen Dienst zu erweisen, und es galt als Schande, dafür eine Belohnung zu erwarten.

Fools Crow

Fools Crows offizielle Erziehung in spirituellen Angelegenheiten begann im Jahr 1901 in einem Alter von elf Jahren. Damals begleitete ihn ein Medizinmann namens Stirrup auf seiner ersten Visionssuche und gab ihm dann eine erste Grundausbildung. Über die Jahre wurde er die höchste lebende Autorität unter den Teton-Sioux und wird von ihnen als ihr Zeremonialhäuptling und als ein Heiliger Mann anerkannt, der über allen anderen Medizinmännern und -frauen steht. Als solcher und weil er mir so viele Dinge offenbart hat, die er, wie er es ausdrückte, die Welt wissen lassen wollte, benutze ich seine Informationen, um die restlichen Nebenpfade der Sioux zu beschreiben. Wenn einiges nach christlicher Theologie klingt, so akzeptiere das bitte, denn wie ich glaube, verehrt er denselben Gott und wird von demselben Gott gelehrt wie die Christen und weiß und lehrt demnach ähnliche Dinge. Ich führe aber den Großteil seines Wissens nicht auf christliche Quellen zurück. Fools Crow ist ein getaufter Katholik und besucht sehr sporadisch die Messe. Aber die Bibel kennt er kaum, und dasselbe gilt auch für sein Wissen über die römisch-katholische Kirche. Er ist sein ganzes Leben lang ein traditioneller Sioux geblieben, der niemals von seiner Berufung abgewichen ist. Ich beginne mit Fools Crows Erklärung des Kraftbegriffs der Sioux, wie sie erlangt und verteilt wird.

Kraft

Die oberste Quelle der Kraft ist Wakan Tanka. Nach ihm kommt, was Kraft und Autorität anbelangt, Tunkashila, dessen Platz und Rolle ähnlich deren Jesu in der christlichen Religion sind. Die dritte Person der christlichen Gottheit ist mit den Sioux-*Geistern* vergleichbar, die in den vier Himmelsrichtungen wohnen. Diese senden oder bringen der Welt spirituelle Erleuchtung, und sie ermächtigen einzelne Personen, zu lehren und unter den Menschen das richtige Wissen zu verkünden. Wenn ich also von jetzt an von der Sioux-Gottheit spreche, dann nenne ich sie die Höheren Wesen. Indem ich diesen Ausdruck verwende, weiche ich etwas von den Ansichten einiger anderer Fachleute ab, die die ihren auf gewisse Informanten stützen, die zum Teil etwas älter als Fools Crow und zum Teil seine Zeitgenossen waren und gemeinsam mit ihm an Ritualen teilgenommen haben. Sie alle leben heute nicht mehr.

Was ich hier erzähle, stammt von Fools Crow, und seine Überzeugungen von heute stimmen mit jenen überein, die Stirrup und andere an ihn weitergegeben haben. Sie sind demnach sehr alt und haben ganz sicher ihre Gültigkeit. Das meiste entspricht den Ansichten des berühmten Medizinmannes der Sioux Black Elk, und kein Medizinmann oder -frau hat es gewagt, Fools Crows Autorität, Fähigkeiten und Kraft in Frage zu stellen. Statt dessen erweisen sie ihm ihre Ehrerbietung, wann immer er sich bei einem öffentlichen Treffen zeigt.

Die ganze Kraft lag ursprünglich beim Schöpfer, Wakan Tanka, aber er gab Teile davon an jedes der Höheren Wesen ab, die sie nach ihrem Ermessen verteilen konnten. Die Menschen können ihre Bitten an alle Höheren Wesen gemeinsam oder auch an einzelne von ihnen richten. Zusätzlich erschuf Wakan Tanka noch niederere Geister, die ihm als Vermittler dienen, und die Menschen können auch sie um Hilfe anrufen.

Wenn Fools Crow von Kraft spricht, dann versteht er darunter die

Erleuchtung, die notwendig ist, um eine bestimmte Sache oder Lehre richtig zu verstehen. Sie ist auch die spirituelle und körperliche Energie, um auszuführen, was verlangt wird, sei das etwas Gewöhnliches oder etwas Außergewöhnliches. Die Kraft ist nicht auf die Menschen beschränkt. In einem gewissen Maß ist sie auf das ganze Universum verteilt, ähnlich wie unter den Menschen, denn die Geister anderer Dinge leben genauso wie die menschlichen.

Diese Kraft wird von den Höheren Wesen auf zwei Arten verteilt: entweder direkt durch sie oder durch Vermittler – oder indirekt durch den wesentlichen Kern der Lehren, die die Sioux am Anfang der Zeit von den Höheren Wesen erhalten haben.

Das Zentrum

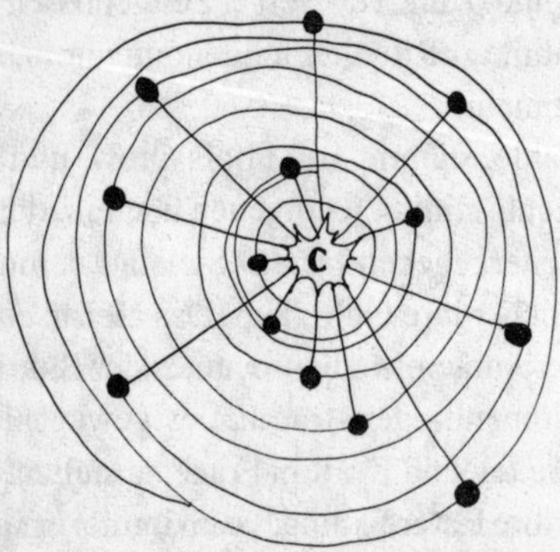

Graphische Darstellung des Sioux-Zentrums, die verdeutlicht, wie nachfolgende Generationen immer die Verbindung mit ihrem Zentrum der traditionellen Lehren aufrechterhalten

Es ist sehr wichtig, daß man versteht, wie die wesentlichsten Lehren wirken und welche Stellung sie im Leben der Sioux einnehmen. Die Höheren Wesen unterrichteten die ersten Menschen darin, wie sie leben und wie sie um Kraft bitten sollten. Diese Lehren wurden für die Menschen eine Art Kern des Lebens, in dem das Leben pulsierte und der sein Leben wiederum an Menschen weitergab, die daran glaubten und genauso davon Gebrauch machten, wie ihnen aufgetragen worden war. Ein gewisser Teil der Kraft diente rein als Stärkung für das tägliche Leben. Einiges davon wurde in Ritualen vergeben; wann immer also ein Ritual ausgeführt wurde, wurde die Kraft aus dem Kern freigesetzt und wirkte auf die Beteiligten ein. Die graphische Darstellung des Sioux-Zentrums zeigt, wie das vor sich geht. Im Zentrum befindet sich ein kleiner Kreis, der die ursprünglichen Lehren darstellt, die heute in Form von mündlich überlieferten Legenden erhalten und in den Teilen der Rituale enthalten sind. Die Linien, die von diesem Kreis ausgehen, repräsentieren spätere Generationen der Sioux. Solange die ursprünglichen Lehren weitergegeben und befolgt werden, halten diese Generationen ihre Verbindung zum lebensspendenden Kern aufrecht, und sie können ihn beschwören und werden seine Kraft erhalten. Bricht jemand die Verbindung zum Kraftkern ab oder läßt es zu, daß dies geschieht, wird er daraus keine Kraft mehr schöpfen können. Dementsprechend werden diese Grundlehren als das Zentrum oder Herz der Nation bezeichnet.

Weil die Heiligen Männer durch ihr Leben den Höheren Wesen am nächsten sind, besitzen sie die größte Kraft und haben in bezug auf Kraft das größte Wissen, und was das Zentrum angeht, sind sie die wichtigsten Lehrmeister. Medizinmänner und -frauen sind die nächstbeste Quelle. Auch die gewöhnlichen Menschen verfügen über Kenntnisse hinsichtlich des Zentrums und erkennen seine Bedeutung für ihr Wohlergehen, aber in einer begrenzteren Weise als die Heiligen Leute und Medizinpersonen. Nehmen sie an einem Ritual wie dem Sonnentanz teil, können auch sie mit Kraft erfüllt werden und diese Kraft anderen anbieten. Sie können besondere Einsichten gewinnen, ungewöhnliche Dinge tun, außergewöhnliche Ausdauer besitzen, und sie können auch heilen und weissagen.

Wie schon bemerkt, erhalten die Heiligen Leute und Medizin-

personen ihre persönlichen Kräfte direkt von den Höheren Wesen, und Fools Crow erklärt, daß dies durch das Gebet erfolgt: entweder an einem abgelegenen Ort in der rituellen Anzahl von vier oder sieben Gesängen dargebracht oder während einer Gebetszeremonie in der Schwitzhütte, einer Visionssuche oder eines Yuwipi-Ritus.
Auf ähnliche Art wie der Medizinmann der Hopi muß sich die Heilige oder Medizinperson vor allem reinigen, um ein geeignetes Gefäß, Rohr oder Kanal zu werden, den die Höheren Wesen als würdig betrachten. Äußerst wichtig bei diesem Prozeß ist die notwendige Beseitigung des eigenen Selbst vom Pfad der Höheren Wesen, damit keine Zweifel, menschlicher Wille oder Eigensinn die Wesen bei ihrer Arbeit behindern.

Das Rohr

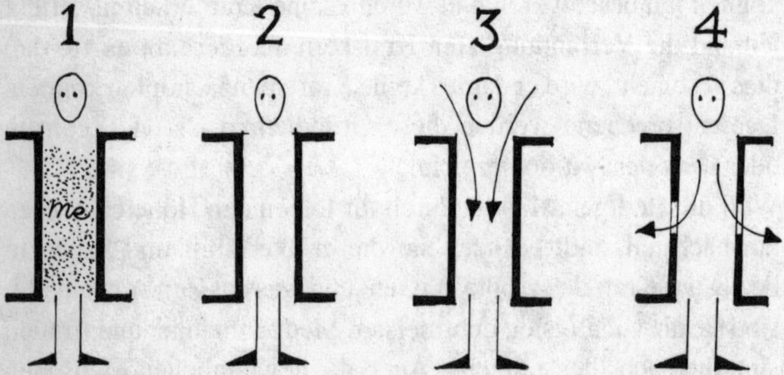

Zu einem Rohr werden:
1. Angefüllt mit »Ich« oder »Selbst«.
2. Durch Reinigung wird das »Ich« beseitigt.
3. Ein geläutertes Gefäß, das mit Kraft gefüllt wird.
4. Ein geläutertes Gefäß, das Kraft an andere verteilt.

Diese Kraft wird in erster Linie nicht zum Dienst oder Wohl der Heiligen oder Medizinperson herabgerufen, sondern für das Wohl anderer. Einer oder mehrere der folgenden Zwecke können der Grund dafür sein: die Fähigkeit, zu heilen, zu lehren, verschwundene Gegenstände oder Personen aufzuspüren oder weissagen. Daraus folgt, daß jede Anerkennung für die Erfolge den Höheren Wesen zufallen muß. Die Abbildung »Zu einem Rohr werden« soll das Rohrkonzept besser veranschaulichen.

Diese Darlegung von Fools Crow stimmt vollkommen mit der von Black Elk überein, der in dem Buch *Black Elk Speaks* sagt: »Selbstverständlich war nicht ich es, der heilte, es war die Kraft aus der äußeren Welt, und die Visionen und Zeremonien haben mich nur zu einer Art Loch gemacht, durch das die Kraft zu den Zweibeinigen kommen konnte. Würde ich mir einbilden, daß es mein Tun sei, würde sich das Loch schließen, und keine Kraft könnte mehr hindurchgehen.«

Die vier Himmelsrichtungen

Die Sioux erhalten Dinge von den Himmelsrichtungen, wenn sie zu ihnen beten. In ihrer Vorstellung nehmen der Süden, Westen, Norden und Osten feste Punkte auf dem großen Kreis oder Reifen ein, um den sich das Leben im Uhrzeigersinn dreht.

Der Osten ist der Sitz der Sonne und des Morgensterns, die beide Quellen der Weisheit und des Verstehens sind. Der Stein, der diese Himmelsrichtung anzeigt, ist gelb. Das ist auch die Farbe ihres Tieres, des Elchs, und ihres Vogels, des Steinadlers. Gelb ist die Farbe der Liebe, die in den Überlieferungen der Sioux vom Elch symbolisiert wird, und die Weisheit und das Verstehen kommen von den Zentren im Osten in Form von wahrer Liebe, sowohl der körperlichen als auch spirituellen.

Der Süden ist die Quelle des Wissens und der Macht in bezug auf das Leben und Schicksal. Fragen und Gebete, die mit diesen Problemen zu tun haben, werden an den Süden gerichtet. Sein Stein ist weiß; er ist das Heim der Tier-Geist-Leute; und sein Totem und Symbol ist der weiße Kranich.

Der Westen wird mit reinigendem Wasser verbunden. Er ist das Heim der Donnerwesen. Sein Stein ist schwarz. Auch die Pferde-Leute wohnen dort, und ihre Geister werden angerufen, damit

sie den Teilnehmern am Pferdetanz Kraft verleihen. Sein Totem und Symbol ist der schwarze oder noch nicht ausgewachsene Steinadler.
Der Norden ist die Quelle für Wissen im Zusammenhang mit Gesundheit und Kontrolle, die des Menschen wie auch anderer Dinge. Sein Stein ist rot. Calf Pipe Woman, die in den alten Zeiten die erste Heilige Pfeife zu den Menschen gebracht und sie gelehrt hatte, wie sie richtig anzuwenden ist, lebt im Norden. Dort wohnen auch die Bison-Geist-Leute. Ihr Totem und Symbol ist der weißköpfige Adler.

Ein Heiliger Mann der Sioux, der ein Kind anhand des Kreises unterrichtet

Die Teilnehmer am Sonnentanz, die beim Tanzen einen mit Salbei oder Fell umwickelten Reifen in ihren Händen halten, beten zu den vier Himmelsrichtungen. Wenn die Medizinleute und die Stammesältesten Erwachsene, Jugendliche oder Kinder über das traditionelle Leben aufklären und sie lehren wollen, wie sie ihr Leben führen sollen, um die Höheren Wesen zufriedenzustellen, verwenden sie einen Kreis, auf dem die vier Himmelsrichtungen in den entsprechenden Farben eingezeichnet sind. Dabei bewegen sie sich im Uhrzeigersinn von einer Himmelsrichtung zur nächsten und erklären alle Dinge, die mit jeder einzelnen verbunden sind. Zur Ausbildung gehört auch zu lernen, wie man jede Himmelsrichtung beschwört und von ihr Kraft bezieht.

Quelle der Gesundheit und Kontrolle
Der Heilige Stein ist rot
Heim von Calf Pipe Woman
Bote ist der weißköpfige Adler

Quelle des reinigenden Wassers

Heim der Donnerwesen

Der Heilige Stein ist schwarz

Heim der Pferdkraft

Bote ist der schwarze Adler

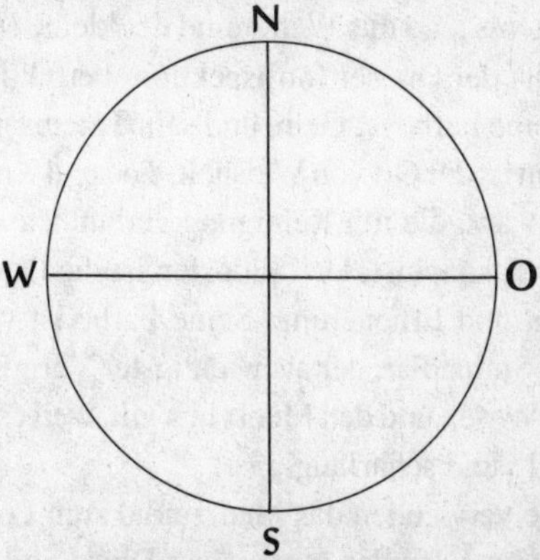

Quelle der Weisheit und des Verstehens

Der Heilige Stein ist gelb

Heim der Elchleute

Bote ist der braune Adler

Quelle des Lebens und Schicksals
Der Heilige Stein ist weiß
Heim der Tierleute
Bote ist der weiße Kranich

Der Kreis wird auch dann benutzt, wenn eine Person über die vier Lebensabschnitte nachdenken und meditieren möchte: über die Geburt im Süden, die Jugend im Westen, das mittlere Alter im Norden und über das Greisenalter, den Tod und das Leben nach dem Tod im Osten. Während die Person über jede dieser Himmelsrichtungen nachdenkt, bittet sie sie, ihr dabei zu helfen, ein weises Leben zu führen, und die Himmelsrichtungen geben ihr Rat. Bei den Sioux gelten diejenigen, die dieses Ritual sehr eifrig praktizieren, als die weisesten Menschen ihres Volkes.

Auch die Cheyenne-Indianer verwenden den heiligen Kreis und die Himmelsrichtungen für die Erziehung und sprechen dabei von einem Medizinrad. In ihren Überlieferungen ist der Südwesten der Ort der Unschuld und des Wachstums. Seine Farbe ist Rot, und seine Totems sind das Wetter und der kleine Mausgeist. Der Nordwesten ist der Ort der Introspektion, Perfektion, Schönheit und Ernte. Seine Farbe ist Gelb, und sein Totem ist der Bärgeist. Der Nordosten ist der Ort von Weisheit, Tod und Krankheit. Seine Farbe ist Schwarz, die mit Reinigung verbunden wird, und sein Totem ist der Bisongeist. Der Südosten ist die Quelle für Erläuterung, Leben und Erneuerung. Seine Farbe ist weiß, und sein Totem ist der Steinadler, der als wichtigster Vermittler zwischen den Höheren Wesen und den Menschen gilt, weil er so hoch fliegt und so mächtig und scharfäugig ist.

Die Cheyenne verwenden das Medizinrad zum Lehren und Meditieren, um sich zu finden, um andere Dinge und sich selbst zu erkennen, um Beziehungen zur Welt um sie herum zu finden und um »das Rad zu drehen«. Letzteres erklären sie damit, daß das gesamte Leben in einem kontinuierlichen Kreis abläuft, dessen Zentrum und Kraftquelle die Höheren Wesen sind. Leben fließt von ihnen in den Kreis und hält ihn in Bewegung. Das Leben einer jeden Person ist durch einen kleinen Bereich auf dem Reifen gekennzeichnet. Sie haben die Vorstellung, daß neben diesem Brennpunkt das Leben dieser Person das Ergebnis dessen ist, was frühere Generationen, einschließlich der Großeltern und Eltern, diesem Reifen hinzugefügt haben. Sie alle haben die Person entweder wirklich oder im übertragenen Sinn geprägt. Im Laufe ihres Lebens zieht sie einen Nutzen aus den Beiträgen der Vorfahren, formt sie um und fügt hoffentlich selbst etwas Positives hinzu. Wenn die Menschen diese Welt verlassen, um in die nächste überzugehen, bleiben ihre eigenen Beiträge einschließlich ihrer Kinder als weitere Ergänzung zum Reifen zurück und tragen das Ihre zur Erhaltung zukünftiger Generationen bei. Auf diese Art dreht sich der Reifen immer weiter, ohne Unterbrechung und ohne Ende.

Das Medizinrad der Cheyenne

Introspektion
Perfektion
Schönheit
Ernte
Bär
Gelb

Weisheit
Tod
Krankheit
Benommenheit
Bison
Schwarz

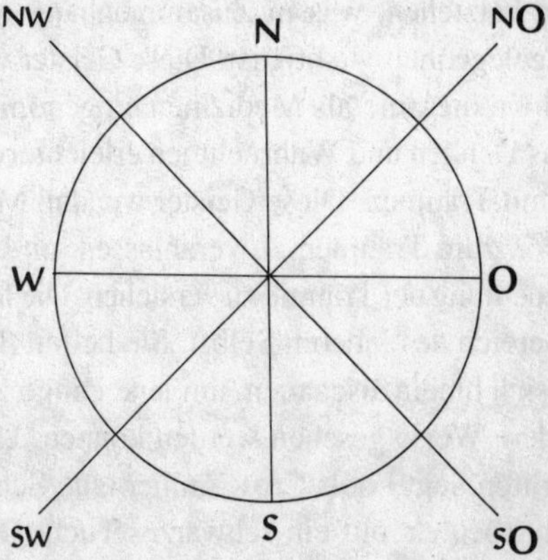

Erläuterung/
Sonne
Leben
Licht
Frühjahr/
Erneuerung
Adler
Weiß

Unschuld
Wachstum
Wetter
Donner
Maus
Rot

Die 405 Weißen Steinmänner-Helfer

Die Höheren Wesen haben 405 Weiße Steinmänner-Helfer. Dabei handelt es sich um gute Geister oder Mächte, die in der geschaffenen Welt wirken und durch Medizinleute großartige Dinge leisten. Anders ausgedrückt, die Weißen Steinmänner-Helfer sind die Überbringer der Kraft, die einer Person verliehen wird. Fools Crow glaubt, daß diese Geister ein Geschenk an die gesamte Menschheit sind, daß aber Wakan Tanka die Medizinmänner der Sioux als Vermittler auserwählt hat, durch die er seine Segnungen verteilt. Die meisten Medizinpersonen dürfen sich nur eines kleinen Teils der Weißen Steinmänner-Helfer bedienen. Als Hinweis auf die Stellung, die Fools Crow in seinem Leben erreichen würde, wurde ihm auf seiner ersten Visionssuche mitgeteilt, daß er sich alle 405 zunutze machen könnte.

Die 405 Mächte sind in vier Gruppen unterteilt, von denen jede auf einem gewissen Gebiet ihren Dienst leistet. Eine Gruppe ist für die Medizinen der Natur verantwortlich. Das sind die medizinischen Wurzeln und Kräuter, die zur Heilung von Menschen benutzt werden. Eine andere Gruppe befaßt sich mit der Kraft der Natur, um zu verstehen, was in Zusammenhang mit einer bestimmten Angelegenheit wichtig ist. Diese Geister wirken durch Pflanzen und Kräuter, die als Medizinen eingenommen werden und einem das Denken und Wahrnehmen erleichtern. Eine dritte Gruppe hilft mit Träumen. Diese Geister wenden Medizinen an, um eine Person zum Träumen zu veranlassen, und dann helfen sie ihr, die Bedeutung der Träume zu verstehen. Die letzte Gruppe arbeitet im Bereich des inneren Selbst. Sie helfen den Medizinpersonen, in sich hineinzuschauen, um jene Dinge zu sehen, die auf keine andere Weise gesehen werden können. Um die guten Geister anzurufen, legt Fools Crow immer eine Schnur mit 405 winzigen Tabakbeuteln auf ein schwarzes Tuch. Dies dient als ein Gebet der Einladung.

Fools Crow weiß, daß die 405 Geister nicht in vier gleich große Gruppen eingeteilt sind, aber es entzieht sich seiner Kenntnis, wie viele Geister den einzelnen Gruppen angehören. Die vierte Gruppe wirkt nicht durch Medizinen, sondern hat mit der Bewußtseinserweiterung zu tun und ist besonders interessant. Er sagt: »Will man tief in sich hineinsehen, in den Bereich des Bewußtseins vordringen, der über das Gewöhnliche hinausgeht, malt man den Stiel seiner Pfeife schwarz an. Dann nimmt man sie mit sich an einen einsamen Platz, an dem man intensiv meditiert. Dabei muß man tapfer sein, weil man sich um eine Antwort bemüht, die der menschliche Geist zunächst weder aufnehmen noch verstehen kann. Die Antwort trifft einen auf ganz überraschende Weise. Helle, rote Lichter, die wie rote Feuer schimmern, erscheinen neben und um einen herum in den vier Himmelsrichtungen. Dann erhält man die Botschaft. Man kann sie sehen oder hören, und es wird einem oft in sehr kurzer Zeit sehr viel Wissen vermittelt. Das ist eine übermächtige Erfahrung, die einen fast überwältigt. Der Geist dehnt sich sehr rasch aus und zieht sich wieder zusammen, als hätte man seinen Atem für lange Zeit angehalten. Wenn alles vorüber ist, ist man vollkommen erschöpft.«

Diese vierte Gruppe von Geistern wird auch konsultiert, wenn eine Person Fools Crow aufsucht und etwas über ihr innerstes Wesen zu erfahren wünscht, wenn sie sich selbst verstehen möchte, damit sie Frieden finden und beruhigter leben kann. Fools Crow führt die Person an einen abgelegenen Ort und läßt sie zum Beten dort verweilen, während er an einen anderen Platz geht und mit seiner Pfeife meditiert. Nach einer Weile holt er den Mann, und sie begeben sich zusammen in eine Schwitzhütte. Während sie dort beten, überbringen die Geister Fools Crow die Antworten »auf eine sehr machtvolle Weise«. Sowie die Antworten eintreffen, gehen sie durch Fools Crow hindurch und auf den Mann über. »Ohne daß wir uns miteinander unterhalten, erfährt er genau, was ich erfahren habe.«

Das sind nicht Dinge, sagt Fools Crow, zu denen nur er fähig ist. »Jeder, der mit der Pfeife aufrichtig ist, kann es tun und zu Einsichten gelangen, die er wünscht. Nimmt diese Person ihre Pfeife und zieht sich allein zurück, nimmt sie sich reichlich Zeit, solange es eben dauert, bis sie die Botschaft erhält, wird sie erfahren, was sie wissen will. Diese Zeremonien gehören nicht nur den Indianern. Alle können sie durchführen, die die richtige Einstellung haben und in ihrem Glauben an Wakan Tanka und bei der Befolgung seiner Regeln ehrlich und aufrichtig sind.«

Beschäftigen wir uns mit dem Konzept der Gedankenübertragung, die ich bereits erwähnt habe, dann wissen wir jetzt, von wem Fools Crow diese Kraft erhält: von den 405 Weißen Steinmänner-Helfern. Fools Crow benutzt die Gedankenübertragung häufig, besonders wenn er jemanden zum Zweck der Visionssuche mitnimmt. Ich erlebte das erneut an einem Sommertag in South Dakota. Ich hielt gerade an einem öffentlichen Krankenhaus in der Nähe von Bear Butte eine Reihe von Vorträgen für Ärzte und Krankenschwestern, als ich erfuhr, daß sich Fools Crow in den Heiligen Bergen aufhielt. Später an dem Tag zog ich los, um ihn aufzusuchen, und fand ihn in einem Lager mitten auf einer saftigen Wiese am Fuß eines Berges. Als ich ankam, war er ganz ins Gebet vertieft, aber er hatte mich gehört und blickte auf, um zu sehen, wer es war. Bis ich ihn erreichte, lächelte er bereits über das ganze Gesicht, seine Augen funkelten, und seine Arme waren ausgestreckt, um mich zu umarmen. Wir unterhielten uns eine Zeitlang, und dann erzählte er mir, daß er sich schon mehrere Tage dort aufgehalten hatte und für einen Sioux-Mann Wache hielt, den er für eine Visionssuche auf den Gipfel des Berges geführt hatte. Sie hatten eine Schwitzhütte gebaut, und ich sah, daß innen, gleich neben dem Eingang, ein schwarzes Tuch auf einem Bett von Salbei lag. Darauf lag eine lange Schnur mit Tabakopfergaben: Sie hatten die guten Geister gerufen.

Dann fuhr er fort und berichtete mir genau, was der Mann während seiner Visionssuche getan hatte, wobei er auf die kleinsten Einzelheiten einging, und daß er seine Vision erhalten hatte. Dabei erwähnte Fools Crow, daß er dem Mann mit Gedankenübertragung aufgetragen hatte, mehrere kleine Äste in Stücke zu zerbrechen und damit vier Kreuze zu formen. Danach sollte er die Kreuze in einer Reihe aufstellen und, während er betete, seine Gedanken darauf konzentrieren. Das wurde bei einer Visionssuche sonst gewöhnlich nicht getan.

»Er wird bald herunterkommen«, sagte er. »Bleib und sprich mit ihm, denn er hatte eine Vision.«

Ungefähr fünfzehn Minuten später sahen wir ihn den Weg herunterkommen. Er war vielleicht vierzig Jahre alt und trug den traditionellen Lendenschurz und Mokassins der Sioux. In seiner Hand hielt er einen Salbeireifen und den Teil eines Bisonschädels. Er wirkte müde, aber merkwürdig ruhig. Als wir einander vorgestellt wurden, lächelte er leicht und setzte sich erschöpft an das kleine Feuer, das Fools Crow angezündet hatte.

»Großvater«, sagte er, »ich habe meine Vision gehabt.«

»Ich weiß«, erwiderte er, »und ich habe meinem Freund hier erzählt, was es war, damit er wieder einmal sehen kann, daß ich die Kraft, das zu tun, von Wakan Tanka und Tunkashila wirklich erhalten habe. Nun mußt du uns beiden berichten. Beginne am Anfang deiner Visionssuche, und laß nichts aus.«

Ich wußte, was der Mann sagen würde, und trotzdem war es unglaublich zu hören, wie genau sein und Fools Crows Bericht übereinstimmten, das gilt besonders für den Teil, als er das seltsame Bedürfnis verspürt hatte, aus Stöcken vier Kreuze zu formen und mit diesen zu beten. Fools Crow lächelte zufrieden und nickte mehrmals mit dem Kopf, als der Mann fortfuhr. Als er seinen Bericht beendet hatte, klatschte Fools Crow als Zeichen der Zustimmung vergnügt wie ein kleines Kind in die Hände.

»War es nicht genau so, wie ich es dir gesagt habe?« fragte er mich.

»In der Tat«, antwortete ich, »in der Tat, so war es!«

Kurze Zeit später fuhr ich ab, denn ich wußte, daß Fools Crow mit dem Mann allein sein wollte, um die Bedeutung seiner Vision zu besprechen. Später in der Nacht würden sie dann noch gemeinsam eine Schwitzhüttenzeremonie abhalten.

Danach sah ich Fools Crow für einige Monate nicht, aber es war nicht das letzte Mal, daß ich ihn mit Gedankenübertragung arbeiten sah. Wenn wir beisammen waren, geschah es oft genug, um mich davon zu überzeugen, daß er, wann immer er wollte, dazu fähig war – solange die Person, mit der er sie praktizierte, die Kraft, über die er für die Durchführung verfügte, verstand und an sie glaubte.

Zur Gedankenübertragung muß noch etwas bemerkt werden. Was Fools Crow sieht, ist nicht immer Einbildung. Öfter als es nicht geschieht, tritt es tatsächlich ein. Eine überraschende, gemischte Gruppe von wirklichen Vögeln und Tieren kommt und spricht mit ihm, während er sich zum Beten zurückzieht. Genau so, wie es die Geisttiere tun, bringen auch sie ihm Botschaften, die das Wohlergehen der Sioux betreffen. Mit eigenen Augen habe ich beobachtet, wie wirkliche Vögel und Tiere zu ihm kommen und sich zu seinen Füßen niederlassen. Und wenn er eine Heilung durchführt, dann ist überhaupt keine Einbildung mit im Spiel. Sie ereignet sich wirklich, und auch das habe ich mit meinen eigenen Augen gesehen. Einmal, als Dallas Chief Eagle anwesend war, sprachen wir über den Unterschied zwischen Vorstellung, oder Phantasie, und Wirklichkeit.

»Nachdem die Tiere manchmal wirklich zu dir kommen«, fragte ich Fools Crow, »warum ist die Gedankenübertragung überhaupt notwendig?«

»Weil durch die Gedankenübertragung die Geistwesen der Vögel und Tiere kommen. Sie stehen über den irdischen Kreaturen. Sie leben in den vier Himmelsrichtungen. Ihr Wissen ist dem der irdischen Kreaturen überlegen. Es kommt direkter von Wakan Tanka, Tunkashila und den vier Himmelsrichtungen.«

»Und wie ist das mit den Dingen, die mit dir geschehen, die Veränderung der Kleidung, die Farbe und all das übrige? Geschieht das alles wirklich?« fragte ich.

»Nein. All das sehe ich nur vor mir, während ich im Geiste in die ferne Vergangenheit zurückgehe und nach unserem Zentrum greife. Es hilft mir, mich darauf zu konzentrieren, was ich bin und was ich für unser Volk zu tun erhoffe.«

»Aber der farbige Rauch und die Federn? Was ist mit denen, die du mir auf dem Rückweg zu deinem Haus gegeben hast?«

»Alles, was ich sehe, kann ich Wirklichkeit werden lassen. Das ist eine Kraft, die mir Wakan Tanka verliehen hat, als ich einmal in Bear Butte war. Eines Nachts trug er mir auf, dort eine der Felswände zu erklimmen. Ich habe dir bereits davon erzählt, wie er eine Tür dorthin setzte und ich durch sie in die Felswand hineinging und wie er dort drinnen mit mir sprach. Ich ließ die Federn Wirklichkeit werden und gab sie dir, um dir zu zeigen, daß ich so etwas tun kann.«

»Sagst du den Leuten immer«, fragte ich, »ob das, was sie sehen, Wirklichkeit ist oder nur Einbildung?«

»Nein!«

»Kannst du Gedankenübertragung auch in einer Gruppe ausführen?«

»Wenn jeder in der Gruppe daran glaubt, ja.«

»Ist es einem Beobachter möglich festzustellen, was es in einem bestimmten Augenblick ist?«

»Wenn ich die Gedankenübertragung nicht verwende, dann ändert sich meine Kleidung nicht, sie wird also nicht zum Wildledergewand.«

»Was würdest du den Leuten sagen, die das, was du tust, als Zauberei bezeichnen?«

»Ich habe die Fähigkeit, Dinge zu tun, die die meisten Weißen Zauberei nennen würden. Aber sie sind nicht wirklich Zauberei. Ich baue nichts auf, wie das die Zauberer im Fernsehen tun.«

Erhitzen ohne Feuer

Ich hatte Anlaß, mich verschiedene Male an diese Bemerkung zu erinnern, nämlich daran, wenn ich Fools Crow erstaunliche Dinge verrichten sah. Bei einem Fall ging es um die Steine, die er in der Schwitzhütte benutzte. Meistens erhitzt er sie in einer außerhalb gelegenen Feuerstelle wie jeder andere auch. Aber eines Tages erzählte er mir, wie seinem Onkel Black Elk zu Ohren gekommen war, daß er die Steine ohne Zuhilfenahme von Feuer heiß werden lassen konnte. Black Elk kam zu Fools Crow und fragte ihn, ob das wahr wäre. Fools Crow bejahte dies und bot ihm an, es ihm zu zeigen. Black Elk stellte mehrere Fragen bezüglich des Vorgangs, und Fools Crow beschrieb ihm, welche Gegenstände er dazu verwendete, welche Bedeutung sie hatten und wie die Steine plaziert wurden. Dann bat Fools Crow einige Sänger mitzuwirken. Als alle anwesend waren, gingen sie in die Schwitzhütte. Nach den Gesängen legte Fools Crow kalte Steine in die Feuerstelle. Anschließend »führte er seine Zeremonie aus«, kaute seine Medizin und spuckte sie auf die Steine. Die Hitze kam. Die Sänger sangen die erforderlichen, speziellen Lieder, und als Fools Crow dann das Wasser über die Steine goß, waren sie glühend heiß. Black Elk hielt seine Hand über sie und stellte fest, daß sie vielleicht sogar heißer waren, als wenn sie auf die übliche Weise erhitzt worden wären. Als sie fertig waren, schwitzten alle genau so, als hätten sie ein normales Schwitzbad genommen. Danach schüttelte Black Elk Fools Crow die Hand und sagte, daß er an ihn und an die Kraft seiner Gebete glaubte. Er kehrte völlig überzeugt nach Hause zurück.

Nachdem ich die Geschichte gehört hatte, fragte ich Fools Crow, ob er die Steine auch für mich erhitzen würde. Eines Tages, als wir allein waren, tat er es. Auf unwahrscheinliche Weise wurden die Steine ohne die Hilfe eines Feuers heiß, genau so, wie er es gesagt hatte. An jenem Tag handelte es sich um keine Gedankenübertragung. Ich hielt einen Zweig über die Steine, der daraufhin vollkommen verbrannte!

Heilen

Ein anderes Mal war Fools Crow Ehrengast auf einem Pow-wow. Es war Sonntag, und er hatte sein traditionelles Kostüm an. In die langen Zöpfe der schwarzen Perücke, die er trug, waren braune Hermelinfelle eingeflochten. Jeder der dort Anwesenden konnte sie sehen und erkennen, daß es sich nur um Felle handelte. Nachdem an jenem Nachmittag die Tänze beendet waren, erreichte ihn die Nachricht, daß ein Sioux-Freund, der im Ort wohnte, sehr krank war und ihn sehen wollte. Fools Crow ging zum Haus dieses Mannes und nahm eine Gruppe von 32 Personen mit, darunter drei Weiße.

Der Mann war in seinem Schlafzimmer, einem kleinen, etwa drei mal dreieinhalb Meter großen Raum. Er lag im Bett, bis zum Kinn mit einer Steppdecke zugedeckt. Er hatte ein eingefallenes Gesicht, und seine eingesunkenen Augen blickten blitzschnell umher, als die Leute eintraten. Er hatte nicht so viele Besucher erwartet. Er sah aus wie jemand, der an Krebs im fortgeschrittenen Stadium litt. Außer dem Bett befanden sich nur noch ein kleiner Tisch und ein Stuhl im Zimmer. Während alle anderen sich in das Zimmer drängten und um das Bett scharten, sprach Fools Crow leise mit dem Mann, der ihm berichtete, daß er unter der Stirn einen Tumor hatte und am kommenden Mittwoch im örtlichen Krankenhaus operiert werden sollte. Er beklagte sich über den starken Schmerz und sagte, daß er Angst hatte, sich der Operation zu unterziehen, die er nicht überleben würde.

»Würdest du mich heilen, Großvater?« flehte er. »Dort auf dem Tisch liegt Tabak.«

Fools Crow studierte einige Augenblicke lang das Gesicht des Mannes, ging dann zum Tisch und setzte sich hin. Jedes Auge war auf ihn gerichtet, während er in aller Ruhe etwas Tabak herausnahm, damit eine Zigarette rollte und sie rauchte. Dann fing er an zu singen und begann zugleich, das braune Hermelinfell aus seinem rechten Zopf zu lösen, und er legte es flach auf den Tisch. Er streichelte es, während er weitersang, und es verwandelte sich in ein lebendiges Hermelin! Alle schauten ungläubig und absolut fasziniert zu, als das Hermelin auf den Boden sprang und dann am Fußende des Bettes hinaufkletterte. Es fing an zu schnüffeln, während es sich langsam den Körper des Mannes entlang hinaufarbeitete. Als es an seinem Gesicht angelangt war, schnüffelte es überall herum, bis es den Punkt fand, wo sich der Tumor befinden sollte. Das Hermelin blieb dort stehen und saugte mehrere Minuten lang kräftig an der Haut. Als es fertig war, entfernte sich das Tier vom Mann und kehrte zum Tisch zurück. Fools Crow sang, während er es streichelte. Es verwandelte sich wieder in ein Hermelinfell, und Fools Crow flocht es in seinen Zopf ein. Während die Leute im Zimmer ein erstauntes Murmeln von sich gaben, sagte Fools Crow dem Mann, daß er geheilt war, und verabschiedete sich. Alle außer dem Patienten folgten ihm zurück zum Pow-wow.

War das, was wir gesehen hatten, nur Gedankenübertragung, die sich auf eine ganze Gruppe erstreckt hatte? Ganz gewiß dachte niemand, der dort anwesend gewesen war, daß dem so war. Und da gibt es noch eine abschließende Bemerkung. Der Mann begab sich am Dienstag in das Krankenhaus, um für die Operation vorbereitet zu werden. Aber er bestand darauf, daß der Arzt neue Röntgenaufnahmen machte, denn wie er behauptete, waren die Schmerzen vollkommen verschwunden. Der Arzt war sehr verärgert und sagte, neuerliche Röntgenaufnahmen wären vergeudete Zeit, denn der Tumor wäre vorhanden und eine Operation unvermeidbar. Aber der Mann bestand so lange darauf, bis der Arzt nachgab und ihn noch einmal röntgte. Der Tumor war verschwunden und der Arzt völlig verblüfft. Der Mann wurde nach Hause geschickt, und die Operation wurde nie ausgeführt.

In der Zeit, als wir am Buch über Fools Crows Leben arbeiteten, erzählte er mir, daß er während seiner Jahre als Heiliger Mann praktisch jede denkbare Krankheit geheilt hat, ausgenommen Lungen- oder Magenkrebs. Und das auch nur aus dem Grund, weil ihn nie jemand darum gebeten hatte, diese Krankheiten zu heilen.

»Aber«, fuhr er fort, »wenn mich jemand bitten würde, könnte ich auch diese heilen.«

Er beschrieb viele seiner Heilverfahren, unter anderem Heilmittel gegen Blindheit, Taubheit und Nierenbeschwerden, Gallensteine, Lähmungen, Herzprobleme und Beschwerden am Rückgrat. Ich persönlich habe zugesehen, wie er in einer vier Tage dauernden Heilung ein riesiges, dunkelrotes Muttermal aus dem Gesicht eines Mannes entfernte, wobei er nur ein Medizinkraut verwendete. Ich habe auch gesehen, wie er mitten in einem Sonnentanz innehielt und das ganz und gar verdrehte Bein eines neunjährigen Jungen geraderückte. Dieser war mit diesem Leiden geboren worden, was den vielen hundert Zuschauern, die die Heilung mit ansahen, auch bekannt war. Zwei Jahre später sah ich den Jungen mit seinen Freunden Korbball spielen.

Die Kraft ist vorhanden und kann einfach nicht angezweifelt werden. Sie ist ein Nebenpfad, deren Dimensionen verblüffend sind. Ich bezweifle jedoch, daß außer in bezug auf Selbstheilung jeder über dasselbe Maß an Kraft verfügen kann. Ich beschreibe Fools Crows Leistungen nur aus dem Grund, weil ich deutlich machen will, daß eine derartige Kraft existiert und erworben werden kann. Was die einzelne Person damit erreichen kann, wird sich erst dann erweisen, wenn sich ihre Beziehung zu den Höheren Wesen entfaltet.

Wesentliche Voraussetzung ist laut Fools Crow der uneingeschränkte Glauben sowohl des Heilers als auch des Patienten an die Kraft und Art und Weise, wie sie verteilt wird. Ohne ihn kann keine wirksame Behandlung erfolgen. Aus diesem Grund nimmt er nicht jeden Patienten an. Er ist erstaunlich einfühlsam und kann in den Geist und das Herz jener schauen, die zu ihm kommen und um seine Dienste bitten. Sieht er hinsichtlich des Glaubens nicht, was er sehen möchte, schickt er sie fort. Befindet sich jemand in einem sehr stark fortgeschrittenen Stadium einer Krankheit, kann er sich dafür entscheiden – aus Gründen, die nur ihm bekannt sind und die er im Gebet erkennen kann –, der Person nur jene Heilung anzubieten, die ihr hilft, jede Furcht vor dem Sterben zu verlieren und sich auf ehrenhafte Weise auf ihren Tod vorzubereiten. Erfährt sie erst einmal, was ihr das Leben nach dem körperlichen Tod geben wird, wird sie freudig und mit großer Erwartung aus dieser Welt gehen.

Sioux-Heiler wissen schon seit langer Zeit, was die moderne Medizin erst jetzt langsam feststellt: Fast alle Krankheiten nehmen im Kopf ihren Anfang. Sie haben von den Höheren Wesen gelernt, daß psychologische Faktoren die Ursache für Krebs, Herzkrankheiten, Arthritis und sogar für einen vorzeitigen Tod sein können. Fools Crow hat erkannt, daß Streß das Immunsystem schwächt und unsere Abwehrkräfte gegen Krankheit und Allergie vermindert. Er weiß, daß man mit Willenskraft größere Immunität aufbauen kann. Deshalb hält er sich meistens sorgsam an das traditionelle Heilverfahren, das sich über vier Tage und vier gleichmäßig verteilte Tagesabschnitte erstreckt. Heiler und Patient beginnen mit gegenseitigem Vertrauen – genauso wie Cherokee-Heiler – und stärken dieses Vertrauen über die nächsten vier Tage. Entspannung tritt ein, der Blutdruck wird herabgesetzt, der Herzschlag stabilisiert sich, Ruhe kehrt ein, und am Ende der vierten Behandlung am vierten Tag ist der Glaube so stark, daß sich die meisten Heilungen mit überwältigendem Erfolg einstellen. Hier und da dauert der Heilungsprozeß etwas länger.
Ein interessantes Detail im Zusammenhang mit seiner Heilungsmethode ist, daß überraschenderweise der Patient bestimmt, wie viele der 405 guten Geister in die Schwitzhütte oder an einen anderen Platz kommen werden, wenn Fools Crow ihn heilt. (Benutzt er keine Schwitzhütte, dann formt er immer auf dem Boden oder in einem Haus ein kleines Rechteck, dessen Ecken er mit vier Fahnen markiert, eine für jede Himmelsrichtung; sie werden aus Kirschzweigen gemacht, an denen farbige Stoffstükke festgebunden sind. Er steckt sie senkrecht in Blechdosen, die mit Erde gefüllt sind.) Der Patient betet zu Wakan Tanka und fragt ihn, wie viele Tabakpakete er vorbereiten soll, denn jedes stellt einen der 405 guten Geisthelfer dar. Sobald der Patient die Antwort erhalten hat, fertigt er die Opfergaben an, bindet sie an eine Schnur und wickelt die Schnur in ein Tuch ein. An dem Tag,

an dem das Ritual beginnt, legt er sie in das Fahnenrechteck oder in die Schwitzhütte. Erst wenn die Zeremonie bereits im Gange ist, macht Fools Crow das Tuch auf und erfährt, wie viele der 405 guten Geister anwesend sein werden, um ihm zu helfen.

Führt Fools Crow die Heilung in der Schwitzhütte aus, dann unterstützen ihn bei Anwesenheit des Patienten dessen Verwandte und ein Sänger. Kann der Patient nicht anwesend sein, dann hält er die Zeremonie allein ab. Fools Crow erzählte, daß er in vier Fällen die Steine ohne Zuhilfenahme von Feuer erhitzt hat. Jedesmal waren Leute anwesend, die diese Meisterleistung miterlebt haben. Alle saßen in der Dunkelheit, er zerkaute seine heilige Medizin sehr sorgsam und blies sie viermal auf die Steine. Nach jedem Mal goß er etwas Wasser auf die Steine, die einen Laut von sich gaben. Als er das Wasser zum viertenmal darüber schüttete, waren die Steine glühend heiß. Alle Anwesenden konnten das Glühen deutlich sehen und die Hitze fühlen.

Die Türklappe der Schwitzhütte wird während der Zeremonie dreimal geöffnet. Wenn sie zum drittenmal geschlossen wird, beginnt der vierte und letzte Teil des Rituals. Wasser wird auf die Steine gegossen, von denen immer zwölf vorhanden sind (auf dem ersten ist ein roter Kreis aufgemalt), und die Heiligen Lieder werden wieder gesungen. In allen vier Fällen konnte man an diesem Punkt die Steine in der Lakota-Sprache sprechen hören, denn sie gaben freudige Töne und Geschrei von sich, wie *»how, how«*. Alle Leute in der Schwitzhütte stimmten mit ein und äußerten freudige Laute, bis aus der Hütte ein dröhnender Lärm erschallte.

Während die Steine in der Schwitzhütte Lakota-Laute erklingen lassen, wenn sich noch andere Leute mit Fools Crow im Inneren befinden, so sprechen sie tatsächlich mit ihm, wenn er allein in der Schwitzhütte ist. Fools Crow glaubt, daß sich die Geister freier fühlen, wenn er als einzige Person anwesend ist. Gewöhnlich sprechen die Geister zu ihm, sobald die Türklappe zum erstenmal geschlossen wird und er zu beten beginnt. Sie sagen ihm, was er über den Patienten und die Medizin wissen muß. Während jeder der vier Phasen der Zeremonie spricht er sowohl zu den Steinen als auch den Tabakopfern und lauscht aufmerksam auf eine Antwort. Er singt auch ein heiliges Lied. Wenn, wie es manchmal vorkommt, die Geister anfangs nicht durch die Steine zu ihm sprechen, wiederholt er das Lied so lange, bis sie es tun. Die Geister in den Tabakopfergaben hören ihn, antworten ihm aber nicht. Wenn die Steine sprechen, fragen sie ihn, warum er das Ritual abhält und für wen. Dann fragen sie ihn, ob er weiß, um welche Krankheit es sich handelt. In der vierten Phase der Zeremonie fragen sie ihn, was der Patient wünscht, was die Höheren Wesen für ihn tun sollen, ob sie ihn körperlich heilen oder auf den Tod vorbereiten sollen. Insgesamt stellen die Geister vier Hauptfragen, dann teilen die Geister in den Steinen Fools Crow schließlich mit, welche Medizinpflanze er verwenden und wie er sie anwenden soll.

In seiner genauen Beschreibung dieses Vorgangs spricht er von den Steinen als Arbeiter. In der Schwitzhütte befindet sich immer ein Gegenstand, der dem abwesenden Patienten gehört. Die Steine fragen Fools Crow, wo sich der Patient aufhält und wie weit entfernt er wohnt. Dann schnuppern die Steine an dem Gegenstand, wie es Jagdhunde tun, um den Geruch aufzunehmen, und anschließend, »indem sie sich wie Wakan Tanka fortbewegen, suchen sie unverzüglich den Patienten auf. Sie untersuchen die Person und kehren rasch zur Schwitzhütte zurück.« Sie berichten Fools Crow, daß sie den Patienten gefunden haben, wie es ihm geht und daß sie wissen, was ihm fehlt. Sie sagen ihm, welches die richtige Medizin für die Heilung ist und wie sie angewendet werden muß. Fools Crow geht dann zum Patienten und befolgt genauestens die Anweisungen der Geister. »Der Patient«, erklärt er, »wird immer geheilt.«

Fools Crow erzählte mir, daß er einmal auf einer indianischen Feier in Flagstaff, Arizona, aufgefordert wurde, seine Kraft durch ein magisches Kunststück unter Beweis zu stellen. Unter einem derartigen Druck, etwas leisten zu müssen, und ohne zu wissen, was geschehen würde, ging er zu einem kleinen Baum, der in der Mitte des Platzes aufgestellt worden war, und betete. Einige Augenblicke später kamen vier Schwärme hell leuchtender Vögel aus den vier Himmelsrichtungen und landeten, zum Entzükken der Zuschauer, auf dem kleinen Baum, den sie in einen herrlich dekorierten Christbaum verwandelten! Nach ungefähr einer Minute flogen die Vögel auf und davon, und aus dem Baum loderte so etwas wie Flammen, ohne ihn zu verbrennen.

»Warum hat Wakan Tanka das getan?« fragte ich.

»Weil«, antwortete Fools Crow, »er uns in solchen Fällen ehrt, solange wir das Privileg nicht mißbrauchen.«

Er fügte hinzu, daß er solche Sachen normalerweise nicht ausführte, aber in diesem Fall hatten ihn andere gemeldet. Im Interesse aller mußte er etwas tun. Aber er macht solche Dinge nicht gerne, denn dadurch wird seine Heilkraft vermindert, und Heilen ist ihm bei weitem wichtiger, als Spaß zu haben.

»Ich könnte«, behauptet er, »viele Dinge tun, um neugierige Menschen zu befriedigen und in Erstaunen zu versetzen. Ich könnte sogar ein Baby nehmen und es tanzen oder andere Sachen tun lassen, die nur Erwachsene machen können. Aber ich will das wirklich nicht. Ich beschränke meine Kraft lieber auf das Heilen. Ich bin zahlreichen Leuten begegnet, die mich gebeten haben, Zauberkunststücke oder Wunder zu vollbringen, aber in den meisten Fällen habe ich das abgelehnt.«

Fools Crow sagt, daß es äußerst wichtig ist, zu lernen, sich selbst zu lieben. Ist man dazu imstande, fühlt man sich bezüglich seiner Person und seinen Handlungen wohl und ist fähig, Dinge zu erreichen, die man sonst niemals geschafft hätte, einschließlich Selbstheilung.

Danksagung an die Höheren Wesen

Zum Abschluß des Kapitels über die Sioux und Fools Crow müssen wir uns noch folgendes immer vor Augen halten: Sie glauben, daß die Danksagung an die Höheren Wesen und an die Kräfte, die ihnen helfen, ein wesentlicher Bestandteil des Heilens und Überlebens ist. Fools Crow achtet mit größter Sorgfalt darauf, daß er für die Werke, die die Höheren Wesen bei außergewöhnlichen Anlässen durch ihn vollbringen, seinen Dank bekundet, und er bedankt sich auch für die täglichen Geschenke, die für die fundamentale Existenz notwendig sind.

Er betet immer vor dem Essen und bewahrt einen kleinen Teil seiner Speisen auf, um nach dem Mahl noch zusätzlich seinen Dank auszudrücken. Er bringt die Gabe nach draußen und zeichnet mit einem Stock einen kleinen Kreis auf den Boden. Der Kreis symbolisiert die Höheren Wesen und das Volk der Sioux. Dann zieht er im Kreis eine senkrechte und eine waagerechte Linie, so daß diese ein Kreuz bilden. Das Kreuz symbolisiert die vier Himmelsrichtungen. Schließlich schaufelt er am Schnittpunkt der Linien ein kleines Loch, und während er in Dankbarkeit betet, legt er die Essensgabe hinein und bedeckt sie mit Erde. Auf diese Weise wird den Höheren Wesen etwas von dem zurückgegeben, was er ißt, und sie antworten, indem sie dafür sorgen, daß er auch in Zukunft ausreichend zu essen hat.

Er denkt nur in Begriffen von Bedürfnissen, nicht in solchen des Überflusses. Würde er nicht mit der Welt um ihn herum konfrontiert, dann, glaube ich, wüßte er nicht, was der Überfluß an irgend etwas ist. In all den Monaten, die wir zusammen verbracht haben, hat er niemals vergessen, seine Geste der Dankbarkeit zu verrichten, sogar in Dörfern und Städten nach Mahlzeiten in Restaurants. Er nimmt die Gabe mit nach draußen und sucht so lange, bis er ein freies Stück Boden findet, wo er sie hinterlegen kann. Passanten sehen ihm häufig dabei zu und fragen sich, wie es wohl um seinen Geisteszustand bestellt sei, aber das kümmert ihn nicht. Seine Beziehung zu den Höheren Wesen ist ihm unendlich viel wichtiger als das, was die Menschen denken.

Dritter Teil

Das Folgen der Pfade

Der Weg der Indianer
und dein Weg
zu dauerhaftem inneren Frieden:

Strebe danach, die Ursachen von Streß
vollkommen zu beseitigen,
und
wehre dich gegen die Ursachen von Streß,
indem du ihre Gewalt schon im voraus abschwächst,
und
versuche, unvermeidbaren Streß zu bewältigen
und ihn für nützliche Zwecke zu verwenden,
und
verbessere die Art und Weise
und die Qualität deines Lebens.

Liebe dich selbst.
Gehe aus dir heraus.
Schreite zur Tat.
Konzentriere dich auf die Lösung.
Lebe in Frieden.

Kapitel IX

Aktive Meditation zur Erlangung von innerem Frieden

Nun werden wir das tun, was auch die alten indianischen Priester oder die zeitgenössischen Medizinleute oder Heiligen Männer vorschlagen würden, wenn sie dir helfen wollten, die Essenz ihrer alten Pfade an die heutige Zeit und an dein Leben anzupassen. Das Material in diesem dritten Teil ist in erster Linie auf den einzelnen ausgerichtet. Es muß jedoch betont werden, daß sich einige der indianischen Pfade ganz besonders gut für die heutigen Probleme im Zusammenhang mit Gruppen, Kleinbetrieben und größeren Unternehmen anwenden lassen. Zu diesem Zweck habe ich ein getrenntes Programm entwickelt und in einer Broschüre beschrieben. Die Information über die Broschüre befindet sich am Ende dieses Buches.

So lassen sich beispielsweise die Schritte der neuntägigen Rituale der Hopi ohne Schwierigkeiten auf den heutigen Arbeitsplatz anwenden, denn ihre Wirkung ist auf eine Gruppe zugeschnitten. Erinnere dich daran, daß eine ganze Gesellschaft diese Rituale durchgeführt hat und daß jede Zeremonie im Rahmen des Zyklus zum Wohl des gesamten Dorfes abgehalten wurde. Ziel dabei war es, langfristige Motivation, Zusammenhalt, Kreativität und Leistung zu fördern. Kombinieren wir diese Erfolge mit den organisatorischen und zielgerichteten Methoden der Cherokee wie auch mit gewissen Anschauungen der Apachen und Sioux, dann ergibt sich als Endergebnis das, was alle Gruppen und Industrien in bezug auf lohnende soziale Beziehungen, Zusammenarbeit, Zufriedenheit, Service und Produktivität anstreben.

Beginnst du erst einmal, den indianischen Pfaden zu folgen, halte dir stets vor Augen, daß du, während du die verschiedenen von mir beschriebenen Handlungen ausführst, deine Probleme auf eine Art und Weise analysieren wirst, die bereits positive Ergebnisse bringt. Handlung verbunden mit Imagination ist unendlich viel besser als Imagination allein. Handeln verbessert die Imagination und macht sie anschaulich. Bei der Herstellung eines rituellen Gegenstandes, den du im Ritus eines Pfades verwenden willst, wirst du zum Beispiel schon während dieses Vorgangs das Problem sorgfältig durchdenken. Bis zur Fertigstellung des Gegenstandes wirst du das Problem sehr gut kennen und hast damit bereits einen großen Schritt in Richtung seiner Lösung getan. Die Lösung wird dann verwirklicht, wenn du den Gegenstand auf die vorgesehene Weise verwendest.

Denke daran, daß verschiedenen Personen unterschiedliche Methoden zusagen. In dieser Beziehung haben wir den amerikanischen Ureinwohnern gegenüber einen Vorteil, denn sie verfügten nur über ihre eigenen Pfade, während wir zwischen vier verschiedenen wählen können. (Hätte es der Rahmen dieses Buchs erlaubt, dann hätte ich auch die Pfade anderer Stämme mit einbeziehen können, denn viele von ihnen besaßen wunderbare Pfade, denen man folgen könnte.) Probier die Wege aus, und triff deine eigene Wahl. Es ist nicht notwendig, jedem Pfad zu folgen und alles anzuwenden, was du entdeckst. Wende in verschiedenen Situationen verschiedene Pfade an. Berührt dich das, was du findest, dann wird es dir auch nützlich sein. Sei in dieser Hinsicht kreativ. Ich habe die Pfade und ihre Anwendungsmöglichkeiten nicht ausgeschöpft. Ich biete Möglichkeiten an, aber du kannst sie weiterentwickeln, persönlicher gestalten oder erweitern. Erreichst du eine Sackgasse oder hast du das Gefühl, zusätzliche Hilfe zu benötigen, dann findest du am Ende des Buches die Information, wie du sie anfordern kannst.

Ich versichere dir, daß du diese Pfade allein, mit einem Freund oder mit einer passenden Gruppe gehen kannst. Die meisten Menschen brauchen starke Bindungen zu anderen, um glücklich zu sein. Mit der Verbreitung der Kenntnisse der indianischen Pfade werden sich Gruppen bilden, die den Pfaden gemeinsam folgen werden. Daraus werden sich enge persönliche Beziehungen ergeben, in denen du dich verstanden und akzeptiert fühlen kannst. Es handelt sich um ein mächtiges Geschenk. Nimm also dein Leben in die Hand, und verbessere deine Zukunft. Benutze die Pfade, um Freundschaften zu schmieden, neue Interessen zu finden und dein Selbstgefühl als nützliche, fähige Person zu stärken. Du mußt auch wissen, daß die Pfade für Menschen aller Altersgruppen nützlich sind, vom Jugendalter an. Ruheständler, denen mehr Zeit zur Verfügung steht, werden aus ihrer Anwendung großen Nutzen ziehen. Die Pfade steigern deine Kreativität und lassen dich voll Vitalität, Hoffnung und Mut vorwärtsschreiten. Erinnere dich nur an die respektierte und nützliche Stellung, die die Älteren in der Gesellschaft der amerikanischen Ureinwohner eingenommen haben, und erkenne, daß die Pfade der Grund für diese bewundernswerte Haltung sind.

Wir wissen, daß heute Veränderungen so schnell vor sich gehen, daß unsere Fähigkeit, uns auf sie einzustellen, sehr ins Wanken gerät. Wir müssen mit einer neuen Technologie nach der anderen fertig werden, in einem immer schärferen Konkurrenzkampf und immer schneller an uns herantretenden Bedrohungen. Die Situation verspricht sich in den kommenden Jahren noch zu verschlimmern. Allerlei Arten von Streß lauern überall, drohen ständig irgendwo aufzutauchen und uns zu schaden.

Obwohl die Indianer nicht demselben Milieu der rasenden Veränderungen ausgesetzt waren wie wir, wurden sie doch durch Eindringlinge mit den schlimmsten Bedrohungen konfrontiert: Epidemien, verwirrende Anschauungen, das Unerwartete und

Unbekannte und heftiger Wettkampf. Der durch eine in der Hand gehaltene Waffe verursachte Tod war für den einzelnen genauso schnell und endgültig wie der der Atombombe. Die Pocken wüteten, ein flinkerer Henker als Aids. Die Pfade, denen die Indianer folgten, setzten sich mit diesen Streßsituationen auseinander und sind uns heute von Nutzen. Ich bin davon überzeugt, daß sie auch noch in hundert Jahren genauso zweckmäßig sein werden. Unsere Umgebung ganz allgemein wird sich drastisch verändern, aber nicht der Kern der menschlichen Natur.

Ich möchte wiederholen, daß die Pfade und ihre Anwendungsmöglichkeiten, die ich darlegen werde, vielleicht unorthodox erscheinen mögen. Denke jedoch daran, daß wir nicht den Versuch machen wollen, nachzuahmen, was die Indianer getan haben. Wir wollen nur den Kern der Zeremonie einfangen und ihre Gedankenmuster verstehen und anwenden. Ich gebe dir keine ausreichende Anleitung, so daß du irgendeines der Rituale imitieren könntest. Die Indianer wären zu Recht verärgert, wenn ich das täte, und ich würde ihr Vertrauen mißbrauchen. Ich beschreibe nur die Einzelheiten von Ritualen, die mir von Medizinmännern persönlich zu diesem Zweck anvertraut wurden, und diese stehen ausschließlich mit jenen Ritualen in Zusammenhang, die von der Öffentlichkeit regelmäßig gesehen werden können.

Nachdem der Geist für die Macht der Suggestion höchst empfänglich ist, erklärt sich der Nutzen der Pfade von selbst. Die Denkmuster werden ihren Wert dann sehr bald unter Beweis stellen, wenn du sie anwendest. Aber wie kannst du diese manchmal merkwürdigen Dinge, die ich vorschlage, in der Anwesenheit eines möglicherweise verständnislosen und spöttischen Ehepartners, von Eltern oder Geschwistern ausführen? Das ist eine Frage, die ich dir nicht beantworten kann. Ich kann nicht wissen, wie deine Situation aussieht. Ich weiß allerdings, daß du einen ungestörten Platz und einen Weg finden wirst, sobald du erst einmal die Erfahrung machst, wie die Pfade dich persönlich bereichern können!

Handlung konzentriert die Gedanken

Ich möchte noch einmal die indianische Überzeugung hervorheben, daß *etwas zu tun*, um mit einem Problem fertig zu werden, viel wirksamer ist, als zu versuchen, sich damit nur in Gedanken zu befassen. Sie haben herausgefunden, daß eine Person beim Denken zu leicht abgelenkt wird.

Die meisten Bücher, die sich mit Streß und Überleben befassen, gehen ausführlich darauf ein, was Streß ist, und ordnen ihn in Kategorien ein. Sicherlich weißt du bereits, wovon ich spreche. Um also diese Ausführungen nicht zu wiederholen, will ich nur folgendes bemerken: Streß entsteht aus allem, das deine Leistungsfähigkeit einschränkt, dich aus der Fassung bringt, dich überrollt, an dir nagt, dich schwächt, frustriert, in Panik versetzt oder in dir Unsicherheit oder pure Angst verursacht. In der Tat umfaßt er alles, was dein geistiges oder körperliches Wohlergehen anhaltend angreift und dich von gesünderen Dingen fernhält.

Sei in bezug auf Streß kritisch, denn manche Probleme sind einfach die Herausforderungen des alltäglichen Lebens, die uns stärken, indem sie unsere Fähigkeiten testen. Versuche bei den Dingen, die dir geschehen, diesen Unterschied festzustellen. Erkenne, daß deine Antworten häufig von der Art und Weise abhängen, wie du ein Hindernis siehst, und von der Art, wie deine Einstellung das, was du siehst, färbt. Was der eine als undurchsichtige Mauern empfindet, sind für den anderen Fenster.

Perfektion ist nicht notwendig

Wenn wir uns mit dem folgenden Material befassen, vergiß nie, daß die erfolgreiche Anwendung der indianischen Pfade von dir keine Perfektion verlangt. Die Indianer wußten, daß Perfektion nicht etwas war, was der begrenzte Mensch erreichen konnte. Auf die Bemühung kam es an, und sie machte sich bezahlt. Denke an das Sonnenaufgangsmädchen der Apachen, das zu Changing

Woman und zu einem Samen wird. Du bist auf dem Weg, zu einem solchen Samen zu werden, der wunderbare Früchte hervorbringen wird.

In der christlichen Tradition verlangt auch Jesus nicht so etwas wie Vollkommenheit von uns, die wir aus unserer eigenen Anstrengung heraus nicht verwirklichen können. Er sagt, wir müssen vollkommen sein, fügt aber die Einschränkung hinzu: »...wie mein Vater im Himmel vollkommen ist.« Was will er damit sagen? Wenn wir durch die Taufe und die Kommunion mit ihm vereint sind, dann haben wir seine Vollkommenheit angenommen. Sieht der Vater demnach auf uns herab, sieht er den vollkommenen Jesus, und wenn er ihn segnet, segnet er auch jene, die in ihm sind. Aber solange wir in dieser Welt verweilen, bleiben wir unvollkommene Menschen auf der irdischen Ebene, und wir müssen uns selbst und andere als solche akzeptieren.

Die amerikanischen Ureinwohner haben dieselbe wichtige Lektion von den Höheren Wesen gelernt. Abgesehen von ihren grundlegenden Gesetzen zur Bewahrung des Wohlergehens der gesamten Gruppe setzen die Indianer keine Maßstäbe für die Perfektion des einzelnen. Ganz im Gegenteil, die Anerkennung der Unvollkommenheit diente im Grunde als »Gleichmacher«, sie ließ die Menschen untereinander gleich sein. Die Indianer fällen nicht annähernd so häufig ein Urteil über andere und schreiben so rasch jemandem die Schuld zu wie wir. Autorität und eine gehobene Stellung erwarben sich jene Menschen, die als Führer erwählt wurden, aber nicht, weil sie besser oder vollkommener waren als andere, sondern weil sie ihr eigenes Wohl hinter das ihrer Mitmenschen stellten.

Auch in der Welt von heute wird nicht immer Gerechtigkeit geübt, aber auf lange Sicht ist es für uns meistens immer noch von größerem Nutzen, das Gemeinwohl vor unser eigenes Wohl zu setzen. Letztlich können wir uns dadurch mit erhobenem Kopf im Spiegel ansehen, und wer nach diesem Prinzip handelt, dem kommen auch noch viele andere lohnende Vorteile zugute.

Kapitel X

Aktive Rituale zur Beseitigung von Streß

Wenn du von Kraft erfüllt bist, dann ist kein Platz für Streß. Infolgedessen kannst du auch nicht von Streß überwältigt werden. Du wirst dich an die Überzeugung der Indianer erinnern, daß die vom Göttlichen verliehene Kraft das ganze Universum durchdringt. Demzufolge ist sie überall und wartet darauf, genutzt zu werden. Denke darüber nach. Richte deine Gedanken darauf, und sei dir bewußt, daß es so ist. Bist du dann bereit, dies zu akzeptieren, oder, was noch besser ist, bist du völlig davon überzeugt, dann bist du auch bereit zu erfahren, wie du dir diese Kraft aneignen und an andere verteilen kannst.

Reinigung

Der nächste Schritt besteht darin, dich zu einem geeigneten Gefäß (einem Kanal oder Rohr) zu machen, in dem und durch das die Kraft wirken kann. Dieser Schritt beginnt mit Reinigung. Läutere dich vollkommen, innen und außen, um das Selbst aus dem Weg zu schaffen und um alles von deiner Person zu beseitigen, was die Arbeit der Höheren Wesen und ihrer Helfer behindern würde: Zweifel, Mißtrauen, Widerwillen, den Wunsch, Dinge auf deine Weise zu tun, und negative, persönliche Meinungen, all das muß abgelegt werden. Natürlich werden dir die Höheren Wesen dabei helfen, aber du mußt die entsprechenden traditionellen Methoden anwenden.

Gebetsboten und Reinigung durch Wasser

Beginne damit, daß du, um die Hilfe der Höheren Wesen zu erflehen, Gebete zu ihnen sendest. Dazu wirst du einen Boten benötigen, der deine Gebete überbringt. Ein Bote kann der Rauch eines Feuers sein, die Feder eines hoch fliegenden Vogels, Hopi-Pahos oder Gebetsperlen. Verwendest du einen der drei letztgenannten Gegenstände, dann häng ihn, nachdem du damit dein Gebet gesprochen hast, an eine Wand, oder leg ihn an eine von dir im Freien errichtete Heilige Stätte. Er wird für dich weiterhin deine Gebete darbringen, genau so, wie es die Gebetstücher beim Sonnentanz tun.

Wende dann die Cherokee-Methode der Reinigung mit Wasser an. Geh an ein Meer oder an einen See mit ein- und ausfließenden Strömen, einen Fluß oder Bach. Während du deine Gedanken auf das konzentrierst, was du tust, kehre dich gen Osten in Richtung aufgehender Sonne, und tauche, während du betest, siebenmal vollkommen ins Wasser ein. Wenn möglich, trage außer deinem Badeanzug irgend etwas aus Stoff, das du schon lange besessen hast, und betrachte es als Symbol für irgend etwas aus der Vergangenheit, von dem du dich befreien willst: ein Schuldgefühl, schlechte Erinnerungen, Taten, für die du Vergebung suchst. Ein Halstuch, Schal, Taschentuch, Kopftuch oder auch einfach nur ein Stoffstreifen sind sehr gut dazu geeignet. Laß den Gegenstand beim Eintauchen los, damit er davonschwimmen kann. Konzentriere dich darauf, was er mitnimmt. Aber hinterlasse keinen Abfall. Hole ihn wieder zurück, bevor er sich zu weit entfernt, und wirf ihn weg. In alten Zeiten stand stromabwärts ein Cherokee-Priester, der für die Personen die Sachen aufsammelte, die sie davonschwimmen ließen. Anschließend begrub er alles in einem gemeinsamen Grab.

Du kannst dich auch in einer Sauna, einem Dampfbad oder, wenn dir nichts anderes zur Verfügung steht, in der Dusche reinigen. Kehre dich in diesem Fall gen Osten, schütte mit hohlen Händen langsam siebenmal Wasser über deinen Kopf, und bete dabei um Hilfe. Verwende einfache Worte wie: »Ich werde gereinigt. Ich werde gereinigt.« Laß nach dem Gebet das alte Stück Stoff auf den Boden fallen, heb es dann wieder auf, und wirf es weg. Wie das Eintauchen erfolgt, ist nicht so wichtig, obwohl einige Methoden geistig gesehen hilfreicher sind als andere. Worauf es ankommt, ist, was du glaubst. Glaubst du, daß die Reinigung auf diese Weise erfolgt, dann ist es auch so.

Opfergaben der Dankbarkeit

Gib den Höheren Wesen jetzt eine Opfergabe der Dankbarkeit. Eine Möglichkeit für alle Jahreszeiten ist Fools Crows Methode: Nimm ein kleines Stück von deinem Essen nach draußen, zeichne mit einem Stock ein Kreuz auf die Erde, mach in der Mitte des Kreuzes eine kleine Vertiefung, leg die Speise hinein, und bedecke sie mit Erde, während du ein Dankgebet sprichst. Im Winter wirf nach Art der Cherokee ein kleines Stück Fleisch in ein offenes Feuer, falls du eine Feuerstelle im Haus hast. Die Höheren Wesen wissen es zu schätzen, daß wir sie als die ursprünglichen Spender aller Dinge anerkennen. Geben wir etwas an sie zurück, segnen sie uns entsprechend. Die Größe der Opfergabe spielt keine Rolle, denn wir könnten ihnen ohnehin nicht gleich viel zurückgeben.

Denke daran, daß die Zahlen Vier und Sieben heilig sind und an und für sich besondere Kraft besitzen. Verwende sie in allen deinen Ritualen. Wiederhole zum Beispiel jedes Gebet vier- oder siebenmal.

Herabrufen der Kraft

Bist du gereinigt und ein angemessenes Gefäß, in dem und durch das die Höheren Wesen und ihre Helfer wirken können, ruf die Kraft zu dir. Du kannst dies auf zwei Weisen tun: indem du wie die Sioux auf ihrer Visionssuche meditierst oder indem du einen Teil der Sonnenaufgangszeremonie der Apachen benutzt. Natürlich kann Kraft auch durch Zyklen von Ritualen, die im Verlauf eines Jahres ausgeführt werden, herabgerufen werden. Aber wir müssen hier zwischen dem anfänglichen Rufen und den fortgesetzten Anrufungen unterscheiden. Nachdem du auf deinen ersten Ruf eine Antwort erhalten hast, dienen diese dazu, dir die Kraft zu erhalten. Diesen Zweck hat auch der Zeremonienzyklus. Beginne diesen Prozeß, indem du ein umfangreiches Gebetsopfer auf die Art darbringst, wie es auf Seite 130 (»Pahos [Gebetsstäbe]«) beschrieben ist. Füge deiner Opfergabe Sachen hinzu, die dir nahestehen und deine Erwartungen in Zusammenhang mit dem, was du tust, symbolisieren. Ist die Opfergabe fertig, bring sie nach draußen, und hänge sie auf einen Busch. Nachdem du sie dort als ständiges Gebet hängenlassen willst, suche einen Platz aus, an dem andere Leute sie nicht leicht bemerken und mitnehmen können.

Das Gestalten eines Platzes der Suche

Um richtig meditieren zu können, mußt du eine Zeit und einen Ort wählen, wo du allein und ungestört sein kannst. Hast du deinen Ort gefunden, entweder in deinem Garten oder in einem von dir gewählten Raum, forme einen 1,8 mal 2,5 Meter großen, freien Platz ähnlich dem der Sioux, wie auf Seite 272 beschrieben. Leg die lange Seite in Ost-West-Richtung aus. Stell die farbigen Fahnen in den vier Ecken so auf, daß sie den Himmelsrichtungen entsprechen. Du kannst gewöhnliche Fahnenstangen, Äste oder sogar von vier Stühlen jeweils ein Stuhlbein verwenden. Fools Crow verwendete als Ständer für die Fahnen mit Erde gefüllte Kaffeedosen. Verbinde die Fahnen oder Stuhlbeine mit einer Schnur oder einem Faden, so daß der Bereich umrissen und abgeschlossen ist. Häng auf jeder der vier Seiten in der Mitte der Schnur einen kleinen Gegenstand als Opfergabe auf. Bedenke dabei, daß du diese Opfergaben am Ende nach draußen bringen, an einen Baum oder Busch hängen und dort lassen wirst, bis die Elemente sie verzehrt haben. Sie werden so lange für dich beten, bis sie verschwunden sind. Dazu eignen sich Streifen aus neuem Stoff in den Farben der vier Himmelsrichtungen, Rot, Gelb, Weiß und Schwarz, sehr gut. Wie du dich vielleicht erinnern wirst, verwendeten die Sioux sowohl Stoffstreifen als auch kleine Tabakbeutel.

Fertige nun ein Symbol an, das darstellt, worum du betest, und leg es an das westliche Ende der Einzäunung. Ein Stück Papierrolle, das symbolisiert, was du im Begriff bist zu werden, ist zweckmäßig, aber gestalte es interessant. Bemale es farbig, und füge andere symbolische Gegenstände hinzu. Sei kreativ. Hast du eine bessere Idee, dann verwende sie.

Das Verwenden deines Platzes der Suche

Hast du das Symbol hingelegt, zieh deine Schuhe und Socken aus, steig am östlichen Ende in die Einzäunung hinein, und setz dich mit den Beinen vor dir ausgestreckt flach auf den Boden; wenn du willst, kannst du ein Polster verwenden.

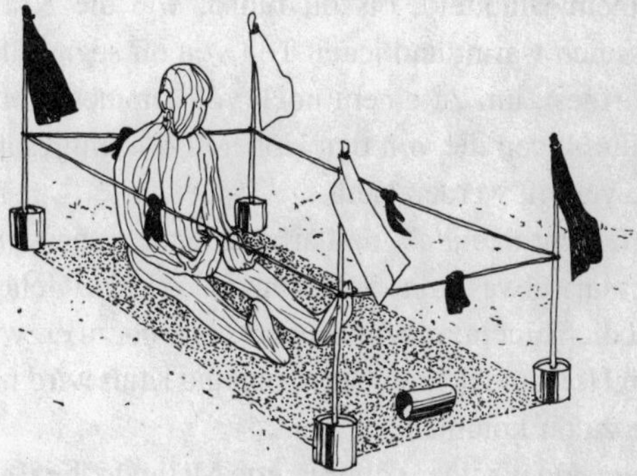

Das Verwenden des persönlichen Platzes der Suche und des Rohrs

Leg deine hohlen Hände mit den Handflächen nach oben auf die Oberschenkel. Schließ die Augen, entspanne dich, und fang an, tief ein- und auszuatmen. Ein Vielfaches von sieben ist vorteilhaft, und einundzwanzig Atemzüge sollten dich ausreichend vorbereiten. Archie Sam hat mir erzählt, daß Medizinleute der Cherokee zur Entspannung eine besondere Atemmethode anwandten: Beim Einatmen fühlten sie den Atem durch die Finger und Handflächen eintreten und dann langsam die Arme hinaufwandern, bis er die Brust erreichte. War die Brust voller Luft, wurde die Luft freigesetzt, indem sie durch den Bauch, Unterleib und die Beine hindurchgeführt wurde und durch die Füße und Zehen austrat. Versuch es, es funktioniert hervorragend!

Öffne jetzt deine Augen, und konzentriere deine Aufmerksamkeit auf die Rolle. Stell dir vor, daß du ein viel größeres Rohr wirst. Geh in Gedanken von Symbol zu Symbol, und erinnere dich, was ihre Bedeutung ist. Sieh in dich hinein, und erkenne, daß du gereinigt und bereit bist. Beginne nun, siebenmal zu beten: »Höhere Wesen, macht mich zu einem sauberen Rohr, gebraucht mich.« Glaube, daß du das wirst. Wisse, daß sie dich lieben, dankbar für deinen Gehorsam und deine Bereitwilligkeit sind und dich verwandeln. Fixiere deine Augen auf das Rohr, und behalt es in deinem Blickfeld, bis du fühlst, wie die Kraft in dich eindringt, dich wärmt und jeden Teil von dir segnet. Fühle, wie du dich öffnest, um zu einem noch vollkommeneren Kanal zu werden, durch den die von den Höheren Wesen gesandte Kraft an andere verteilt werden kann.

Plage dich nicht damit ab, und arbeite nicht zu hart daran. Verlange niemals etwas von den Höheren Wesen. Gehe mit dem Fluß. Laß dich hineintreiben. Versuche, nichts zu erzwingen. Sie lesen dein Herz und deinen Geist, und die Kraft wird nach ihrem Ermessen zu dir kommen.

Eine andere und weniger komplizierte Methode, Kraft zu sich zu rufen, erfolgt in der Sonnenaufgangszeremonie.

Erster Tag:

Bringe wie oben beschrieben das kunstvolle Gebetsopfer dar, und häng es wie angegeben im Freien an einen Busch. Falte vier Decken einmal oder zweimal, und leg sie in einem Stapel auf die Erde oder den Boden. Zieh deine beste Kleidung an. Binde dir ein Stück Seeohrschale, das an einer Schnur hängt, um die Stirn, oder befestige es an einer Stirnlocke. Schalte rhythmische, vorzugsweise nur instrumentale Musik ein. Indianische Musik eignet sich ausgezeichnet dazu, besonders wenn sie dröhnende Trommeln enthält. Knie dich jetzt wie das Mädchen auf die Decken, nach Osten schauend, Arme und Hände seitlich ausgestreckt und mit angewinkelten Ellbogen. Beginne dich im Takt mit der Musik hin und her zu wiegen. Atme siebenmal tief ein und aus. Schließ deine Augen, und fang wie oben beschrieben zu beten an. Verwende dabei ein Vielfaches von vier oder sieben. Halte dich an die vorher erwähnten Regeln in bezug auf deine Einstellung und Überzeugung. Mach so lange weiter, bis du ein Kribbeln und die Kraft in dich eindringen spürst. Setz dich mit nach vorne ausgestreckten Beinen auf die Decken, und leg die Hände mit den Handflächen nach oben auf deinen Schoß. Erinnere dich, daß deine Hände, wie für das Mädchen, deine Tasche sind. Fühle, wie sie von den Höheren Wesen mit Kraft gefüllt werden. Die Wärme deiner Hände wird ihre Wärme sein. Bald darauf wirst du wissen, daß deine Tasche mit Kraft gefüllt ist und überfließt.

Zweiter Tag:

Steh am nächsten Morgen vor Sonnenaufgang auf, häng die Seeohrschale an deine Stirn, und suche den von dir gewählten Platz auf, wo beim Aufgehen der Sonne ihre Strahlen auf dich fallen werden. Laß die Arme und Hände locker an deiner Seite hängen, schau gegen Osten und warte. Atme tief, während du dich darauf konzentrierst, was vor sich geht. Schließe deine Augen.

Wenn der erste Lichtstrahl deine Stirn trifft, wird er durch die Schale hindurchdringen und in deinen Kopf und Körper eindringen. Dabei wirst du ein Brennen verspüren. Das ist das Siegel und die Bestätigung der Kraft, die du erhalten hast.
Die Höheren Wesen sind gekommen, haben dich berührt und sind in dich eingedrungen. Sie lieben dich. Die Einheit mit ihnen und ihren Helfern wurde hergestellt. Du bist ein Rohr.
In Anerkennung dessen schiebe alle gegenteiligen Gedanken beiseite. Weigere dich, auf sie zu hören. Schicke sie höflich weg. Erinnere dich, wie diese Techniken für die amerikanischen Ureinwohner wirkten. Trage etwas, das dich ständig daran erinnert, daß du zu einem Rohr geworden bist. Dazu eignet sich ein kleines Stück Rohr aus Holz oder Messing an einer Halskette oder einem Armband. Ausgezeichnet ist ein Kristall, denn er versinnbildlicht Erleuchtung und Klarheit (das Licht, das durchgedrungen ist) und damit die Tatsache, daß auch du auf ähnliche Weise durchdrungen worden bist und erleuchtete Kenntnisse besitzt.
Du bist jetzt bereit, die Kraft anzuwenden, und hier stellt sie sich nun unter Beweis, und das wirkliche Vergnügen beginnt. Du wirst dich anders fühlen, heiterer und strahlender. Du wirst bei deiner Arbeit mehr singen, dir weniger Sorgen machen, du wirst voll von Energie sein, die du früher nicht hattest, und ein neues Gefühl von gesteigertem Bewußtsein haben. Du wirst Dinge sehen, die du früher nicht gesehen hast und die andere nicht sehen können. Beobachte, wie sich das bei deinen täglichen Aktivitäten auswirkt – und sogar während du schläfst.

Pahos

Sei beruhigt, denn du weißt, daß die Pahos und anderen Opfergaben, die du hinaus in die Sonne oder an die Wand gehängt hast, an sich Gebete sind, die weiterhin ihre bestimmten Gebete für dich aussenden, so daß du nicht ständig beten mußt. Trotzdem möchte ich in Kürze über die Anzahl und Art von Gebeten sprechen, die bei den eingeborenen Amerikanern als wirklich vorteilhaft galten.

Wie die Pahos wirken

Hast du deine Opfergabe ins Freie gebracht, sei überzeugt, daß beim ersten Durchzug der Sonne der Geist des Opfers aufgenommen und sein Gebet zu den Höheren Wesen getragen wurde. Das Gebet ist bei ihnen, und sie beantworten es. Die Opfergabe schickt auch weiterhin ihr Gebet hinauf, nicht so sehr, um sie daran zu erinnern, sondern vielmehr, um dir in Erinnerung zu rufen, was durch sie geschieht. Sie macht dich auf diese Tatsache aufmerksam und läßt dich wissen, daß das Gebet seine Wirkung hat. Denk daran, wenn du auf einer belebten Straße zur Arbeit fährst, und hänge als Gedächtnisstütze einen kleinen Paho an den Rückspiegel. Auch die Opfergaben, die du in deinem Zimmer an die Wand gehängt hast, dienen als Gedächtnisstütze, aber sie bieten dir nicht die Metapher der Sonne, die sie aufgenommen hat. Denk daran, daß es nur darauf ankommt, was du selbst glaubst. Geist und Körper unterscheiden hier nicht zwischen Vorstellung und Wirklichkeit. Es ist im wahrsten Sinn des Wortes so, wie dir deine Überzeugung es sagt. Bist du davon überzeugt, dann besitzt du die Kraft, und deine Gebete werden erhört werden. Bist du nicht überzeugt, dann wird die Kraft nicht zu dir kommen, und deine Gebete werden unbeantwortet bleiben.

Ich kann nicht oft genug betonen, wie wichtig es ist, zu verstehen, auf welche Weise der Paho wirkt. Während er dein Gebet darbringt, gehst du deinen Beschäftigungen nach. Dabei entwickeln die Höheren Wesen in dir eine Feinfühligkeit, durch die du ständig in dem, was um dich vorgeht, nach ihren Antworten Ausschau hältst. Sie werden in Ereignissen, in der Natur, in dem, was du beobachtest oder was jemand zu dir sagt, zu dir sprechen. Aber du wirst erkennen, wenn es geschieht: daß die Höheren Wesen dein Gebet beantworten. Es kann sich um etwas ganz

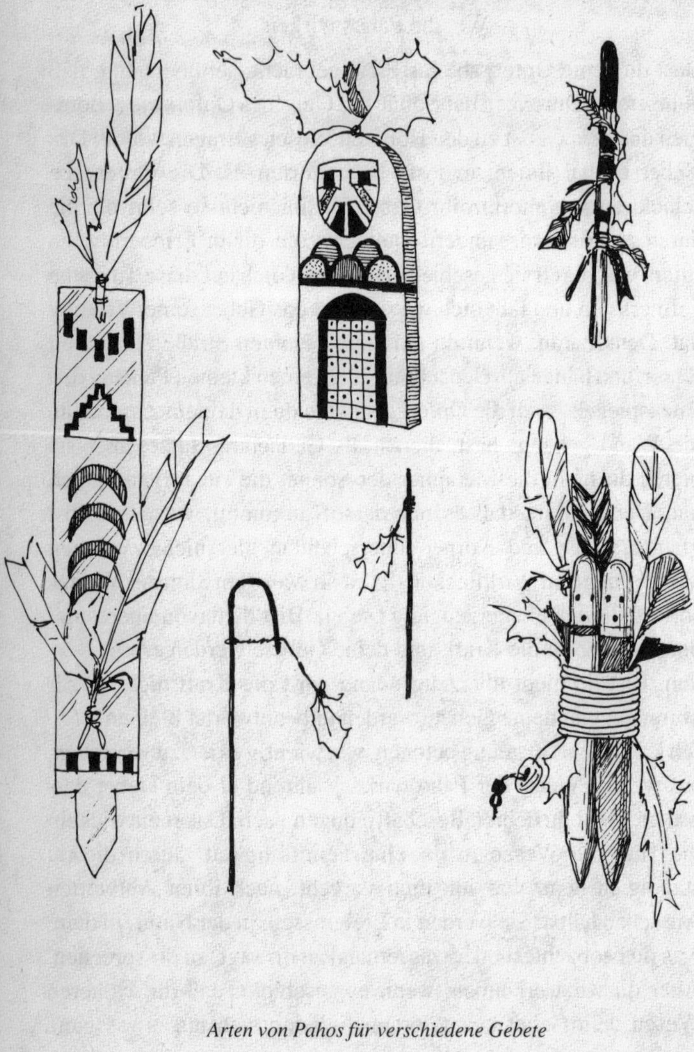

Arten von Pahos für verschiedene Gebete

Gewöhnliches handeln, das jemand anders gar nicht bemerken würde, es kann etwas Ungewöhnliches sein oder sogar ein Wunder. Aber du wirst es erkennen. Die Höheren Wesen sprechen nur sehr selten persönlich mit jemandem, und kommt es doch vor, dann hat es meistens mit der Erfüllung des göttlichen Plans für die Schöpfung als Ganzes zu tun.
Du kannst, mußt aber nicht, ein leises oder lautes Gebet sprechen, wenn du einen Paho oder eine andere Opfergabe an der Heiligen Stätte niederlegst. Diese kann ein ruhiges Plätzchen oder ein kleiner Altar aus Steinen oder Holz sein. Das Gebet wird beim Anfertigen des Paho in ihn hineingelegt, in seine Verzierungen, Muster und Anhänger, denn du mußt dir bei der Herstellung überlegen, was du tust. Dasselbe gilt auch für alle Handlungen und Bemühungen bei der Anfertigung anderer Sachen wie zum Beispiel von Masken oder dem Platz für die Suche. Du hast das Gebet nämlich hineingebetet (seine Existenz erbetet), und was du hergestellt hast, enthält das Gebet und kann es darbringen. Je mehr Pahos du anfertigst und aufhängst, desto mächtiger sind die Gebete, denn in ihrer Vielzahl liegt Kraft. Eine Ansammlung von Stimmen ist lauter, reicht weiter und ist nachdrücklicher.
Die symbolischen Muster auf deinen Pahos können sehr einfach sein. Auf den Pahos der Hopi findet man häufig Gesichter, Wolken und Regen. Verbreitet sind auch Maissymbole. Du kannst dieselben Muster verwenden, aber während die Hopi verzweifelt Regen und Maisernten brauchten, so wirst du wahrscheinlich die Gesichter, die du verwendest, symbolisch für jene Personen betrachten, denen du helfen möchtest. Die Regensymbole versinnbildlichen für dich vielleicht das Herabregnen jener Dinge, um die du betest. Konzentriere deine Aufmerksamkeit auf die Symbole, und stell dir vor, wie diese Dinge auf dich herabregnen. Sie werden dir bald gehören. Das Material im zweiten Teil über die Pfade der Apachen und Hopi kann dir als Anregung für deine eigene Kreativität dienen. Je persönlicher deine Entwürfe sind, desto wirksamer werden sie sein.

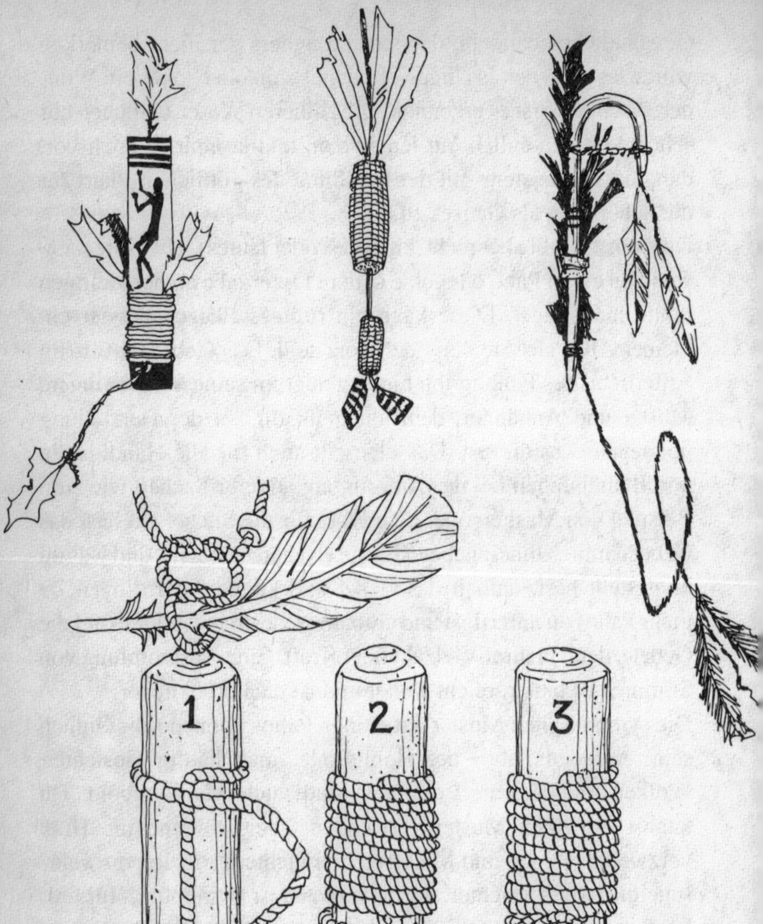

Methode des Umwickelns und Verknotens einer dicken Schnur oder eines Garns zur Anfertigung von Pahos

Normalerweise ist es vorteilhafter, um Dinge zu beten, die du dringend brauchst, also nicht um Luxusgegenstände. Die Heilige Schrift lehrt uns dies, und wie erwartet, wurde auch den amerikanischen Ureinwohnern gelehrt, auf dieselbe Art zu denken. Die Indianer waren für den Überfluß dankbar, wenn er sich einstellte, und drückten ihre Dankbarkeit dafür aus, aber sie überließen diesbezüglich den Höheren Wesen die endgültige Entscheidung. Die Menschen waren genauso zufrieden und dankbar, wenn auch nur für die grundlegendsten Bedürfnisse gesorgt war. »Wieviel mehr«, fragten sie, »als das Notwendige könnte irgend jemand wirklich brauchen?« Gestalte alle deine Gebete einfach. Die Höheren Wesen interessieren deine Gefühle und nicht die Art und Weise, wie du sie ausdrückst. Es wird dem begrenzten Menschen auch mit seinen noch so gewandt ausgedrückten Gebeten und Worten kaum gelingen, die unendlichen Wesen allzusehr zu beeindrucken.

Meditation und Visionssuche

Die amerikanischen Ureinwohner unternehmen gewöhnlich eine Visionssuche als meditative Handlung in Zusammenhang mit einer der wichtigen Zeremonien oder wenn sie sich in ihrem Leben in einer ernsthaften Krise befinden. Sie meditieren auch im Rahmen der täglichen Gebete und in Schwitzhüttenritualen. Du solltest diese Gewohnheit zu meditieren übernehmen, um in deinem Geist und Herzen die machtvolle Beziehung, die du mit den Höheren Wesen hergestellt hast, weiterbestehen zu lassen. Ich schlage vor, daß du jedes Frühjahr, wenn das neue Gras zu sprießen anfängt, deinen Platz der Suche im Sioux-Stil neu errichtest oder auf deinem Stoß gefalteter Decken die Sonnenaufgangszeremonie durchführst. Zwischen diesen alljährlichen Zeremonien kannst du, wann immer du willst, meditieren, indem du

einfach auf dem Boden, auf der Erde oder auf einem Stuhl die sitzende Position einnimmst.
Leg deine hohlen Hände wie vorgeschrieben in den Schoß, baue in Gedanken den Platz der Suche wieder auf, führe die Atemübung durch, leg in Gedanken das Rohr vor dich hin, konzentriere dich darauf, und durchdenke gründlich seine Bedeutung und die seiner Symbole. Diese Handlung dient als auffrischende und erneuernde Erfahrung, und du kannst sie beliebig oft ausführen, wann und wo immer du es möchtest. Halte dir vor Augen, daß die Fähigkeit, Kraft herbeizurufen und zu verteilen, sich durch Übung erweitert und steigert.
Mit der Zeit wirst du feststellen, daß du deinen wichtigsten Platz der Suche mit deinem Zentrum in Verbindung bringst. Mit diesem Platz wirst du dich auf indianische Art verwurzelt fühlen, an diesem Platz werden dein Herz und deine Seele und dein Geist sogar dann noch hängen, wenn dich dein Leben im Schmelztiegel der modernen Welt woandershin führt.

Zentrieren

Einer Person, der ein Zentrum fehlt, fehlt auch eine Identität. Ohne Identität ist es nicht möglich, ausgeglichen zu sein oder ein ausgeglichenes Leben zu führen. Es kommt darauf an, zu wissen, wer man ist, ein Gefühl für seinen Platz und Wert im Leben zu haben. Ohne ein Zentrum wandern wir ohne Verankerung durch das Leben und werden von Zweifel an uns selbst und von Unentschlossenheit geplagt. Diese Situation ist unerträglich, und unser ganzes Wesen lehnt sich dagegen auf.
Im gegenwärtigen Schmelztiegel der Rassen und der sich schnell verändernden religiösen und weltlichen Umwelt leiden jene ohne starken ethnischen Hintergrund oft an einer Identitätskrise oder am Fehlen eines Zentrums, auf das sie sich stützen können. Kinder aus Mischehen beneiden gewöhnlich jene Bürger, die

eingewandert sind und auch weiterhin an den nationalen Bräuchen ihrer ursprünglichen Heimat festhalten. Wir sind stolz auf unsere Fahne und die Leistungen unserer Nation, aber abgesehen davon fragen sich viele Menschen, wer sie eigentlich sind, denn sie haben kein Zentrum, das eine versorgende Quelle für ihr Leben ist.

Wie wir erfahren haben, wurde den Indianern ein starkes Zentrum gegeben, an dem sie sich festhalten konnten; Fools Crow hat diese Tatsache am besten veranschaulicht. Aber auch das gesamte rituelle Leben der Indianer war in ihren individuellen Zentren verwurzelt.

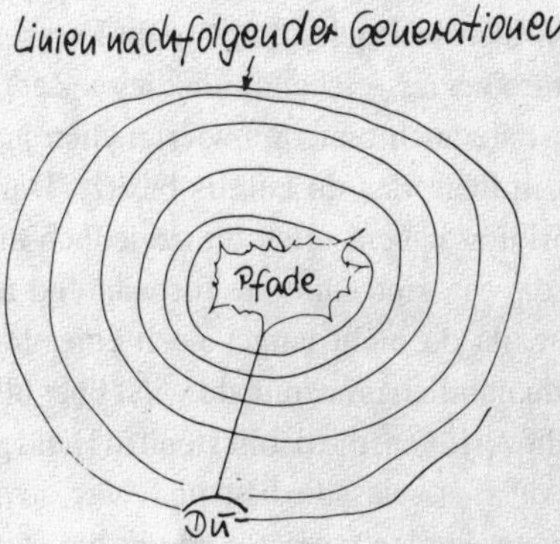

Das Prinzip des Zentrums,
wie es von den einzelnen Menschen heute angewandt wird

Zur Wiederholung: Das Zentrum besteht aus einem maßgeblichen Kern von Lehren, der den Menschen gegeben wurde, als sie zum erstenmal an die Erdoberfläche kamen. Es ist lebendig und unglaublich machtvoll, es überträgt seine Kraft auf alles und beeinflußt alles, was es berührt. Die Indianer jeder nachfolgenden Generation wenden es auf jeden Aspekt ihres Lebens an und ziehen daraus einen dementsprechenden Nutzen. Im Grunde ist es ihre Bibel und hat die Macht, Menschen zu wandeln.

Die Bewahrung seines Zentrums ist in keiner Weise eine nostalgische Reise, auf der der Indianer ganz in die Vergangenheit und zu den unveränderten, alten Lebensweisen zurückzukehren versucht. Die Lehren des Zentrums sind so ausgelegt, daß sie an veränderte Umstände angepaßt werden können und daß sie dem einzelnen und der Nation bei der Entscheidung helfen, welche Veränderungen gut und welche schlecht sind. Die Lehren des Zentrums haben vor allem den Zweck, die Menschen in Einklang mit den Wegen der Höheren Wesen zu halten. Trommeln locken das Zentrum aus der Erde hervor, Rasseln ziehen es von den Himmeln herab, Flöten singen von seiner Schönheit und Inzens spricht zu ihm in einem sanften und süß riechenden Ton.

Die Lehren in diesem Buch können dein Zentrum werden. Sie sind an und für sich ausreichend, um dieses Zentrum zu bilden, aber du kannst sie auch ohne Schwierigkeiten jedem religiösen Zentrum hinzufügen, das du bereits besitzt. Damit die Lehren auch ihre Wirkung haben, mußt du sie jedoch als das Zentrum anerkennen, das sie sind, und sie fortwährend anwenden. Auf diese Weise wirst du nicht länger nach einer Identität suchen, dann besitzt du nämlich eine, und du wirst über all die Sicherheit und Zuversicht verfügen, die damit Hand in Hand gehen. Du wirst wissen, wer du bist, was du bist und was du in den vor dir liegenden Tagen werden kannst. Sieh dir die symbolische Darstellung auf Seite 278 an, und denke gründlich über ihre Bedeutung nach. Benutze sie, während du meditierst, als ein geistiges Symbol. Versetze dich dort hinein, und fühle die Kraft und Wärme des Kerns, die dich pulsierend umfassen.

Dadurch und durch das Überdenken der wesentlichen Lehren hast du die Möglichkeit, dich zu vergewissern, daß dir die Höheren Wesen und ihre Helfer auch weiterhin ihre Kraft zukommen lassen, die überall im Universum gegenwärtig ist. Erinnere dich jedoch an die Überzeugung der Indianer: Obwohl dir die Kraft in deinem ersten Akt des Gehorsams gegeben wurde und du zu einem Rohr wurdest, kannst du sie nie als selbstverständliches

Privileg betrachten. Vernachlässigst oder mißbrauchst du sie, kannst du sie verlieren. Du mußt die Kraft immer bewußt und überlegt verwenden und sie in deinem Geist, Herzen und deiner Seele lebendig halten. Denke immer daran, daß es in Wahrheit die Kraft der Höheren Wesen ist, über die du verfügst und die du mit ihrer Erlaubnis verteilen kannst. In dem Sinne ist das, was du besitzt, ein Privileg und nicht ein Recht, das du jemals unabhängig von den Wesen beanspruchen kannst.

Diesbezüglich waren Gebete für die Indianer mehr als nur Worte. Worte werden leicht ausgesprochen und häufig ebenso leicht wieder vergessen. Überlege dir, wie schnell wir laut um Erlösung beten, wenn wir in einem Flugzeug sitzen, das in ein Luftloch gerät, und wie schnell wir dann wieder damit aufhören, wenn der Pilot das Flugzeug fängt und wir munter weiterfliegen. Gebete umfassen auch Worte, aber sie sind zusätzlich ein Ausdruck unserer Beziehung zu den Höheren Wesen, einer Beziehung der Liebe, in der Hoffnungen und andere Informationen ausgetauscht werden.

Ich erinnere mich gut an eine Geschichte über einen Missionar, der vor kurzem aus Afrika zurückgekehrt war. Er fuhr auf seinem Fahrrad eine Landstraße entlang und kam an einer indianischen Frau vorbei, die in betender Stellung auf ihren Knien saß. Er nahm an, sie sei auch Christin und bete, deshalb hielt er an und fragte, ob es das war, was sie tat. »Nein«, antwortete sie, »heute nicht. Heute statte ich nur einen Besuch ab.«

Das war eine sehr gute Antwort, denn *einen Besuch abzustatten* gehört genauso zu unserer Beziehung zu den Höheren Wesen wie gesprochene Worte und ist in jeder Hinsicht ebenso wichtig. Du weißt ja selbst, was für eine freudige Erfahrung ein Besuch bei einem Freund ist, wie du dich dabei entspannst und gemütlich über alle möglichen Sachen sprichst, wie leicht dir das fällt. Nun ja, mit unserer Beziehung zu den Höheren Wesen verhält es sich auch so, außer daß es sich dabei um eine Beziehung der Liebe wie zwischen Eltern und Kind handelt. Genauso wie Kinder rücken wir näher, um unsere Fragen zu stellen und um unsere kindlichen Gedanken mit unserer ganzen Verwunderung und mit allen unseren Träumen und Hoffnungen auszudrücken. Und wie liebende Eltern antworten sie geduldig und ermutigen uns, weiterzumachen und Erfüllung zu suchen.

Zuhören ist auch wichtig, und jeder, der wirksam beten möchte, wird lernen, dem Zuhören genausoviel oder mehr Zeit zu widmen wie dem Sprechen. Wie können die Höheren Wesen antworten, wenn wir ihnen nicht zuhören? Einseitige Gespräche sind im täglichen Leben schon selten produktiv und noch weniger in der Beziehung der Menschen zum Göttlichen. Jesus nahm sich beim Beten viel Zeit zum Zuhören, und um zu erkennen, wie wirksam das war, überlege nur, was er aus den erhaltenen Antworten gelernt hat und damit erreichen konnte.

Ich stelle Fools Crow und Jesus nicht auf eine Stufe, aber auch Fools Crow verbringt jeden Tag viele Stunden im Gebet vertieft, und einen Großteil dieser Zeit widmet er dem Zuhören, um zu erfahren, was die Höheren Wesen und ihre Helfer ihm zu sagen haben. Auf diese Weise wurde er zu einem mit Kraft erfüllten, sehr weisen und produktiven Mann. Eifere ihm nach: Denk eine Weile nach, bete eine Weile, und hör eine Weile zu. Dann wiederhole den Vorgang. Du wirst überrascht sein, was du daraus gewinnst und lernst!

Nachdem deine Pahos und anderen Opfergaben an sich Gebete sind, kannst du sie in gleicher Weise verwenden wie gesprochene Gebete. Sind die erst angefertigt und aufgehängt, solltest du einige Zeit dazu verwenden, dir darüber Gedanken zu machen, was als Folge deiner Handlungen in diesem Zusammenhang vor sich geht. Laß die Antworten, die deinem Geist entspringen, sich auch in deinem Geist weiterentwickeln, und bald werden ganze Bilder entstehen, die dir Rat oder was immer du sonst brauchst geben werden.

Du bist jetzt in der Lage, die indianischen Pfade zur völligen Beseitigung der Ursachen von Streß anzuwenden.

Sehen wir uns noch einmal von Anfang an die einzelnen Schritte an, die du beim Gehen der Pfade beachten mußt:

1. Du reinigst dich, damit du ein geeignetes Gefäß oder Rohr wirst, und du unterziehst dich auch weiterhin regelmäßigen Reinigungen.
2. Du schaffst dir deinen Platz der Suche, wo du Kraft herabrufst und empfängst.
3. Du trägst Symbole, die dich daran erinnern sollen, was du erhalten hast.
4. Du fertigst Pahos und andere Opfergaben an und plazierst sie, damit sie weiterhin für deine bestehende Beziehung zu den Höheren Wesen beten.
5. Du festigst und stärkst dein Zentrum und baust gleichzeitig deine Identität auf.

Du wirst die Erfahrung machen, daß der Streß des täglichen Lebens weniger unangenehm wird. Je stärker dein Zentrum wird, desto selbstbewußter wirst du. Äußere Kräfte haben weniger Einfluß auf dich. Jene Mauern, die für dich früher undurchsichtig waren, werden jetzt deine Fenster und Türen, die eine strahlende neue Welt für dich auftun. Es wird jedoch auch andere Zeiten geben, in denen du dich mit Streß und anderen äußeren Kräften auseinandersetzen mußt, um zentriert zu bleiben. Zwei Methoden, um das zu erreichen, werden im folgenden beschrieben.

Das Beseitigen von Streß

Die Indianer entfernten jene Streßsituationen, die sie entfernen konnten, aus ihrem Leben, indem sie sich selbst entfernten. Im Grunde war dies eine Art von vernünftiger Kapitulation und entspricht jenen endgültigen, aber schwierigen Entscheidungen, die wir treffen, um einen Arbeitsplatz, eine Person oder sonst etwas zu verlassen, das eine anhaltende Entkräftung unseres Lebens verursacht. Das ist ein Beispiel dafür, wie man durch seinen Rückzug in einer oder mehreren einzelnen Schlachten den Krieg gewinnen kann. Wie wir gesehen haben, waren die unerschütterlichen Cherokee wie auch die passiveren Hopi darin besonders gut; wären sie es nicht gewesen, dann würde es sie heute nicht mehr geben. Wir können mit Sicherheit annehmen, daß ihnen dieser weise Rat gegeben wurde, während sie den Höheren Wesen zuhörten.

Eine andere Möglichkeit zeigen uns die Gebetsformeln, die die Cherokee verwenden, auf. Erinnere dich, daß der grundlegende Zweck der Gebete das Zudecken eines Feindes war. Im wesentlichen versteckten sie ihn oder verdrängten ihn aus ihrem Gesichtsfeld, so daß er verschwunden war.

Du kannst dieses Verfahren auf sehr einfache Weise anwenden. Nimm eine kleine Schachtel zur Hand, egal, welcher Größe oder Form, und schreibe den Namen der Person oder Sache darauf, die dir unannehmbaren Streß verursacht. Stelle die Schachtel auf einen kleinen Tisch oder ein Regal, das ansonsten völlig leer ist. Besorge dir ein schwarzes Stoffstück, das groß genug ist, um die Schachtel ganz zu verdecken. Während du das Tuch über die Schachtel legst, sage vier- oder siebenmal: »Ich decke dich zu. Ich streiche dich voll und ganz aus meinem Leben.« Laß das Tuch und die Schachtel vier oder sieben Tage lang dort auf dem Tisch, und denke weiterhin, wann immer du Zeit dazu hast, über deinen Wunsch nach, und erhärte ihn. Du kannst auch zur Unterstützung einen Paho anfertigen. Am Ende dieses Zeitraums wird das, was dir Streß bereitet hat, nicht mehr länger ein Problem sein. Entweder ist es verschwunden, oder es hat sich ein Aspekt der Sache geändert, oder vielleicht hast du dich selbst verändert, so daß du dadurch nicht mehr länger beunruhigt bist.

Wenn es soweit ist, hol die Schachtel unter dem Tuch hervor, und wirf sie weg. Laß das schwarze Tuch noch weitere vier Tage flach dort liegen. Es soll dich daran erinnern, daß die Streßsituation verschwunden ist. Leg es dann beiseite, und bewahre es auf, bis du es wieder einmal brauchst.

Dieses Verfahren hat in keiner Weise etwas damit zu tun, jemanden mit einem Fluch zu belegen. Es stellt einzig und allein die Anwendung der Kraft dar, die dir die Höheren Wesen zur Verfügung gestellt haben, denn es wird dabei nicht nur deine Einstellung verändert, sondern auch auf die Ursache deines Stresses eingewirkt.

Andere Verfahren werden im folgenden beschrieben, wo die Vorstellung des »Zudeckens« noch weiter ausgearbeitet wird. Wie ich schon früher bemerkt habe, erkannten die Höheren Wesen den Unterschied zwischen verschiedenen Arten von Menschen und räumten ihnen eine Wahlmöglichkeit ein.

Die Kontrollschachtel

Kapitel XI

Das Herbeirufen von außergewöhnlichen Kräften

Jetzt, wo du ein Rohr mit Kraft und einem Zentrum bist, kann ich dich mit anderen indianischen Pfaden vertraut machen, die du in deinem täglichen Leben regelmäßig anwenden kannst. Es gilt folgende Grundregel: Wünschst du dir Ergebnisse, die darüber hinausgehen, und das wirst du ganz sicher, stütze dich auf das Material der Cherokee, wenn es um Anpassungsfähigkeit geht, auf das der Apachen für Ausdauer, auf das der Hopi für Geduld und auf das der Sioux für Beharrlichkeit. Nachdem die Lehren aller vier Stämme dein Zentrum bilden, studiere sie regelmäßig von neuem.

Sollst du diese Dinge, die ich vorschlage, auch wirklich tun? Hast du die vorbereitenden Schritte bereits durchgeführt, wirst du dich voller Erwartung weiterwagen wollen. Bist du aber noch nicht soweit, fürchtest du dich vielleicht noch und schämst dich, sie auszuprobieren. Es gibt sicher Personen, die in bezug auf die Dinge, die ich beschrieben und vorgeschlagen habe, skeptisch sind, aber die Pfade haben den Indianern einen so außergewöhnlich guten Dienst erwiesen, daß ich mir keine Gedanken darüber machen kann, was zögernde oder negative Menschen denken. Du kannst auf eine ganz einfache Weise herausfinden, ob du weitergehen sollst oder nicht: Fühlst du tief in deinem Inneren, daß du solltest, dann tue es lieber auch. Wirst du von Streß geplagt, solltest du dann nicht etwas dagegen unternehmen, bevor er ernstlichen Schaden anrichtet?

Ich zähle zwar die folgenden Pfade getrennt auf, aber im großen und ganzen besteht hinsichtlich der Anwendung keine festgelegte Reihenfolge. Benutze sie ganz nach Belieben, und wende sie alle oder einen Teil von ihnen nach bestem Wissen und Gewissen an.

Die Entscheidung liegt allein bei dir persönlich. Ich empfehle, daß du sie alle verwendest, indem du jene auswählst, die in den verschiedenen Situationen am besten dazu geeignet sind, mit deinen Problemen fertig zu werden.

Die Vorbereitung

Bereite dich Jahr für Jahr vor, damit du allem gewachsen bist, was auf dich zukommen könnte. Folge für diese Art von Vorbereitung dem zentralen Pfad der Cherokee, und verknüpfe ihn mit dem Kern des Ritualzyklus der Hopi und mit ihrer neuntägigen Zeremonie.

Du mußt einen bedeutungsvollen Zeitpunkt und Ort wählen, wenn du diesen Schritt zum erstenmal unternimmst. Ich empfehle dir für die Ausführung die Sonnenwenden, also ungefähr den 21. Dezember oder 21. Juni, weil sie wichtige Zeiten des Wandels und Neubeginns im Universum kennzeichnen. Ist es dir in dieser Zeit nicht möglich, wähle einen Zeitpunkt, der für dich eine besondere Bedeutung hat, irgendein Datum, das dir am Herzen liegt. Denke daran, daß deine Einstellung und die Atmosphäre äußerst wichtig sind. Indem du den richtigen Zeitpunkt auswählst, kannst du den richtigen Ton setzen. Bleibe allein, während du dich darauf vorbereitest, weil das nicht etwas ist, was man leicht teilen kann. Es ist eine der Zeiten, wenn sich die Einsamkeit als Freund erweist und gewisse Vorteile bietet. Menschen, die sich fortwährend in Gruppen bewegen und beschäftigt sind, fällt es häufig schwer, sich die Zeit dafür zu nehmen oder sogar sich dazu aufzuraffen. Vielleicht hilft es dir, zu wissen, daß es die Priester und Medizinleute der alten Stämme immer vorzogen, allein an einem einsamen Ort zu sein, wenn sie Medizin machten, beteten und meditierten. Denn nur dann konnten sie ihre eigenen Gedanken und die Antworten der Höheren Wesen deutlich hören. Hast du Zeit und Ort ausgewählt und bist du allein, dann setze dich mit einem großen Schreibblock und einem Bleistift an einen Tisch, atme viermal tief durch, und entspanne dich. Beginne damit, daß du dir in Gedanken das vergangene Jahr ansiehst und dir jene Situationen in Erinnerung rufst, die dir Unbehagen bereitet haben. Benutze dies als Ausgangspunkt, und überdenke das Jahr, das vor dir liegt. Schreib jede bedeutende Bedrohung auf, der du dich deiner Meinung nach gegenübersehen wirst. Frag dich, ob du glaubst, daß das vor dir liegende Jahr gleich verlaufen wird wie das vergangene Jahr. Welche neuen Dinge mögen sich ereignen? Denke darüber nach. Schreibe alles auf.

Besitzt du eine vollständige Liste, überlege dir Wege, wie du besser als früher mit den Streßsituationen fertig werden kannst – Wege, die dir die Indianer aufgezeigt haben. Das wird dir leichtfallen, weil du über neues Wissen, neue Einsichten und besondere Kraft verfügst. Notiere diese Gedanken neben den einzelnen Gegenständen deiner Liste. Einige deiner Antworten sind vielleicht genaue Schritte, die du unternehmen kannst, andere sind vielleicht nicht mehr als beiläufige Gedanken. Für manche Schwierigkeiten weißt du vielleicht noch keine Lösung. Laß dich dadurch nicht beunruhigen, denn spezifische, auf indianische Prinzipien beruhende Antworten sind im nachfolgenden erklärt. Mit diesen kannst du die Leerstellen ausfüllen und deine bereits gefundenen Antworten vervollständigen.

Beginne nun am Anfang deiner Liste, und geh sie langsam durch. Konzentriere dich ungefähr eine Minute lang auf jede Streßsituation und die Lösung oder Lösungen, die du formuliert hast. Stell dir, während du sie alle im Kopf behältst, vor, wie sie ihre Wirkung haben und die Lösungen sich verwirklichen. Geh das mit der festen Überzeugung an, daß die Höheren Wesen deine Bitten erhören werden. Bestätige dann, daß es keine Barrieren gibt, die deine vollkommene Vereinigung mit den Höheren Wesen verhindern. Bring als nächstes deine uneingeschränkte Freude und Dankbarkeit für das zum Ausdruck, was du, wie du weißt, erhalten wirst. Lehne dich nun zurück, und laß dich von Winter

und »Kaltmacher« tiefer zum Nachdenken und in ein Gefühl der Beruhigung stürzen. Entzünde dann in Gedanken neue Feuer, die dein Vertrauen auf frische, neue Anfänge zeigen. Stell dir dein Frühjahr der Erneuerung und der neuen Geburt vor, befreit von jedem Streß. Ende mit einem geistigen Tanz der Verzückung, um deinen Triumph und deine Freiheit zu feiern. Sieh zum Schluß vor dir, wie die Streßsituationen völlig überwunden sind.
Denk daran, daß das, was du tust, deine ganze Person vorbereitet, jeder Streßsituation entgegenzutreten, die im Laufe des kommenden Jahres auf dich zukommt. Die Stärke der sich dir in den Weg stellenden Streßsituationen wird abgeschwächt und kann dir nicht ernstlich oder anhaltend schaden. Erinnere dich, daß die Cherokee genau das durch ihren zentralen Pfad erreichten, die Hopi es im Rahmen ihres jährlichen Zeremonienzyklus taten und tun und daß auch andere Stämme dies erzielen. Ihre Einstellung wurde gefestigt, und auch sie wurden in jeder Hinsicht gestärkt. Jahrtausende sind vergangen, und die Stämme haben endloses Leid erlitten, aber sie existieren und haben immer noch ihre Identität. Du mußt dies alljährlich wiederholen. Deine Kraft ist nicht stark genug, um dich über einen Zeitraum von mehr als jeweils einem Jahr zu bringen. Du wirst bereitwillig ein abhängiges Geschöpf bleiben, aber du wirst wissen, daß dies zu deinem eigenen Besten ist.

Das Zurückrufen der Toten

Wann immer du Ratgeber benötigst, rufe die Toten zurück. Ich habe erklärt, daß die Cherokee-Priester und -Medizinleute Methoden besaßen, um verstorbene Personen zurückzurufen, mit denen sie Angelegenheiten besprechen wollten. Aber die alten Cherokee konnten nicht schreiben und hatten keine Bücher. Sie und andere Indianer hatten keine andere Möglichkeit, als die alten Lehren und anderes Wissen durch mündliche Überlieferung, Legenden, Mythen und Geschichten weiterzugeben, die eine

Person einer anderen erzählte. Die Bilderschrift bildete die einzige Ausnahme. Deshalb vergrößerten sie dieses Wissen, indem sie die Toten zurückriefen und mit ihnen die zentralen Lehren besprachen, zusammen mit Hinweisen, wie sie sie auf die gegenwärtige Zeit anwenden sollten.
Unsere Situation unterscheidet sich beträchtlich von der der Indianer, die weder schreiben noch lesen konnten. Das Genie unserer Toten wird uns in Büchern, Briefen und Erinnerungen zugänglich gemacht, und wir verfügen über unglaubliche und wunderbare literarische Quellen, die so greifbar nahe sind wie unsere Schränke, Bücherregale und Bibliotheken. Du hast keinen geheimen Gesang nötig, um die Toten zurückzurufen, denn viele der Toten sind für dich unmittelbar verfügbar.

Hopi-Masken und -Pahos zum Zurückrufen der Toten

Aber da sind jene Toten, die dir behilflich sein können und deren Wissen nicht in Büchern aufgezeichnet ist: Mütter, Väter, Freunde, Lehrer und andere Bekannte. Was ist mit ihnen? Du kannst sie mit Hilfe der Hopi-Methode zurückrufen, indem du Pahos anfertigst (einen Krummstab für die, die in hohem Alter starben, und gerade Pahos für die, die jung starben) und eine volle, topfförmige Hopi-Maske bastelst, die deinen ganzen Kopf bedeckt und die du beim Meditieren tragen sollst.
Wieder eine verrückte Sache? Versuch es und sieh selbst. Die amerikanischen Ureinwohner sind nicht die einzigen, die die Toten zurückrufen. Auch die Menschen, die den alten Wegen der fernöstlichen Meditation folgen, haben Techniken für denselben Zweck.
Entscheide dich, mit wem du sprechen willst. Anschließend fertige aus einem Drahtrahmen und Karton in der Form der Hopi-Topfmaske wie in der Abbildung dargestellt deine Maske an. Möchtest du eine Maske haben, die länger hält und die du wiederverwenden kannst, dann stell sie wie die Hopi aus ungegerbtem Leder her. Bring außen Muster und Gegenstände an, die

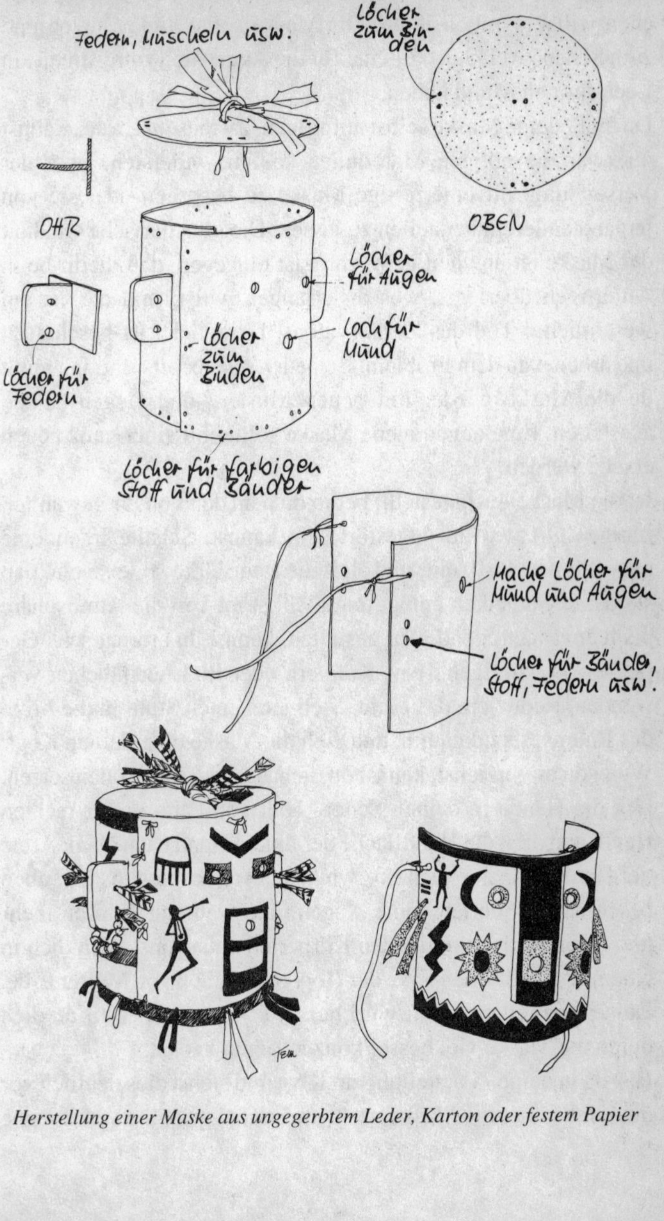

Herstellung einer Maske aus ungegerbtem Leder, Karton oder festem Papier

die Person, die du zurückrufst, und die Themen, die du besprechen willst, symbolisieren. Die Maske sollte locker sitzen und zum Sehen zwei kleine Löcher für die Augen und zum Atmen ein Loch für den Mund haben.

Du mußt deine Maske selbst anfertigen. Zu diesem Zweck kannst du zwar die nötigen Materialien kaufen, widerstehe aber der Versuchung, dir eine fertige Maske zu besorgen oder sie von jemand anderem herstellen zu lassen. Die künstlerische Qualität der Maske ist unwichtig. Wichtig ist hingegen, daß du dir beim Anfertigen überlegst, was du erlangen willst, und das ist ein wesentlicher Teil des Zurückrufens. Dein Geist ist beschäftigt und arbeitet an dem Problem. Bei jeder Wiederverwendung mußt du die Maske wieder mit neuen Mustern und Gegenständen ausstatten. Eine abgetragene Maske sollte mit einer ganz neuen ersetzt werden.

Ist die Maske fertiggestellt, begib dich an den von dir gewählten ruhigen Ort, wo du ungestört sein kannst. Schalte irgendeine angenehme Musik ein, und stell die Lautstärke so leise ein, daß sie deine Gedanken anregt und nicht stört. Um die Atmosphäre noch etwas anregender zu gestalten, kannst du aromatische Gerüche von würzigen Tees, Kräutern oder Räucherstäbchen verwenden. Reduziere das Licht. Stell jetzt einen Stuhl in die Mitte des Raums, setz dich hin, und zieh die Maske über deinen Kopf. Wenn du es vorziehst, kannst du dich auch auf den Boden setzen. Leg die Hände in deinen Schoß. Halt den Paho in der rechten Hand, und dreh die Handfläche der linken Hand nach oben. Atme tief, und entspann dich so, wie von Archie Sam weiter oben beschrieben. Schließ deine Augen, und während du dich mehr und mehr vertiefst und jeden Körperteil entspannst, sieh dich in einem unterirdischen Kiva der Hopi – im Schoß von Mutter Erde. Deine Vorstellungskraft wird besser sein denn je, weil du dich durch die Maske viel besser konzentrieren kannst.

Bist du in deiner Vorstellung im Kiva und siehst dies deutlich vor dir, denke über die Maske nach, und visualisiere die verstorbene

Person, mit der du zu sprechen wünschst, wie sie vor dir erscheint. Öffne deine Augen, und du wirst die Person sehen. Hie und da ist es gut, den Vorgang etwas zu beschleunigen, indem du aufstehst und langsam zur Musik tanzt. Die Indianer tun das häufig. Einige der Verstorbenen werden in deinem Kiva in ihrer typisch menschlichen Form auftauchen, so wie du dich an sie erinnerst; andere werden sich in geisterhafter Gestalt zeigen. In diesem Fall werden sie dich mit einer Stimme begrüßen, die dir so vertraut ist, daß sich dir das Herz im Leibe herumdrehen wird. Sprich mit ihnen. Erkläre ihnen, warum du sie zurückgerufen hast. Rede über alles, was sie erwähnen. Wenn sie fertig sind, werden sie gehen, und die Sitzung ist vorüber. Lege die Maske und den Paho auf ein Regal, wo du sie sehen kannst und sie dich an die Erfahrung erinnern. Die Wirksamkeit dieser Methode des Zurückrufens wird durch Übung gesteigert.

Ein Mensch von heute,
der nach Art der Cherokee und Hopi die Toten als Ratgeber herbeiruft

Jetzt werden wir uns die Frage stellen, was denn nun eigentlich wirklich geschehen ist. Die Angelegenheit verhält sich ungefähr folgendermaßen: Diese Menschen sind in unseren »Datenbanken« gespeichert, und wir benötigen ein Mittel, um sie zurückzurufen, wie man die Information eines Computers auf dem Bildschirm abruft. Versuchen wir, das auf abstrakte Art zu verwirklichen, dann gelingt es selten. Wir erhalten nur wahllose und unzusammenhängende Brocken an Information. Die Maske, der Paho und die richtige Atmosphäre leisten viel bessere Arbeit, und du wirst in einer warmen und willkommenen Weise das Zurückrufen der wirklich wichtigen Augenblicke deines Lebens erleben. Das wirkt anregend auf deinen Geist, und ihr zwei, du und der Zurückgerufene, könnt auf angenehme Art das gewünschte Thema gründlich erörtern, genauso wie früher, als der Verstorbene noch auf dieser Welt lebte und ihr beisammen wart. Von Vorteil ist auch, daß es dabei nie zu Auseinandersetzungen oder Versuchen kommen wird, den eigenen Standpunkt zu verteidigen oder zu rechtfertigen. Der Zweck des Gesprächs wird immer positiv sein und auf deine bestmögliche Zukunft abzielen.
Allein dadurch, daß ich in diesem Moment darüber nachdenke, kann ich die Stimme meines verstorbenen Vaters hören, der meinen Namen ruft, und ich muß daran denken, wieviel ich von ihm hätte lernen können, wenn ich nur auf ihn gehört hätte, als er noch am Leben war. Ich rufe ihn oft zurück, denn er war ein logischer Mann, und ich kann seinen Rat gebrauchen. Sicherlich gibt es auch in deiner Vergangenheit Menschen, mit denen du dich gern wieder unterhalten würdest.
Manchmal geschahen seltsame Dinge, wenn die Medizinleute der Cherokee die Toten zurückriefen, und dasselbe kann auch dir passieren. Archie Sam erzählte mir, daß sein Vater das mit ziemlicher Regelmäßigkeit erlebt hatte und daß es auch ihm schon passiert war. Gelegentlich tauchen beim Zurückrufen der

Toten eine oder mehrere Personen auf, die du nicht kennst, und sprechen mit dir. Sie können dir merkwürdige, manchmal furchterregende Sachen erzählen. Vielleicht erzählen sie dir auch einfach Dinge, die du wissen solltest, aber an die du nie gedacht hast. Wie Archie berichtete, schweben sie manchmal in der Luft, ohne ein Wort zu sagen, und starren dich nur an. Dann verschwinden sie, und du bleibst verwundert zurück. Das ist ihre Art, ihre Mißbilligung über etwas zum Ausdruck zu bringen, das du gedacht oder getan hast.

Die Methode mit der Maske ist auch dann nützlich, wenn du mit lebenden Personen sprechen möchtest, die weit entfernt wohnen und anders nicht zu erreichen sind. Versuche es.

Die Hopi glauben, daß du durch das Aufsetzen der Topfmaske zu der Person wirst, die auf ihr dargestellt ist, und du ihre Kraft der deinen hinzufügst und dadurch mehr als du selbst bist. Ähnlich verhält es sich nach der Visionssuche der Sioux. Erscheint dem Suchenden in seiner Vision ein bestimmter Helfer, nehmen wir einmal an, ein Bär, dann gibt er etwas von dieser Art von Bär in sein Medizinbündel und verziert seinen Kriegsschild mit dem Symbol des Bären; er ist nicht länger nur ein Mann, er ist ein Bärenmann. In manchen Situationen wird er sich sogar wie ein Bär benehmen. Er wird wie ein Bär kämpfen und ihn studieren, um herauszufinden, welche Medizinen er verwendet, um sich zu heilen. Wenn du die Toten zurückrufst, bist du nicht mehr nur du selbst, sondern wirst auch zur anderen Person. Die Indianer würden das als zwei miteinander verschmolzene Kräfte bezeichnen, weil in alten Zeiten alle Menschen Kraft erhielten.

Zeitbewußtsein

Ich las kürzlich in einer Zeitung einige interessante Bemerkungen in bezug auf das Zeitbewußtsein und die Rolle, die es für unser Wohlergehen spielt. Unter anderem wurde das Ergebnis einer Untersuchung erwähnt, die Philip Zimbardo, Professor an der Stanford University, und Alexander Gonzalez, Psychologe an der

Fresno State University, an mehreren tausend Personen durchgeführt hatten. Sie ergab, daß die große Mehrheit der Amerikaner zukunfts- oder gegenwartsorientiert ist. Nur ungefähr ein Prozent der Befragten war vergangenheitsorientiert. Wie sie feststellten, haben jedoch andere Kulturen ein viel stärkeres Gefühl für die Vergangenheit, »und die Gefahr in Zusammenhang mit dem Ausschließen eines Gefühls für die Vergangenheit aus ihrem Begriff der Zeit liegt darin, daß sie ihre Wurzeln abtrennen, was uns zu einer kurzlebigen Gesellschaft macht. Familien bauen ihre Einheit auf gemeinsamen Erinnerungen und durch das Wiederholen alter Rituale auf, die sie zusammenbringen; also indem sie eine Vergangenheit teilen.« Sie haben auch herausgefunden, daß Personen mit einer soliden Identität von allen Gruppen die ausgeglichenste Perspektive hatten. Denn sie versetzten sich in die ferne Vergangenheit wie auch weit in die Zukunft. In dieser Hinsicht empfanden die Indianer das Zurückrufen der Toten als den nützlichsten Pfad, damit sie ihre ausgeglichenen Einstellungen und Perspektiven bewahren konnten.

Es tut auch gut zu wissen, daß du, nachdem du diese Erde verlassen hast, vielleicht eines Tages von jemandem, der dich liebt und mit dir über seine Fragen, Bedürfnisse und Wünsche sprechen möchte, zu diesem Zweck zurückgerufen wirst. Der Gedanke an diese Möglichkeit kann deinem Selbstwertgefühl eine neue Dimension hinzufügen und dich veranlassen, darüber nachzudenken, welche Art von Beziehung du heute mit denen, die du liebst, entwickeln solltest. Laß dein Allerbestes zurück, und es wird immer Menschen geben, die sich mit dir unterhalten möchten.

Die Kraft der Himmelsrichtungen

Auf dem indianischen Pfad, der dazu dient, in deinem Leben Ordnung und ein Gefühl des Sinns aufrechtzuerhalten, wird um Kraft aus den vier Himmelsrichtungen gebeten. Die Himmelsrichtungen werden mittels farbiger Fahnen beschworen: Weiß für den Norden, Rot für den Osten, Gelb für den Süden und Schwarz für den Westen. Wie du weißt, kann man *unten* für Mutter Erde und *oben* für die Höheren Wesen hinzufügen, wodurch es dann insgesamt sechs Himmelsrichtungen sind. Aber die letzteren werden in den meisten Ritualen der anderen Pfade beschworen, und wir müssen sie in diese Übung nicht mit einbeziehen.

Du kannst die Fahnen ganz so, wie du willst, anfertigen. Hänge dann auf jeder Wand deines Zimmers eine auf, oder befestige sie an den vier Seiten eines Ständers oder einer Schachtel, die du herumdrehen kannst, wenn du mit ihnen meditierst. Es gibt zwei Möglichkeiten, über die Fahnen nachzudenken, und du solltest dir jetzt dazu als Anhaltspunkt die Darstellung des Großen Kreises ansehen.

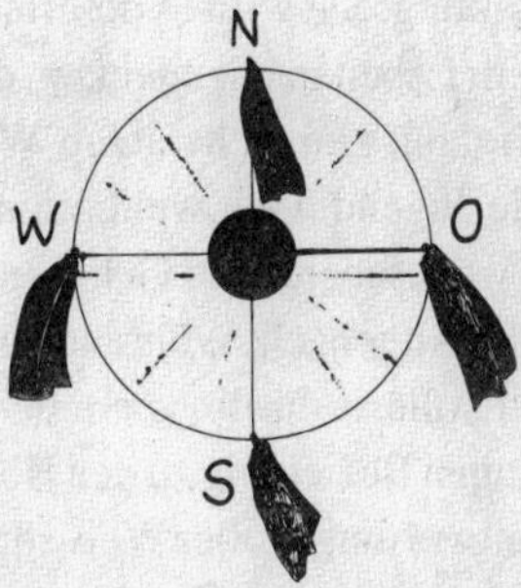

Der Große Kreis:
Darstellung, wie die Richtungsfahnen auf dem Kreis plaziert werden

Betrachte die Fahnen als Richtungspunkte auf einem großen Kreis, der dich umgibt, und vergegenwärtige dir, daß die Höheren Wesen am Anfang jeder dieser Himmelsrichtungen bestimmte Kräfte verliehen haben, auf die die Gläubigen wenn nötig zurückgreifen können. Die Indianer benutzten diese Kreise zur Erziehung: um sich selbst und ihre Kinder zu erziehen. Sie wanderten in der Tat selbst oder führten die Kinder um den Kreis herum, und an jeder Himmelsrichtung meditierten sie über die Kräfte, die mit ihr verbunden waren, und setzten sich mit ihnen auseinander. Die Farbe einer jeden Richtung zeigte die Art von Kraft an, die dort zu Hause war. Wußte eine Person also erst einmal über die Kräfte Bescheid, konnte sie zur Darstellung der Kraft einfach die entsprechende Farbe verwenden. Brauchte sie etwas Bestimmtes, dann wußte sie, welche Farbe mit der Erfüllung dieses Bedürfnisses verbunden war, und legte diese Farbe als ihre Gebetsopfergabe hinaus in die Sonne. Auch du wirst das lernen. Erinnere dich, daß die Sioux beim Sonnentanz farbige Tücher an das untere Ende des Sonnenpfahls binden, die die Spender je nach den Gebeten auswählen, die sie darbringen wollen.

Bewege dich im Uhrzeigersinn, wenn du den Kreis zum erstenmal benutzt. Beginne im Süden; und während du deine Aufmerksamkeit auf die weiße Fahne konzentrierst, rufe die Kraft aus dieser Himmelsrichtung. Sie wird es dir ermöglichen, weise über die Dinge in deinem Leben nachzudenken, die mit Geburt zu tun haben. Begib dich dann zum schwarzen Westen, und mach dir Gedanken über die Jugend. Geh weiter zum roten Norden, und überdenke das Erwachsenenalter. Geh zum gelben Osten, und denke über das hohe Alter nach. Während du dir über diese Dinge Gedanken machst, solltest du dir vorstellen, wie du jede Rolle innerhalb deiner engen Beziehung zu den Höheren Wesen erfüllst und daraus in verantwortungsvoller Weise das Beste ableitest. Sei dir besonders der Folgen der Dinge bewußt, die du in Erwägung ziehst, denn jeder Gedanke und jede Handlung hat etwas zur Folge. Einiges ist gut, und anderes ist schlecht. Betone das Gute.

Eine andere Möglichkeit, den Kreis der Himmelsrichtungen zu verwenden, ist, Weisheit für die Entwicklung deines vollen Potentials als Mensch zu erlangen. Fange wie vorher im Süden an, bitte die Himmelsrichtung aber diesmal, dir Weisheit in bezug auf körperliche Gesundheit und ein gesundes, produktives geistiges Wachstum zu vermitteln. Zeige keine Eile. Denke über diese Dinge nach, und du wirst viel darüber lernen. Begib dich in den Westen, und bitte um Erleuchtung und Beobachtungsgabe.

Geh zum Norden, und bitte um die Reinigung deiner Gedanken und Wünsche. Geh zum Osten, und bitte um Erneuerung von Körper, Verstand, Herz, Seele und Geist.
Erzwinge kein Thema, und stell keine Forderungen, wenn du über den Kreis nachdenkst. Sei wie die Apachen. Zeigst du Ausdauer, dann erhältst du früher oder später den Rat, und deine Weisheit, Stärke und Anmut werden wachsen. Ängste und Unentschlossenheit werden ständig abnehmen. Du wirst dich so gut fühlen, daß du es kaum glauben kannst. Deine Auffassungen werden klare Formen annehmen, dein Zielbewußtsein wird stark sein, und deine Lebensziele im allgemeinen werden erreichbar. Es kann gar nicht anders sein, wenn du dir die Zeit nimmst, sie zu überdenken, und dann den Beschluß faßt, daß sie eintreten werden.
Wann immer du dich erschöpft fühlst oder das Gefühl hast zu altern, wende den Apachen-Pfad an, den du vom Mädchen des Sonnenaufgangs und von Changing Woman gelernt hast. Geh ins Freie an einen Platz, wo du allein sein kannst, und geh gen Osten. Fixiere deine Gedanken auf das, was vor dir liegt, bis du das Bild der jungen Changing Woman siehst, die in ihrem Apachen-Kostüm auf dich zukommt. Wenn du auf sie triffst, verschmelze mit ihr, und visualisiere, wie du wieder jung geworden bist. Du wirst die Erfahrung machen, daß dir diese einfache Handlung deine Energie und Hoffnung zurückgibt.

Die Natur als dein Partner

Willst du den Kurs deines Lebens feststellen und wünschst dir sicheren Schutz und ein langes Leben, denke über die einzelnen Teile der Sonnenaufgangszeremonie nach, und wende das, was du daraus lernst, auf dich an. Visualisiere, wie sich ihre Versprechen in deinem Leben erfüllen, dann wird es auch geschehen!
Akzeptiere die Natur als deinen Partner und Mitarbeiter im Leben. Das ist besonders für jene von uns schwierig, die an die Stadt

gebunden und Teil der Industriegesellschaft sind, die im Wahnsinnstempo Naturschätze verschluckt und ausplündert, um eine wachsende Bevölkerung zu befriedigen. Die Indianer hatten da mehr Glück, denn sie lebten mitten in der Natur und waren sich ihrer Beziehung zu ihr und ihrer Bedeutung in ihrem Leben bewußt. Obwohl sie über Naturschätze im Überfluß verfügten, lernten sie von den Höheren Wesen die vernünftige Eigenschaft, die Natur zu bewahren: niemals auch nur den geringsten Teil von ihr auszubeuten. Sie ließen immer von allem, was sie nahmen, genügend zurück, damit auch in zukünftigen Jahren genug davon vorhanden war.

Natürlich war die Bevölkerung der amerikanischen Ureinwohner im Vergleich zu der der modernen Welt sehr klein, und nach ihren Methoden könnten wir heute nicht genügend Häuser, Nahrung oder Kleidung produzieren. Eine Wandlung war notwendig, aber die entscheidende Frage bleibt, ob der Fortschritt auch wirklich von Vorteil war. Die Natur scheint über uns verärgert zu sein und kehrt sich heute zu Recht von uns ab.

Im Grunde genommen haben wir Nichtindianer die Natur an uns angepaßt, während sich die Indianer an die Natur anpaßten. Unser Ansatz scheint nicht besonders gute Ergebnisse zu bringen. Mit diesem Problem beschäftigt sich unter anderem die hervorragende indianische Zeitschrift *Winds of Change.*[1] Die Ausgabe vom Juni 1987 enthält einen beunruhigenden Artikel mit dem Titel »When the Turtle dies« (Wenn die Schildkröte stirbt). Es handelt sich um einen wissenschaftlichen Bericht über die Auswirkungen des St.-Lorenz-Stroms und anderer industriellen Verschmutzungen auf die St.-Regis-Mohawk-Reservation im Staate New York. Ein weiterer beeindruckender Artikel berichtet, wie ein brillanter Yakima-Indianer namens Russell Jim zu einem außergewöhnlichen Sprecher im Kampf für nukleare Verantwortlichkeit wurde.

1 Herausgeber ist Norbert S. Hill, 1085 14th Street, Suite 1506, Boulder, Colorado, 80302-7308, USA.

Aber was die Indianer taten und was sie dir heute raten würden, ist, dich als einen Teil der Natur zu sehen und sie auch als solche zu behandeln. Betrachte alles in der Natur als lebendige Wesen, die ihren Beitrag zum Ganzen leisten – was sie ja auch wirklich tun. Gibt es irgendeinen Teil von ihr, den wir uns heute nicht auf die eine oder andere Weise zunutze machen? Das Problem ist jedoch, daß wir sie in gleichem Ausmaß mißbrauchen, wie wir sie gebrauchen, und damit weitere Stränge des Netzes zerreißen, das die Höheren Wesen für unsere Existenz gewoben haben. Ist das Netz erst ausreichend beschädigt, werden wir Menschen uns in großen, großen Schwierigkeiten befinden.

Um also deine Probleme aufgrund der Verschmutzung und Ausbeutung zu lindern, tue alles in deiner Macht Stehende, um deine eigene Einstellung und dein Verhalten zu ändern. Nimm dir die Zeit, und betrachte die überwältigende Schönheit der Natur aus der Nähe, und frag dich einmal mehr, welchen Preis wir für jeden Teil der Natur bezahlen, den wir nicht mehr sehen, riechen oder berühren können. Fahr irgendwohin, wo du freilebende Tiere beobachten kannst, und rieche die Blumen, Bäume, Gräser, Seen und Meere. Wenn möglich, suche nach etwas sauberer Luft. Berühre, was du kannst, fühle die reichhaltige Vielfalt der Texturen, und erinnere dich, daß jeder kleinste Teil davon zum großen Netz des Lebens gehört, das die Höheren Wesen in Jahrtausenden gewoben haben. Sei nicht überrascht, wie sehr dich diese Erfahrung inspirieren wird, denn so, wie der Wert der Natur in deinem Herzen steigt, so wird auch dein Selbstwertgefühl wachsen. Die Indianer wußten dies bereits vor langer, langer Zeit.

Die Indianer empfanden sich nicht nur als Teil der Natur, sondern jeder Stamm hatte auch das Gefühl, daß ein bestimmtes Gebiet mit seinem Zentrum verbunden war. Sie taten dies aus zwei Gründen: Erstens verbrachten sie einen so großen Teil ihres Lebens auf einem gewissen Stück Land, daß sie die Vorstellung hatten, an seinem Leben teilzuhaben; und zweitens nahm die Erde die Toten auf, wenn sie zu Staub wurden. Das machte diese Erde doppelt heilig, die Menschen waren mit ihr verbunden. Gleichgültig, ob du dir dessen bewußt bist oder nicht, aber dadurch, daß du diese Pfade gehst, läßt du einen ebensolchen Ort entstehen. Was du im Laufe der Jahre diesem Ort gegenüber empfinden wirst, wird diese Behauptung bestätigen.

Sonnenaufgangsstäbe und Fruchtbarkeitssymbole

Möchtest du ein langes, gesundes und produktives Leben leben und dasselbe Geschenk auch an andere weitergeben, dann mach dir einen Stab, wie ihn das Sonnenaufgangsmädchen der Apachen besitzt. Achte darauf, daß du das Holz eines früchtetragenden Busches oder Baums verwendest. Verziere den Stab mit persönlichen Symbolen. Steck den Stab aufrecht in die Erde, wähle einen Ausgangspunkt, lauf auf den Stab zu, umkreise ihn, und kehr zum Ausgangspunkt zurück. Stell den Stab etwas mehr als einen Meter weiter entfernt auf, und lauf wieder um ihn herum. Wiederhole das ein drittes und viertes Mal. Stell dir bei jedem Lauf vor, daß du dir jeweils ein Lebensalter aneignest: Geburt, Jugend, Erwachsenen- und Greisenalter. Visualisiere, daß alle diese Lebensalter dir gehören, mit der Überzeugung, daß sie alle eintreten werden. Überleg dir das alles beim Laufen, und visualisiere dich so stark und gesund wie noch nie. Denk daran, daß das Umlaufen des Stabes ein Gebet an die Höheren Wesen ist, das zu gewähren.

Bist du damit fertig, plaziere den Stab so, daß du ihn sehen kannst und ständig daran erinnert wirst, was du damit gemacht hast. Hast du dir einen Kristall beschafft, halte ihn vor und nach dem Laufen unter fließendes Wasser. Du wirst dabei verschiedene Bilder sehen. Ist der Kristall zum Beispiel vor dem Laufen undurchsichtig oder hat er eine rauchigblaue Farbe, dann wird er nach dem Laufen klar und funkelnd sein. Genau dieses Omen wünschst du dir, denn es sagt ein langes oder zumindest erfülltes Leben voraus. Ich will mich nicht nur absichern, wenn ich in bezug auf das Vorhergehende hinzufüge, daß die durch das Laufen garantierte Lebensdauer nicht immer in Jahren gemessen werden kann. Die Qualität des Lebens ist genauso wichtig wie seine Länge, wenn nicht sogar wichtiger. Außer der Qualität muß man noch an die ewige Beziehung zu den Höheren Wesen denken, denn bei ihnen zu sein bedeutet, eines Tages zu schlafen, dann aufzustehen, aber niemals zu sterben.

Benutze Fruchtbarkeitssymbole, wenn du die Fruchtbarkeit und Fortpflanzung anregen willst. Jedes Frühjahr, wenn sich die Erde erneuert und neues Wachstum zu sehen ist, fertige männliche Fruchtbarkeitssymbole und Symbole in Form eines Bisons an, dieselben wie die Sioux für den Sonnentanz. Leg sie vor dich hin, meditiere der Reihe nach über jedes einzelne, und führe dabei die knienden und wiegenden Gesten aus, die das Apachen-Mädchen des Sonnenaufgangs bei seiner Verwandlung in Changing Woman ausführt. Verwende dazu Musik.

Die Symbole müssen auch den Phallus darstellen, denn durch ihn konzentrieren sich deine Gedanken auf die Fortpflanzung. Denk ausführlich über Fortpflanzung und Erneuerung und über all die anderen wundersamen Dinge nach, für die die Höheren Wesen in diesem Zusammenhang gesorgt haben. Um dein Gedächtnis, was die Fortpflanzung und Erneuerung betrifft, etwas aufzufrischen, lies dir noch einmal die Beschreibung des Sonnentanzes der Sioux im zweiten Teil durch.

Als Frau solltest du dich bei deiner Meditation auf wunderbare Weise geliebt und von den Strahlen der Sonne geschwängert fühlen – und gleichzeitig von demjenigen, der der Vater deines Kindes sein soll. Fühle die intensive Wärme der Beziehung. Sieh dich, wie du strahlend schön und begehrenswert bist. Gibt es einen Ort, wo du ungestört sein kannst, möchtest du vielleicht nackt sein und dich so hinsetzen, daß du von der Sonne vollkommen bestrahlt wirst. Sie übernimmt in diesem Fall die Rolle des

Mannes. Das Mädchen des Sonnenaufgangs ist immer in ihr bestes Gewand gekleidet, wenn sie das Ritual ausführt, aber es befindet sich auch vor den Augen aller.
Männer sollten jede Art von Impotenz oder jedes andere Problem als beseitigt und verschwunden betrachten. Stell dir deine Frau mit Erfolg befruchtet vor. Dabei hilft es dir, wenn du dich an die Abfolge ritueller Ereignisse und Gedanken der Cherokee erinnerst. Sie sind außergewöhnlich positiv und sehr produktiv. Hast du diesen Pfad ausgeführt, dann visualisiere deutlich das Kind, das dir geboren werden wird. Wie das Apachen-Mädchen bist du ein Same, der gebärt. Stell dir vor, wie du dein Kind liebst und es umsorgst. Stell dir vor, wie es erwachsen wird. Sei dir bewußt, daß solch positive Gedanken eine chemische Reaktion verursachen, die deinen Körper dazu veranlaßt, auf die von dir gegebenen Anweisungen zu reagieren.
Wie immer gehört zu jeder rituellen Handlung, die die Indianer ausführen, noch eine andere Seite. In diesem Fall erhöht die Verwendung von Symbolen auch deine Fruchtbarkeit in bezug auf kreative und produktive Ideen. Das wird sich vor allem in deiner Arbeit zeigen. Um es zu wiederholen, deine Mitarbeiter werden den Unterschied bemerken, und du kannst mit heimlichem Lächeln an deine geheime Quelle denken.
Willst du diese letztgenannte Segnung noch einen Schritt weiter führen, und ich rate dir auf jeden Fall dazu, mache, was das Sonnenaufgangsmädchen der Apachen tut. Fülle einen kleinen Korb mit eingewickelten Süßigkeiten, Nüssen und anderen kleinen Köstlichkeiten. Führe die wiegende Bewegung so oft durch, wie es dem Ritual entspricht, und schütte dann den Korb über deinem Kopf aus. Denk dabei an die Mitarbeiter oder Freunde, die du mit Fruchtbarkeit und Produktivität segnen möchtest, und bring am nächsten Tag die Geschenke mit dir zur Arbeit oder Schule, und verteile sie. Verrate den Leuten nicht, warum du das tust; laß sie raten und sich darüber wundern. Warte dann ab und beobachte, was für Folgen das hat.

Die Cherokee-Maske für gute Dinge

Benutze die Gesichtsmaske für die Streßkontrolle, um gute Dinge in dein Leben zu bringen. Diese Maske ist nur eine Gesichtsmaske, nicht eine Topfmaske. Sie wird dazu verwendet, jemand anders zu werden oder mit jemandem zu verschmelzen. Die Gesichtsmaske kann aus normalem Schreibmaschinenpapier hergestellt werden, an das ein Band angebracht wird. Dickeres Papier läßt sich jedoch besser verzieren und behängen. Sehr gut eignet sich Pappmaché. Zur Anfertigung der Maske beachte die Anleitungen für die Topfmasken im Kapitel »Das Zurückrufen der Toten«, und vergiß auch die kleinen, runden Löcher für die Augen und die rechteckige Öffnung für den Mund nicht.

Halte dir die Überzeugung der Cherokee vor Augen, daß die Maske die Kraft hat, das, was sie darstellt, zu kontrollieren oder anzulocken. Die symbolischen Darstellungen auf der Maske sollten also wiedergeben, was du kontrollieren oder anlocken möchtest. Ich kann für die Vorderseite der Maske einige Muster vorschlagen, es ist aber kreativer, wenn du sie im Rahmen der Vorbereitung größtenteils selber entwirfst.

Ist eine andere Person darin verwickelt, dann zeichne nicht ihr Gesicht, sondern verwende lieber Symbole, die darstellen, was du in Zusammenhang mit ihr kontrollieren willst. Schwarze Sturmwolken können Ärger darstellen, eine gerade Linie Engstirnigkeit, eine gezackte Linie Schmerz, ein leerer Becher Selbstsüchtigkeit, Nebel Pessimismus, ein Eisberg Kälte, eine geschlossene Tür einen beschränkten Verstand und ein Lächeln Freude.

Bei der Anwendung der Maske mußt du dir in Gedanken vorstellen, was du kontrollieren willst. Bedenke dabei, daß du möglicherweise dich selbst kontrollieren mußt, deine Gefühle, deine Ängste, alles, was Disziplin nötig hat oder außer Kontrolle ist. Ist das dein Problem, dann laß die Symbole der Maske das auch widerspiegeln.

Zeichne oder male ein einziges Symbol, das am besten darstellt, was du kontrollieren möchtest, auf ein kleines Stück Karton. Hänge zur Unterstützung einen Paho auf. Ist alles vorbereitet, setz dich an dem von dir gewählten Ort hin. Stell das einzelne Symbol so vor dir auf, daß du es gut sehen kannst. Setz dann die Maske auf. Nimm die traditionelle Anzahl tiefer Atemzüge, entspanne dich, und fixiere deinen Blick auf das Bild. Einige Augenblicke später wird sich das Symbol zu bewegen anfangen. Wünschst du das, was es darstellt, zu kontrollieren, wird es sich von dir entfernen und kleiner werden. Seine Kraft wird sich verringern und deine zunehmen. Möchtest du es anlocken, wird es näher und näher rücken, bis es dich schließlich erreicht und du es besitzt. Laß es niemals zu, daß du bei diesem Vorgang negative Gedanken hast, weil dich das schwächt. Behandle auch eine Sache nach der anderen. Versuche nicht, alles auf einmal anzugehen. Schiebe nie anderen die Schuld für Verhaltensweisen oder Situationen zu, die du zu kontrollieren versuchst, denn sobald du das tust, übergibst du ihnen nämlich die Kontrolle.

Hast du, wie das auf jeden Fall geschehen wird, die Kontrolle erlangt, denk daran, den Höheren Wesen ein Dankopfer darzubringen. Verwahre die Maske und das Symbol so, daß du sie sehen kannst und dadurch an deinen Erfolg erinnert wirst. Laß keinen einzigen negativen Gedanken bezüglich deines Sieges aufkommen. Beobachte, wie du nun ruhig mit Dingen leben kannst, die du vorher nicht ertragen konntest. Warum? Weil du dich verändert hast.

Ich habe den Eindruck, du wirst jetzt langsam bemerken, wie sich dein besonderes Zimmer mehr und mehr mit Gegenständen füllt, die du beim Folgen der Pfade verwendet hast und auch weiterhin verwenden wirst. Das sollte ein Ansporn sein, schöne Sachen zu machen. Beim Anfertigen der Gegenstände werden deine kreativen Fähigkeiten ständig verbessert. Trotzdem verweise ich diejenigen, denen es schwerfällt, auf Ideen zu kommen, auf das Bestellformular am Ende des Buches. Es informiert über die zur Verfügung stehende Hilfe und wie man sie erhalten kann.

Möchtest du dein Aussehen und dein Verhältnis zu anderen ändern? Möchtest du schöner, größer, optimistischer, charismatischer sein? Möchtest du anderen behilflich und beliebt sein? Werde zu Changing Woman, die sich aufmacht, um ihrem jüngeren Abbild zu begegnen. Werde geformt und gewandelt wie das Mädchen der Sonnenaufgangszeremonie.

Verändere dich durch das Formen innen und außen

Beschaff dir einige Rohrkolben, und entnimm den Blütenstaub. (Mahle ein paar Maiskörner, um Maispollen herzustellen.) Du kannst dir auf diesem Pfad von einem verständnisvollen Freund helfen lassen oder auch alles allein tun. Wie immer ist es weise, bevor du beginnst, einen Paho anzufertigen und in die Sonne zu hängen. Zieh deine besten Kleider an, und mach deinen Stapel aus vier Decken. Schalte inspirierende Musik ein. Streiche den Blütenstaub auf deine Wangen und Stirn. Binde die Seeohrschale auf die Stirn. Setz dich in flehender Haltung auf die Decken, und führ deine Atem- und Entspannungsübungen durch. Bist du bereit, dann bete zu den Höheren Wesen, und bitte sie, dir die Dinge zu gewähren, die du anstrebst. Vertraue darauf, daß deine Gebete und die des Paho erhört werden. Von diesem Augenblick an darfst du diesbezüglich keine Zweifel mehr haben.
Leg dich jetzt mit dem Gesicht nach unten, den Armen an den Seiten und deinem Kopf in Richtung Osten auf die Decken. Das Mädchen der Sonnenaufgangszeremonie ist für diesen Ritus des Pfades voll bekleidet, aber sie tritt auch in der Öffentlichkeit auf. Wenn du es wünschst, kannst du, wenn du allein bist, die Kleider ausziehen. Behalte die Kleidung jedoch an, wenn dir jemand assistiert. Hosen und eine Bluse oder Hemd sind eine passende Bekleidung. In deinen Handlungen darf nichts Sexuelles liegen, denn das würde jede Erfolgsmöglichkeit zunichte machen.
Spüre, wie die Kraft von Changing Woman durch deine Seeohr-

schale eintritt. Fühle sie durch deinen Geist hindurchgehen, und folge ihr dann hinab in deinen Körper. Fühle, wie sie in deine Arme fließt, dann in deine Beine und Füße. Du solltest dich nun etwas wärmer fühlen, möglicherweise sogar ein Kribbeln verspüren. Schließ deine Augen, und halt sie für den Rest des Rituals geschlossen. Sieh vorher, was mit dir gleich geschehen wird. Sieh dich so, wie du sein möchtest.

Führst du das Ritual allein durch, dann fühle die starken Hände der Höheren Wesen, wie sie dich langsam und sanft zu formen beginnen ... angefangen bei den Zehen deines rechten Fußes, dann das Bein und deine Seite, deinen Arm und schließlich dein Gesicht. Fühle die Hände über deine Haare und den Kopf streichen und an deiner linken Seite hinunter zu den linken Zehen wandern. Sei dir bewußt, daß sich das auf jeden Knoten, jede Unebenheit, das kleinste bißchen Fett oder faltige Haut, jeden Schönheitsfehler auswirkt. Fühle, wie du dich streckst, fest, anmutiger und sicherer wirst. Erkenne, daß dich der Blütenstaub vor allem Häßlichen oder Negativen schützt. Führt ein Freund das Formen durch, mußt du an dieselben Dinge denken, während dir dein Freund eine neue Form gibt.

Wiederhole den Vorgang der Formung viermal. Hab keine Eile. Konzentriere dich auf das, was geschieht. Stell dich anschließend auf die Decken, richte dich allein oder mit deinem Freund gen Osten, und geh in Gedanken durch, was das Mädchen der Sonnenaufgangszeremonie tut, wenn der Sänger seine Hände ihren Körper und Kopf entlangführt. Erinnere dich, daß er seine Hände in einer Entfernung von ungefähr fünf Zentimetern hält und das Mädchen nicht berührt. Der Grund dafür ist, daß nunmehr eine Aura der Kraft von ihr ausstrahlt und ihren Körper umgibt und er sie, selbst wenn er wollte, nicht mehr berühren könnte. Du wirst dich in der gleichen Lage befinden. Wenn der Sänger seine Hände bewegt, verteilen die Höheren Wesen Teile des Körpers des Mädchens, füllen an einer Stelle etwas aus und nehmen an einer anderen etwas weg. Im Grunde vollenden die Höheren Wesen die

Arbeit der Formgebung. Fühle, wie deine Brust anschwillt, sich dein Magen strafft, dein Körper fest wird.

Das Erleben der Veränderung

Öffne jetzt deine Augen, aber lauf nicht sofort zu einem Spiegel. Räum die Decken weg, wechsle deine Kleider, entferne die Schale von der Stirn, und denk dabei nur Positives. Die Aura, die dich umgab, wird auch weiterhin um dich herum sein. Du wirst sie wahrscheinlich als eine leuchtende Farbe erkennen, wenn du doch vor einen Spiegel trittst. Verschiedene Farben haben eine unterschiedliche Bedeutung. Stell sie fest, indem du sie mit der entsprechenden Himmelsrichtung in Verbindung bringst. Sei dir bewußt, daß du dich in bezug auf deine Erscheinung von nun an anders verhalten wirst und daß auch andere Leute die allgemeine Veränderung an dir bemerken werden. Du wirst deine Kleidung und Zubehör sogar mit noch größerer Sorgfalt aussuchen als bisher. Rechne damit, daß du anders gehen und sprechen wirst. Rechne damit, mehr Ausstrahlung zu haben. Erwarte Komplimente bezüglich deiner Veränderung. Sei dir bewußt, daß die Höheren Wesen mit Anerkennung und Stolz auf dich herabsehen. Schließlich und endlich bist du ihr Kind, und sie waren wirklich diejenigen, die dich geformt und dir die Art von Kraft gegeben haben, die du nötig hattest. Kein kommerzielles Schönheitsmittel und keine Kosmetikbehandlung reichen, was ihre Wirksamkeit betrifft, an diese Kraft heran.

Andererseits bist du durch dieses Ritual nicht nur persönlich schöner, sondern auch in den Augen anderer zu einer prächtigeren Person geworden und wirst das in jeder Hinsicht auch bleiben. Im Zusammenhang mit wahrer Schönheit geht beides Hand in Hand. Die Wandlung erfolgt äußerlich wie auch innerlich. Deine Gedanken, Handlungen und Haltungen werden das widerspiegeln, denn so verhält es sich auch mit Changing Woman und dem Mädchen der Sonnenaufgangszeremonie. Du erinnerst dich sicher, das Mädchen tut und erhält dies alles nicht nur für sich selbst, sondern für sein gesamtes Volk. Seine Verpflichtung bringt eine indirekte Belohnung. Die Schönheit, die die Höheren Wesen dir anbieten und wünschen, ist nicht nur eine Schönheit zum Betrachten, es ist eine Schönheit, deren Reichhaltigkeit dem Leben als Ganzes gewidmet ist, die wie edler Wein genossen werden und an der man sich erfreuen soll. Um aus diesem Aspekt deiner Schönheit das Beste zu machen, sieh dir noch einmal die zentralen Lehren der Apachen an.

Tiponis

Machst du dir Sorgen, weil du zu geringe Fortschritte machst oder mit irgend etwas in deinem Verhalten unzufrieden bist? Möchtest du deinen Fortschritt im Leben messen, wo du doch jetzt Kraft besitzt und um noch mehr Kraft bitten kannst? Dann bediene dich der Tiponis der Hopi, nur daß du nicht wie jede ihrer Gesellschaften einen herstellst, sondern zwei.

Da Mais Leben symbolisiert, verwende zwei gleich große Papprollen oder zwei Gläser, ungefähr siebeneinhalb Zentimeter im Durchmesser und etwa zwanzig Zentimeter hoch, als Basen für die zwei Tiponis, die Maiskolben symbolisieren sollen. Du kannst die Körner des Kolbens mit gelber und schwarzer Farbe auf die Rollen aufmalen, oder, was noch besser (und dauerhafter) ist, beschaff dir in einem Geschäft für Bastelzubehör kleine, gelbe Mosaiksteine, und kleb diese auf die Gläser.

Kauf in einem Papierladen mindestens zwei Dutzend große Papierschildchen, die mit einem Faden versehen sind. Fertige eine Liste von allen Dingen an, die du in deinem Leben getan oder erreicht hast und auf die du stolz bist. Füge auch Charaktereigenschaften hinzu, die deiner Meinung nach wertvoll sind. Berücksichtige dabei nicht deine Fehler; diese werden sich von selbst erledigen. Schreib jeden einzelnen Gegenstand auf ein Schildchen, binde einen oder mehrere Fäden oder Gummibänder um eine der Rollen oder Gläser, die die Maiskolben repräsentieren, und binde die Schildchen daran fest. Füge auch einige Tiponi-Gegenstände für die Höheren Wesen hinzu, um ihnen mit Opfergaben für das zu danken, was du erreicht hast.

Wiederhole nun dasselbe mit dem anderen Glas, nur daß du diesmal Dinge auf die Schildchen schreibst, die du zu erreichen hoffst oder von denen du glaubst, daß du sie erreichen mußt. Sei verwegen, greife – wie der Mann von der Mancha – nach den unerreichbaren Sternen. Beziehe auch Dinge ein, von denen du weißt, daß du sie für dich und andere tun solltest. Befestige an diesem Tiponi entweder Federn oder kleine Stoffstreifen in den vier Farben der vier Himmelsrichtungen: Osten, Westen, Norden und Süden. Füge auch noch einen Gegenstand für Mutter Erde und einen blauen Gegenstand für die Höheren Wesen hinzu.

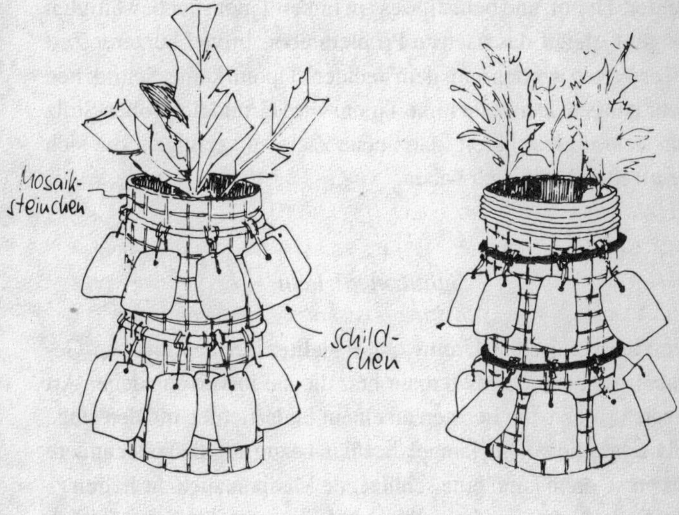

Ein Tiponi-Paar

Gib beide Tiponis in einen kleinen Schrein, den du aus Steinen und Blumen errichtet hast. Stell den verwirklichten Tiponi auf die linke und den zu verwirklichenden auf die rechte Seite. Der Schrein kann einfach, muß aber sehr schön sein, denn du wirst im Zusammenhang damit wundervolle und positive Gedanken haben. Du kannst ihn auf ein Regal stellen, wo du ihn oft siehst, oder auch an eine geschützte und abgelegene Stelle in deinem Garten. Nimm dir nun einige Minuten Zeit, um darüber nachzudenken, was du mit den Tiponi machen wirst. Knie dich hin, und sieh sie an, denn du wirst deinen Geist und deine Kraft auf die Verwirklichung aller Dinge konzentrieren, eines nach dem anderen, die du auf dem rechten Tiponi angeführt hast. Entscheide dich, welches du als erstes angehen willst. Fertige einen kleinen Paho an, der die Aufgabe symbolisieren soll, und häng ihn für die Sonne ins Freie. Gleich in den nächsten paar Tagen wirst du sie erledigen. Keine Fragen, keine Zweifel – du wirst es tun. Sobald du es geschafft hast, nimm das entsprechende Schildchen vom rechten Tiponi, und befestige es am linken Tiponi der bewältigten Dinge. Geh auf das nächste Problem über. In viel kürzerer Zeit als erwartet werden auf dem rechten Tiponi keine Schildchen mehr hängen. Der volle linke Tiponi wird Grund für großen Stolz sein, und du bist bereit, ganz neue Ziele zu verfolgen, die sich inzwischen entwickelt haben.

Schutzmedizinen

Die amerikanischen Ureinwohner stellten für den eigenen Gebrauch schützende Medizinen her, die sie in verschiedener Art bei sich trugen, am liebsten an einem Lederriemen um den Hals. Gibt es irgendwelche Dinge, die du in bezug auf dich oder andere fürchtest, dann kann eine schützende Medizin auch dir helfen. Die Indianer verwendeten ihre Medizinen gewöhnlich, um sich vor verschiedenen möglichen Schäden, die ihnen bekannt waren,

oder vor dem furchterregenden Unbekannten zu schützen. Letzteres hatte den zusätzlichen Zweck, die Menschen daran zu erinnern, daß sie den Schutz einer größeren Macht unbedingt brauchten.
Wir müssen uns vor ganz konkreten, wirklichen Gefahren schützen oder, besser ausgedrückt, es den Höheren Wesen und ihren Helfern erlauben, uns zu schützen. Derartige Gefahren sind Unfälle, die schwerwiegend genug sind, um jemanden zu schwächen oder zu töten, Gewalt, Verbrecher, Feuer, Stürme und ähnliches. Zu diesem Zweck solltest du die Schutzmedizinen der eingeborenen Amerikaner verwenden, die dich fortwährend daran erinnern, daß es der beste Schutz ist, wenn man selbst weiß, wie man sich am besten schützen kann, und auch entsprechend handelt. Damit meine ich keine Pistole oder eine andere Art von Waffe. Zu dieser Zeit und an diesem Platz in der Geschichte würden uns die indianischen Medizinleute mit Medizinen versorgen, die uns immer daran erinnern sollen, wie wir es vermeiden können, dumme Fehler zu machen. Fehler, wie verwundbar zu sein, sich an unvernünftigen Orten aufzuhalten, in gefährlichen Situationen zu verharren oder zu hassen, anstatt zu lieben.
Du kannst wie die Cherokee dein Heim von Geistern befreien. Dies soll dich auch dazu veranlassen, dir zu überlegen, wie du dein Heim sicherer machen kannst. Du solltest dich regelmäßig reinigen, richtig essen und dich regelmäßig körperlich betätigen, nicht um vordringende Probleme wie Viren fernzuhalten, sondern um Kraft und Gesundheit im Haus zu halten – eine ungewöhnliche Art von Festung.

Kristalle, Türkise und Salbeibänder

Durch die Benutzung von Kristallen nach der Methode der Cherokee kannst du deinen wahren Gesundheitszustand feststellen. Siehst du dich im Kristall als schattenhafte, liegende Gestalt, dann wird dir mitgeteilt, daß du nicht gesund bist und etwas dagegen unternehmen sollst.

Verbessere deine Einstellung, deine Ernährung und das Programm deiner sportlichen Betätigungen. Überprüfe dein Gleichgewicht. Vergewissere dich, ob du sowohl Geist wie auch Körper pflegst, das Weltliche wie auch das Spirituelle.
Trage wie die Cherokee und Apachen Türkise, nicht nur um dich vor Streß zu schützen, sondern auch um ihn unschädlich zu machen und um zu vermeiden, daß du bei seiner Abwehr deine Energien vergeudest. Wenn du überzeugt bist, daß du Streß unschädlich machen kannst, was kann er dir dann noch wirklich anhaben?
Streiche hie und da Blütenstaub auf deinen Körper, nicht als Barriere gegen Schaden, sondern damit du selbst keine Dummheiten machst, die dir schaden könnten. Es dient als Anregung, Situationen abzuwägen und vernünftige Entscheidungen zu treffen, und veranlaßt dich, in jeder Situation zu fragen, was du beim Mitlaufen mit der Masse zu suchen hast. Es ist der Impuls, keinen Groll mehr zu hegen, der dich verzehrt, der Impuls, anderen und dir selbst zu vergeben.
Du hast die Möglichkeit, dir Salbeibänder für Handgelenke, Knöchel und Stirn zu flechten und zu tragen wie die Sioux, nicht um das Böse von dir fernzuhalten, sondern um dich vom Bösen fernzuhalten. Versuch es, und du wirst sehen, wie du dich sträubst, manches zu tun, das du sonst ohne Zögern gemacht hättest.

Zeichne immer dann einen geistigen Schild um dich, wenn du in dein Auto einsteigst, so wie es das Apachen-Mädchen der Sonnenaufgangszeremonie macht, wenn es massiert wird. Damit willst du nicht nur dich selbst vor anderen Autofahrern schützen, sondern auch andere Fahrer vor dir: damit du vom Gaspedal heruntersteigst, in brisanten Verkehrssituationionen deinen Zorn zügelst, höflicher und aufmerksamer bist und dein Fahrzeug im besten fahrtüchtigen Zustand hältst.
Im wesentlichen empfehle ich dir, daß du bei der Anwendung von schützenden Medizinen den Fluß deiner Gedanken umkehrst: nicht wie üblich von außen hinein, sondern von innen hinaus. Schütze andere Menschen vor dir. Das ist eine verantwortungsvolle Verhaltensweise, bei der das Wohl der Gruppe vorgeht, aber gleichzeitig auch deine eigenen Interessen bestens gewahrt werden. Denke daran, wie eine derartige Einstellung die Atmosphäre am Arbeitsplatz ändern könnte, würden alle sie verwirklichen. Natürlich wirst du durch all das auch in Zukunft nicht von jedem Unheil bewahrt bleiben, aber die Chancen verbessern sich erheblich. Tägliche Dankopfer sind angebracht. Vernachlässige diese nicht, denn die Höheren Wesen erwarten sie. Deine Opfergaben sind ein direkter Maßstab dafür, wie sehr du schätzt, was die Wesen für dich tun.
Deine Schutzmedizinen erhalten ihre Wirksamkeit durch die sehr persönliche Gestaltung. Sie sollten hübsch, ja sogar etwas Besonderes sein, damit du den Wunsch hast, sie zu tragen und anderen zu zeigen.

Festigungszeremonie

Wichtig für dein Wohlergehen ist es, zu wissen, daß deine liebende Beziehung zu den Höheren Wesen ungetrübt ist. Da wir begrenzten Menschen unweigerlich ab und zu versagen und uns fragen müssen, welche Auswirkungen dies auf diese Beziehung hat, versichere dich nach Art der Cherokee, daß alles in Ordnung ist. Führe zu diesem Zweck ein alljährliches geistiges Ritual der Festigung durch, von dem mir Archie Sam erzählt hatte. Der Silvesterabend eignet sich gut dafür, genauso wie die Sonnenwenden oder Tage, an die du dich besonders gern erinnerst.

Das nun folgende erinnert dich vielleicht an die heilige Kommunion, die im Christentum denselben Zweck erfüllt. Wenn wir diesen Akt des Gehorsams ausführen, wird uns versichert, daß, wenn Jesus im Brot und Wein zu uns kommt und uns berührt, die Vergebung, die uns bei der Taufe zuteil wurde, auch weiterhin gültig ist und keine Sünde uns von ihm trennen kann.

Für den Pfad der Festigung fertige zuerst einmal einen Paho an, und häng ihn auf. Errichte einen Platz der Suche nach Art der Sioux; und bist du damit fertig, dann zieh deine besten Kleider an, und stell dich, nach Osten gewandt, in der Mitte deines Platzes hin. Führe die traditionelle Anzahl von Atem- und Entspannungsübungen durch, und sieh vor deinem geistigen Auge das höchste und heiligste Höhere Wesen vor dir erscheinen. Es ist wahrscheinlich in weiße Gewänder gekleidet und in blendendes Licht getaucht wie Jesus während seiner Verklärung. Als nächstes visualisiere euch beide, wie ihr die äußeren Gewänder austauscht. Du möchtest ihm vielleicht noch einige Geschenke geben. Umarme das Höhere Wesen, und sei überzeugt, daß das Band zwischen euch ungebrochen und stark bleibt. Keine gesprochenen Worte sind nötig. Wenn es bereit ist, wird es allmählich verblassen und verschwinden. Hinterlege ein wahres Dankopfer. Gehe deinen täglichen Beschäftigungen leichten und freudigen Herzens nach. Du weißt, daß zwischen dir und den Höheren Wesen alles in Ordnung ist.

Diesem Pfad zu folgen ist nicht anmaßend. Die Höheren Wesen tun nur, was akzeptabel und richtig ist. Sie offenbaren von sich nur, was sie auch offenbaren wollen. Der Kern des Pfades ist nicht in dem zu finden, was tatsächlich geschieht. Er liegt in dem, was

er dich glauben macht. Stellst du dir in deinem Geist vor oder »visualisierst« du die Begegnung und fühlst, daß sie wirklich ist, dann wirst du genausoviel Gutes daraus gewinnen, gleichgültig, ob sie sich wirklich ereignet oder nicht.
Auf diesem Weg, während du diese Pfade anwendest, wird der innere Frieden, der bereits im Universum vorhanden ist und auf dich wartet, zu dir kommen und dich einhüllen. Wenn das eintritt, dann wirst du keine Zweifel mehr haben, denn du wirst ein außergewöhnliches Gefühl des Wohlbehagens, der Heiterkeit und Freude verspüren. Es wird der Frieden sein, der Verstehen vermittelt, ein Frieden, der mit keinem Fricden dieser Welt vergleichbar ist. Zum erstenmal in deinem Leben wirst du wissen, wie dieser Frieden wirklich ist.

Kapitel XII

Das Verwandeln von Streß in Stärken

In der Einleitung zum dritten Teil habe ich darauf hingewiesen, daß das neuntägige Ritual der Hopi in erster Linie als Gruppenübung gedacht war – mit dem Zweck, für das Wohl des gesamten Dorfes zu sorgen. In dieser Hinsicht findet es heute seine beste Anwendung in einer Gruppe, Kleinbetrieben oder unter Führungskräften von Unternehmen. Das gilt ebenso für die organisatorischen Erkenntnisse der Cherokee und gewisse Lebenspfade der Sioux und Apachen.

Dennoch können sich auch Einzelpersonen das Wesentliche aller dieser Pfade zunutze machen. Das nachfolgende Material wird verraten, wie.

Das neuntägige Ritual der Hopi

Du kannst das neuntägige Ritual der Hopi immer dann sehr wirkungsvoll anwenden, wenn sich in deinem Leben eine große Krise entwickelt.

Soll dieses Ritual Erfolg bringen, dann mußt du dir bewußt sein, daß du nach der Entscheidung, es durchzuführen, einen Teil von neun aufeinanderfolgenden Tagen dem Ritual widmen mußt. Anderenfalls wird der Pfad keine Wirkung zeigen. Du mußt dir bewußt sein, daß es sich hier um einen anstrengenden Vorgang handelt, der nur durch dringende Notwendigkeit gerechtfertigt ist. Während es im wesentlichen der Vorbereitung dient (und es wird dich darauf vorbereiten, mit künftigen Problemen in Verbindung mit der Krise fertig zu werden), wird es dir auch die Fähigkeit verleihen, eine bestehende Krisensituation zu bewältigen und konstruktiv zu nutzen. Ich schlage vor, daß du es an einem Samstagmorgen bei Sonnenaufgang anfängst und es bei

Sonnenuntergang am Sonntag des darauffolgenden Wochenendes abschließt. Auch wenn du arbeitest, kannst du an den Wochentagen immer noch das meiste abends erledigen. Als Vorbereitung auf die neun Tage reinige dich am Freitagabend, indem du eine der früher beschriebenen Methoden des Eintauchens anwendest.

Erster Tag: Eintreten

Mach in deinem Zimmer auf dem Boden genügend Platz, um das Ritual abzuhalten. Es müßte ausreichen, wenn du die Möbel an die Wände schiebst. Kaufe mindestens ein halbes Dutzend kleine, aber nette Geschenke für die besonderen Freunde, die du am neunten Tag der Zeremonie zum Abendessen einladen wirst. Beschaffe das folgende Material, das du zum Herstellen der notwendigen Gegenstände benötigst: alles für einen kleinen Altar; einen Streifen Pappe oder Plastik, um einen Ring zu machen, der als Sipapu-Loch dient; geschnitzte Pahos und andere Gebetsstäbe; mindestens zwei Tiponis; farbigen Sand und ein Stück Stoff oder Brett für ein Sandbild oder Filzstifte und ein großes Blatt Papier, auf dem du anstelle des Sandbildes ein Bild malen wirst; eine Topfmaske zum Zurückrufen der Toten; eine mittelgroße Medizinschale; einen Kristall; eine Pfeife; Inzens und ein Bündel langer Gräser.

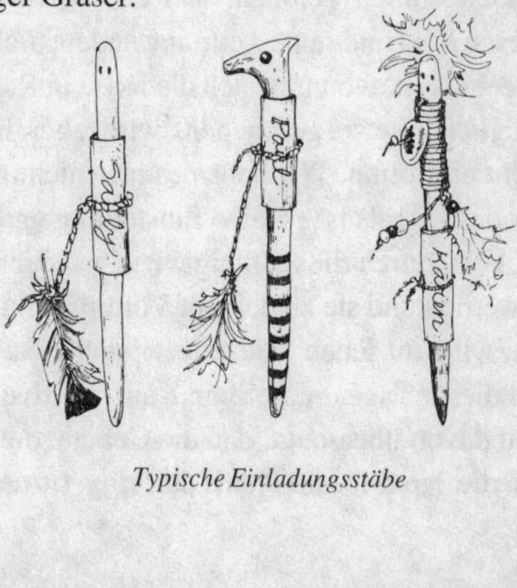

Typische Einladungsstäbe

Mache die Einladungen zum Abendessen. Benutze dazu wie die Sioux Einladungsstäbe. Die Abbildung soll dir als Anleitung für ihre Anfertigung dienen. Die Stöcke werden deine Gäste faszinieren und sie veranlassen zu kommen.

Hast du alles beschafft, dann fertige einen Tiponi an, an den du ein oder mehrere Schildchen mit der Beschreibung der Krise, in der du dich befindest, anbindest. Stell einen verzierten Paho her, dessen gemalte, symbolische Muster das Gebet veranschaulichen, das du den Höheren Wesen darbringst. Bringe den Paho nach draußen, wo die Sonne über ihn hinwegziehen kann. Du weißt ja inzwischen, was er für dich tun wird, während du das Ritual ausführst. Lebst du in deinem eigenen Haus, dann stell den Tiponi irgendwo an den Rand des Daches hin, wo auch er der Sonne ausgesetzt ist; er wird die Kräfte im allgemeinen davon unterrichten, daß ein neuntägiges Ritual abgehalten wird und daß du sie rufst, damit sie dir beistehen. Ist es dir nicht möglich, ihn auf das Dach zu stellen, dann plaziere ihn irgendwo über dir im ersten Stock, oder befestige ihn an einer Deckenlampe. Der Tiponi wird über dich wachen und zusehen, daß du die Dinge richtig ausführst. Denke ständig daran, was du tust; begreife, daß es dein Handeln ist, das deinen Geist auf die Gedanken und Taten einstellt, die zur Erlangung deines Ziels notwendig sind.

Ich möchte noch einmal betonen, daß der wichtigste Grund, warum wir diesen Pfad und seine Teile anwenden, nicht irgendein magisches Ergebnis ist, wodurch sich die Krise in Rauch auflöst. Das kann möglicherweise geschehen, wird aber höchstwahrscheinlich nicht eintreffen. Wir haben es hier nicht mit Voodoo zu tun. Zweck des Rituals ist es, eine Einstellung und Enthusiasmus zu entwickeln, durch die du fähig wirst, mit der Angelegenheit fertig zu werden und sie zu deinem Vorteil zu nutzen. Wenn wir fortfahren, wirst du sehen, wie das vor sich geht.

Lege während dieser Tage die Betonung auf positive Gedanken, und sei absolut davon überzeugt, daß die Gebete, die du persönlich und durch die Tiponis und Pahos darbringst, zusammen mit den ausgeführten Handlungen, die deinen Gehorsam und dein Vertrauen zum Ausdruck bringen, voll und ganz beantwortet werden – entweder auf die Weise, wie du es dir erhoffst, oder auf eine bessere Art, so wie es die Höheren Wesen bestimmen werden. Denk daran, daß für die Hopi das Gebet ein Weg ist, um etwas mit Hilfe der Willenskraft zu verwirklichen.

Baue zuerst deinen Altar. Verwende als Anregung die Abbildungen auf den Seiten 125, 127 und 366 sowie die Beschreibung der Hopi-Pfade auf den Seiten 124 ff. Der Altar muß nicht groß und die symbolischen Muster können sehr einfach gehalten sein. Stell den Altar am Ostendc des freien Platzes, zum Zentrum hin gerichtet, auf. Lege viele Gedanken in ihn hinein, und vergiß nicht, dir sogar beim Bauen die Dinge durch den Kopf gehen zu lassen, um die es geht. Bereite dich darauf vor, das vor dir liegende Problem oder die Probleme geradewegs anzugehen. Singe beim Arbeiten, oder höre Musik. Sei fröhlich. Es geschehen großartige Dinge für dich.

Denke als nächstes an die toten Personen, die du zurückrufen möchtest, ebenso wie an die lebenden Personen, die du herbeiholen willst, damit sie dir bei der Zeremonie und bei deinen Überlegungen behilflich sind. Überlege dir, welche von ihnen die besten Ratgeber sein und dir die besten Empfehlungen geben würden. Du wünschst dir jetzt Ehrlichkeit, nicht eine Ermutigung durch falsche Hoffnungen. Fertige Pahos an, die diese Personen repräsentieren: gebogene Stäbe für ältere Personen, gerade für jüngere. Lege an dieser Stelle den Papp- oder Plastikring, der das Sipapu-Loch symbolisiert, am Westende deines freien Platzes hin, und verteile die Pahos an seinem Rand.

Fertige einen weiteren Tiponi an, verziere ihn mit Federn in den Farben der vier Himmelsrichtungen und mit Schildchen, auf denen du sorgsam die Krise beschrieben hast, in der du dich befindest. Verwende so viele Schildchen, wie dafür nötig sind.

Ein vereinfachter Pueblo-Altar aus Brettern, der dir als Anregung dienen kann, wenn du für persönliche Zwecke einen bauen möchtest

Zweiter bis vierter Tag: Positive Vorbereitung

Als nächstes machst du dein Sandbild oder malst ein Bild mit den Filzstiften. Wichtig ist, daß die Symbole dein Problem oder deine Probleme veranschaulichen. Das Bild muß größer als 50 mal 75 Zentimeter sein. Leg es direkt vor dem Altar auf den Boden.

In dieser Nacht führst du das früher beschriebene Ritual zum Zurückrufen der Toten und Herbeirufen der Lebenden aus. Du besprichst mit ihnen das bestehende Problem. Sie treten als geisterhafte Gestalten durch das Sipapu-Loch ein. Sprich mit ihnen. Erbitte ihren Rat, und höre aufmerksam auf das, was sie zu sagen haben. Bist du fertig, dann entfernen sie sich durch das Sipapu-Loch. Es ist von Vorteil, wenn du dir anschließend deine Gedanken aufschreibst und dir die Notizen später von Zeit zu Zeit wieder ansiehst.

Die Krise sollte nun eigentlich in deinem Geist klar umrissen sein, und langsam sollten sich Lösungsmöglichkeiten entfalten. Du setzt dich auf positive Weise damit auseinander und fühlst dich diesbezüglich besser. Es ist an der Zeit, den Höheren Wesen und den Kräften, die ihnen dienen, deine Dankbarkeit zum Ausdruck zu bringen.

Fülle deine Schale mit Wasser. Gib etwas hinzu, damit es süßlich und süßriechend wird; Blütenblätter eignen sich sehr gut dazu. Bring die Schale hinaus ins Freie, und stell sie an einer Stelle auf die Erde, wo die Sonne auf sie scheinen und sie mit Kraft füllen kann. Verwende deinen Kristall, um Licht in das Wasser zu reflektieren. Vertraue darauf, daß dir dadurch Einsichten und Klarheit vermittelt werden. Denk daran, daß dies »das Licht ist, das alles durchdringt«, das Licht, das dich Dinge sehen läßt, die du vorher nicht sehen konntest. Blase duftenden Rauch mit der Pfeife in die Schale. Sei dir bewußt, daß du dich in einer Art zur Bewältigung des Problems zwingst, die sich durch abstrakte Gedanken allein nicht verwirklichen läßt. Nimm dein Grasbündel zur Hand, und sprenge etwas von dem Wasser aus der Medizin-

schale über den Altar, das Sandbild, den Tiponi, die Maske und die Pahos.
Das ist eine Art der Segnung, die den Höheren Wesen gefällt. Sie setzt Kraft frei und setzt sie ein. Sie ist machtvoll. Der Raum ist mit Energie gefüllt. Die Energie ist lebendig. Fühle das!

Fünfter Tag: Verteilen der Pahos an heiligen Stätten

Die schwerste Arbeit ist nun vorüber, und die Ernte beginnt sich einzustellen, egal, ob du dir dessen bewußt bist oder nicht. Nimm deine Gebetsstäbe mit nach draußen, und hinterlege sie an verschiedenen Stellen als Dankopfer für all jene, die deinem Rufen gefolgt sind und dir geholfen haben. Ruhe dich in dieser Nacht aus, und entspanne dich. Denke mit Dankbarkeit an jene, die dir geholfen haben; überleg dir, wie du eine Hilfe für andere sein kannst.
Erkenne, daß du Teil einer wechselseitig voneinander abhängigen Gemeinschaft bist, der du mit deinen Beiträgen von großem Nutzen sein kannst.

Sechster Tag: Nichts wird dem Zufall überlassen

An diesem Tag betrachtest du unter anderem alles, was du bisher getan hast, und fragst dich, warum. Überprüfe den ganzen Vorgang sorgfältig, um zu sehen, ob du versehentlich oder nachlässigerweise etwas ausgelassen hast. Fällt dir etwas ein, dann führe es jetzt aus. Schließe die Löcher. Erledige das Fehlende. Sprenge mehr Wasser. Überlege wiederum, warum du das alles tust.

Siebter Tag: Zubereitung des traditionellen Mahls

Bereite nun das Feiern deines Erfolges vor. Bereite ein Gericht zu, dessen wichtigste Zutat Mais ist. Hast du vor, das Essen mit anderen zu teilen, dann koche eine Menge davon. Du verwendest Mais wegen seiner traditionellen Bedeutung. Denke an das und an die erfolgreiche Bewältigung deiner Krise, während du das Gericht zubereitest und es auf dem Herd steht.

Achter Tag: Zusätzliche Speisen

Bereite die Salate und anderen Speisen zu, alles außer jene Gerichte, die du bei deinem Siegesmahl heiß servieren willst.

Neunter Tag: Das feierliche Mahl

Räume am Morgen dieses Tages deinen Altar und das andere Zubehör weg, und bereite dann die letzten Sachen für das feierliche Mahl vor. Du wirst jetzt sehr positive und warme Gefühle haben, und deine Freunde werden das bei ihrer Ankunft spüren. Ich empfehle dir, ihnen nicht den Grund für das Mahl oder für die Geschenke, die du ihnen abschließend gibst, zu verraten. Vielleicht fallen ihnen einige der Gegenstände auf, die du im Zusammenhang mit den indianischen Pfaden angefertigt hast, und sie möchten etwas darüber erfahren. Ist dies der Fall, dann erkläre soviel, wie du möchtest. Behalte aber die Geheimnisse in bezug auf das neuntägige Ritual, das du gerade zwischen dir und den Höheren Wesen abschließt, für dich.

Was du gerade tust, ist dein Geheimnis. Die Höheren Wesen kennen die Einzelheiten und werden dich fortwährend segnen. Die Beteiligten werden die Auswirkungen ohnehin bald bemerken, denn sie werden beobachten können, wie du die Krise geschickt bewältigst. Befinden sich unter deinen Gästen Personen, die du zu einem Gespräch herbeigerufen hast, dann übergib ihnen jeweils einen Gebetsstab mit der Bemerkung, daß du ihnen eines Tages den Grund dafür erklären wirst. Nach dem Mahl, wenn alle nach Hause gegangen sind, geh nach draußen, und hinterlege in der Erde ein Speisenopfer. Betrachte es dabei als selbstverständlich, daß deine Krise bewältigt ist. Entweder ist sie vorüber, oder du weißt jetzt, wie du sie erfolgreich handhaben kannst.

Zehnter bis dreizehnter Tag: Enthaltsamkeit

In einem konzentrierten Akt der Danksagung darfst du kein Salz und Fett zu dir nehmen und mußt sexuelle Enthaltsamkeit üben. Am Morgen des zehnten Tages, am besten bei Sonnenaufgang, holst du den Tiponi vom Dach herunter und räumst ihn weg. Am Ende des letzten Tages benutze nach Art der Hopi Asche, um dich und deine Maske zu reinigen. Räume auch die Maske weg, und schalte inspirierende Musik ein. Schau hinauf in den Himmel. Du weißt, daß die Höheren Wesen dort sind. Sie befinden sich geborgen in ihrem Haus, du bist geborgen in deinem, und alles ist gut.

Liebe ist ein Geschenk

Liebe zu besitzen, die dir niemand wegnehmen kann, ist bei der Bewältigung von Streß ein unvergleichliches Geschenk. Fools Crow lernte von den Höheren Wesen und aus seinen Lehren über das Zentrum, daß die Fähigkeit, zu lieben und dafür geliebt zu werden, der lebenswichtigste Bestandteil unseres Wesens ist. Sie ist von Anfang an in uns, ein göttliches Geschenk, das uns niemand nehmen kann. Wir sind instinktiv fähig, zu lieben. Ein Säugling verfügt über Liebe, die auf Liebe reagiert. Diese Liebe wächst und reift, indem sie sich von Liebe nährt. Niemand lehrt uns zu lieben, aber andere können uns helfen, Liebe zu verstehen und auszudehnen – und wir können dasselbe für sie tun. Die Liebe in uns ist wie ein Samen. Ohne angemessene Nahrung wächst er nicht und kann nicht zum Ausdruck kommen. Von indianischen Eltern wird also erwartet, daß sie ihren Kindern viel Liebe geben. Wachsen die Kinder heran, dann wiederholt sich der Zyklus.

Der Pfad der Liebe

Die Indianer streben danach, in einer Atmosphäre der Liebe zu leben. Auch über persönliche Beziehungen hinausgehend, hat jeder der behandelten Stämme diesbezüglich seinen eigenen Ansatz, obwohl sie bereitwillig zugeben, daß sie oftmals Fehler machen oder versagen. Perfektion liegt nicht einmal in der Natur

derjenigen, sagen sie, die von den Höheren Wesen Kraft erhalten haben.
Heute verwenden die Sioux farbige Gebetstücher, die sie als Gebete für das Wohlergehen aller Rassen der Menschheit am Sonnentanzpfahl hinlegen. Bei den Cherokee gab es einst ein kompliziertes Ritual der Friedensstiftung, bei dem weiß bemalte Tänzer Fächer aus weißen Flügelfedern von Schwänen schwenkten. Das war eine Art Segnung der Stammesführer, die Frieden stifteten, zur Reinigung ihrer Gedanken und Absichten. Die Apachen strebten innerhalb ihrer eigenen Gruppen eine Atmosphäre der Harmonie an, ihre Bemühungen gingen aber nicht darüber hinaus. Die Hopi wandten auf ihr Leben die Theorie vom »Leben und leben lassen« an; selbst wenn sie angegriffen wurden, schlugen sie entweder nicht gleich zurück oder übten überhaupt keine Vergeltung. Eine ihrer Taktiken war es, keine Besitztümer und kein Land zu besitzen, die jemand anderes hätte erobern wollen, und ein so asketisches Leben zu führen, daß niemand es würde nachahmen wollen.
Aber wie sollst du dich verhalten, wenn andere Dinge sagen oder tun, die dich verletzen? Es wird dich nicht überraschen, zu hören, daß Fools Crow, obwohl er so sanftmütig und rücksichtsvoll ist, beträchtlichen Schmerz ertragen mußte. Neid wirkt aufstachelnd, und gar mancher Indianer hat ihm seine Gelassenheit, seine Kraft und seine Leistungen mißgönnt und seine Gefühle auf verletzende Weise zum Ausdruck gebracht.
Laut Fools Crow ist es eine mögliche Reaktion, den Krieg zu erklären. In früheren Zeiten zogen einige seiner Leute häufig in den Krieg. Dabei stirbt vielleicht dein Feind oder du oder auch beide. Das wird die Auseinandersetzung beenden, eine Zeitlang zumindest. Aber Rache findet einen Weg, sich fortzusetzen. Sie nährt sich an sich selbst, wie sich das Feuer am Wald nährt. Zorn ist auf ähnliche Art für jene zerstörerisch, die es ihm erlauben, im Inneren zu schwelen. Dies löst nichts und vervielfacht die Unzufriedenheit. Eine andere Möglichkeit ist, zu versuchen, Frieden

zu schließen. Das hat nur dann Erfolg, wenn dein Feind denselben Wunsch hat.
Oder wir können dem Pfad folgen, den uns die Höheren Wesen gelehrt haben, nämlich Liebe als die einzig rettende Antwort zu geben. Die Höheren Wesen verlangen, daß wir unsere Feinde lieben und denen Gutes tun, die uns verletzen. Auf diese Weise kann es uns gelingen, eine Aussöhnung zu erreichen, besonders wenn der Feind dasselbe Anstandsgefühl besitzt und dementsprechend reagiert. Ist das aber nicht der Fall, dann kann Liebe ihm gegenüber im besten Fall erreichen, daß wir uns in bezug auf uns selbst besser fühlen, etwas würdiger und durch das Wissen bestärkt, daß wir getan haben, was die Höheren Wesen von uns verlangt haben. Der Streß wird jedoch bestehenbleiben. Auf diese Art verschwindet er nicht.
Und dann gibt es wiederum jene, die wissen, was die Höheren Wesen von uns fordern, dies ausnutzen und für ihre Zwecke mißbrauchen.
Ich erinnere mich an einen Vorfall, der dieses verdrehte Prinzip sehr gut veranschaulicht. Vor vielen Jahren war ich bei einer Familie zu Besuch, die in Montana lebte. Wir Erwachsenen hielten uns im Wohnzimmer auf, und die Kinder spielten im Freien. Plötzlich riß ihr achtjähriger Sohn die Tür auf, platzte ins Zimmer und fragte schluchzend: »Papa, steht nicht in der Bibel, daß, wenn jemand einen schlägt, man ihm auch die andere Wange hinhalten soll?«
Sein Vater umarmte ihn und antwortete stolz: »Stimmt genau!«
»Also dann«, schluchzte der Junge weiter, »warum schlägt Billy jedesmal zurück, wenn ich ihn schlage?«
Dem Vater verschlug es merklich die Sprache …

Meditation als erste Reaktion auf einen Konflikt

Fools Crow hatte nicht gelernt, die andere Wange hinzuhalten, aber er hatte auch nicht gelernt, den Krieg zu erklären. Als erstes zieht er sich vom Schauplatz zurück und geht in seine Schwitzhütte. Dort kann er die Situation nüchterner betrachten und sie in die Hände der Höheren Wesen und der anderen Kräfte legen. In der Hütte sprechen seine spirituellen Helfer und die Steine zu ihm. Er bittet sie, ihm bei der Beurteilung der Situation zu helfen und ihm ihren Rat zu geben. Er betont, daß er ganz gelassen sein muß, damit er die Information in einer Atmosphäre betrachten kann, in der es keine Reibung gibt. Er weiß, daß Emotionen und Spannungen das Urteilsvermögen beeinträchtigen und die Betrachtungsweise verzerren; daß sie aus einer Mücke einen Elefanten machen können. In einer Atmosphäre der Gelassenheit ist er imstande, sogar die leisesten, geringsten Stimmen der Geister zu hören, wenn sie zu ihm sprechen. Erfährt er letzten Endes, daß er im Unrecht ist, dann wird er sich öffentlich dazu bekennen und es seinem Gegner mitteilen.

Wie kann jemand, der die Geheimnisse der Benutzung einer Schwitzhütte nicht kennt, dieselbe Gelassenheit erlangen? Die eingeborenen Amerikaner hätten wohl einfach Meditation empfohlen, würden sie glauben, daß sie denselben Dienst tut. Meditation ist zwar eine Handlung, aber die Indianer finden ihre Antworten meistens in aktiveren Betätigungen.

Die Puppenbühne der Hopi und das Rollenspiel

Die Hopi haben eine wirksame Methode, die es ihnen erleichtert, in Ruhe die wahre Situation zu erfassen. Sie bauen eine Puppenbühne, die manchmal in ihrer Ausführung sehr beeindruckend ist, und stellen Puppendarsteller darauf, einschließlich sich selbst. Dann wenden sie das Rollenspiel an, um die Situation genau durchzuspielen und zu analysieren. Auf diese Weise, zu der auch das Beschwören der Höheren Wesen, anderer Kräfte und der Toten gehört, klären sie die Lage und gelangen zu einer Lösung. Wie du vielleicht vermutest, werden zur Unterstützung Pahos aufgehängt.

Du kannst diese Methode sehr leicht nachahmen, indem du dein eigenes Stück inszenierst. Stelle zwei Figuren, zum Beispiel

Puppen, auf eine kleine Bühne. Spiel dann die Situation und Rollen durch. Zugegebenermaßen ist es zwar schwer, aber versuche dennoch, mit deinem Gegner genauso gerecht zu sein wie mit dir selbst. Untersuche Beweggründe, Rechtfertigungen und Handlungen. Frage in beiden Rollen: »Wer bin ich? Was will ich? Was sind meine Stärken? Was verursachte diese Meinungsverschiedenheit? Wie will ich sie beenden? Welchen Ausgang wollen die Höheren Wesen sehen?«
Bring alles in eine Perspektive, mit der du fertig werden kannst. Ist dir das einmal gelungen, wirst du die Situation leichter bewältigen können. Du wirst nicht alles über deinen Feind erfahren, aber doch viel mehr über ihn wissen als zu Anfang. Auch wirst du sehr viel mehr über dich wissen.

Was mit Liebe gemeint ist

Bist du bereit, Liebe auf das anzuwenden, für das du dich entschieden hast, dann solltest du zuerst wissen, was die indianischen Heiligen Männer unter Liebe oder lieben verstanden. Sie erkennen die körperlichen Aspekte an, daß die Menschen – wie im übrigen die gesamte Natur – sich sehnen, zu lieben und ihrerseits geliebt zu werden. Zweitens glauben die Heiligen Männer daran, daß man sich selbst genug lieben soll, um sich zu akzeptieren. Auch sollte man andere wie sich selbst lieben, mit anderen Worten also die Menschen so lieben, wie sie sind, und lediglich Handlungen kritisieren, aber nicht die Person. In ihrer dritten und höchsten Form betrachten sie Liebe als das, was die Beziehung einer jeden gläubigen Person zu den Höheren Wesen charakterisiert.
Hast du dieses Mittel angewandt und erfahren, daß der Feind tatsächlich im Unrecht ist, kannst du seine Haltung zu ändern versuchen, indem du ein Gebetstuch in der Farbe hinaushängst, die ihn symbolisiert. Versuche, Gedankenübertragung anzuwenden, um ihn zu beeinflussen. Du kannst versuchen, vernünftig mit ihm zu reden. Aber keiner dieser Versuche wird das Problem

völlig lösen, außer der andere ist offen und dafür empfänglich. Außerdem ändern die Höheren Wesen eine Person nicht, die sich nicht ändern will.

Rückzug und Vergebung

Fools Crow empfiehlt, sich mehr auf die Handlung zu konzentrieren als auf die Person. Verringere die Gewalt der Handlung oder Worte dadurch, daß du sie einer Art von Liebe aussetzt, die nicht zurückgegeben werden kann. Du wendest eine Methode an, auf die der Gegner in keiner Weise reagicren kann. Laß ihn im Glauben, daß er gewonncn hat. Laß die anderen dasselbe glauben – oder was immer sie sonst glauben wollen. Zieh dich zurück. Faß den Entschluß, daß du unter der Handlung oder Bemerkung nicht im geringsten mehr leiden wirst. Fertige einen Paho für dich an, der dies ausdrückt, und vertraue darauf, daß deine wahren Freunde sehr bald die Wahrheit erkennen werden und dir jeden Trost und jede Unterstützung, die du nötig hast, zukommen lassen werden.

Autoren, die sich auf das Gebiet des Stresses konzentrieren, sagen, daß Vergebung ein entscheidender Faktor bei der Änderung der eigenen Einstellung und bei der Wiederherstellung einer Beziehung und des Friedens ist. Ich schließe mich auf jeden Fall der Meinung an, daß es notwendig ist, sich und anderen zu vergeben. Die Heilige Schrift betont, wie wichtig Vergebung ist. Gleichzeitig muß ich dir aber sagen, daß Vergebung kein Bestandteil der indianischen Pfade war. Sie hatten keine Vorstellung von Sünde und Vergebung. Es gab etwas Ähnliches wie unseren »Zustand der Sünde«, man erkannte, daß Menschen manchmal dazu fähig waren, sowohl die Höheren Wesen zu ignorieren als auch selbstsüchtig zu handeln und sich gegenseitig Leid zuzufügen. Dementsprechend gehörte es zur Erziehung der Kinder, daß man sie richtiges Verhalten lehrte und ihnen beibrachte, daß das Wohl der Gruppe Vorrang hatte, besonders was die Erwartungen des Stammes betraf.

Eine der wichtigsten Verantwortungen der Kriegergesellschaften war das Einschränken von Exzessen und Egoismus von Erwachsenen. Aber solange die Menschen ihr Bestes taten, um die Regeln des Dorfes und des Stammes einzuhalten, hatte man Verständnis für ihre Fehler, und sie bedurften keiner Vergebung. Außer bei den friedlichen Pueblo und einigen weiteren Stämmen im Südwesten galten andererseits jedoch Übergriffe oder Gewalttaten anderer Stämme als unverzeihlich, und Vergeltung war die akzeptierte Antwort.

Die Erweiterung deines Bewußtseins

Um deine Kraft zur Streßkontrolle und zum Überleben zu steigern, erweitere dein Bewußtsein. Willst du Gedankenübertragung ausüben, dann ist das eine wesentliche Voraussetzung.
Heute haben wir erkannt, daß wir nur einen kleinen Teil unserer geistigen Fähigkeit nutzen. Die Bewußtseinserweiterung ist ein Prozeß, durch den wir mehr davon benutzen können. Um dein Bewußtsein zu erweitern, folge den Anleitungen von Fools Crow in Zusammenhang mit dem Gebrauch der schwarzen Pfeife. Aber – weil der Gebrauch der Pfeife eine Eigenart der Indianer ist – verwende statt dessen einen Paho, den du vollkommen schwarz anmalst. Möchtest du tief in dein Inneres schauen oder einen Bereich des Bewußtseins erforschen, der über das Alltägliche hinausgeht, dann nimm diesen schwarzen Paho mit zu einem einsamen Ort, und meditiere intensiv. Lege den Paho auf einem roten Tuch vor dir auf den Boden.
Wenn du beginnst, denk daran, daß Fools Crow in seiner Suche nach Antworten von den Höheren Wesen beharrlich ist, also sei auch du in deinem Versuch ausdauernd, dein Bewußtsein zu erweitern. Gib nicht so schnell auf. Erinnere dich auch, daß er dich ermahnt, dabei tapfer zu sein, denn wenn die Antworten schließlich kommen, dann geschieht das auf überraschende Wei-

se. Es ist eine Hilfe, wenn du deine Fahnen in den vier Himmelsrichtungen aufstellst, denn die Antworten kommen von dort – zuerst in Gestalt von hellen, roten Lichtern und dann in Form von Botschaften. Du wirst die Botschaften entweder sehen oder hören, und häufig wird dir in kurzer Zeit sehr viel Wissen übermittelt. Mach dich auf eine mächtige Erfahrung gefaßt, die dich nahezu überwältigen wird. Dein Geist wird sich schnell pulsierend ausdehnen und zusammenziehen, so als hättest du lange Zeit deinen Atem angehalten. Wenn alles vorüber ist, wirst du erschöpft, jedoch auf wunderbare Art zufrieden sein. Je öfter du das übst, desto schneller werden deine geistigen Kräfte sich schärfen und zunehmen.

Eine andere Methode der Bewußtseinserweiterung, die die eingeborenen Amerikaner anwandten, ist das sogenannte Werden, das eigentlich eine Übung zur Ausdehnung des Geistes ist. Sie wird auf viele Weisen verwendet, aber ihr Hauptzweck ist die Vertiefung deiner Beziehung mit der übrigen Schöpfung. Es handelt sich demnach um eine Aktivität, die Harmonie schafft und den inneren Frieden sehr stärkt. Dazu mußt du zu etwas anderem werden: zu einem Stein, einer Spinne, einem Baum oder zu einer anderen Person. Ein geschliffener Kristall wird dir bei der Erörterung der verschiedenen Aspekte dieses Themas behilflich sein.

Nehmen wir an, daß du dich entschieden hast, ein Stein zu werden, etwas, das man gewöhnlich nicht werden möchte. Suche einen schönen Stein, den du in deiner Hand halten kannst, und konzentriere deine Aufmerksamkeit auf ihn. Stell dir vor, daß du zu diesem Stein wirst. Fühle seine Kälte, seine Härte, seine äußere und innere Beschaffenheit, seine Dauerhaftigkeit. Mach dir Gedanken darüber, wie einige Steine scheinbar für immer existiert haben. Denk darüber nach, wie Steine verwendet werden und welchen Beitrag sie zu dieser Welt geleistet haben. Denk darüber nach, wie Steine den Menschen gedient und was Menschen mit ihnen gemacht haben. Denk darüber nach, wie die Höheren

Wesen Steine benutzen und was Steine lehren. Öffne deinen Geist für eine andere Art von Bewußtsein. Das Werden läßt dich eine ungewöhnliche Art des Wachsens erfahren und entwickelt in dir eine Wertschätzung und Verbundenheit mit den anderen Dingen der Schöpfung.

Gedankenübertragung

Um Streß mittels Gedankenübertragung bewältigen zu können, mußt du zuerst die notwendige Kraft dazu durch Bewußtseinserweiterung erlangen und dann die folgenden Grundlagen in bezug auf Gedankenübertragung wissen.

Ein Zweck der Gedankenübertragung ist, andere erkennen zu lassen, wie Fools Crow das tut, was die Höheren Wesen für uns und mit uns machen. Gedankenübertragung ist die eine Methode, mit der wir lehren und Wissen weitergeben; wir können anderen helfen, Dinge zu erreichen, die sie anderenfalls nicht versucht oder nicht geschafft hätten. Wir können anderen Botschaften senden, die sie sehen oder hören und auf die sie reagieren werden. Durch Gedankenübertragung sind wir fähig, das zu sehen, was um uns herum geschieht, was anderen jedoch verborgen bleibt. Immerhin ist das die wichtigste Art, wie uns die Höheren Wesen auf unsere Gebete antworten.

Denk daran, daß dem Versuch, diese außergewöhnliche Fähigkeit zu erwerben, eine intensive Reinigung durch Gebete vorausgehen muß und daß sie nur mit den besten Absichten angewandt werden kann. Die Fähigkeit wird dir nur in direktem Verhältnis zu deinen guten Absichten verliehen werden. Die Fähigkeit wird dir wahrscheinlich nicht bei deinem ersten Ersuchen danach gegeben. Du kannst dich darauf verlassen, daß du vor der Gewährung deines Wunsches auf die Probe gestellt wirst. Hast du sie einmal erlangt, dann hat jeder Mißbrauch den Verlust der Kraft zur Folge.

Gedankenübertragung ist während einer Heilung ganz besonders dann nützlich, wenn der Heiler seine positiven Gedanken auf den

Patienten übertragen möchte. Ich spreche dabei nicht nur von körperlichem Heilen; auch gebrochene Herzen und zerstörte Leben können mittels Gedankenübertragung neu ausgerichtet und wiederhergestellt werden.
Vergiß nicht, daß Gedankenübertragung nur zwischen Personen erfolgen kann, die daran glauben. Hast du eine Meinungsverschiedenheit mit jemandem, der nicht daran glaubt, dann kann Gedankenübertragung seinen Standpunkt wahrscheinlich nicht ändern.

Die Quelle der Heilkraft

Die amerikanischen Ureinwohner sind der Überzeugung, daß es zwei Quellen der körperlichen und spirituellen Heilung gibt. Die primäre Quelle sind die Höheren Wesen, und die Berufsheiler und du selbst sind die sekundäre Quelle. Denke also daran, daß die Danksagung für das Geleistete an die Höheren Wesen gehen muß. Welche Hilfe du auch immer erhältst oder leistest, sie kommt von den Höheren Wesen. Dir selbst auf die Schulter zu klopfen ist demnach nicht angebracht. Du sollst dich jedoch in bezug auf das, was du tust, gut fühlen; einige Fachleute würden in diesem Zusammenhang davon sprechen, sich selbst zu lieben, und die eingeborenen Amerikaner würden mit dieser Anschauung übereinstimmen.
Ich habe bei meinen Nachforschungen einige grundsätzliche Lehren der amerikanischen Ureinwohner die Heilung betreffend zusammengetragen. Ihre Ähnlichkeit zu modernen Vorstellungen über die Gesundheit ist bemerkenswert und spricht um so mehr für sie. Denk jedoch bei ihrer Anwendung daran, daß sie die Behandlung durch ausgebildete Ärzte ergänzen und nicht ersetzen.
Fang damit an, dir bewußt zu werden, daß eine Krankheit nützliche Funktionen haben kann. Erstens zwingt dich eine Krankheit oft, dir sorgfältig zu überlegen, was in deinem Leben wirklich

wichtig ist. Wer eine lebensbedrohende Krankheit überlebt, kehrt selten zum grimmigen Streben nach Position und materiellen Gütern zurück – andere Dinge gewinnen an Wert, und häufig wird der Lebensstil geändert. Plötzlich ändert man seine Einstellung, man ist nicht mehr oberflächlich optimistisch und glaubt, ewig und ungestört auf dieser Erde zu leben, sondern wird sich vehement bewußt, daß jeder Augenblick zählt und wertvoll ist. Die Überlebenden finden mehr Zeit für Gott, Gebet, Familie, Erholung und dafür, zu wirklich lohnenden und dauerhaften Dingen beizutragen.
Krankheit lehrt die Menschen, die sich wieder davon erholen, zu erkennen, daß die Erfahrung später häufig etwas Lohnendes bewirkt, gleichgültig, wie tragisch oder aufwendig sie war. Das ist meist eine Haltung, zu der man ohne die erlebte Krankheit nicht gelangt wäre. Der Triumph über eine ernstliche Krankheit lehrt den Patienten, daß er auch zukünftig Krankheiten überbrükken kann. Wenn sich also die ersten Anzeichen einer Krankheit bemerkbar machen, dann gerate nicht in Panik, und nimm nicht an, daß es zum Schlimmsten kommen muß. Entspann dich statt dessen, und erwarte das Bestmögliche. Wende einen positiven Ansatz an. Denk daran, daß du früher schon einmal krank oder verletzt warst und überlebt hast. Konzentriere dein Vertrauen wieder auf das Überleben. Sei überzeugt, daß es so sein wird. Bring deine körperlichen und geistigen Kräfte in Ordnung, denn nur darauf kommt es beim Gleichgewicht an: Die zwei Aspekte deiner Persönlichkeit arbeiten bei der Wiederherstellung zusammen. Der eine kann die Arbeit nicht ohne den anderen erledigen. Das moderne Konzept der ganzheitlichen Heilung bestätigt dies vollkommen.

Die Medizinperson verdoppelt deine Heilkraft

Wie passen der Heilige Mann und die Medizinperson in dieses Bild? Sie fügen eine weitere Dimension des Glaubens hinzu, indem sie deinen Glauben teilen, daß du geheilt werden kannst und wirst. Das verdoppelt die Kraft, die dir zur Verfügung steht. Du betrachtest sie als Kanäle, die die Höheren Wesen bereitgestellt und ausgebildet haben; sie sind Menschen, die wissen, wie sich die Dinge verhalten, und dein Vertrauen nimmt durch die Verbindung mit dem ihren zu. Die Angst und Sorge, die du erlebst, kann dich handlungsunfähig machen, und es kann dir dadurch sehr schwer fallen, einen positiven und klaren Kopf zu bewahren. Der Heiler unterliegt dieser Belastung nicht und ist imstande, Klarheit, Gelassenheit und Hoffnung zu vermitteln. Während der Heiler an dir arbeitet, fließt die Kraft durch ihn hindurch und in dich hinein. Deine Angst und Sorge läßt nach. Du konzentrierst dich nicht mehr auf Schmerz und Angst, sondern auf Optimismus und Motivation.

Fools Crow erklärte mir, jeder Patient müsse wissen, daß, sobald er von einer Krankheit befallen wird, sein Geist und Körper mit vereinten Kräften diese bekämpfen und bezwingen. Aus diesem Grund beginnt die Heilung schon, bevor ein Patient den Heiler aufsucht. In den vier Tagen des Rituals und der Behandlung hilft Fools Crow dem Patienten, sich auf diese Tatsache zu konzentrieren. In diesen Tagen wird der Patient von den negativen Gedanken weg- und langsam, aber bestimmt zu der Überzeugung hingeführt, daß die Heilung vonstatten geht. Die Behandlung mit Kräutern, Wurzeln, therapeutischer Massage und Gebeten führt Schritt für Schritt zu einem Höhepunkt. Die Heilung erfolgt in dem Augenblick, wenn die letzte Behandlung abgeschlossen ist. Zusätzliche Behandlungen können für Wochen oder Monate weitergehen, aber was den Heiler und den Patienten betrifft, ist die wichtigste Arbeit erledigt.

Bei dieser Methode wird als erstes der Geist geheilt, denn die negativen Gedanken des Patienten werden durch positive ersetzt. Irgendwann in diesen vier Tagen der Behandlung tritt beim Patienten innerer Frieden ein, und er übernimmt die Kontrolle über sich und seine Krankheit.

Liebe ist der Schlüssel

Ich war zutiefst gerührt zu erfahren, daß Fools Crow Liebe als das entscheidende Element im Heilungsprozeß ansieht. Seine Patienten erfahren, daß er sie liebt, daß die wichtigste Medizin, die er anwendet, seine Liebe und sein Mitgefühl sind. Sogar die Anwendung von Medizinkräutern am Körper des Patienten erfolgt liebevoll und hat damit therapeutischen Wert. Alle Behandlungen werden behutsam und mitfühlend ausgeführt. Er tut keinem Patienten je durch Worte oder Taten weh. Die Gespräche, die die zwei führen, spiegeln dies wider. Bald fangen auch die Patienten an zu lieben. Deshalb kommt es oft vor, daß zwischen Fools Crow und seinen Patienten eine lebenslange Bindung entsteht. Die zwei werden Hunka. Obwohl sich die Patienten vorher fragten, ob sie vor dem Ende des Lebens stehen, sehen sie jetzt einen neuen Anfang und eine lohnende Zukunft vor sich.

Genau so, wie die Cherokee-Priester es lehrten, vereinigen sich oder verschmelzen der menschliche Heiler und der Patient im Heilungsprozeß. In einem höheren Sinn symbolisiert dieses Verschmelzen die feierlichere Verbindung zwischen Heiler, Patient und den Höheren Wesen.

Wie schon weiter oben bemerkt, bewirkt Fools Crows viertägige, viermal am Tag angewandte Behandlung nicht immer eine völlige Heilung in diesem Zeitraum. In diesen Fällen nehmen seine Patienten weiterhin eine Medizin ein und führen bestimmte Übungen durch, bis sie ganz geheilt sind. Trotzdem erfolgt die geistige und spirituelle Heilung, die den Mittelpunkt eines jeden Heilungsritus darstellt, am Ende des vierten Tages. Ist danach noch etwas von der Krankheit vorhanden, dann betrifft das nur den Körper. Das gilt für die Heilverfahren aller Stämme, die in diesem Buch berücksichtigt wurden.

Es ist eine lebenswichtige Erkenntnis, daß das Gleichgewicht von Geist und Körper nicht nur ein wesentlicher Faktor in der Heilung ist, sondern auch für das allgemeine Wohlergehen einer Person. Geist und Körper sind gegenseitig voneinander abhängig; was der eine tut, wirkt sich auf den anderen auf positive oder negative Art aus. Ist beispielsweise der Geist negativ, wird er den Körper nicht unterstützen. Tatsächlich schwächt er den Körper dann und vermindert damit seine Funktionsfähigkeit. Das gilt auch umgekehrt, denn der Körper kann dem Geist dasselbe antun. Sieh dir noch einmal das Material über die Heilungsmethoden der Cherokee an, daraus kannst du ersehen, wie gut sie dieses Prinzip zu nutzen wußten. Beachte, daß das Harmonisieren von Geist und Körper Voraussetzung für ihren Erfolg war. Erhielten beide Aspekte der Person die notwendige Pflege, dann machten sich die zwei gemeinsam an die Beseitigung der Ursachen und Komplikationen der Krankheit. Kümmerst du dich auf angemessene Weise um deinen Körper, das bezieht sich auch auf Enthaltsamkeit, richtige Ernährung, sportliche Betätigung, persönliche Würde, Ehre und geteilte Verantwortung, dann wirst du ausgeglichen, gesund, voller Energie und scharfsinnig sein und die Fähigkeit besitzen, mit jeder Krise umzugehen.

Verschiedene Arten von Gleichgewicht

Gleichgewicht war für die amerikanischen Ureinwohner ein wirklich umfassender Begriff. Bei den Stämmen, mit denen wir uns auseinandergesetzt haben, hatte das Gleichgewicht verschiedene Aspekte, die alle voneinander abhängig waren und miteinander in Zusammenhang standen. Es bestand das Bedürfnis nach einem Gleichgewicht zwischen Geist und Körper, zwischen dem spirituellen und körperlichen Bereich, zwischen den Möglichkeiten und der Entwicklung der weltlichen Tätigkeiten, in rituellen Darbietungen und in der Kriegführung. Wurden diese verschiedenen Aspekte des Gleichgewichts auf kluge Weise verbunden und verwirklicht, garantierten sie den einzelnen Menschen sowie der ganzen Nation, Harmonie, Wohlergehen und festen inneren Frieden.

Unter Gleichgewicht verstehen die Indianer, daß man beide Seiten der obengenannten Aspekte gleichermaßen beachtet. Wird eine der beiden Seiten vernachlässigt oder vorgezogen, ist man diesbezüglich irgendwie einseitig, dann wird das Gleichgewicht zerstört. Die Person oder die Nation wird darunter entsprechend leiden. Wir sollten sehr sorgfältig versuchen, in unserem Leben Gleichgewicht zu bewahren. Wir müssen dafür sorgen, daß Geist und Körper dieselbe Pflege und Aufmerksamkeit erhalten. Keine Seite sollte in irgendeiner Weise bevorzugt oder vernachlässigt werden. Beide Seiten müssen mit gleich viel Liebe und allem anderen genährt werden, was für ihr gesundes Funktionieren, heute und in Zukunft, notwendig ist.

Wieviel Zeit wir für jede Seite aufwenden und wie wir Zeit handhaben und interpretieren, ist wichtig. Die Indianer haben gelernt, daß es in Zusammenhang mit Herz, Seele, Geist und Körper am besten war, die Zeit in Jahreszeiten einzuteilen. Sie kannten Sonnenuhren und Jahreskalender für das Sonnenjahr, aber sie hatten erkannt, daß man Dinge am besten in der richtigen Jahreszeit erledigte oder innerhalb großer Zeiträume anstatt im Rahmen eines gedrängten, in Stunden und Minuten eingeteilten Stundenplans. Diese gelassene Einstellung verringerte den Druck und ließ ihnen genügend Zeit, um darüber nachzudenken, was sie eigentlich taten und warum. In unserer industrialisierten Welt können wir uns nicht ganz dieser Anschauung verschreiben, aber wir können sie wenigstens in der Zeit und bei den Beschäftigungen verwirklichen, über die wir selbst die Kontrolle haben.

Das Aufschieben als eine Kunst

Die amerikanischen Ureinwohner praktizierten die hohe Kunst des Aufschiebens, die heute eine fast verlorengegangene Kunstform ist. Wann immer eine Aufgabe auf den nächsten Tag oder darüber hinaus verschoben werden konnte, dann taten sie es, und die Menschen erholten sich statt dessen ausgiebig. »Abgespanntheit« ist ein Ausdruck, den sie nicht kannten oder nicht hätten nachfühlen können. Die Indianer waren keine zwanghaften Arbeiter. Sie erschöpften ihre Kraft nicht vor dem hohen Alter. Sie behielten etwas für die letzte Runde zurück, erfreuten sich am ganzen Rennen, schieden nicht aus und litten nur selten unter den Beschwerden, die heutzutage so viele von uns befallen. Waren sie weise oder faul?

Während du darüber nachdenkst, bedenke folgendes: Sie hatten ihren Streß, aber nur sehr wenig davon war selbst verursacht. Größtenteils kam er von außen. Trotz aller unserer Hilfsmittel sind wir heute mehr beschäftigt denn je. Wir werden von einem Schuldgefühl geplagt, wenn wir ein Schläfchen machen, wir erledigen auch zu Hause noch Arbeiten für das Büro, und wir planen Wochenenden und Urlaube mit militärischer Genauigkeit. Erst wenn unser Leben bedroht ist, setzen wir uns hin und überlegen, auf was es wirklich ankommt, und fragen uns, wofür es sich lohnt, unsere Energie zu investieren.

Im August 1988 veröffentlichte *USA Today* einen Bericht über das Thema »Ihre Zeit«. Im Rahmen dieser Reportage wurde über die Einwohner von Salem, Oregon, berichtet, die sich gegen das Ticken der Uhr auflehnen, indem sie sich jeden Tag einige Stunden lang Zeit zum Fischen und Spazierengehen nehmen, sich als Freiwillige für alle möglichen Dienste, von den Pfadfindern bis zu den Schulen, melden, ihre Uhren vorstellen und ihre Terminkalender in Ordnung halten. Laut Umfrage der Zeitung haben 55 Prozent der Erwachsenen von Salem das Gefühl, nicht annähernd genug Zeit zu haben, um all das zu tun, was sie gern tun möchten. Deutet dies auf ein Problem hin? Nachfolgende Artikel erörterten Themen wie zum Beispiel »Wie der Zeitdruck unsere Partnerschaft beeinträchtigt«, »Wie Sie die Kontrolle über Ihre Zeit übernehmen können – Tips für das Einteilen Ihrer Zeit«

und »So haben Sie etwas von Ihrer Freizeit«. Mir ist aufgefallen, daß die Serie keinen Artikel über das Aufschieben enthielt.
Die Titelgeschichte endete mit der Bemerkung, daß wir als Nation mit Hochgeschwindigkeit durch das Leben rasen. Wir befinden uns in einem verzweifelten Rennen gegen die Zeit; in einer Art von zeitlichem Verkehrschaos. Die meisten Menschen sind ständig in Eile, und am Ende eines jeden Tages hat die Zeit ganze Familien gefangengenommen. Der Zeitdruck wirkt sich darauf aus, schreibt die Zeitung, wie wir uns als Familien, als Mitbürger, als Mitarbeiter verhalten, wieviel wir leisten, wie wir unser Geld ausgeben, und beeinflußt besonders unsere Meinung über alles und jeden. Unsere extrem automatisierte Computerkultur verursacht bei Kindern und Erwachsenen eine kürzere Aufmerksamkeitsspanne, in uns allen Ungeduld und größere Feindseligkeit, Intoleranz und gesellschaftliche Entfremdung. Die Arbeitssucht ist zu einer derartig festen Gewohnheit geworden, daß sich viele von uns gar nicht mehr anders verhalten können. Manche Menschen haben sich sogar eingeredet, daß ihnen dieses Tempo gefällt – bis schließlich der Tag kommt, an dem ihnen plötzlich bewußt wird, daß ihre Kinder ohne sie aufgewachsen sind und sie keine Zeit gehabt hatten, anzuhalten und an den Blumen zu riechen. Das nachzuholen wird ihnen vom Grab aus eher schwerfallen …
Abwechslung, Schlaf, Entspannung und Spiel sind für eine ausgeglichene Lebensweise sehr wichtig.
Die eingeborenen Amerikaner lernten von den Höheren Wesen, daß man durch Abwechslung wachsam und interessiert blieb, weil sie die Langeweile vermindert. Deshalb variierten sie den Rhythmus und die Intensität ihrer Aktivitäten während des Tages und während der Zeremonien. Sie sorgten dafür, daß nichts vollkommen voraussagbar war und immer eine Spur von Überraschung, Geheimnis und etwas Unerwartetes vorhanden war.
Schlaf, Entspannung und Spiel halfen, Abwechslung in die Rituale der Arbeit, der Kriegführung und der spirituellen Belange

zu bringen, damit die Rituale nicht das Gleichgewichtsgefühl der Menschen zerstörten.
Obwohl der Lebensstil der Indianer einfacher war, als es der unsere heute ist, so hatten sie doch nie genügend Zeit, um alles zu tun, was sie tun wollten. Deshalb nahmen sie sich die Zeit, um festzustellen, was wichtig war und was nicht. Hatten sie ihre Entscheidung getroffen, erledigten sie das Wichtige und machten sich um das Restliche wenig Sorgen. Auch entwickelten sie eine Art von Genossenschaft, um die Arbeit aufzuteilen, so daß keine Person je unter dem Druck stand, alles allein machen zu müssen. Deshalb verfügte jeder über mehr Freizeit, und jeder einzelne konnte seinen kreativen und Freizeitbeschäftigungen nachgehen. Die Künste und das Handwerk blühten, und Schönheit und Heiterkeit waren weit verbreitet.

Schlaf

Abgesehen von wenigen Ausnahmen entsprachen ihre Schlafens- und Wachzeiten dem Tag-Nacht-Rhythmus der Natur. Außer in jenen aufregenden Nächten, wenn Rituale und Feste im Gange waren oder Geschichten erzählt wurden, gingen die Menschen früh ins Bett und standen früh wieder auf. Die Bräuche der Cherokee sind diesbezüglich sehr empfehlenswert. Wie du dich vielleicht erinnerst, wandten sie das Konzept der sieben Himmel an, um sich in einen glücklichen Schlaf zu versetzen. Auch du kannst das tun, indem du visualisierst, daß sich auf jeder der sieben Ebenen liebenswürdige Wesen um dich scharen, um sich um deine Sorgen und Bedürfnisse zu kümmern. Konzentriere dich so fest wie möglich auf die Vorstellung, daß für alles gesorgt wird, was du für dein Wohlergehen brauchst. Auf jeder Ebene wirst du anderen Wesen begegnen. Sehr bald schon werden sie dir als besorgte Freunde bekannt sein, wie die 405 Weißen Steinmänner-Helfer der Sioux.
Gewöhne dir den alten Brauch der Cherokee an, dich am Morgen von deiner natürlichen Uhr früh aufwecken zu lassen (benutze so

lange einen Wecker, bis es zur Gewohnheit geworden ist), damit du dich auf den bevorstehenden Tag vorbereiten kannst. Die morgendliche Vorbereitung ist viel wirksamer als der Versuch, sich vor dem Einschlafen vorzubereiten. Die Cherokee blieben im Bett liegen und wachten langsam auf. Zuerst streckten und aalten sie sich unter ihren warmen Decken. Dann gingen sie in Gedanken durch, was der Tag ihnen bringen würde und wie sie die wichtigen Dinge erledigen konnten. Du kannst aus diesem Pfad einen Nutzen ziehen. Geh deinen Tag durch. Denke vor allem darüber nach, wie du den Dingen und Personen begegnen wirst, die sich als schwierig erwiesen haben, und wie du neue Herausforderungen bewältigen willst. Überleg dir, wie du den ganzen Tag hindurch positiv und optimistisch bleiben kannst. Beschwöre die Kräfte der vier Himmelsrichtungen, dir dabei zu helfen. Hänge eine Schnur mit Tabakopfern an den Kopfteil deines Betts, und benutze sie täglich wie Gebetsperlen, um die guten Geisterhelfer anzurufen. Dieses Ritual muß nicht viel Zeit in Anspruch nehmen, und je öfter du es durchführst, desto schneller geht es, und desto wirksamer wird es. Aber warte erst einmal ab, was für eine Auswirkung das auf deinen Tag hat. Nach dem Aufstehen und nach der Reinigung unter der Dusche wirst du erfrischt, zuversichtlich und startbereit sein.

Dankbare Meditation

Nimm beim Spielen alle Gelegenheiten wahr, um über die Höheren Wesen nachzudenken. Sei dir bewußt, daß sie sich um deine Gesundheit und um dein Glück sorgen, und nimm dir die Zeit, um ihnen für die Beiträge der Natur zu danken. Liegst du zum Beispiel am Strand in der Sonne, dann schließ deine Augen, und denk an spirituelle und erbauliche Dinge. Erkenne, daß die Wärme, die dich berührt, die Wärme der Höheren Wesen ist, die dich nähren, bereichern und dir Energie geben. Sauge auch das zusammen mit den Strahlen der Sonne auf. Erkenne wie das Mädchen des Sonnenaufgangs, daß die Höheren Wesen dich nicht nur äußerlich zu einer schöneren Person machen, sondern dir auch die Kraft geben, eine bessere Person zu sein.

Ernährung und körperliche Betätigung

Die Ernährung und körperliche Betätigung haben wesentlichen Anteil an einem gesunden Geist und Körper.
Ich spreche nicht deshalb weniger über Ernährung und körperliche Betätigung als über andere Lebensbereiche, weil ich ihren immensen Wert und ihre Notwendigkeit nicht erkenne. Der Grund dafür ist, daß gute Ernährung und regelmäßige körperliche Betätigung ja bereits wesentliche Bestandteile der Lebensweise der amerikanischen Ureinwohner waren. Ihre täglichen Pflichten erforderten anstrengende körperliche Arbeit, und die meisten ihrer Spiele waren mit Kraft verbunden. Ihr Speiseplan war im Vergleich zu heute einfach und setzte sich größtenteils aus gesunden Nahrungsmitteln zusammen. Weiße Händler berichteten, daß sie in der Zeit, bevor die Indianer die Lebensweise der Weißen annahmen, selten einen übergewichtigen Indianer gesehen hatten. Zuckerkrankheit, Geschwüre, hoher Blutdruck und ein hoher Cholesterinspiegel waren den Eingeborenen vor der Reservationszeit unbekannt, ebenso Geburtsfehler und Mißbildungen.
Trotzdem ist es heute notwendig, sich vernünftige Gewohnheiten in der Ernährung und körperlichen Betätigung anzueignen, und auch wenn ich diesbezüglich wenig schreibe, so empfehle ich dir doch eindringlich, daß du sie in deine Pfade eingliederst.

Andere Heilverfahren

Wie du weißt, sind die Apachen der Überzeugung, daß die Heilkräfte am besten in einer positiven Atmosphäre der Fröhlichkeit wirken. Eine gegenteilige Haltung vermittelt den Eindruck von Zweifel und Niederlage. Vermeide es deshalb, denjenigen Schranken zu setzen, die versuchen, dir und anderen zu helfen und zu trösten. Ermutige sie, sich zu unterhalten, zu lachen und Spaß zu machen. Fröhlichkeit ist genauso eine Behandlungsmethode wie alles andere. Fordere alle Anwesenden dazu auf, positive Gedanken zu haben. Sei dir bewußt, daß sie deshalb anwesend sind, weil sie sich sorgen. Jemand sollte die Initiative ergreifen und allen etwas Nützliches zu tun geben. Wende den Blütenstaubsegen und Musik an. Obwohl ich weiß, warum das so ist, gehört es doch zu meinen traurigsten Erfahrungen als Pastor, wenn ich auf dem Weg zu einem Patienten die makellosen Krankenhausgänge entlangmarschiere und mir nichts anderes als ehrfurchtgebietende Stille begegnet. Bei den Heilungsritualen der eingeborenen Amerikaner war das nie so.

Heile bei Nacht

Versuche, deine Heilfähigkeit an dir oder anderen in der Nacht zu üben, wie das die Apachen taten. Erinnere dich, daß diese Zeit dir den Vorteil bietet, nicht von den alltäglichen Dingen abgelenkt zu werden, die du am Tag tust oder siehst.

Außerdem ruft die Dunkelheit eine Atmosphäre des Staunens hervor und regt spirituelle Gedanken an. Vergewissere dich auch, daß das Heilungsritual lange genug dauert, damit es allmählich anfangen und dann wieder auslaufen kann. Wie könntest du sonst alles durchdenken, was beachtet werden muß?

Verwende Kristalle und Pahos; trage Schutzamulette. Erinnere dich, daß die Cherokee die Facetten des Kristalls dazu benutzten, jede Seite eines Problems und einer hoffnungsvollen Möglichkeit zu betrachten. Bedenke bei diesem Verfahren, daß es nicht auf den Gegenstand selbst ankommt, sondern auf die Gedanken, die bei der Anwendung und Anfertigung von Pahos, Masken, Tiponis oder anderen ähnlichen Gegenständen in dir hervorgerufen werden. Was wirklich zählt, sind die Klarheit und Wirksamkeit der aus den Bemühungen resultierenden Gedanken.

Berühren

Denk daran, daß das Berühren, ob es nun mit den Händen oder mit dem Geist erfolgt, eine therapeutische Kraft ist. Das eine ist nicht vom anderen zu trennen; wo man das eine anwendet, ist das andere mit im Spiel. Die Indianer nehmen es als selbstverständlich an, daß beim Berühren oder Berührtwerden eine Kraftübertragung durch die Höheren Wesen stattfindet. In anderen Worten, die Höheren Wesen führen das Berühren durch eine oder mehrere Personen durch, die als Kanäle dienen.

Das Berühren wird als ein Ausdruck der liebevollen Pflege betrachtet und ist im Heilungsprozeß unerläßlich. Die Bereitschaft zu berühren zeigt an, daß keine Furcht vorhanden ist, sich an der berührten Person anzustecken, und die angebotene Vergebung ehrlich gemeint ist.

Stell dir zur Verdeutlichung eine Situation vor, in der zwei Personen einen ernsten Streit hatten. Wenn die eine Person an die andere herantritt, um Verzeihung bittet und die andere Person das akzeptiert, die erste Person aber nicht umarmt oder berührt, dann wird die Versöhnung suchende Person nicht das Gefühl haben, daß ihr auch tatsächlich vergeben wurde. Kommt es hingegen zu irgendeiner Berührung, dann werden beide das Gefühl haben, daß es zu einer Aussöhnung gekommen ist. Berühren beseitigt Barrieren und stellt Beziehungen wieder her.

Akupressur nach der Methode der Cherokee

Archie Sam hatte uns erzählt, daß seine zeitgenössischen Cherokee-Medizinleute Akupressur anwandten, und wir wissen aus historischen Nachforschungen, daß sie tief in der fernen Geschichte der Cherokee verwurzelt ist. Er verriet uns auch, daß sein Vater White Tobacco Sam bei der Behandlung seiner Patienten Akupressur verwendete. Vergleicht man Archies Erläuterungen der Cherokee-Methode mit der Akupressur, wie sie heute hier und in anderen Teilen der Welt angewandt wird, dann scheint man bei

ersterer zwar mit weniger Druckpunkten, aber ansonsten auf die gleiche Weise gearbeitet zu haben.
Bei ihrer Anwendungsmethode war es sehr wichtig, daß sie sich zuerst die Hände über einem kleinen Feuer wärmten. Sie glaubten, daß durch diesen Akt die Höheren Wesen die Wärme ihrer Person durch das Feuer und die Medizinperson zum Patienten sandten. Der Patient wußte das und mußte vorbehaltlos daran glauben, wenn die Behandlung ihre Wirkung haben sollte. Manchmal drückten die alten Heiler einfach ihre erwärmten Hände auf die Stelle, wo der Schmerz am stärksten war. Andere Male massierten sie die Druckstellen auf dieselbe Weise, wie es heute getan wird.
Soviel Archie wußte, waren seinem Vater die Meridiane oder Blutflußlinien, die heute zur Druckbeseitigung berücksichtigt werden, nicht bekannt. Er wußte jedoch von der Blockierung des Blutflusses und von den Beschwerden, die sich durch eine Verspannung des Nackens und der Schultern einstellten. Bei der Behandlung von Kopfschmerzen rieb er den Patienten entweder über den Augenbrauen oder suchte den Schmerzpunkt an der Wurzel des Daumens oder am Handgelenk und massierte unverzüglich über oder unter dieser Stelle. Weitere bevorzugte Druckpunkte befanden sich über den Schulterblättern und an den Nakkenmuskeln gleich unterhalb der Ohrläppchen.
White Tobacco Sams bevorzugte Massagestellen für das Herbeiführen von Entspannung waren die Wangen, die Innen- und Außenseite der Arme und Beine, von oben bis unten, und der gesamte Rücken, einschließlich des Nackens. Er betonte Archie gegenüber, daß dies mit äußerster Sanftheit und Liebe erfolgen sollte, daß der Druck niemals länger als zwei Minuten auf eine Stelle ausgeübt werden durfte und daß dem Patienten kein Schaden zugefügt werden würde, solange der Druck langsam und ruhig angewandt würde. Sehr wichtig war auch, daß der Patient während der Akupressur oder Massage so entspannt wie möglich war, mit geschlossenen Augen und schlaffen Gliedmaßen.

Anwender der Akupressur glauben heute, daß die Technik deshalb funktioniert, weil Endorphine im Körper freigesetzt werden, die als natürliche schmerzstillende Stoffe gelten, die wirksamer sind als künstliche.

Hast du die Technik erst einmal erlernt, kannst du sie genauso anwenden wie ein gelernter Fachmann. Du mußt jedoch die obenerwähnten Vorsichtsmaßnahmen beachten, damit du dir keinen Schaden zufügst. Wendet man die Akupressur richtig an, kann man daraus täglich frische Energie gewinnen. In Verbindung mit Meditation sorgt sie für ein außergewöhnliches Gefühl der Behaglichkeit. Das kann nur besonders empfohlen werden. Steht dir kein offener Kamin zur Verfügung, dann erwärme deine Hände an einer anderen Wärmequelle. Die Mittel, die du benutzt, sind weniger wichtig als deine Überzeugung hinsichtlich des Vorgangs. Glaubst du, daß die Kraft der Höheren Wesen durch die Wärmequelle in dich eindringt, dann wird es so geschehen.

Nimm dir Zeit für die heilende Meditation

Noch etwas muß in Zusammenhang mit der Selbstheilung hervorgehoben werden: Fools Crow und seine Freunde glauben nicht, daß du eine körperliche Beschwerde einfach mit Hilfe deiner Willenskraft beseitigen kannst, indem du ihr gegenüber eine positive Einstellung annimmst und dich dann nicht mehr darum kümmerst. Ähnlich verhält es sich mit dem Heilen, das erfolglos bleibt, wenn man nur gelegentlich eine Botschaft der Heilung dorthin schickt, wo das Problem liegt.

Du mußt dich an einen ruhigen Ort begeben, wo du ungestört sein kannst, dich hinsetzen, alle anderen Gedanken beiseite schieben, dich vorbereiten, beten und dich dann mehrere Stunden lang fest auf das Problem konzentrieren. Bekomme es in den Griff, kämpfe mit ihm, und laß es nicht mehr los, bis eine Antwort kommt.

Viele amerikanische Ureinwohner, die es versucht haben, berichten, daß sie letztlich einen Punkt erreichten, an dem sich der

Schmerz und das Problem einfach auflösten – und auch nicht mehr wiederkamen.
Im Jahre 270 n. Chr. schrieb der griechische Philosoph Plotin: »Und wenn du dich noch nicht schön genug findest, werde zum Schöpfer einer Statue, die wunderschön werden soll: Er schneidet hier ein wenig weg, glättet dort ein wenig, er macht diese Linie feiner, die andere genauer, bis seiner Arbeit ein schönes Gesicht erwächst. Mach es genauso: Schneide alles Überflüssige weg, mach alles Krumme gerade, bring Licht in alles Dunkle, arbeite, um alles in strahlende Schönheit zu verwandeln, und hör nie auf, an deiner Statue zu meißeln, bis von ihr der gottähnliche Glanz der Tugend auf dich strahlt, bis du die perfekte Güte sicher im makellosen Schrein geschaffen siehst.«

Verbessere die Art und Qualität deines Lebens

Die Worte Plotins sind wie eine Art Zusammenfassung dessen, was die Höheren Wesen die Indianer gelehrt haben: Die wirksamste Einstellung zum Leben in den besten und schlimmsten Situationen ist, es als einen Prozeß der Umformung mit einem erreichbaren Ziel zu betrachten.
Dieser Prozeß umfaßt eine deutliche Aufforderung zu einer Änderung und Verbesserung deiner (einer gesteigerten) Lebensqualität. Wer den Kampf gegen Streß gewinnen will und sich inneren Frieden wünscht, muß sich die dazu notwendigen Veränderungen gut überlegen.
Die amerikanischen Ureinwohner verbesserten die Qualität ihres Lebens dadurch, daß sie sich mehr in ihr spirituelles Streben vertieften. Je größer die Notwendigkeit, desto tiefer die Versenkung. Das ist gewiß auch eine Möglichkeit für dich, und ich empfehle sie dir, aber es gibt in diesem Zusammenhang auch im weltlichen Bereich Wege, die du einschlagen kannst.
Unsere Wohlstandsgesellschaft mit ihrem technologischen Fortschritt, mit Beruhigungsmitteln, Alkohol, Drogen, tobender Musik, blutrünstigen Filmen, mit ihrer fiebrigen Suche nach Aufre-

gung und Promiskuität hat niemandem inneren Frieden und Sicherheit gebracht.
Frage dich, ob du statt dessen nicht regelmäßig nach Stunden der einfachen Ruhe streben solltest. Wie wäre es, wenn du dir besänftigende und melodische Musik anhören, entweder klassische oder moderne, und ein Schüler der erholsamen Künste würdest? Wie wäre es, wenn du mehr Zeit allein mit der Natur verbringen und die großen Schriftsteller der Vergangenheit und Gegenwart zur Hand nehmen würdest? Entspanne hie und da deine Sinne. Bemühe dich mehr, Menschen zu verstehen. Verbessere die Beziehungen innerhalb der Familie und zu guten und vertrauenswürdigen Freunden. Stell die Gruppe über deine Person.
Denk daran, daß eine regelmäßige Erneuerung notwendig ist. Erinnere dich, wie jeder Stamm, mit dem wir uns befaßt haben, dafür gesorgt hat, wie alle die Erneuerung als wesentliches Element ihrer allgemeinen Gesundheit und ihres Fortschritts ansahen. Denk daran, dich im voraus auf alles vorzubereiten, von dem du weißt oder ahnst, daß es eintreffen wird. Präge dir ein, mit welchem Nachdruck die Sioux die jährliche Erneuerung, Wiedergeburt, Fortpflanzung und besondere Danksagung vollzogen. Das sind kräftigende Faktoren, die dir Auftrieb geben und dich stützen werden. Halte vor allem an dem neuen Zentrum fest, das du gefunden hast.
Wie ich betonte, dachten die amerikanischen Ureinwohner in Form von Bedürfnissen, aber die Höheren Wesen haben sie auch gelehrt, um das zu bitten, was sie sich wünschten. War es gut, dann würde es ihnen gewährt werden. Es ist demnach durchaus angebracht, dem Pfad der Cherokee zu folgen und dir mit Gebetsformeln und Masken Dinge herbeizuwünschen. Die Sioux, Crow und Mandan hatten entsprechende Methoden. Eine Möglichkeit hatte mit einer Frauengesellschaft zu tun, die aufgrund ihrer geheimen Riten die Fähigkeit hatte, den Bison anzulocken, und damit den Jägern ihre Aufgabe erleichterte. Um zu vermehren, was du dir erhoffst, bewahre etwas von dem auf, nämlich ein

Vielfaches von sieben, was du in einem Jahr davon erzielt hast (wie die sieben Maiskolben, die die Cherokee aus der Ernte eines jeden Jahres aufbewahrten), und bete damit. Füge das dann der Ernte des nächsten Jahres hinzu, und verbrauche beides zusammen. Das ist eine Anerkennung der Verläßlichkeit der Höheren Wesen, uns zu versorgen. Achte darauf, deine Wünsche zu definieren, denn wenn du dir Geld wünschst, dann bittest du nur um das Mittel, um etwas anderes zu erhalten. Wofür ist das Geld? Du mußt um das bitten, was du wirklich willst.

Die Indianer würden dich davor warnen, auf das, was du erreichst, mit Stolz oder Einbildung zu reagieren. Bei den Hopi gibt es heilige Clowns, die an allen ihren religiösen Darbietungen teilnehmen. Die Clowns erfüllen eine zweifache Rolle: Sie heitern die Menschen in Zeiten der Bedrückung oder Traurigkeit auf, und sie tun derbe Dinge, um die Menschen wieder auf den Boden der Tatsachen zurückzuholen, wenn sie aufgrund ihrer Taten zu sehr von sich selbst angetan sind. Ihr törichtes Verhalten führt den Menschen vor Augen, wie sie sich nicht benehmen sollten. Du mußt dieselbe Auffassung entwickeln. Verglichen mit den Höheren Wesen, sind wir begrenzt und abhängig. Daran müssen wir uns immer erinnern, wenn wir auf irgendeinem Gebiet das Höchste erreichen, denn allein und ohne ihre Hilfe hätten wir es niemals geschafft.

Halte dir schließlich immer fest vor Augen, daß Ärzte und Fachleute aus dem Gebiet der Psychologie heute erklären, daß Menschen, die direkt auf Streßsituationen zugehen und etwas unternehmen, um ihre Probleme zu lösen, insgesamt auch am besten mit Streß fertig werden. Ich persönlich kenne keine bessere oder umfassendere aktive Methode als die indianischen Pfade. Ich habe in diesem Buch aus Platzgründen keineswegs alle Arten von indianischen Pfaden beschrieben, sondern lediglich die wichtigsten von vier Stämmen dargelegt. Folgst du ihnen, wirst du ihr Wesen verstehen. Von da an liegt es an dir selbst. Du wirst bei der Anwendung der Pfade kreativ werden, und indem du auf den

Kern des Buches zurückgreifst, wirst du imstande sein, eine Anzahl zentraler Pfade und Nebenpfade anzuwenden, auf die ich im dritten Teil nicht eingegangen bin.

Obwohl du als Nichtindianer nicht zu einem Indianer werden wirst, so wird es dir dennoch gelingen, wie eine indianische Medizinperson zu denken und zu fühlen. Deinen Streßdämonen wird das nicht gefallen, und sie werden alles tun, um dich davon abzubringen. Höre jedoch auf die Höheren Wesen, und laß dich von ihnen zu positivem Handeln und einem tiefen inneren Frieden führen!

Zusätzliche Materialien

Zusätzliche Hilfe und Materialien sind für diejenigen erhältlich, die den Pfaden der amerikanischen Ureinwohner folgen wollen und so schnell und restlos wie möglich inneren Frieden finden möchten. Diese umfassen:

- Vorträge und Seminare für Gruppen,
- Vorträge und Seminare für Betriebe und Unternehmen,
- persönliche Beratung für deine persönlichen Bedürfnisse,
- einen Satz von vier Posters für Meditation und Visualisierung,
- Schaubilder von Kreisen der Introspektion der Sioux und Cheyenne,
- Kassetten des Autors, die dich auf deinem Weg entlang der Pfade zu innerem Frieden führen,
- eine Kassette original indianischer Musik,
- einfache, vorgefertigte Muster für Topfmasken,
- Pahos, Einladungsstäbe, Federn, Perlen und Muscheln,
- Kristalle und persönliche Schutzmedizinen,
- Muschel- und Metallschmuck, die als Kraftquellen und Gedächtnisstütze für die aufregende Wandlung, die in deinem Leben durch das Folgen der Pfade eintreten wird, getragen werden,
- ein reichillustriertes Handbuch, das folgende Informationen und noch vieles mehr enthält:
  Schritt-für-Schritt-Beschreibung zur Anfertigung von verschiedenen, preiswert herzustellenden, aber sehr schönen Topf- und Gesichtsmasken, Visualisationssymbole, Plätze der Suche, Altare, Sandbilder, Pahos, Einladungsstäbe, Tiponis – dazu weitere Hinweise und Tips für ein erfolgreiches Folgen der Pfade.